978-1-62265-934-0 (online)　　978-1-62265-935-7 (paper)

中国：21世纪宣言

21st century declaration of China

薛 遒

QIU XUE

978-1-62265-934-0 (online)   978-1-62265-935-7 (paper)

薛 道

978-1-62265-934-0 (online)　　978-1-62265-935-7 (paper)　　　　　　　　　　　　　　薛 遒

本 书 简 介

　　本书将经济全球化呼唤观念全球化的理论求索，置放在 20 世纪初至 21 世纪初中华百年历史的大背景中，以对五四以来中国近、当代史关键人物、关键事件毛泽东、刘少奇、鲁迅、高岗、章罗同盟、彭德怀、邓小平以及反右、大跃进、文化大革命、改革开放……的辩证分析，将中国共产党作为农民政党的根性，其向无产阶级政党升华还是向资产阶级政党升华、建立社会主义新中国还是建立资本主义新中国的党内党外深层次的路线分歧与政治斗争，以及文化大革命及其在人类文明史上的崇高地位，鲜活生动地呈现在读者面前。

　　本书"自序"概说全书主旨；首章首节是全书缩影；最后一章升华全书，宣言对中华的期待与警示。

978-1-62265-934-0 (online)　　978-1-62265-935-7 (paper)

薛　道

978-1-62265-934-0 (online)　　978-1-62265-935-7 (paper)

薛　道

978-1-62265-934-0 (online)　　978-1-62265-935-7 (paper)　　　　　　　　　　　薛遒

自　序

　　据说：公元前 500 年上下，人类精神的星云旋着一个轴心，一颗颗璀璨之星辉耀千古：老子、孔子、佛陀、犹太先知、苏格拉底、柏拉图……

　　今天，人类文明的"精神生活仍趋向于这个轴心时代。中国、印度以及西方都……有过伟大的、新的精神创造，但是，他们都是由那些在轴心时代所获得的观念所导致的。"（雅斯培尔斯：《智慧之路》）

　　回归"轴心时代"！

　　2500 年来，人类的回归冲动抵抗着剥削与压迫的血腥，顽强地开放出一朵朵激情之花：理想国、桃花源、乌托邦、太阳城……，还有天堂与佛土。那是对私有制和私有观念的宣战，那是对公有制和公有观念的诉求。

　　资产阶级革命张扬这"宣战"与"诉求"。从欧洲到美洲新大陆，平等风潮荡涤天下，然而接着便是欧罗巴、随后美利坚对各民族的残酷掠夺。

　　无产阶级革命张扬这"宣战"与"诉求"，从巴黎公社到苏维埃，共产曙光照亮全球，然而接着便是第二国际、随后苏联帝国对世界的全面扩张。

　　一切美好与崇高，都竟如斑斓晶莹的肥皂泡，吹大了希望，然后是破灭。

　　特权依旧，盘剥依旧。

　　德·加亚尔提出疑问："我们感到奇怪的是，有些标榜世界主义思想的革命运动，不论在美利坚合众国还是欧洲或拉丁美洲，最后却都肯定民族观念，甚至是民族主义观念。"（《欧洲史》）

　　并不奇怪。物不极，如何反？没有资本主义的自我成熟，就没有世界主义的真实确立。而"民族观念"——民族独立、民族自强，甚至民族扩张，则是资本主义最显著的外部特征。

　　向"轴心时代"回归，需要一次次冲顶失败后的能量积聚。

　　而且，人类只有从空幻的崇高与朦胧的向往中，走出一条生产力与经济基础的进步之路，才可望"轴心时代"绽放的观念之花香飘环宇。

　　马克思确定这条路——科学社会主义。

　　然而，科学社会主义危机！

　　苏东解体，资本主义畅行天下。从东方到西方，世界共鸣着苏联理论名宿罗·麦德维杰夫的长叹："让人惊奇的是：到现在我们也没有什么有理有据的科学的社会主义理论。"（《俄罗斯向何处去》）

　　真的没有吗？

　　分明是上层建筑已经成为经济基础的桎梏，生产关系已经成为生产力的桎梏。革命在酝酿中，革命在爆发中——生产力的饱满活力，呐喊着冲决特权剥削的激情；经济基础的蓬勃生机，迸发着扫荡资本主义观念的呼声。

　　科学社会主义理论，擎天之柱。何以视而不见？

　　然而，这是别样形态的革命。它决不排除传统的革命方式，但其主导则是文化革命，是观念革命。

　　公元前 500 年，苏格拉底向雅典人疾呼："你们不能只注意金钱和地位，而不注意智慧和真理。你们不要老想着人身和财产，而首先要改善你们的心灵。"

（《申辩篇》）

　　向"轴心时代"回归——人类历史的执著诉求。

　　黑格尔说："前进就是回溯到根据，回溯到原始的和真正的东西；被用作开端的东西就依靠这种根据，并且实际上将是由根据产生的。"（《逻辑学》）

　　马克思、恩格斯在《共产党宣言》中指出：共产主义革命最终要变革人民的世界观，同传统的所有观念实行彻底的决裂。

　　考茨基和第二国际的领袖们强调变革世界观："革命的无产阶级运动只是头脑变革的一部分。"（维·阿德勒：《弗里德里希·恩格斯》）

　　赫鲁晓夫强调变革世界观："党和国家的全部思想工作的使命是发展苏联人民的新品质，用集体主义和勤劳的精神，用社会主义的国际主义和爱国主义的精神，用新社会道德的崇高原则的精神，用马克思列宁主义的精神来教育他们。"（《关于 1959—1965 年苏联发展国民经济的控制数字》）

　　毛泽东以革命的名义呼应第二国际和赫鲁晓夫：文化大革命是"触及人们灵魂的大革命。"

　　变革世界观——共产党人一以贯之的路线。

　　马克思"变革世界观"，建立在阶级斗争和无产阶级专政的基础上。

　　考茨基和第二国际领袖们"变革世界观"，则屈从资本主义，降低无产阶级革命的自为性，沦为资本—帝国主义体系的附庸。

　　苏共 20 大，赫鲁晓夫明确"与资本主义和平共处"，宣告阶级斗争模式转换，奠立下共产主义运动的里程碑。然而，赫鲁晓夫延续斯大林"苏联已经消灭剥削阶级"的路线，沉迷于"普世价值"的空幻。于是，淡化阶级对抗的"变革世界观"，掩盖了新的官僚资本特权集团的孳生。

　　文化大革命，毛泽东确认阶级斗争模式转换，以"无产阶级专政下继续革命"的宣言，赋予共产主义运动里程碑以活的灵魂。

　　毛泽东实现了对《共产党宣言》的回归，把共产党人"变革世界观"的使命，坚定地诉诸于阶级斗争和无产阶级专政；更以批判和剥夺"党内走资本主义道路当权派"的清醒，将极少数特权阶层诉诸最广大人民的监督与审判。

　　经济革命，政治革命，文化革命，三位一体。完整的马克思主义思想体系，指引着人类共产主义之路。

　　文化大革命，确立了毛泽东主义。

　　毛泽东主义——马克思主义的最高阶段。

目　录

978-1-62265-934-0 (online)   978-1-62265-935-7 (paper)

薛 遒

（一）鲁迅：文化革命的旗手

鲁迅书赠瞿秋白："人生得一知己足矣，斯世当以同怀视之。"

当众多"暮鸦"如孙科、蒋介石、汪精卫竞相留崇陵遗响，当众多"精禽"如李立三、周扬、郭沫若高骞向沧海扬波——

"两间余一卒，荷戟独彷徨。"

此时的鲁迅，惊闻瞿秋白饮弹，怆然泣下，掷笔当哭："中国一向就少有失败的英雄，少有韧性的反抗，少有敢单身鏖战的武人，少有敢抚哭叛徒的吊客。"（《华盖集•这个与那个》）

鲁迅心头滴血，淌几多苦楚，几多哀伤！

瞿秋白写下了《多余的话》。

1、瞿秋白：《多余的话》

眼底云烟过尽时，

正我逍遥处。

——瞿秋白：《狱中题诗》

1935 年 6 月 18 日，福建长汀。

从长汀公园到罗汉岭，1000 米的捐躯路，瞿秋白挥一道《国际歌》流，向长空，向云霄，向中华大地。

军警虎视，兵卫森严，则恍似过眼烟云；

刺刀林立，枪头染恨，原不过衰草天粘。

没有镣铐的沉重，却有小亭独酌，飘一番杜康的潇洒；不见白的恐怖、红的血腥，却满目天高，地广，江河如画……

瞿秋白盘足而坐，放眼顾盼。

青山背倚，绿茵铺陈。"此地甚好！"他颔首独语。伴松风悄吟，为着饮弹的安然。

赴死，一似闲庭信步。写尽了殉道者为理想的从容，思想者为信仰的徜徉。

瞿秋白生命化虹，为茫茫中国耀一团共产主义七彩光；他同时留下《多余的话》，为芸芸众生抒一纸无情的自省。

呵，那孤独的背影——

"知我者，谓我心忧；不知我者，谓我何求。"

《多余的话》开篇扑出一个"忧"字，道尽瞿秋白内心的沉重。

进退忧，生死忧。"忧"如一座大山，压迫瞿秋白寒来暑往；而挣脱这压迫的努力，则成为瞿秋白生命的全部意义。

为谁而"忧"？

"我在母亲自杀家庭离散之后，孑然一身跑到北京，本想能考进北大，研究中国文学，将来做个教员度这一世，什么'治国平天下'的大志都是没有的。"至于学俄文，也不过是为了"谋一碗饭吃。"（《多余的话》）

——为自我而忧！

瞿秋白家族本是世代乡绅。但是，"我家因社会地位的根本动摇，随着时代的潮流，真正的破产了……我的心性，在这几几乎类似游民的无产阶级的社会地位中，铸炼成了什么样子我也不能知道。"（瞿秋白：《饿乡纪程》）

同鲁迅一样，瞿秋白从封建士绅群中沦落，成为农民的别样形态——小资产阶级知识分子。

心路历程，欲将何往？

辛亥革命后，又一轮特权阶层沉渣泛起，中国社会腐败依旧；而五四运动却借得俄国十月革命烈焰，燃动中华变革的燎原之火。"社会现象吞没了个性，好一似洪炉大冶，熔化锻炼千万钧的金锡，又好像长江大河，滚滚而下，旁流齐汇，泥沙毕集，任你鱼龙变化，也逃不出这河流域以外。"（瞿秋白：《饿乡纪程》）

时势造人。大潮火海，谁不裹挟其中？

家族破败的小悲剧，迅速汇入民族沦亡的大悲剧中。堕入社会底层的瞿秋白，同底层一起呼吸着腐臭的空气，承受着血泪的压迫。

底层的命运，底层的情感，涌动底层的抗争和底层的希望。

历史风云把瞿秋白卷入革命大潮。

为了民族觉醒，瞿秋白毅然赴俄："倒悬待解，自解解人也；彻悟，彻悟，饿乡去也。"

他勉励自己："担一份中国再生时代思想发展的责任。……求一个'中国问题'的相当解决。"

他寄情同胞："我绝不忘记你们，我总想为大家辟一条光明的路。"（以上均见《饿乡纪程》）

那为自己讨一碗饭的"忧"，被人民革命潮起潮落洗礼，向着"忧"天下黎元升华："只身孤影，心灵中无穷奇感，'我'的一部分渐起变态，暗昧中常有社会的'我'的意识冷嘲热讽。"（瞿秋白：《赤都心史》）

——为民族而忧！

那是社会"大我"对个人"小我"的批判，那更是瞿秋白自我改造的自觉。他感受着历史之唤，心中热辣辣地腾起"天将降大任于斯"的自豪："驱策我，由宇宙的意志。"（《饿乡纪程》）

"宇宙的意志"——人类解放的千古宏愿，聚为共产主义的时代追求，从此成为悬在瞿秋白头上的达摩克利斯之剑，使他朝乾夕惕、战战兢兢地走过一个共产党人本应走的自我改造人生路。

那是小资产阶级向着共产主义者的升华路！

那是背负十字架的滴血路！

路尽处，赢弱的瞿秋白，同着赢弱的耶稣，以上帝——人民之灵，为他们的门徒，矗立起一座"叛徒"的丰碑！

这是怎样的丰碑呀！

我们还原历史，竟惊奇地发现：南昌城头第一枪，原来秉承一个文弱书生抛出的令箭。

南昌暴动，广州暴动，秋收暴动……瞿秋白的吴侬软语，炸万钧雷霆，震乱云明灭，催发工农起义的急雨骤风，猛烈冲刷大地主、大资产阶级和官僚特权集团糟践中华肌体的脓毒污秽。但见檄文到处，迭起造反大潮，红色根据地星罗棋布，革命之火遍燃神州。

"我做过所谓'杀人放火'的共产党的领袖，可是我却是一个最懦怯的、'婆婆妈妈'的、杀一只老鼠都不会的，不敢的。"（《多余的话》）

反动派的血腥屠杀，教育和改造了小资产阶级知识分子善良的幻想和懦怯。

1927 年 4·12 白色恐怖，拦腰斩断激情澎湃的北伐铁流。共产党人成批倒在血泊中，中华民族重陷深渊。在这千钧一发之际，瞿秋白战胜自身的软弱，挺身而出，担负起中国共产党新一代领袖的艰巨责任。

革命！中国共产党不能没有革命。

瞿秋白在党的五大上严斥右倾："中国共产党内有派别存在着，有机会主义存在着，它们正在危害着我们的党。如果我们不明白的公开揭发出来，群众和革命就要抛弃我们了。我们不能看'党'的面子，比革命还重要。一切为革命的胜利，这才是我们的信念。"（转引自张琳璋：《瞿秋白》）

党，并不比革命重要！放弃革命的党，一定被人民抛弃。

这是中国共产党紧急关头的历史转折！

革命，诠释这个"转折"。

如果说，在中国共产党的历史上，李大钊、陈独秀最早把马列主义引进中国；那么，瞿秋白则是这个先驱群中引进俄国革命于中国实践的优秀代表，他为毛泽东奠下马克思主义中国化的理论基础。

如果说，1921 年中国共产党的成立是中华民族的转折点，1935 年的遵义会议是中国共产党走向胜利的转折点；那么，1927 年的"八·七"会议，则是中国共产党早期的卓越领袖们挺立于白色恐怖中，以对列宁主义的重新解读，成为中国革命指导思想的战略转折。

这是伟大的转折！

蒋介石大屠杀教育了共产党人，而斯大林向中国的共产主义扩张也教育了国民党人：共产主义与资本主义不管建立什么样的统一战线，不管是议会竞选还是改革开放，归根结底，双方的生死对决才是实质。

八·七会议标志着中国共产党从"文斗"转向"武斗"，从"偏师"转向"主力"；它不再附庸国民党，而是以主人身份冲上政治舞台。

这是中国共产党走向胜利的开端，也是毛泽东新民主主义的开端。这个"开端"，以瞿秋白的名字为标志。

"我是江南第一燕，为衔春色上云梢。"（瞿秋白）瞿秋白准确地把握了列宁新民主主义的要点，明确了"无产阶级在中国民主革命中的领导权、农民运动在中国革命中的重要意义、武装斗争的重要作用等问题。"（杨尚昆：《在瞿秋白同志就义 50 周年纪念会上的讲话》）

中国共产党人艰难求索：列宁新民主主义——无产阶级主导、工农联盟、暴力革命，如何转化为中国革命的特定形态？

瞿秋白试图解决而毛泽东最终解决的，是中国革命的特殊性问题：即俄国资本主义得到相当发展而中国基本是一个农民社会的现实差距。

列宁新民主主义寄成败于工农联盟，毛泽东新民主主义则几乎是以共产主义为指向的彻头彻尾的农民革命。

瞿秋白进行了马列主义与中国革命具体实践相结合的理论开拓，毛泽东付诸实践。

瞿秋白的"民族之忧"，在无产阶级革命的激励下升华。

——为革命而忧！

革命，是共产党的灵魂，是共产党人的本色。

反击蒋介石和汪精卫，以血还血！以牙还牙！全党在沸腾，革命在沸腾。共产党人勃发牺牲精神的伟大冲动，塑造着激情的瞿秋白："对于豪绅工贼及一切反动派，应当采取毫无顾惜的消灭政策。……共产党对于农民的杀戮豪绅地主的运动，是努力赞助而领导的。"（《武装暴动的问题》）

那是澎湃的"左"的激情，那是挺胸赴死的"左"的牺牲精神，那是求取人类解放的"左"的崇高理想。

然而，"左"，并不能保证革命胜利。

瞿秋白用革命的左倾催唤起全国的左倾，遍及全国的工农起义导致遍及全国的工农在短短时间里百万人战死沙场，革命被迫转入低潮。瞿秋白沉痛检讨："广州暴动失败以后，仍旧认为革命形势一般存在，而且继续高涨，这就是盲动主义路线了。"（《多余的话》）

盲动主义没有止步。在瞿秋白之后，崛起了更加左倾的李立三，进而形成王明集团左倾宗派、左倾冒险甚至左倾杀戮的畸形力扩张。

信仰是崇高的，信仰的底座却并不坚实；投身无产阶级革命，不等于小资产阶级脱胎换骨。

瞿秋白这个中国共产党早期的最大理论家，并没有认真读过几本马克思主义著作。他反省："马克思主义的重要部分……我都没有系统地研究过。……我的一点马克思主义理论的常识，差不多都是从报章杂志上的零星论文和列宁的几本小册子上得来的。"（《多余的话》）

瞿秋白如此，等而下之的王明集团的小资产阶级知识分子们呢？

瞿秋白的反省，也是中国共产党的反省：没有系统的理论，难免自欺欺人；而脱离实践的自负与空谈，更贻害无穷。第五次反围剿的失败，便是沉痛教训。

其实，红军败于蒋介石百万大军，只是表像；事实上，不待蒋介石围剿，红军惨烈的内讧与自残，已经自己打败了自己。

那是苏联党内残酷斗争、无情打击的中国版。

王明被"斯大林模式"扶植上台，在六届四中全会上发出了极左的动员令："在全党展开政治斗争，从思想上、政治上、组织上全面彻底地改造党。"（转引自戴茂林、曹仲彬：《王明传》）

王明集团慷慨激昂地挥舞几篇共产国际的文件，祭之为尚方宝剑，然后"人剑合一"，自封为真理的权威，居高俯视，用"左"的冠冕堂皇，煽动小资产阶级狂热，将根据地的肃反斗争无限扩大，制造着革命队伍内部血淋淋的屠杀和惨兮兮的冤案——

红六安独立团肃反，1000人的团竟逮捕200多人，班长以上干部一律定为反革命；

红320团肃反，49名连以上干部全部被杀；

红73师肃反，逮捕3000多人；

红25军肃反，营以上干部全部被捕，大部被杀；

红4军肃反，两个多月杀害2000多人。包括两个师长、1个师政委、8个团长、5个团政委、25个营长、2/3的连指导员、1/3的排长，还有县委书记、特委委员……

成千上万人被错杀。"当时的小山上、沙坪里堆满了死尸，狗吃红了眼，……解放后在这里盖农场，挖的全是人骨头，并且这一块到处都是这样，很难找到没有骨头的地方。"

978-1-62265-934-0 (online)　　978-1-62265-935-7 (paper)　　　　　　　薛 道

不独瞿秋白、李立三、王明、博古左倾；即便毛泽东，也同样左倾。那使毛泽东声名狼藉的"富田事件"，便清晰地勾画出这个"山大王"——农民革命领袖难以挣脱的小资产阶级根性。

毛泽东断言"富农路线"统治党和军队，敌特渗入红色根据地政权。他强令红20军肃反，竟从副排长到军长，所有干部被捕，大部被杀。

肖克将军后来回忆："仅1930年11月至12月的一个多月里，在不到4万人的红一方面军内，打了4400多个AB团，杀了几十个。"

徐海东大将后来回忆：从1932年10月到1934年11月，鄂豫皖苏区4次大规模肃反，"全区共逮捕了3900多人，杀害了2500多人。"

贺龙元帅后来回忆："明知他们都是好同志，但就是救不了他们的命。"（以上数据及引文均见曹英：《红色档案系列之二：中共早期领导人活动纪实》）

为什么？

因为，"左"是共产党的命根子，是革命的普遍认同；离开了"左"，就没有中国革命，也就不需要共产党人。

共产党以弱小之旅，抗击旧势力虎狼之围，如果没有"左"的强力冲击，就无法杀出一条血路，夺来生存之地；而无产阶级政党作为新生力量，又具有不可遏止的生命活力，它天然地迸发着扫荡一切的青春朝气。

一旦失去这"冲击"与"朝气"，新生也就化为腐朽。

事实上，富农路线即右倾投降主义对革命队伍侵蚀巨大，敌特的渗透、反间、暗杀，也严重威胁红军的生存。

解放战争后期，蒋家王朝风雨飘摇，国民党整师整军整战区的起义，极大地改变了敌对双方的力量对比，缩短了中国革命的进程。相对而言，井冈山时期红军弱小，林彪尚且有"红旗能打多久"的疑问；而上海中央一个顾顺章的叛变，便几乎暗算了整个中共领导机构。所以，强敌环伺中的反水随时可能发生，红色政权随时可能毁于一旦。保持高度警惕并严厉肃反，绝对必要。

然而，矫枉过正，竟是历史不能更改的规律吗？

"极左"的自负、狂热与愚昧，演绎着"肃反"扩大化的闹剧，反过来戕害革命自身。徐向前元帅后来回忆："肃反"主要针对三种人：从白军过来的；地主富农家庭出身的；知识分子和青年学生。

清一色工农干部的要求，为压制不同意见、打击同志合法化。徐向前说："张国焘借口肃反，建立个人统治……陈昌浩就更凶喽，捕杀高级干部，有时连口供都不要。这个人干劲十足，但容易狂热。"（转引自曹英：《红色档案系列之二：中共早期领导人活动纪实》）

借肃反争权夺利，拉帮结派，乃至于任意罗织罪名，残酷杀戮，排除异己，成为共产党在自己队伍中埋下的李自成兵败、太平天国倾覆的隐患。

这隐患的制造，也便与李自成兵败、太平天国倾覆的原因相同——小资产阶级根性。

小资产阶级根性是私有制和私有观念赋予小生产者的特殊性。

私有制、私有观念与公有制、公有观念是对立的同一体。在小生产者身上，有着对公有制和公有观念的潜在认同，它表现为农民的善良、纯朴和反抗不平的义无反顾，因之是共产主义革命的天然同盟军；而私有制和私有观念的封建遗存，则赋予农民对个体利益的执着与眼界的狭隘，因之又是资产阶级革命谋求个性解放的亲密盟友。

小资产阶级知识分子便是农民小资产阶级的知识形态。

978-1-62265-934-0 (online)　　978-1-62265-935-7 (paper)　　　　　　　　薛　逎

当小资产阶级把自己等同于革命的时候，他能够以生命的付出表达对革命的忠诚；也能够以个人情感和偏见误导革命："左"的可敬、可爱，与"左"的可悲、可恨，交融在小资产阶级革命家的血液中。

"左"与"极左"没有绝对的界限。从罗伯斯庇尔的法国大革命到巴黎公社，从列宁的"战时共产主义"到斯大林的"大清洗"，从毛泽东的"延安整风"到文化大革命……"左"，无法逃离一个命定的归宿："虚拟了一个'极境'，是要陷入'绝境'的。"（鲁迅：《且介亭杂文二集·"题未定"草七》）

高处不胜寒。

小资产阶级必然地匍匐于"极境"之下。扫荡了旧权威，必然顶礼新权威。"对这种'新权威'的信念、信仰和忠诚心，越热烈，越纯粹，就越会变得激进得没有止境，也越会变得残酷。……他和他们之所以会对现实和他人进行彻底批判，就是因为把自己同'普遍价值'和'真理'视为一体的缘故。"（伊藤虎丸：《鲁迅与日本人》）

改造世界、改造别人是小资产阶级革命家们自诩的神圣使命。然而这样一来，也便把自己置于最广大"别人"的扫荡之列。

其实，在小资产阶级汪洋大海，谁也不能涤清自身的小资产阶级根性，成为真理的化身。

瞿秋白之初"悟"，在中国革命云卷风吼的大潮里，算不算另类的声音？"小资产阶级分子的心不但在一切种种穷人的肚子里有，就是在工人的肚子里也会有。"（《"忏悔"》）

瞿秋白之感慨，穿透中国共产党百年行程，是不是韵味犹浓？"我们党的一些干部，连我自己在内，太需要认真地读一些马克思列宁主义的著作了。"（转引自张琳璋：《瞿秋白》）

马克思主义的理论缺失，葬送了红色根据地，难道还将葬送共产党人的前程？

那是瞿秋白难忘的屈辱："看见一种不大好的现象，或是不正确的见解，却还没有人出来指摘，甚至其势汹汹的，大家认为这是很好的事情，我也始终没有勇气说出自己的怀疑。优柔寡断，随波逐流。"（《多余的话》）

如此"不争论"，可谓全党之辱。

瞿秋白自责没有抵制王明集团的恣意妄为；然而，多少红军干部战士倒在"抵制"的屠刀下，连后来鼓动"反潮流是马克思主义一个原则"的毛泽东，此时尚且韬光养晦，隐而不发，何况已被挑落马下降职酌用、只能在教育人民委员任上"帮闲"的瞿秋白呢？

瞿秋白痛心于"左倾"的泛滥：在肆无忌惮的"扣帽子"、"打棍子"的威迫下，"我早已成为十足的市侩——对于政治问题我竭力避免发表意见，中央怎样说，我就依着怎样说。认为我说错了，我立刻承认错误，也没有什么心思去辩白，说我是机会主义就是机会主义好了。"（《多余的话》）

在他临刑之际，红军已经长征远去，而王明集团依然严重地戕害革命。"被拉出队伍"在病残中被俘的瞿秋白，如何阻止王明集团的劣行？而王明集团将革命引向何处？

共产主义是瞿秋白至死不变的信仰。但是，共产主义能够在小资产阶级知识分子引领下实现吗？

当年，国际工人运动的著名领袖拉法格夫妇在 80 高龄之际，目睹第二国际修正主义泛滥，无论在身体上还是理论上都感到无能为力，最终自杀殉志。

978-1-62265-934-0 (online)   978-1-62265-935-7 (paper)   薛 道

瞿秋白是不是有着与拉法格夫妇相近的心态：生命，"最好是趁早结束了吧。"（《多余的话》）

然而，瞿秋白难以释怀：在中国革命中，伴随着无产阶级革命对小资产阶级的升华，是小资产阶级对无产阶级革命的曲解。

在《〈鲁迅杂感选集〉序言》中，瞿秋白已经反思："德国的皮哈曾说过：一些小集团居然自以为独得了'工人阶级的文化代表的委任状'——包办代表事务。这大概是'历史的误会'。"

这是不是对沉溺于"误会"中的王明、博古、张闻天们的警示？进而言之，是不是对周扬、田汉、夏衍、阳翰笙等"四条汉子"们的警示，是不是对江青、张春桥、姚文元、王洪文等"四人帮"们的警示？

不用说，瞿秋白象后来毛泽东维护"四人帮"那样维护左派。他说：那些挞伐鲁迅的创造社、太阳社们，"是有客观上的革命意义的。"（《〈鲁迅杂感选集〉序言》）

因为，革命从来不会"四平八稳"，革命总被小资产阶级激情甚至冲动所鼓舞，聚起冲决罗网的烈焰。"独有现代式的小资产阶级知识阶层的萌芽，能够用对于科学文明的坚决信仰，来反对这种复古和反动的预兆。"（瞿秋白：《〈鲁迅杂感选集〉序言》）

但是，如果小资产阶级知识分子自诩"独得了工人阶级的文化代表的委任状"，独得了中国革命的领导权，那可真是"历史的误会"。

"秀才造反，十年不成。"

文人，大抵两种角色——"帮忙"或者"帮闲"。"所谓'文人'正是无所用之的人物。……是中国中世纪的残余和'遗产'——一份很坏的遗产。……不幸，我自己不能够否认自己正是'文人'之中的一种。"（《多余的话》）

陈独秀、瞿秋白、李立三、王明纷纷落马，成为"多余的人"，终非人力所为，实乃中国革命的必然。

不仅如此，当蒋介石把"早产"的工人革命打出原形，中国革命终于认同自身的农民性质时，甚至工人出身的共产党总书记向忠发也便无所事事，成了"多余的人"。

五•四成为历史，小资产阶级知识分子的使命已经完成。江山代有才人出，各领风骚数十年。

在 1928 年共产党六大，瞿秋白"屡次想说：'你们饶了我吧，我实在没有兴趣和能力负担这个领导工作。'"但他无法推卸自身的担子。"当时形格势禁，旧干部中没有别人，新干部起来领导的形势还没有成熟。"（《多余的话》）

瞿秋白期待历史转折的承载者。

毛泽东呼之欲出。

瞿秋白指出了毛泽东之路："中国革命家都要代表三万万九千万农民说话做事，到前线去奋斗，毛泽东不过开始罢了。"（《湖南农民革命•序》）

不是遵义会议选择了毛泽东，不是周恩来、王稼祥、张闻天选择了毛泽东，而是中国革命选择了毛泽东，中国"三万万九千万农民"选择了毛泽东。

瞿秋白说："中国革命的中枢是农民革命。"（《中国革命的根本问题》）

毛泽东说："中国的革命实质上是农民革命。"（《新民主主义论》）

事实上，当中国共产党从统一战线转为武装斗争，便已经宣布陈独秀历史使命的终结；而瞿秋白，则是为着终结的过渡。

当武装斗争从城市暴动向农民革命转换，时代呼唤"绿林好汉"，中国共产党需要山大王。

中国革命尽管纳入无产阶级革命的国际大潮，毕竟是农民革命。小资产阶级知识分子如何领导农民革命走向胜利？

孙中山不能，陈独秀不能，瞿秋白也不能。

农民革命需要具有农民气质、农民思维和农民本能的农民自己的领袖。当这样的领袖融会在时代精神和科学的感召中，超越农民自身"改朝换代"的旧观念，才在中国历史上第一次赢得农民革命的胜利。

然而，胜利的农民革命同样不能荡涤自身的小资产阶级性。

中国革命和中国共产党的基本构成，从来不是毛泽东期待的"应是无产阶级先进分子所组成"，甚至不是"无产阶级分子"，而是农民小资产阶级和穿长衫或穿西服的农民——小资产阶级知识分子。毛泽东说的很保守："在我们党内有相当数量的小资产阶级成分。"（见曹英：《红色档案系列之二：中共早期领导人活动纪实》）

中国共产党是无产阶级与小资产阶级在对立中的同一体。

中国共产党的小资产阶级基本构成，使它与广阔的小资产阶级社会保持恒久联系，从而有着牢固的社会基础和群众条件；它的无产阶级宗旨，则使它引领小资产阶级向社会主义进步成为可能。

中国共产党的小资产阶级基本构成，使它具有了向资产阶级转化的条件，具有了"党内走资本主义道路当权派"孳生的土壤；它的马克思主义指导思想，则使它承受着自我改造自我救赎的鼓舞，也承受着坚持无产阶级革命的庄严。

事实上，世界各国工人政党，没有哪个党真正挣脱了小资产阶级束缚。

从第一国际的普鲁东派、巴枯宁派、布朗基派和英国工联，到第二国际的法国社会党、英国工党、德国社会民主党，再到以苏联为首的第三国际，实际上都是无产阶级与小资产阶级在对立中的同一体。

《共产党宣言》规定了社会主义政党的历史方向，但在小资产阶级汪洋大海的苏东和中国，不会有纯粹的无产阶级政党；即如普遍工人化的欧美社会，基于工人的小资产阶级地位，同样不会有纯粹的无产阶级政党。

因此，自我革命，从来是工人政党不可或缺的护身法宝和激发活力的生命能。

毛泽东的文化大革命便是这样的法宝和生命能。它再一次以惊心动魄的实践，为30年前瞿秋白《多余的话》作注——撕裂工人政党自诩的"神圣"，刺痛工人政党的神经，以震撼心灵之伟力，为世界共产主义运动开辟一条"再革命"之路。

而瞿秋白《多余的话》，以对中国革命——小资产阶级革命的深刻反省，不但揭示了无产阶级和资产阶级争夺对小资产阶级领导权的艰巨性，揭示了新民主主义即纳入无产阶级革命范畴的小资产阶级革命的二重性，同时也揭示了30年后毛泽东"无产阶级专政下继续革命"的阶级根源、社会根源和历史根源。

不许历史重演！

辛亥后的革命党们，忙着建设新的等级压迫；五四后的革命党们，忙着建设新的等级压迫；建立红色政权的共产党，也忙着建设新的等级压迫么？

瞿秋白期待——"吃过狼奶的罗谟鲁斯未必再去建筑那种可笑的煞有介事的罗马城，更不愿意飞上天去高高的供在天神的宝座上，而完全忘记了自己的乳母是野兽。……他终于……回到狼的怀抱来。"（《〈鲁迅杂感选集〉序言》）

共产党人，必须回归狼的怀抱，必须记起"自己的乳母是野兽"，必须踏着鲁迅的足迹，"回到故乡的荒野，在这里找着了群众的野兽性。"（瞿秋白：《〈鲁迅杂感选集〉序言》）

978-1-62265-934-0 (online)   978-1-62265-935-7 (paper)

广大劳动人民向着压迫者的反抗和斗争，便是这种"野兽性"。

瞿秋白为共产党人指引了一条荒野回归路："从我的一生，也许可以得到一个教训：要磨练自己需有非常巨大的毅力，去克服一切种种'异己的'意识以至最微细的'异己的'情感，然后才能从'异己的'阶级里完全跳出来，而在无产阶级的革命队伍里站稳自己的脚跟。"（《多余的话》）

——为自我改造而忧！

瞿秋白甩出串串鞭花，鞭影憧憧里血肉横飞……瞿秋白鞭挞的是自己。

中华血祭变革，"自嗣同始"；中国共产党人自我解剖，自秋白始。瞿秋白的"革命之忧"从此具有了侔同天地的广博与沉重。

瞿秋白笔重泰山："像我这样的性格、才能、学识，当中国共产党的领袖确实是一个'历史的误会'。我本来只是一个半吊子的'文人'而已，直到最后还是'文人积习未除'的。"（《多余的话》）

试问天下，从专家、学者到"知识精英"，有几个不是"半吊子文人"？人类知识浩如烟海，有限人生能取几何？然而有几个敢如、肯如秋白者，对自身知识的局限如此自白，而将"先驱者"的光环、抑或"大师"的冠冕弃如敝屣。

瞿秋白尽吐肺腑："对于政治，从1927年起，就逐渐减少兴趣，到最近一年，实在完全没有兴趣了。……十几年为着'顾全大局'勉强负担一时的政治翻译、政治工作，而一直拖延下来，实在违反我的兴趣和性情的结果，这真是十几年的一场误会，一场噩梦。"（《多余的话》）

撕碎了虚伪，撕开了自我。瞿秋白公示内心深处对个体利益、兴趣、性情的迷恋，还原了一个小资产阶级革命家的"堕落"。但我们同时却看见了一个没有伪善光环的真实的革命者：为了党，为了人民，为了革命，他是怎样走过一条克制自我、战胜自我的坎坷路。

瞿秋白挖掘思想根源：尽管家境落魄，但赖于家族庇护，自己小时过着衣来伸手、饭来张口的剥削生活，"没有亲手洗过衣服、烧过一次饭"，"我的绅士意识——就算是深深潜伏着表面不容易觉察吧——其实是始终没有脱掉的。"（《多余的话》）

名重国共两党和共产国际的无产阶级革命领袖，竟然"始终没有脱掉绅士意识"，这对那些盖棺论定的"伟大的无产阶级革命家"们，岂非残酷的幽默？

瞿秋白呀瞿秋白，你死就死呗，干吗留给后人些许尴尬？

然而这实在不是尴尬。

这是无产阶级革命和"无产阶级专政下继续革命"不能不跨过的关口——自我意识和自我改造。

这是刀山火海的炼狱之劫。

如果说，耶稣被罗马士兵和他的同胞钉上十字架；那么，瞿秋白则是自己把自己钉上十字架。

如果说，耶稣被冰冷的长钉穿透手掌脚踝，备受筋断骨碎的剧痛；那么，瞿秋白竟千刀万剐"剜却心头肉"，那是怎样撕心裂肺的苦楚！

瞿秋白解剖自己：无产阶级人生观"同我潜伏的绅士意识、中国式的士大夫意识，以及后来蜕变出来的小资产阶级或者市侩式的意识，完全处于敌对的地位。……这两种意识在我内心里不断的斗争，也就浸蚀了我极大部分的精力。我得时时刻刻压制自己的绅士和游民式的情感，极勉强地用我所学到的马克思主义的理智来创造新的情感、新的感觉方法。可是无产阶级意识在我的内心是始终没有得到真正的胜利的。"（《多余的话》）

17

瞿秋白不是天生的共产主义者，甚至不是"心甘情愿"的共产主义者。他终生苦恼于"二元世界观"的折磨，他始终徘徊在政治与文学、无产阶级与小资产阶级之间，他真实地走出一条共产主义者的心路历程。

那么，有谁是天生的、或者"心甘情愿"的共产主义者？

连耶稣不都是在自我改造中成为上帝的吗？

走向十字架之前，耶稣为着死亡的恐惧，大汗淋漓，踟蹰趑趄，他三次祷告，三次战胜自己的怯懦，才终于昂头赴死。（见《新约·马太福音》）

这是一个真实的耶稣。

在私有制、私有观念横行之天下，能有几人可以脱颖？因此，当马克思、恩格斯发表《共产党宣言》时，实际上给自己、也给他们的党套上一个枷锁——自我革命！

在世界人民没有砸碎脖子上被压迫的枷锁之前，共产党人无权砸碎自己脖子上自我革命的枷锁——这是从共产党"祖师爷"那里传承下来的金刚戒。

100 多年来，全世界因为共产党人的这个精神而鼓舞。

21 世纪，全世界因为共产党人的这个精神而期待！

这是直面人生的精神。"中国的文人，对于人生，——至少是对于社会现象，向来就多没有正视的勇气。"（鲁迅：《坟·论睁了眼看》）

因为"正视"本身，就是艰苦的自我批判。瞿秋白是经过长期的"自欺欺人"和激烈的思想斗争之后，才终于在临刑前将内心的丑陋示众："八七会议之后我没有公开说出来，四中全会之后也没有说出来，在去年我还是决断不下，一直延迟下来，隐忍着。甚至对之华（我的爱人）也只偶然露一点口风，往往还要加一番弥缝的话。没有这样的勇气。"（《多余的话》）

瞿秋白挥鞭抽向自我，鞭鞭见血——

"我已经退出了无产阶级的革命先锋的队伍，已经停止了政治斗争，放下了武器，假使你们——共产党的同志们——能够早些听到我这里写的一切，那我想早就应当开除我的党籍。像我这样脆弱的人物，敷衍、消极、怠惰的分子，尤其重要的是空洞的承认自己错误而根本不能够转变自己的阶级意识和情绪……如何还不要开除呢？"（《多余的话》）

"我正是一个最坏的党员，早就值得开除的。因为我对中央的理论政策不加思索了。"（《多余的话》）

"我的根本性格，我想，不但不足以锻炼成布尔什维克的战士，甚至不配做一个起码的革命者。"（《多余的话》

——用一句鲁迅的话，也许可对瞿秋白盖棺论定："或者还是知道自己之不甚可靠者，倒较为可靠吧。"（《华盖集·导师》）

长风落日，见证瞿秋白的"可靠"，那一声痛苦而真挚的哀叹，永恒地定格于共产主义运动的历史中："我始终不能克服自己的绅士意识，我终究不能成为无产阶级的战士。"（《多余的话》）

亲爱的瞿秋白呵，你太认真了！

问世间竟有几人，能如你这般把"无产阶级"4 字看得如此珍贵，如此纯洁，如此不能玷污分毫。

如果你的战友或者你的党徒，真能如你这般，则无论苏东与中华，断不会有社会主义败绩，也断不会给资产阶级和他们的"知识精英"们在弹冠相庆之余，还能振振有词地把共产党和社会主义奚落一番。

瞿秋白，你对于共产主义，该是怎样近乎固执的虔诚！

瞿秋白，你抱定牺牲信念而绝不投降，却为什么不肯留后世一个大无畏的英雄形象，偏要剥出一个渺小的"我"："你们早就有权利认为我也是叛徒的一种。如果不幸而我没有机会告诉你们我的最坦白最真实的态度而骤然死了，那你们也许还把我当作一个共产主义的烈士。……虽然我现在很容易装腔作势慷慨激昂而死，可是我不敢这样做。我骗着我一个人的身后不要紧，叫革命同志误认叛徒为烈士却是大大不应该的。我决不愿意冒充烈士而死。"（《多余的话》）

——感天动地，催人泪下！

瞿秋白不是烈士，是叛徒。

然而，耶稣不是叛徒吗？马克思不是叛徒吗？鲁迅不是叛徒吗？毛泽东不是叛徒吗？

耶稣背叛犹太民族的"爱国主义"，以至于他的同胞齐声怒吼："打死他！"

马克思愤慨于工人运动中流行的"马克思主义"，他说："我只知道我不是马克思主义者。"

鲁迅建树了"中国新文学的第一座纪念碑；……他的确成了'青年叛徒的领袖'。"（瞿秋白：《〈鲁迅杂感选集〉序言》）

毛泽东倾毕生心血结晶的文化大革命被否定，意味着他在"三七开"的虚晃一枪中"被拉出队伍"；而他临终前无奈的遗言：文化大革命拥护的不多，不也是对"被拉出队伍"的认同。

"叛徒"二字，在瞿秋白沉痛的自我批判里，孕育着新生的期待。

这是对私有制和私有观念的背叛！这是对小资产阶级意识的救赎！这是为着"人类精神"的伟大超越！

为"叛徒"的丰碑！

临刑前的瞿秋白留下《多余的话》，临刑前的太平天国忠王李秀成留下《自述》。二者珠联璧合，竟是"叛徒"铁证！

瞿秋白——李秀成，异曲同工，却在同一中对立。

李秀成在《自述》中，沉痛反省太平天国败绩：万千英雄慷慨悲歌，血沃中华大地，却终不免农民私有者的根性，等级压迫，争权逐势，乃至互相屠戮，"尽将东王统下亲戚属员文武大小男妇进行杀净……，势逼太甚，各众内乱，并合朝同心将北王杀之。"（《李秀成自述》）

天国内讧，四分五裂。在内斗中耗尽生机。

《自述》并不是对生命的挽留；然而，不管是策反曾国藩图谋恢复汉室，还是诈降蓄意重整旧山河，抑或为保全天国余部免遭杀戮，甚至真的服膺曾国藩"愿效老中堂之马前"，实际上，李秀成已从农民起义对天下大同的理想空幻，完成了对中国传统儒家思想体系的现实回归。

农民阶级与地主阶级在对立中，并不能免其同一性。《李秀成自述》实际上确认了农民革命向私有制和私有观念的投降。

瞿秋白则倾心于马克思主义为人类大同指引的科学之路，他以对旧势力旧观念的深刻批判和艰苦脱壳，拨亮公有制和公有观念的理想之光。

李秀成英雄末路，回眸处，留一腔对孔夫子"善的等级制"的依恋。

瞿秋白万缘俱寂，抬望眼，飘一缕超越自我、升华自我的绮思。

李秀成慷慨赴死，心有不甘。

瞿秋白坦然就义，"是真快乐"。（临终遗言，见张琳璋：《瞿秋白》）

瞿秋白自诩为历史新潮流的一朵浪花，他欢快地跳跃过，他融入这大潮中，与大潮同逍遥。

"死去原知万事空，但悲不见九州同。王师北定中原日，家祭毋忘告乃翁。"陆游难舍爱国情，临终《示儿》，遗一份儒家入世的固执。

"眼底云烟过尽时，正我逍遥处。"瞿秋白则将佛、道的超脱，给予共产革命同天同地同宇宙的本质升华。

"纵浪大化中，不喜亦不惧。应尽便须尽，无复独多虑。"（陶渊明：《形影神赠答诗》）

共产主义运动乃人类大化之浪，无论你反对还是赞同，自在其中。

所以，李大钊在绞刑架下，泰然自若；陈独秀被捕，管它生死，且一酣睡。

所以，恩格斯嘱将骨灰汇入大海；而周恩来撒下对中华的牵挂。

鲁迅则以别样的方式："他没有给自己造一座塔，把自己高高供在里面，他却砌了一座坟，埋葬他的过去，热烈的希望着这可诅咒的时代——这过渡的时代也快些过去。"（瞿秋白：《〈鲁迅杂感选集〉序言》）

鲁迅埋葬了自己！

瞿秋白担起了清道的责任。"先驱者本是容易变成绊脚石的。"（鲁迅：《集外集拾遗•新的世故》）

瞿秋白搬开了自己！

从旧时代向新时代过渡的先驱者引领历史潮流，也不能免旧时代的腐气。因此，为着憧憬的新时代满园花灿免致玷污，竟不肯"它在丛中笑"。

耶稣之死，为着复活；瞿秋白之死，为着新生。

瞿秋白说："我不怕人家责备，归罪，我倒怕人家'钦佩'。但愿以后的青年不要学我的样子，不要以为我以前写的东西代表什么什么主义的。"（《多余的话》）

鲁迅同怀。

鲁迅说："这人如果以我为是，我便发生一种悲哀，怕他要陷入我一类的命运；倘若一见之后，觉得我非其族类，不复再来，我便知道他较我更有希望，十分放心了。"（《致李秉中》）

鲁迅寄希望于青年，瞿秋白也寄希望于青年。

——那是自省中奋然前行的青年。

鲁迅标识了对自我的厌恶。瞿秋白也标识了对自我的厌恶。

——那是对吃人的旧社会和旧观念的厌恶。

背着因袭重担的瞿秋白，走过一条艰难回归路：从自我生计之"忧"，升华为中华民族之"忧"，落实到中国革命之"忧"，最后回归自我改造之"忧"。

自我，在"忧"中救赎。

青年鲁迅曾写道："奥古斯丁也，托尔斯泰也，约翰卢骚也，伟哉其自忏之书，心声之洋溢者也。"（《集外集拾遗补编•破恶声论》）

惜乎晚年鲁迅没能看到瞿秋白的"自忏之书"，《多余的话》其可与奥古斯丁、托尔斯泰、卢梭并列，当无愧。

瞿秋白引领中国共产党的救赎，引领整个人类的救赎。

> "知我者，
> 谓我心忧；
> 不知我者，
> 谓我何求。"
> —— （《诗经•黍离》）

2、旗手之一：为文化专制呐喊

毛泽东说："鲁迅是中国文化革命的主将……鲁迅的方向，就是中华民族新文化的方向。"（《新民主主义论》）

什么是"中华民族新文化的方向"？

无产阶级专制！

有人愤愤不平：鲁迅被专制利用。

错了！

不是鲁迅被专制利用；而是鲁迅的根本属性——专制。

毛泽东激烈地反对专制；然而他是专制的。

鲁迅激烈地反对专制；然而他也是专制的。

鲁迅与毛泽东的心，是相通的。

鲁迅倾毕生心血，开拓一条文化专制之路，为工农大众，为无产阶级，也为毛泽东。

鲁迅是中国封建社会政治专制与文化专制的产物。他潜在地认同专制。

在鲁迅笔下，中华子孙并非只有对奴性的认同。

《阿Q正传》中，阿Q仇恨剥削者的专制，却将自己的专制施之于比他弱的小尼姑；《祝福》中，祥林嫂为自身的解放反抗专制，却最终跪倒在专制的淫威下；《离婚》中，爱姑尽管激烈地抗争低档次的专制，却由衷地认同高一级的"七大人"的专制。

穿长衫的农民和穿西服的农民同样如此。

《在酒楼上》的吕纬甫、《孤独者》魏连殳，其反专制的摧枯拉朽之暴烈，无愧五四运动猛士之列，然而，最终也以不同方式认同了专制。

吕纬甫、魏连殳，不就是另一个鲁迅吗？

专制与奴性是对立的同一体。

鲁迅以对家长专制的奴性屈从，吞咽下母爱塞给他的无爱的婚姻；同时以专制的无情，与旧式妻子分居，逼迫母亲终生的奴性承受。

鲁迅以对旧礼教的奴性屈从，接纳了朱安这位旧式贤妻；同时以专制的无情，给予朱安，也给予自己无爱的冷漠。

那么鲁迅对新式妻子呢？

许广平，那是鲁迅爱的烈焰。许广平婚后想寻一份职业，却被鲁迅灌注一份情感的专制，留做了家庭后勤总管。

鲁迅是封建家庭的长子，他的双肩，早已被安放了家长专制的重担。长兄如父。鲁迅对兄弟的专制明目张胆。它给予鲁迅终生咀嚼的苦果，也给予鲁迅终生的精神自残。

那是童年往事：幼弟沉迷于天上遨游的风筝，却无钱买，馋涎至极，自己动手做，费尽心血，终将完成，却被鲁迅发现，一阵手扯脚踏，弄得稀烂。看着幼弟悲痛欲绝，鲁迅扬长而去。

童稚的心灵是单纯的。成年后的周建人早已忘却了兄长的专制虐杀。然而鲁迅不能忘："二十年来毫不忆记的幼小时候对于精神的虐杀这一幕，忽地在眼前展开，而我的心也仿佛同时变了铅块，很重很重地堕下去了。"（《野草·风筝》）

不同于周建人。二弟周作人的反抗则激烈至于畸形。兄弟参商，终身绝交，排除那些偶然因素，深层次的原因是不是周作人长足发展独立意志后，对兄长专制的忍无可忍。

然而，鲁迅专制是伟大的专制！

那是爱的专制——

因为爱母亲，所以接受母亲无爱的婚姻；

因为爱的责任，所以不强迫旧式妻子离婚，反而承担朱安终生的生活赡养；

因为爱的使命，所以鼓舞许广平共同担起抗争旧势力的自觉；

因为爱的崇高，所以折杀幼弟的玩物之心，强迫培养周建人的向学之志。

因为爱到深处，许是包办乃至强迫了周作人的个人意志。当鲁迅为周作人病重而担惊受怕、急迫寻医时，当鲁迅放弃自己的学业而打工资助周作人的学业时，当鲁迅无怨地支撑周作人新婚的经济负担时，给予周作人的，该是怎样倾心付出的兄弟情浓；而周作人的坦然接受，又该萌生怎样的娇纵！

周作人以自利为中心的平和，未始没有兄长溺爱的性格养成；而他耻辱的汉奸之因，则不能说没有兄长溺爱所埋下的娇纵种子。

能够施以溺爱者，是怎样的专制——

情愫深深深几许？浪迹天涯的鲁迅，曾洒尽一片月白，倾泻下怀念亲弟的悲苦："梦魂常向故乡驰，始信人间苦别离。夜半倚床忆诸弟，残灯如豆月明时。"（《别诸弟》）

爱的专制——私有制下照暖人间世的太阳！

《旧约》中的耶和华以对犹太人的惩恶扬善，展示"父爱"的专制与威严；释迦牟尼礼赞的转轮圣王，以通天通地的爱，灌注下惩恶扬善的专制；伊斯兰世界更以"真主"的专制之爱，谕下一部惩恶扬善的《古兰经》。

爱的专制，同样是中华儒学传统的深刻内涵。

鲁迅是中国旧文化的承载者。好的和坏的，善的和恶的。"自己背着因袭的重担，肩住了黑暗的闸门，放他们到宽阔光明的地方去。"（《坟·我们现在怎样做父亲》）

"肩住黑暗的闸门"——没有新专制之伟力的自信与自许，如何"肩住"旧专制之"黑暗闸门"的千钧迫压？

"背着因袭的重担"——那是专制和奴性的重担。然而，"横眉冷对千夫指，俯首甘为孺子牛"。专制并非只是恶，也有善；奴性并非只是屈辱，也有崇高。

鲁迅期待专制："此后如竟没有炬火，我便是唯一的光。倘若有了炬火，出了太阳，我们自然心悦诚服的消失，不但毫无不平，而且还要随喜赞美这炬火或太阳，因为它照了人类，连我都在内。"（《热风·随感录四十一》）

为着爱的专制！

这是耶稣的"救世主"要求，这是耶稣前驱施洗约翰的要求。

鲁迅绝望于旧中国恶的专制："中国大约太老了，社会上事无大小，都恶劣不堪，象一只黑色的染缸，无论加进什么新东西，都变成漆黑。"（《致许广平》）

鲁迅深陷于社会变革的焦虑：从黑暗向光明，只需跨过一个门坎。"他们可是父子兄弟夫妇朋友师生和各不相识的人，都结成一伙，互相劝勉，互相牵掣，死也不肯跨过这一步。"（《呐喊·狂人日记》）

鲁迅为中国的"国民性"而悲哀："群众，——尤其是中国的，——永远是戏剧的看客。"（《坟·娜拉走后怎样》）

在散文《野草·复仇》中，鲁迅更冷冷地嘲弄了大批拥挤着期待目睹赤裸勇士或厮杀或拥抱或悲壮或滑稽的无聊看客。

鲁迅喟叹："人群之内，明哲非多，伧俗横行，浩不可御，风潮剥蚀，全体

978-1-62265-934-0 (online)　　978-1-62265-935-7 (paper)　　　　　　　　薛 遒

以沦于凡庸。"（《坟·文化偏至论》）

　　鲁迅期待："惟超人出，世乃太平。苟不能然，则在英哲。……与其抑英哲以就凡庸，曷若置众人而希英哲？"（《坟·文化偏至论》）

　　朱寿桐质疑：鲁迅的"'英哲'是要能'一导众从'的，是能统治'凡庸'之辈的，这岂不又有导致新的专制政治之嫌？"（《孤绝的旗帜》）

　　不错。鲁迅正是服膺着"新的专制"。他热烈地拥护尼采，期待几个卓异之人横空出世救中国："'个人的自大'就是独异，是对庸众宣战，——一切新思想，多从他们出来，政治上宗教上道德上的改革，也从他们发端。"（《热风·随感录三十八》）

　　英雄创造历史。

　　那是怎样崇高的英雄观呵！

　　从柏拉图的哲学王、释迦牟尼的转法轮、孔丘的圣人、耶稣的救世主、穆罕默德的安拉，直到加尔文、克伦威尔、拿破仑、华盛顿和埋葬上帝的尼采，以及近现代中国的洪秀全、康有为、孙中山，英雄们以傲视天下的豪情，书写下历史的鸿篇巨制。

　　所不同的，唯心史观仅仅看到英雄的光彩，唯物史观则从英雄的背后看到了人民意志、人民力量。英雄是人民创造历史的表现形态。

　　人民呼唤英雄，创造英雄，于是英雄出。

　　五四时期是一个呼唤英雄的时期。在这样的时期，"以先觉者自负的，亦不惟鲁迅。以独断论的方式倡导政治民主，怀疑一切而不怀疑自己，几乎是五四知识分子的共性。"（辛晓征：《鲁迅》）

　　从对先觉者专制的期待，到激情四溢地为"人权、民主、自由"呐喊，五四运动在外来文化的冲击下，张扬着颠覆旧文化的彻底革命精神；然而这"革命精神"却昙花一现。

　　20 世纪的中国，不具备"人权、民主、自由"的社会土壤。

　　当五四运动从呼啸奋进转而平静，再转而彷徨与迷茫，然后必然地向中国现实社会的深处下潜时，它便在一声无可奈何的长叹之后逐渐清醒：中国社会是一个遍布封建关系、遍布分散小生产者的专制社会。

　　那么，专制能不是五四运动的归宿吗？

　　被抽象的自由与人权所激动的五四精神，别无选择，只能回归专制。或者向资产阶级专制脱壳，或者向无产阶级专制脱壳。换句话说，或者是新剥削阶级的专制，或者是被压迫阶级的专制。

　　鲁迅是新专制的倡导者。

　　五四运动的主将胡适、陈独秀同样是新专制的倡导者。

　　什么是"新专制"？

　　就是开明专制。即遵从民众意志、为大多数人谋利益的专制。梁启超定义："以新专制之客体利益为标准，谓之开明专制。"（《饮冰室文集》转引自胡适：《再论建国与专制》）

　　陈独秀以家长独裁为初生的中国共产党涂满新专制底色，共产党元老李达便曾"为表示对陈独秀独断专行的抗议愤而脱党"（见严昌、阳雪梅：《刘少奇谋略》）。

　　胡适为他"民主、自由"之革新精神开道的也是新专制。他的《在北大开学典礼上的讲话》慷慨激昂："我想要做学霸，必须造成像军阀、财阀一样的可怕的有用的势力，能在人民的思想上发生重大的影响。"（转引自钱理群：《与鲁迅相遇》）

——文化专制！

不能说胡适没有救中国、救人民的崇高理想。他的专制是中华民族几千年殷殷目光期待好皇帝的变通！他说："现代政治的问题不是如何限制政府的权限的问题，乃是如何运用这个重要工具来谋最大多数的福利的问题。"（《五十年来之世界哲学》）

钱理群评论道：胡适主张"依靠国家强权和强有力的政治领袖，实行社会总动员和高度组织化，以集中全国人力物力实现现代化。"（《与鲁迅相遇》）

胡适的国家观与毛泽东的国家观有区别么？

胡适的"开明专制是特别英杰的政治"，是"新式独裁"；"民主政治是幼儿园的政治，现代式的独裁是研究院的政治。"（《中国无独裁的必要和可能》）他说："专擅一个偌大的中国，领导四万万个阿斗，建设一个新的国家起来，这是非同小可的事，决不是一班没有严格训练的武人政客所能梦想成功的。"（《再论建国与专制》）

钱理群评论道："胡适并不回避，他所提倡的'专家政治'就是'开明专制'，他称为'现代式的独裁'或'新式的独裁政治'。"（《与鲁迅相遇》）

胡适的专制与毛泽东的专制是不是殊途同归？

反抗不民主的旧专制，需要为民主的新专制。中国资产阶级思想领袖并不沉迷于"民主、自由"的空谈，而将立论放在对中国现实的深邃把握和清醒认识上。

然而，胡适冀望少数"政治精英"，毛泽东冀望人民群众；胡适为少数"政治精英"代言，毛泽东为人民群众代言。

于是，资本主义专制与社会主义专制也就泾渭立现。

那么，鲁迅是毛泽东同道，还是胡适一党？

胡适强辩："鲁迅是我们的人……是个自由主义者"（见张宁：《无数人们与无穷远方：鲁迅与左翼》）

不错。鲁迅与胡适，不失同一性。

他们有着相同的对人类解放一以贯之的追求。胡适晚年，并不放弃他的政治主张："一个国家的统治权必须放在多数人民手里。"（《自由主义》）

胡适不失对被压迫阶级的由衷关怀，甚至在蒋介石白色恐怖的 1928 年，著文《五四运动纪念》，公然表达对被迫害的共产党人的真挚同情。

然而，鲁迅与胡适，又是对立的。

鲁迅与被压迫阶级血肉相连，终生仇视"阔人"，抗争"上等人"，鼓动底层"愚民"造反，冀望人民革命颠覆特权专制，自己解放自己。

胡适则终生以"上等人"的自负，傲慢地俯视"下等人"，他寄托于旧的特权专制的改良，训导"知识精英"们从上面将"民主、自由"赐给下层"愚民"。

胡适不能放弃剥削阶级的既得私利，他的呼吁"约法"和"人权"，他的"人类之爱"和"自由主义"，必然向特权剥削倾斜，终于堕入伪善。

1934 年，胡适言之凿凿："我可以断断的预言：中国今日若真走上独裁的政治，所得的决不会是新式的独裁，而一定是那残民以逞的旧式专制。"（《答丁在君先生论民主与独裁》）

话音刚落，胡适和他的"专家"们就一头扎进蒋介石独裁政权的怀抱，做成了大资产阶级统治集团的高官。他们背弃理想的崇高，背弃"民主、自由"，背弃"最大多数的福利"，成为"旧式专制"的帮凶，乃至帝国主义强盗的同谋。

"文化班头博士衔，人权抛却说王权。……虐政何妨援律例，杀人如草不闻声。"（《伪自由书·王道诗话》）这是鲁迅对特权剥削专制之帮凶胡适的恨恨之声，胡适和他的伪自由主义者"之徒"们难道没有掂量掂量吗？

更甚者，"胡适博士不愧为日本帝国主义的军师"，竟向侵略者献出"出卖灵魂的秘诀"。什么秘诀呢？胡适写道："日本只有一个方法可以征服中国，即悬崖勒马，彻底停止侵略中国，反过来征服中国民族的心。"（鲁迅：《伪自由书•出卖灵魂的秘诀》）

尖刻的鲁迅入木三分，在一瞥之间，将胡适和他的"知识精英"们与旧专制沆瀣一气的阴暗心理昭然天下。

"新专制"堕落为旧专制的附庸，五四主将倒戈为大资产阶级专制捧场，怎不令鲁迅唏嘘：中国的革新，"难道竟不过老是演一出轮回把戏而已么？"（《华盖集•忽然想到•四》

冷眼觑着向国民党独裁政权屈膝而矮了半截的胡适，鲁迅顶天立地，向旧专制掷去投枪。

——鲁迅对封建专制的攻击是凶猛的。

因为从旧营垒中杀出，鲁迅的反戈便如毒龙喷火："这历史没有年代，歪歪斜斜的每叶上都写着'仁义道德'几个字。我横竖睡不着，仔细看了半夜，才从字缝里看出字来，满本都写着两个字是'吃人'！"（《呐喊•狂人日记》）

一部中华史，一部专制吃人史！几千年积淀给炎黄子孙的竟是厚重的屈辱："一、想做奴隶而不得的时代；二、暂时做稳了奴隶的时代。"（鲁迅：《坟•灯下漫笔》）

鲁迅期待着历史上第三样时代，即被压迫人民翻身解放新时代的到来。

——鲁迅对军阀专制的攻击是凶猛的。

1926 年 3 月 18 日，"段祺瑞政府使卫兵用步枪大刀，在国务院门前包围虐杀徒手请愿……至数百人之多……如此残虐险狠的行为，不但在禽兽中所未曾见，便是在人类中也极少有的。"（鲁迅：《华盖集续编•无花的蔷薇之二》）

报仇！报仇！

鲁迅直面屠刀，抛却安危，怒吼着雪恨的誓言："如果中国还不至于灭亡，则以往的史实示教过我们，……血债必须用同物偿还，拖欠的愈久，就要付更大的利息！"（《华盖集续编•无花的蔷薇二》）

——鲁迅对蒋介石专制的攻击是凶猛的。

在《二心集•"友邦惊诧论"》中，鲁迅怒斥"中国国民党治下的连年内战，空前水灾，砍头示众，秘密杀戮，电刑逼供……好个国民党政府的'友邦人士'！是些什么东西！"

在《伪自由书•文章与题目》中，鲁迅迎向滴血的锋刃，痛骂蒋介石的"攘外必先安内"——"不是人话"！

在《南京民谣》中，鲁迅辛辣讽刺国民党最高层："大家去谒陵，强盗装正经，静默十分钟，各自想拳经。"

在《南腔北调集•答杨屯人先生公开信的公开信》中，鲁迅猛烈攻击蒋介石集团："国共合作时代的阔人，那时颂苏联，赞共产，无所不至，一到清党时候，就用共产青年、共产嫌疑青年的血来洗自己的手，依然是阔人。"

鲁迅的诗，是对蒋介石专制的强烈控诉：

"风波一浩荡，花树已萧森。"（《无题》）

"风生白下千林暗，雾塞苍天百卉殚。"（赠画师》）

"云封高岫护将军，霆击寒村灭下民。"（《二十二年元旦》）

"忍看朋辈成新鬼，怒向刀丛觅小诗。"（《南腔北调集•为了忘却的纪念》）

鲁迅更将伶仃瘦骨，化为向蒋介石专制抗争的厉鬼：

1933 年，战友杨杏佛被国民党特务暗杀，鲁迅亦列名暗杀黑单，但他蔑视专制的枪口，毅然为杨杏佛送葬。他出门不带钥匙，准备喋血街头，"壮士一去兮不复还"。

——鲁迅对共产党潜在专制的忧虑则是深广的。

革命胜利，鲁迅能逃避悲剧命运吗？1928 年，他在《三闲集•"醉眼"中的朦胧》里写道："连我也会升到贵族或皇帝阶级里，至少也总得充军到北极圈内去了。译着的书都禁止，自然不待言。"

人民的天下，鲁迅能不再睹贫阔两极分化的的横暴吗？1933 年，他在《准风月谈•"推"的余谈》中祈祷："但愿未来的阔人，不至于把我'推'上'反动'的码头去——则幸甚矣。"

新中国崛起，鲁迅将受到怎样的迫压？1934 年，他在《致曹聚仁》信中说："倘当崩溃之际，竟尚幸存，当乞红背心扫上海马路耳。"

共产党政权建立，鲁迅会得到大恐怖吗？1936 年，临终之前，他对从陕北来的冯雪峰说："你们到来时，我要逃亡，因为首先要杀的恐怕是我。"（李霁野：《忆鲁迅先生》转引自钱理群：《与鲁迅相遇》）

历史，真的会轮回吗？

特权剥削，真的是人类肌体上永远割不掉的毒疮吗？

那是历史的教训：从来的农民革命，都不能免悲剧结局。成千上万人埋骨沟壑，最终却"任三五热心家将皇帝推倒，自己过皇帝瘾去了。"革命鼓动起人民的激情，然而，"貌似'民魂'的，有时仍不免为官魂。"（鲁迅：《华盖集续编•学界的三魂》）

那是刻骨铭心的记忆：辛亥革命吞下多少先烈的血，才聚起推翻旧专制的热能。然而，酷虐依然。"我觉得革命以前，我是做奴隶；革命以后不久，就受了奴隶的骗，变成他们的奴隶了。……许多烈士的血都被人们踏灭了。"（鲁迅：《华盖集•忽然想到•三》）

那是"战友"的冷箭：创造社、太阳社以小资产阶级知识分子"左倾"畸形力的可怕爆发，展开对鲁迅的围攻。郭沫若写道：鲁迅"是资本主义以前的一个封建余孽，资本主义对于社会主义是反革命，封建余孽对社会主义是二重的反革命。鲁迅是二重的反革命的人物，……是一位不得志的法西斯。"（《文艺战士的封建余孽》，转引自孔庆东：《正说鲁迅》）

那是来自革命阵营的压迫：鲁迅从共产党派驻"左联"的"元帅"周扬等"四条汉子"身上，分明感受到专制的巨大阴影。穿长衫和穿西服的"农民"革命，不能免对特权的贪婪。他们"抓到一面旗帜，就自以为出人头地，摆出奴隶总管的架子，以鸣鞭为唯一的业绩。"因此，"首先应该扫荡的，倒是拉大旗作为虎皮，包着自己，去吓唬别人，小不如意，就倚势定人罪名，而且重得可怕的横暴者。"（鲁迅：《且介亭杂文末编•答徐懋庸并关于抗日统一战线问题》）

孔庆东写道：鲁迅加入左联后，"深刻地感到革命阵营内部仍然有等级，因为本来是为了奴隶求解放，大家是要求自由，结果奴隶们结成了一个反抗组织后，组织内部又产生等级了。"（《正说鲁迅》）

张宁写道：鲁迅"在这些新的革命者那里，再次看到了'奴役'和'被奴役'的内在结构，看到了似乎永恒轮回的历史。"（《无数人们与无穷远方：鲁迅与左翼》）

永恒轮回的历史——专制！

"绝望之为虚妄，正与希望相同。"（《南腔北调集·自选集序言》）鲁迅真的陷于绝望与虚无主义的黑洞中吗？

并不！

鲁迅抗争周扬，不是因为周扬的"新专制"；而是"新专制"向旧专制的异变，是革命热情背后的国民劣根性："秀才想造反，一中举人，便打官话了。"（《致曹聚仁》）

鲁迅担忧并深深焦虑的，是革命党人重蹈特权剥削的老路，背叛新专制的理想要求——人民主权。

鲁迅鼓动被压迫阶级奋起革命，用人民专制砸碎特权专制："要中国得救，也不必添什么东西进去，只要青年们将这两种性质的古传作法，反过来一用就够了：对手如凶兽时就如凶兽，对手如羊时就如羊！"（《华盖集·忽然想到七》）

——救中国，不必添加别的方法。

中华民族能够崛起一个镇压特权剥削、扫荡官腔官话官风官气的人民专制吗？

那是鲁迅的期待。红军到达陕北后，他致电毛泽东："在你们身上，寄托着人类和中国的将来。"（转引自王士菁：《鲁迅传》）

鲁迅从苏联十月革命，切实地看到了光明的前景："待到十月革命后，我才知道'新的'社会的创造者是无产阶级……苏联的存在和成功，使我确切的相信无阶级社会一定要出现。"（《且介亭杂文·答国际文学社问》）

鲁迅为苏联辩护："假装面子的国度和专会杀人的人民，是决不会有这么巨大的生产力的。"（《南腔北调集·林克多〈苏联闻见录〉序》）

鲁迅借笔为苏联专制引吭："是的，我们是专制魔王，我们是专政的。你看这把剑，它是和贵族的剑一样，杀起人来是很准的；不过他们的剑是为着奴隶制度去杀人，我们的剑是为着自由去杀人……我们在这个短期间是压迫者……因为我们的压迫，是为着要叫这个世界上很快就没有人能够压迫。"（《集外集拾遗·解放了的唐·吉诃德〉后记》）

这是对苏联无产阶级专制的欢呼！

这是对苏联无产阶级专制的捍卫！

因为，"十月革命后六年，世界上盛行着反对者的种种谣诼，竭力企图中伤的时候，崇精神的，爱自由的，讲人道的，大抵不平于党人的专横，以为革命不但不能复兴人间，倒是得了地狱。"（鲁迅：《集外集拾遗·〈解放了的唐·吉诃德〉后记》）

鲁迅奋起反击，保卫革命专制："我们反对进攻苏联。我们倒要打倒进攻苏联的恶鬼，无论它说着怎样甜腻的话头，装着怎样公正的面孔。这才也是我们自己的生路。"（《南腔北调集·我们不再受骗了》）

自己的生路——鲁迅期待中国革命胜利后的无产阶级专制。

反右——新中国成立也是六年。中国革命与苏联革命的命运何其相似！中国无产阶级专制与苏联无产阶级专制何其相似！

鲁迅将主张专制的热烈，献给列宁——斯大林，也献给毛泽东和他的中国共产党。

从期待英雄救天下到诉诸人民革命的自觉，鲁迅实现着世界观的升华："天才并不是自生自长在深林荒野里的怪物，是由可以使天才生长的民众产生、长育出来的，所以没有这种民众，就没有天才。"（《坟·未有天才之前》）

从期待个人专制到欢呼无产阶级专制，鲁迅坚持着世界观的统一："以深广

的慈母之爱，为一切被侮辱和损害者悲哀，抗议，愤怒，斗争。"（《且介亭杂文末编•〈凯绥•珂勒惠支版画选集〉序目》）

鲁迅批评清末著名革命家章太炎：奔走革命，所向披靡，慷慨赴狱，舍生忘死，斥骂袁世凯，"世无第二人"；然而晚年"渐入颓唐"，那原因就在于"既离民众"。（《且介亭杂文末编•关于太炎先生二三事》）

鲁迅则终生兀立于人民革命的风口，感应着人民革命的强劲脉搏。他反省："看见自己了：就是我决不是一个振臂一呼应者云集的英雄。"（《〈呐喊〉自序》）他在求索中深化自身的马克思主义世界观："无产者是对于政治的改造最有意味的阶级。从那境遇上说，对于坚执而有组织的革命，已比别的阶级有更大的才能。"（《二心集•〈艺术论〉译本序》）

鲁迅由衷地喊出："惟新兴的无产者才有将来。"（《二心集•序言》）

那是怎样的将来？

当鲁迅集中起人民的苦难、人民的愤怒、人民的意志和人民的力量，那该是汹涌澎湃、排山倒海足以压倒和吞没世间一切特权剥削的巨大力量吧。这力量，难道不足以促成千古人类蕴积在最底层的最不可抗拒的新专制的崛起？

那是人民专制！

人民专制的文化形态，便是鲁迅专制。

鲁迅专制是无敌的。

鲁迅怒笔横扫孔孟旧文化和尊孔派，横扫封建军阀、蒋介石政权、帝国主义以及胡适、林语堂、徐志摩等"现代评论派"、"新月派"、"论语派"、"自由人"、"第三种人"，乃至革命队伍内部的创造社、太阳社……鲁迅自嘲："这两年来，水战火战，日战夜战，敌手都消灭了，实在无聊。"（《致章廷谦》）

孔庆东慨然：鲁迅笑傲江湖 18 年，打遍天下无敌手，"连一个对等的知音都没有。"（《正说鲁迅》）

郭沫若认同鲁迅专制。他指责鲁迅以"一手遮天一手遮地的大本领"，证明在"中国的新文学中无论革命的与反革命的，都只有我鲁迅一个人。"（《创造十年》 转引自辛晓征：《鲁迅》）

瞿秋白认同鲁迅专制。他指责鲁迅为新文化之"学阀"。（见吴腾凤、许航：《蒋光慈与鲁迅笔战始末》，转引自张宁：《无数人们与无穷远方：鲁迅与左翼》）

瞿秋白很快纠正了自己，并视鲁迅为知己；但"学阀"之谓，足见鲁迅在文坛压倒一切之气势，这"气势"，堪为"专制"别称，瞿秋白凛然有感。

鲁迅专制是无奈的。

鲁迅感言："我其实是知识阶级分子中最末的一个，而又是最顽强的。我没有照着同阶层的人们的意志去做，反而时常向他们挑战，所以旧的知识分子如此恨我。"（见许广平：《元旦忆感》转引自田刚：《鲁迅与中国士人传统》）

不仅如此。在颓败的中国知识阶层中承担希望和新生使命的左联，竟也难以从旧文化中脱壳。鲁迅哀叹："一览了荟萃于上海的革命作家，然而以我看来，皆茄花色。"（《致章廷谦》）

在《致萧军、萧红》的信中，鲁迅语调苍凉："常常有独战的悲哀。"他礼赞高尔基，也自我慰藉：高尔基"是'底层'的代表者，是无产阶级的作家，对于他的作品，中国的旧知识阶级不能共鸣，正是当然的事。"（《集外集拾遗•译本高尔基〈一月九日〉小引》）

踽踽独行。鲁迅践履着对旧文化专制的深沉抗争。

林贤治说："在中国知识界，鲁迅是一个孤独者。"（《鲁迅的最后十年》）

孤独者不孤独。

鲁迅专制是历史的呼声。

资本主义为生产力创造出无限解放的前景，无产阶级的兴起则为人类"大同世界"的千古追求插上科学的翅膀；人民，终于看到了以自己的专制镇压特权专制的曙光。

代言着释放和汇集每一个人平等权力的渴望，引吭着人类史上从来没有过的颠覆一切特权剥削的"新专制"的呼求，形成孤独鲁迅的文化专制。

房向东说的对："鲁迅是属于穷人的、属于无产者的，而不是属于阔人的、不是属于资本家和他们的走狗的。"（《鲁迅：最受污蔑的人》）

中国知识阶层，不管"精英"还是非"精英，不管穿长衫还是穿西服，不管敬仰还是诋毁，谁能达到鲁迅的深度呢？

鲁迅专制为毛泽东开辟文化专制之路。

苏联十月革命，使鲁迅看到了中华民族新文化的方向：苏联"新文学正在努力向前进，……已经离开怒吼时期而过渡到讴歌的时期了。赞美建设是革命进行以后的影响，再往后去的情形怎样……大约是平民文学吧，因为平民的世界，是革命的结果。"（鲁迅：《而已集·革命时代的文学》）

什么是"平民文学"？

"如果工人农民不解放，工人农民的思想，仍然是读书人的思想。必待工人农民得到真正的解放，然后才有真正的平民文学。"（鲁迅：《而已集·革命时代的文学》）

1927 年，鲁迅已经断言文艺的工农兵方向，已经为 10 余年后毛泽东《在延安文艺座谈会上的讲话》设定了主调，他期待着工农兵的真正解放，期待着工农兵对特权剥削的政治专制和文化专制。

张永泉在《鲁迅杂文选讲》中写道：鲁迅"以工农大众的利益为最高出发点。这样的认识，在中国新文学史上还是第一次出现。"

冯雪峰在《讽刺文学与社会改良》中写道：鲁迅"既往以及现在的净除地方的工作，都是为了使工农大众在地上建立起新世界及其文化起见的。"（转引自闵开德、吴同瑞：《鲁迅文艺思想概述》）

日本学者伊藤虎丸写道：鲁迅的韧性开拓和艰难实践，是为着把人民大众"从政治上的客体变成政治的主体"。（《鲁迅和日本》，见张宁：《无数人们与无穷远方：鲁迅与左翼》）

人民专制！

鲁迅奋力推动被压迫民众颠覆特权剥削的第一波涌涛。

当人民大众还没有从封建关系中挣脱，当工人农民还没有真正赢得"平民的世界"，他们对于"政治主体"的要求，只能寄托于代言着被压迫阶级苦痛与抗争的"新专制"——无产阶级专制。

"无产阶级专政，不是为了将来的无阶级社会么？只要你不去谋害它，自然成功就早，阶级的消灭也就早。"（鲁迅：《南腔北调集·我们不再受骗了》）

无产阶级专制是通向人权、民主、自由、平等的唯一桥梁。

鲁迅，工农兵文化专制的前驱者。

3、旗手之二：为文化革命呐喊

978-1-62265-934-0 (online)　　978-1-62265-935-7 (paper)　　　　　　　　　薛 道

在中华文化史上，有没有一个词可以概括鲁迅？

有！

那就是：颠覆！

在鲁迅笔下，阿 Q、孔乙己、狂人，是颠覆；历史传说同样是颠覆：《理水》中的大禹是一个满身污秽的泥腿子，《非攻》中的墨子是反抗特权压迫而不惜与剥削者同归于尽的底层造反派；至于鲁迅的杂文、散文，更是颠覆："地火在地下运行，奔突；熔岩一旦喷出，将烧尽一切野草，以及乔木，于是并且无可朽腐。但我坦然，信然。我将大笑，我将歌唱。"（《野草•题辞》）

鲁迅不是在写作，而是喊出五四运动的强音：颠覆。

五四运动要颠覆旧制度旧文化，那么，什么是"旧制度旧文化"？

不是单纯意义上的封建制度和封建文化，而是表现为封建制度和封建文化形态的整个私有制和私有观念。

那给予五四运动坚强支撑的《狂人日记》，以否定数千年"人吃人"历史的猛烈炮火，分明展开马克思"与传统所有制和传统所有观念实行彻底决裂"的鲁迅式宣言。

五四运动要建树的新制度新文化，决不是资本主义的民主、自由、人权，而是耀出社会主义曦光的公有制和公有观念。

五四运动决不是自由资产阶级知识分子的心灵圣地，而是工农兵文化胜利进军的桥头堡。

五四时期，周作人首倡"人的文学'"，那是对旧文化的抽象颠覆；而继起的"平民文化"，则以对知识分子的启蒙，开拓了通向工农兵文化颠覆官僚特权文化的光明路。

鲁迅是这一颠覆的举旗人。

鲁迅，标志着中华文化进入新的历史纪元，标志着文化领域中帝王将相、才子佳人的覆亡，标志着工农兵在知识化进程中新形象的崛起。

这是一个长期而曲折的过程。

从五四时期郭沫若最先喊出"革命文学"，到延安时期的解放区文艺，再到建国后批判《武训传》、《清宫秘史》，批判俞平伯、胡适，以及鼓动大跃进的工农兵诗歌，直到文化大革命时期的"八个样板戏"，中国新文化以革命的激情和左倾的激进，不断深化着工农兵占领上层建筑舞台的壮举，不断进行着文化领域扫除老爷太太、富豪大亨等一切特权剥削的伟大实验。

鲁迅是"革命激情和左倾激进"的正印先锋：

他激烈否定中国旧文化："少看——甚至不看——中国书，多读外国书。"（《华盖集•青年必读书》）

他猛烈抨击中国旧文化的剥削实质："中国的文化，都是侍奉主子的文化，是用很多人的痛苦换来的。无论中国人、外国人，凡是称赞中国文化的，都只是以主子自居的一部分。"（《集外集拾遗•老调子已经唱完》）

他冷峻地刺向中国旧文化的思想权威："孔夫子曾经计划过出色的治国的方法，但那都是为了治民众者，即权势者设想的方法，为民众本身的，却一点也没有。"（《且介亭杂文二集•在现代中国的孔夫子》）

他无情地揭穿"知识精英"们的虚伪与龌龊："现在我们所能听到的不过是几个圣人之徒的意见和道理，为了他们自己；至于百姓，却默默的生长，萎黄，枯死了，像压在大石底下的草一样，已经有四千年。"（《集外集•俄文译本〈阿 Q

正传〉序及作者自叙传略》）

激进的鲁迅立下毒誓："所谓中国的文明者，其实不过是安排给阔人享用的人肉宴席。所谓中国者，其实不过是安排这人肉筵宴的厨房，不知道而赞颂者是可恕的，否则，此辈当受永远的诅咒。"（《坟·灯下漫笔》）

晚年的鲁迅热情赞颂：斯大林的苏联共产主义实验"将'宗教、家庭、财产、祖国、礼教……一切神圣不可侵犯'的东西，都像粪一般抛掉，而一个簇新的、真正空前的社会制度从地狱底里涌现而出。"（《南腔北调集·林克多〈苏联闻见录〉序》）

颠覆一切！

钱理群说："当鲁迅将他自我放逐，或者整个学界、整个社会把他放逐时，他所达到的境界：……对现有的语言秩序、思想秩序和社会秩序给以一个整体性的怀疑、否定和拒绝。也就是把'有'彻底掏空。"（《与鲁迅相遇》）

朱寿桐说："传统观念中有价值的东西被鲁迅概视为无价值的。"（《孤绝的旗帜》）

偏激鲁迅，坐不坐得文化战线上"极左"阵营的第一把交椅？

鲁迅自己就说："我常常觉得惟'黑暗与虚无'乃是实有，却偏要向这些做绝望的抗战，所以很多着偏激的声音。"（《致许广平》）

其实，这样的偏激，早被孔子保留在 2500 年前的《诗经》中，那"与汝偕亡"的决绝，刻录着人类史上被压迫者宁死抗争特权剥削的不屈精神。

这样的偏激，更散见于世界各民族大大小小数百次数千次农民起义的暴烈行动中。

这样的偏激，也再现于中国无产阶级文化大革命中："宁要社会主义的草，不要资本主义的苗。"

这样的偏激，甚至以"草"、"苗"关系的别样形态，发自到底是共产党人的邓小平的肺腑："风气如果坏下去，经济搞成功又有什么意义？"（《在中央政治局常委会上的讲话》）

"造反有理"！

鲁迅立足民众中，固执着与特权剥削的势不两立；他以对被压迫阶级文化观念的聚焦与升华，成为几千年农民革命的思想泰斗和后来毛泽东文化大革命中造反派的启蒙宗师。

鲁迅分明是 20 世纪中国文化战线上揭竿而起的陈胜吴广、黄巢李闯、太平天国。

不认同这一点，就不能理解鲁迅。

然而，鲁迅又是中国旧文化的承载者和继承者。

鲁迅熟读儒学经典。他说："我几乎读过十三经"。（《华盖集·十四年的"读经"》）

冯雪峰的《关于鲁迅在文学上的地位》得到鲁迅认可。冯雪峰说：鲁迅显示了中华民族与文化的精神，继承了"中国文学史上屈原、杜甫等的传统。"（转引自田刚：《鲁迅与中国士人传统》）

鲁迅是中国儒学思想的产儿。"无论是考察鲁迅的家学渊源，还是考察鲁迅所受的私塾教育，我们都可以这么说，鲁迅自小就沉浸在一种儒学的范围中。"（袁盛勇：《鲁迅：从复古走向启蒙》）

鲁迅一生，与中国古典文化相始终。尽管他"对传统文化采取彻底批判和否定态度"，但"其价值支点是着眼于现实改革的历史评价"；在深层文化心理中，

鲁迅对传统文化精神有着"非自觉认同。"（田刚：《鲁迅与中国士人传统》）

这是怎样的"非自觉认同"？

青年鲁迅有着热烈的民族心："中国之在天下……若其文化昭明，诚足以相上下者，盖未之有也。……中国之立于亚洲也，文明先进，四邻莫之与伦。"（《坟•摩罗诗力说》）

鲁迅为中华文化而自豪："华土奥衍，代生英贤，或居或作，历四千年，文物有赫，峙于中天。"（《且介亭杂文•河南卢氏曹先生教泽碑文》）

鲁迅决不肯做"中西方人"，他为光大中国文化，一生不辞辛苦，出版了《中国小说史略》、《汉文学史纲要》、《北平笺谱》，以及木刻、版画，乃至呕心沥血，九校《嵇康集》。

鲁迅并不否认孔子的伟大："如果孔丘、释迦、耶稣基督还活着，那些教徒难免要恐慌。对于他们的行为，真不知教主先生要怎样慨叹。

所以，如果活着，只得迫害他。

待到伟大的人物成为化石，人们都称他伟人时，他已经变了傀儡了。"（《华盖集续编•无花的蔷薇》）

其实，鲁迅的本体思想就是中国儒学——孔子学说。

孔子学说的道德指向：圣！

孔子真诚地表达对公有制和公有观念的向往。这种向往，通过"圣"——"博施于民而能济众"（《论语•雍也》），给予抽象的确立。

孔子学说的核心：仁！

人类进入私有制社会，"圣"已不复存在。但是，"圣灵附体"于仁。

"仁者爱人"。孔子立足私有制现实，以"私"为准则，主张"己欲立而立人，己欲达而达人"。即从自我出发，将喜怒哀乐推之他人。那么人人由己及人，由"爱己"而"爱人"，则人人整体之公义便在人人个体之私利中曲折实现。

这是"圣"即公有观念在正视私有制条件下的变通。

孔子确立了伦理原则，需要"礼"即制度保证：德政！

——善的等级制。

私有制不能像公有制那样消灭等级制；但可以而且必须以公有观念规范、制约等级制。

孔子要求君正臣忠，父慈子孝，互相关心，各司其职，各尽其分。为政者以德，关心爱护百姓；为民者以忠，遵纪守法。也就是社会和谐，即"中庸"。

孔子主张剥削阶级与人民大众的阶级合作；但如果统治阶层放纵私欲，倒行逆施，又如何？

革命！

孔子推崇："革故鼎新"（见《周易•杂卦传》），肯定革命的重大意义："汤武革命，顺乎天而应乎人，革之时大矣哉！"（见《周易•彖传》）

尽管由于私有制和封建社会特权剥削的强势，儒学思想体系不可避免地支撑了中国社会的君主专制、特权腐败与阶级剥削，但这个体系自孔子、孟子、董仲舒、朱熹二程到王夫之、黄宗羲、康有为，始终涌动着一条激烈革命的潜流，那就是以"民重君轻"的执着，发展着对封建社会和儒学思想体系自身的否定。晚唐皮日休甚至喊出："后之王天下，有不为尧舜之行者，则民扼其吭，捽其首，辱而逐之，折而族之，不为甚矣。"（《原谤》）

因此，中国农民起义，总能从孔子学说的武库中找到适合自己反抗的兵锋；尤其"均贫富"，几乎成为历次农民革命的旗帜。

作为农民革命的思想大成，鲁迅最强烈最极端地表现出对儒学思想体系的否定。

鲁迅是历史变革时期内在动力的结晶。

在中国封建社会，任何对儒学思想体系的否定都不能彻底，而只能在量变中积聚质变。只有到了资本世纪，儒学思想体系才具备了崩溃条件，也才能出现执行这一"崩溃"的颠覆者。

在德国，马克思颠覆黑格尔哲学体系，剥出了黑格尔的革命内核；在中国，鲁迅颠覆儒学思想体系，剥出了儒学的革命内核。

鲁迅将孔子向往的"圣"融在自己的血液中："用无我的爱，自己牺牲于后起的新人。"（《坟·我们现在怎样做父亲》）

鲁迅认同孔子主张的"己所不欲，勿施于人"："自己活着的人没有劝别人去死的权力，假使你自己以为死是好的，那么请你自己先去死吧。"（《集外集拾遗补编·关于知识阶级》）

孔子将儒学思想的贯彻执行，寄托于中国"士大夫"。鲁迅就是许广平说的中国"最后一个士大夫"。（《元旦忆感》转引自田刚：《鲁迅与中国士人传统》）

孔子规定"士大夫"："君子谋道不谋食"，"君子忧道不忧贫"。（《论语·卫灵公》）

余英时释孔："中国知识阶层刚刚出现在历史舞台的时候，孔子便已努力给它贯注一种理想主义的精神，要求它的每一个分子——士——都能超越他自己个体的和群体的利害得失，而发展对整个社会的深厚关怀。"（《士与中国文化》，转引自田刚：《鲁迅与中国士人传统》）

说"超越"，有点勉强。其实，孔子自己就不能超越。孔子学说立足于私有制的等级社会，以"自我"为轴心，他期待："谋道"而"富"在其中；"忧道"而"贵"在其中。"士"者，当然热衷于对"富贵"的追求，也不能免从上面俯视民众的高傲。

然而，孔子要求：居尊贵，在于承担更重的社会责任；享荣华，在于对社会更多的付出。"士"必须信守"不义富且贵，于我如浮云"的孤洁，必须有着维护"高傲"的尊严而为民众事业牺牲的自觉。

"士志于道"。

孔子要求"士"的人生价值在社会整体利益中得到实现，"士"的个体私利在对社会公利的贡献中得到回报。也就是以对社会公德的自觉，用"士"复杂劳动的文化产品与社会其他产品进行公正交换，按劳分配。

这是打了折扣的理想主义，然而，对于中国几千年封建社会的大多数"士"们，依然高难攀。他们被训导"士志于道"，却又馋涎高官厚禄，于是，"伪善"便成为"士"这个群体的随"形"之影。

五四时期，封建体制解体，"士"这个阶层也趋于没落。然而，"伪善"的阴魂不散，附体于新的知识阶层。中国知识分子的追名逐利，唱出了资本主义民主、自由、人权的高调，或者举起了社会主义和"无产文学"的招牌。伪善，在新形态下鬼影憧憧。

被陶行知在《守财奴想到守知奴》中称为"士大夫的新代表胡适"，犹疑于自我得失，联姻着新生资产阶级的软弱，在新文化颠覆旧文化的大转折时代，未能从"士"这个没落群体中超脱，甚至未能免"士"这个知识分子"为王前驱"的整体宿命，屈膝作了特权剥削的帮忙、帮闲，乃至帮凶。

胡适无足为儒学精神的继承者。

鲁迅是"士",但他将救世情结与"无我"品格相融合,感受着新生无产阶级的勃勃生机;他颠覆了"士"这个知识分子群的宿命,持戈"为民前驱",伸张被压迫阶级的"私利",开拓人类解放公天下的新境界。

鲁迅捍卫了"士大夫"应有的光荣,实现了"道"的升华。

鲁迅认同孔子推崇的"自我"。他说:"我小时候,因为家境好,人们看我像王子一样,但是,一旦我家庭发生变故后,人们就把我看成叫花子都不如了。我感到这不是一个人住的社会,从那时起,我就恨这个社会。"(《鲁迅生年史料汇编》,转引自辛晓征:《鲁迅》)

不平而鸣。恨,因于私欲受辱、私利受损的锥心之痛;没有"以身殉道"的牵强,也没有"献身理想"的自得,而是充满原始意味的为人生变革的抗争。

从优越的众人捧,到奴隶般的被歧视,鲁迅公然宣言在沦落中获得的与最广大被压迫人民一致的私利、一致的阶级仇恨。他明确捍卫"私利":"我们穷人唯一的资本就是生命。以生命来投资,为社会做一点事,总得多赚一点利才好;以生命来做利息小的牺牲,是不值得的。"(《集外集拾遗补编·关于知识阶级》)

鲁迅已经不是个体的"自我",而是被压迫阶级整体的"自我"。他期待:知识分子的"一身,就是大众的一体,喜怒哀乐,无不相通。"(《且介亭杂文末编·关于太炎先生二三事》)

深切感受着被压迫的痛楚,鲁迅的反抗真实而坚定;与广大民众同着脉搏,鲁迅的私利升华为民众的公利。

鲁迅因此继承了儒学传统,更升华了儒学传统;他以根深蒂固的民本思想,聚魂于"士"之精神,无愧"最后一个士大夫"。

鲁迅是叛逆的士大夫。他借魏晋文学,一吐胸中块垒:"表面上毁坏礼教者,实则倒是承认礼教,太相信礼教。因为魏晋时所谓崇奉礼教,是用以自利。……于是,老实人以为如此利用,亵渎了礼教,不平之极,无计可施,激而变成不信礼教,甚至于反对礼教。"(《而已集·魏晋风度及文章与药及酒的关系》)

黄钟毁弃、瓦缶长鸣。"瓦缶"堂而皇之登坛,"黄钟"成了伪善的祭品。

鲁迅钟爱庄子、屈原那否定丑恶现实的刚正和汪洋恣肆的文风。但在特权专制的重压下,庄子、屈原只能"质本洁来还洁去",在绝望中避世或者投江。

嵇康,是鲁迅的最爱。他的反抗激烈豪迈。然而也只能用一曲《广陵散》的绝传,崩断悲愤的心弦。

近乎绝望的鲁迅于方寸间浩荡着庄子、屈原、司马迁、嵇康们在中国历史上掀动的抗争风暴,低吟着他们余音不绝的悲歌,却于悲歌中悸动微茫的希望。

时势造人!

资本主义生产力的无限生机为否定私有制准备了物质条件,工人阶级的崛起为创造社会平等展现了科学力量。马克思主义诞生了。它迎向特权剥削这个庞然大物,逆势而起。

鲁迅是这个转折关口的庄子、嵇康,是对儒学思想体系实现超越的士大夫;他的悲愤萌生了希望战胜绝望的曙光,他的叛逆出现了可以支撑他勇敢战斗的新势力——正在觉醒的中国人民和正在崛起的世界社会主义。

鲁迅以对儒学思想体系的否定,实现着向儒学本质的回归:"把古时好的东西复活,将现存的坏的东西压倒。"(《集外集拾遗补编·关于知识阶级》)这就是公元前500年人类轴心时代确定的公正、平等、善良的人类精神。

在中华民族,这个精神曾经是孔子形态,孟子形态,朱熹形态,康有为形态;也曾经是屈原形态,嵇康形态,李贽形态。20世纪上半叶,聚焦为鲁迅形态。

鲁迅形态是颠覆。

为着颠覆，鲁迅向旧制度旧文化掷出投枪。

孙中山说："我中国人民久处于专制之下，奴心已深，牢不可破。"（《建国大纲》）

梁启超说："中国数千年之腐败，其祸极于今日，推其大原，皆必自奴隶性来，不除此性，中国万不能立于世界万国之间。"（见林伟民：《中国左翼文学思潮》）

——鲁迅向奴心奴性掷去投枪。

在《狂人日记》中，他冷酷地否定无辜者的存在。锋刃所向，无分"上等人"和"下等人"，无分剥削者和劳苦大众。

在《坟·灯下漫笔》中，他笔触悲愤："中国人向来就没有争到过'人'的价格，至多不过是奴隶，到现在还如此。"

不仅如此。"满洲人自己，就严分着主奴，大臣奏事，必称'奴才'，而汉人却称臣……，其地位还下于奴才数等。"所谓"臣"，原不过下下等奴才的蔑称。（鲁迅：《且介亭杂文·隔膜》）

中华文明的一切传统美德：忠孝、仁义礼智信、勤劳勇敢……，统统被鲁迅置于专制与奴性的总题目下予以批判：华老栓有"父慈"之德，却散溢着喝革命者血的愚昧；阿 Q 勇敢地走上刑场，却展示着心灵的麻木；闰土终生勤劳，却抱定逆来顺受的卑下……

鲁迅把中华民族比喻为在一间铁屋子中酣睡的人群，濒临灭亡而不自知。即便少数人觉醒，也无力阻止中国沉沦，甚至被视为"疯子"，遭到围攻。鲁迅自叹："我先前的攻击社会，其实也是无聊的。社会没有知道我在攻击，倘一知道，我早已死无葬身之所了……民众的罚恶之心，并不下于学者和军阀。"（《而已集·答有恒先生》）

愚弱的国民，卑怯的灵魂。旧制度旧文化，毒害每一个人的身心。

中华民族，如何才能苏醒？

那竟是入侵者暴虐和兽行的刺激！胡适说："我们深深感谢帝国主义者，把我们从这黑暗的迷梦里惊醒起来。"（《慈幼的问题》）

当日本兵的刺刀挑碎了神州大地，当侵略者的暴行使中国人"做奴隶而不得"，中华民族终于睁开惺忪的睡眼……

没有日本帝国主义的入侵，就没有中国共产党的壮大和毛泽东的新中国。"他们这个侵略对于我们很有好处，激发了我们全民族反对日本帝国主义，提高了我国人民的觉悟。"（毛泽东：《坚定地相信群众的大多数》）

因为，在蒋介石专制独裁下，沉睡的国民大约不必觉悟，可以"做稳奴隶"。

曾经，为民众解放而饮刃的辛亥党人，不被民众理解——

《药》中的革命者夏瑜不仅被反动势力吞噬，而且被"华"＋"夏"的整个华夏民族吞噬：华小栓期望夏瑜的血治好自己的病，夏瑜的母亲不理解儿子的义举，反为儿子的"罪"背负沉重压力。革命者，原是"人民公敌"。

《明天》中单四嫂子的希望，不是反抗的胜利，而是梦中的安慰。

《故乡》的主人公将命运寄托在一副敬神的香烛上。

曾经，为民众解放而断头的共产党人，也不被民众理解——

1928 年，蒋介石专制政权在长沙屠杀共产党人，所得的却是大批看客蜂拥围观。"全城男女往观者，终日人山人海，拥挤不通……交通为之断绝"：看悬挂的共产党人的"首级"，看暴露街头的共产党人的"女尸"。

鲁迅含悲忍愤:"我们中国现在的民众,其实还很不管什么党,只要看'头'和'女尸'。"(《三闲集•铲共大观》)

麻木的心灵,助长着统治者的残暴,助长着苛酷的剥削和贪婪的嗜血,助长着一切卑劣一切恶。"暴君的臣民,只愿暴政暴在他人头上,他却看着高兴。"(鲁迅:《热风•随感录六十五》)

其实,非中国独然。只要鼓吹和纵容私有制,天下尽同。被鲁迅痛斥的"国民性",原也是资本世界的"世民性"。

傅立叶并非仅为法国感慨:医生希望病人增多;律师希望家家打官司;建筑师梦想起大火,烧毁半个城市;玻璃匠盼望下冰雹,打碎所有的玻璃;裁缝和皮匠则指望大家的衣服和皮鞋很快穿坏,好给他们带来更多的生意……

亚当•斯密并非仅为英国感慨:"正是人们对有钱有势者在感情上的认同支撑着社会秩序和等级差别。"(《道德情操论》)

恩格斯并非仅为德国感慨:"政府的恶劣,就可以用臣民的相应的恶劣来辩护和说明。"(《费尔巴哈与德国古典哲学的终结》)

同样,沉迷于私有制的泱泱中华,岂能超脱"同一个世界,同一个梦想"!

毋庸讳言,若非国民的冷漠乃至纵容,蒋介石敢对日本侵略者屈膝求和?胡适敢鼓吹蒋介石的不抵抗政策?"其能现奴颜婢膝昏暮乞怜于权贵之间者,必其能悬顺民之旗箪食壶浆以迎他族之师者也。"(梁启超:《论权利思想》)

史迹斑驳。曾经的中华民族不是意满志得做起"大元"的顺民吗?不是昂首挺胸甩动"大清"的辫子吗?那么,再做一回哼着樱花之歌、举着太阳旗的大日本国民又何妨?

这并非激愤之语。事实上,如果没有资本主义精神对民主政治、民族独立的张扬,如果没有社会主义崛起展现出人类解放的光明前景,如果没有联合国宪章对国与国之间主权侵略的拒绝,如果没有斯大林的苏联成为反纳粹的中流砥柱,如果没有罗斯福的美国领导世界坚持反法西斯的义举,最后,如果没有毛泽东的中国共产党成为中华民族抗击日本帝国主义的不倒战旗,那么,不仅溥仪可以登基"满洲国"作日本的儿皇帝,不仅汪精卫可以割据南京做日本的傀儡,便是偏安重庆的蒋介石政权,也一定不免开门揖盗,成为太阳旗下的汉奸。

美国当局看透了蒋介石,曾于失望之余悲观估计:"也许一年之内,国民党政府就会变成一个日本大满洲国了。"(迈•沙勒:《美国十字军在中国(1930—1995)》转引自张宏毅:《近代以来中美俄日关系的特点》)

蒋介石不讳言:"我的责任是将共产党合并国民党成一个组织,……此事乃我生死问题。此目的如达不到,我死了也心不安,抗战胜利了也没有什么意义。"(《中共中央抗日民族统一战线文件选集》转引自杨奎松:《毛泽东与莫斯科的恩恩怨怨》)

——分明的汉奸心态!

如果不是西安事变,中国共产党可能重蹈法国巴黎公社的覆辙。

1871 年,巴黎公社起义,德奥侵略者和法国大资产阶级卖国政府达成"默契":德奥大军负责围困,让法国资产阶级军队向本国同胞大开杀戒;炮火中,成千上万的工人喋血,巴黎公社沦亡。

1936 年,蒋介石凭借围剿摧折红军 90%兵力的有利形势,将红军一路赶杀至陕甘荒凉之地。30 多万剿共部队虎视眈眈,与大军压境的日本侵略军互成犄角,形成合围的"默契"。1 万多红军命悬一线,毛泽东忧心忡忡:"我们现在好像坐牢一样,前门是日本人守着,后门是蒋介石守着。"(见吴江雄:《毛泽东谈

古论今》）

蒋介石驾临西安指挥剿共。张学良苦谏，蒋介石铁了心："即使你用手枪把我打死，我的剿共政策也不会改变。"

西安事变，"张、杨以他们个人被囚被杀的悲壮结局，换来了全民族的抗日战争，可谓功盖华夏，永彰史册"；西安事变更将红军从危亡中解脱，毛泽东感叹："把我们从牢狱情况下解放出来。"（均见《北京晚报·江山》2011，7，22）

然而，西安事变，也使蒋介石在消灭共产党的大好时机前功亏一篑。一句"汉卿负我"，浓缩了蒋介石半生血泪。

张学良"负"了蒋介石什么？

——"宁与友邦，不与家奴"。

在张学良的心目中，民族利益高于一切。无论出于少年英雄报国心切，还是书生意气为"普世价值"的天真，张学良都远不及蒋介石的深邃：从来的民族斗争之本质要求，是阶级利益和阶级斗争。

蒋介石深谙此道。鲁迅也深谙此道，他以如炬目光洞穿蒋介石，凌厉透析"攘外必先安内"的阶级根源："新花样的文章，只剩了'安内而不攘外'、'不如迎外以安内'、'外就是内本无可攘'这三种了。……前清末年，满人出死力镇压革命，有'宁赠友邦，不给家奴'的口号，汉人一知道，更恨得切齿。其实汉人何尝不如此？吴三桂之请满兵入关，即'人同此心'的实例。"（《伪自由书·文章与题目》）

蒋介石无非吴三桂的别样形态。

凡是剥削阶级，尽管披一张光鲜的外皮，把"爱国"喊得震天响，但一到关键时刻，为了自己的"小九九"，是绝不吝惜撕破一切廉耻，出卖祖国主权和民族利益的。

因为，剥削阶级的阶级利益——保持剥削人民的特权，远高于民族利益。

这是特权剥削者从娘胎里带出的恶臭与耻辱。

一个民族容忍乃至纵容这个耻辱，那是民族的耻辱。

整个人类容忍乃至纵容这个耻辱，那是人类的耻辱。

中华民族至今没有摆脱耻辱，整个人类至今没有摆脱耻辱。

消除耻辱，必须认知耻辱。"应当让受现时压迫的人意识到压迫，从而使现时的压迫更加沉重，应当宣扬耻辱，使耻辱更加耻辱。"（马克思：《〈黑格尔法哲学批判〉导言》）

特权剥削最集中地抽象着民族和人类的"耻辱"。不消除这个"耻辱"，就没有中华的崛起，也没有人类的崛起；而没有全民族全人类在私有制和私有观念中的自省与救赎，也不能根绝特权剥削。

鲁迅深厌国民性的恶劣，但他"揭发缺点，意在复兴。"（《致尤炳圻》）他期待中华民族从专制与奴性的漩涡中挣扎逃生，自我救赎，洗刷耻辱，挺起"人"的腰杆。他鼓动底层革命："富有反抗性，蕴有力量的民族，因为叫苦没用，他便觉悟起来，由哀音而变为怒吼。……他要反抗，他要复仇。"（《而已集·革命时代的文学》）

——聚起复仇的众力，鲁迅向特权剥削掷去投枪。

在鲁迅书桌旁的墙壁上有一幅画，写照他心底深处的恨：那是4个凶狠的警察扑打一个乞丐孕妇的素描。（见司徒乔：《鲁迅先生买去的画》）。

在鲁迅爱憎分明的双眸中，镌刻着"上流社会的堕落和下层社会的不幸"；他对"上流社会"的攻击固然刻毒偏激，却入木三分：富人之劣者自不必说，富人之善者就不心怀叵测吗？"侠客为了自己的'功绩'，不能打尽不平，正如慈善家为了自己的阴功，不能救助社会上的困苦一样。"（《集外集拾遗•〈解放了的唐•吉诃德〉后记》）

消灭了贫富差别，如何显示富人的"慈善"？而不显示富人的"慈善"，则如何让富人踞于贱民之上挤一脸"上等人"的笑?又如何维持富人统治下的"贫富和谐"？

18 世纪，法国的卢梭鄙弃做富人，他拒绝法兰西院士的"名"，也拒绝国王年金的"利"，甘心一个筋斗滚入贫民窟中；20 世纪，鲁迅同样鄙弃作富人，他不接受爱的施舍，也不接受诺贝尔奖金提名，断不沉瀣于"上流社会的堕落"中。

鲁迅固执地说："我总以为下等人胜于上等人"。（《三闲集•通信》）他对"上等人"的伪善率性笑骂、热骂和怒骂，乃至"下等人"的粗野骂阵：

"便完事，管他妈的！"（《华盖集•并非闲话》）

"看一看这些'名流'究竟是什么东西"！（《华盖集•"公理"的把戏》）

"将你们'公理'的旗插到'粪车'上去，将你们的绅士衣装抛到'臭茅厕'里去。"（《华盖集续编•我还不能"带住"》）

在劈头盖脑掌掴梁实秋的"粗口"中，鲁迅的穷人情怀淋漓挥洒："凡走狗，虽或为一个资本家所豢养，其实是属于所有的资本家的。所以它遇见所有的阔人都驯良，遇见所有的穷人都狂吠。"（《二心集•"丧家"的资本家的乏走狗》）

鲁迅为谩骂辩护："谩骂固然冤枉了许多好人，但含含糊糊的扑灭'谩骂'，却包庇了一切坏种。"（《花边文学•谩骂》）

鲁迅断然宣布：只要阔人政治和特权剥削存在，"即永远有无声的或有声的'国骂'，就是'他妈的'，围绕在上下和四旁，而且这还须在太平的时候。"（《坟•论"他妈的！"》）

"破帽遮颜过闹市"。鲁迅完成了阶级地位和阶级立场的转变。他的"破帽"，与阿 Q 的破帽一样低贱；他的血管，流着从母亲那里继承下来的农民的血液；他的感情，洋溢着《社戏》中神往的与农村野孩子的挚情；他的父系家族的败落，更使他回归本原——农民。孔庆东甚至说：鲁迅家道中落，田产卖光，"由地主变成贫下中农了"。（《正说鲁迅》）

鲁迅是农民的别样形态，是穿长衫的农民，是呼唤觉醒呼唤革命呼唤造反的农民思想家。

瞿秋白看得真切：鲁迅"和农民群众有着比较巩固的联系。他的士大夫家庭的败落，使他在儿童时代就混进了野孩子的群里，呼吸着小百姓的空气。这使得他真象吃了狼的奶汁似的，得了那种'野兽性'。"（《〈鲁迅杂感选集〉序言》）

这是被压迫阶级积恨心头的反抗特权剥削的永恒根性——

在《铸剑》中，鲁迅以诡异之笔，描写眉间尺、宴之敖和楚王被砍下头后，于沸水煎煮中三头依然厮咬不休的场景，那复仇者对特权剥削的刻骨仇恨，那压迫者对平民反抗的殊死镇压，竟一直要斗到阴曹地府。"变成鬼也不饶你！"

"叛逆的猛士出于人间。"（鲁迅：《野草•淡淡的血痕中》）

临终前，鲁迅写下《女吊》，他用垂危的生命祭奠"叛逆的猛士"，鼓舞底层民众的革命信念，也将自己"盖棺论定"为造反的左派阵营："明社垂绝，越人起义而死者不少，至清被称为叛贼，我们就这样一同招待他们的英灵。"

血的斗争实践，使鲁迅得出与马克思相同的结论：被压迫阶级与特权剥削之间的阶级斗争，是你死我活的。

鲁迅因此"孤绝"于旧的知识分子群，也"孤绝"于新的革命知识分子。

978-1-62265-934-0 (online)   978-1-62265-935-7 (paper)   薛 遒

——"孤绝"鲁迅向左翼阵营的"战友"掷去投枪。

1935 年，共产国际提出统一战线的主张，王明发表"八一宣言"，号召成立"国防政府"。顺理成章，周扬倡导"国防文学"。

鲁迅反对。他提出"民族革命战争的大众文学"。

两个口号，分明着两种立场、两种人格。

在知识分子革命家眼里，革命固然基于被压迫的反抗本能，但更多是对先进思想和原则的理性认同；在鲁迅眼里，革命固然不乏理性的感召，但一定深深植根于人民大众反抗压迫的情感与本能，因而有着强烈的被压迫阶级的阶级直觉。

鲁迅有这个直觉，毛泽东有这个直觉。

20 世纪 60 年代，毛泽东以被压迫阶级的阶级直觉，敏锐地捕捉住"党内走资本主义道路当权派"与资本主义复辟的内在联系；20 世纪 30 年代，鲁迅以被压迫阶级的阶级直觉，深刻地把握了"国防文学"与投降主义的逻辑关系。

在王明、周扬的潜意识里，蒋介石和他的"国军"是庞然大物，是抗战的主力，因此，统一于"国防"，统一于蒋介石，天经地义。

鲁迅则愤然"国防"的暧昧，担忧新文化被蒋介石独裁政权统了去，重新沦为特权剥削的奴隶。他强调统一战线的独立自主，强调无产阶级"的阶级的领导的责任……更加重，更放大，重到和大到要使全民族，不分阶级和党派，一致去对外。"（《且介亭杂文末编•论现在我们的文学运动》）

毛泽东认同鲁迅："资产阶级总是隐瞒这种阶级地位，而用'国民'的名词达到其一阶级专政的实际。"（《新民主主义论》）

毛泽东呼应鲁迅："共产党和红军不但在现在充当着抗日民族统一战线的发起人，而且在将来的抗日政府和抗日军队中必然要成为坚强的台柱子。"（《论反对日本帝国主义的策略》）

"国防政府"，对于王明、周扬是压倒一切的，对于颠覆旧制度的鲁迅、毛泽东而言，则只是统战策略，是被压迫阶级争取解放的过渡。

民族斗争从来以阶级斗争为轴心。"抗日战争"的活剧中，明确跃动着特权剥削与被压迫阶级相较量的主线。事实上，如果不是毛泽东抵制了王明的投降主义，大约中国共产党早被蒋介石专制政权统了过去。

这并非危言耸听。其实，不独抗战伊始的王明们，便是抗战胜利后解放区日益强盛时的刘少奇、周恩来们，依然重蹈王明覆辙；他们在毛泽东养病期间集体议决，准备向蒋介石交枪交权。

"周恩来在介绍'法国共产党军队国家化的经验'时曾特别讲过，法共当时如内战必然失败，政治资本也会失去，同意将军队编入国防军后，不仅军事地位并未丧失，政治地位也绝大提高。"

刘少奇主持《中央关于和平民主新阶段问题的指示》，宣布"我党即将参加政府"，军队改编为国军，"党将停止对军队的直接领导。"

杨奎松问道："把枪交出去，到中央政府里去做官，搞议会斗争那一套，这是毛泽东的本意吗？"

真悬哪！原来差一点中国共产党就束手就擒，差一点就没有后来威震世界的社会主义新中国！

毛泽东拍案而起。在他病愈复出主持的中央会议上，愤然撕毁中共中央几乎定论的决议，拒绝收编，终挽革命于狂澜。"毛泽东的发言，使与会者明显地改变了认识"；杨奎松写下毛泽东的慨叹："蒋介石稍微放一下长线，大家就觉得天下太平，四方无事了。用他的话来说，直到较场口事件发生才又清醒了些，这实

在危险得很。"（以上均见杨奎松：《毛泽东与莫斯科的恩恩怨怨》）

一点不虚，毛泽东缔造了中国共产党的新中国。

放弃自我，必将全面溃败。看来第二国际领袖们的知识分子天真在中国共产党这支造反的队伍中，原也有如此深广的市场。能说中国共产党超越了小资产阶级层面吗？

那么，往回推 10 年，鲁迅反对"国防文学"，该与毛泽东有着怎样精深的灵犀相通！而 40 年代的刘少奇、周恩来尚且动摇，30 年代领受莫斯科指令的周扬们，又怎能求全责备呢？

其实，周扬无愧优秀的中国共产党人。30 年代初，中国红色文艺被白色恐怖无情摧残。周扬在"党组织连遭重创，完全失去和党联系的情势之下，不屈不挠，出生入死，顽强支撑"，以革命者的坚强意志和献身精神，重振了左翼文化军队。（李洁非：《典型文坛·长歌沧桑》）

可是，周扬为什么会失足于"国防文学"呢？

那是知识分子革命家的共性：革命冲动多因于崇高理想的感召，却不能免蹯于民众之上的自负，不能自觉认同人民这个战争伟力之最深厚的根源，因而自卑于共产党八路军的弱小，幻想背倚"大树"：内倾蒋介石的剥削阶级政权；外奉共产国际新权威。

周扬们以革命知识分子形态，张显出中国士大夫潜存的根性——"为王前驱"。

鲁迅与毛泽东则融血肉于人民，感应着中华民族沉重的脉搏，他们将对先进思想和革命原则的理性认同，扎根在被压迫阶级血与泪、情与仇、隐忍与反抗的深厚土壤中，所以能够把握人民的伟力，集中人民的意志。他们确信：不是国民党几百万军队打败日本侵略者，而是中华民族几亿人民打败日本侵略者。换句话说，抗战的主力不是蒋介石和"国军"，而是人民。

"为民前驱"！

鲁迅与毛泽东以知识分子革命家难以企及的豪迈，向着神州大地吼出一嗓子：我就是人民！

人民的儿子，独立乱云飞渡里；双脚，牢牢扎入被压迫民众中。

——肩着人民之子的自觉，鲁迅投枪更深地刺入自己的心窝：

"我从别国窃得火来，本意却在煮自己的肉的。"（鲁迅：《三闲集·"硬译"与"文学的阶级性"》）

"我觉得古人写在书上的可恶思想，我的心里也常有……我常常诅咒我的这思想，也希望不再见于后来的青年。"（鲁迅：《坟·写在〈坟〉后面》）

"我所憎恶的太多了，应该自己也得到憎恶，这才还有点像活在人间。"（鲁迅：《华盖集·我的"籍"和"系"》）

"我自己总觉得我的灵魂里有毒气和鬼气，我极憎恶它，想除去它，而不能。我虽然竭力遮蔽着，总还恐怕传染给别人。"（鲁迅：《致李秉中》）

鲁迅解剖自我，"抉心自食，欲知本味"。他写道："有一游魂，化为长蛇，口有毒牙。不以啮人，自啮其身，终以殒颠。"（《野草·墓碣文》）

"殒颠"，是绝望于旧世界，也绝望于旧世界之构成分子的自我，是自我与旧文化的一体"殒颠"；而新文化的崛起，也便与自我一体崛起。

鲁迅颠覆物，更颠覆心；颠覆社会，更颠覆自我。他的阿 Q，为中国人"开出反省的道路"；他自己，更负起全体的罪孽，引领民族的和人类的救赎。

鲁迅如此写意滴血的十字架，写意基督受难的惨淡黄昏："凡是人的灵魂的伟大的审问者，同时一定是伟大的犯人。"（《集外集·〈穷人〉小引》）

978-1-62265-934-0 (online)　　978-1-62265-935-7 (paper)

钱理群说："鲁迅既是伟大的审判官，更是伟大的'犯人'，他的每一个拷问都同时指向自己。"（《与鲁迅相遇》）

冯雪峰说：鲁迅时时在自我批判，他"反攻别人的话"，"会很快转到分析他自己和批评他自己的话上去。"（《回忆鲁迅》转引自辛晓征：《鲁迅》）

孔庆东说："鲁迅笔下很多人物的痛苦，其实是他自己痛苦的写照。"（《正说鲁迅》）

袁盛勇说："鲁迅的国民性话语是一种自我在场的启蒙话语。"（《鲁迅：从复古走向启蒙》）

恒久的自我在场！

鲁迅诅咒一切恶，"连我自己，因为我就应该得到诅咒。"（《野草•过客》）

鲁迅痛下杀手："我未必无意之中，不吃了我妹子的几片肉。……四千年来时时吃人的地方，今天才明白，我也在其中混了多年。"（《呐喊•狂人日记》）

鲁迅剖出自己的心："中国历来是排着吃人的筵宴，有吃的，有被吃的，被吃的也曾吃人，正吃的也会被吃。但我现在发现了，我自己也帮着排筵宴。"（《而已集•答有恒先生》）

日本学者竹内好称鲁迅文学是"一种赎罪的文学"；张宁认定："赎罪"是鲁迅精神的一个基本特征。

王富仁如此敬服：鲁迅提供了被压迫者如何不变成新的压迫者的典范，那就是把"批判"首先"指向自己"，始终如一的自我批判，"不仅不能容忍对他人和自己的一切奴役，同时也警戒自己，不要去奴役他人。"（转引自张宁：《无数人们与无穷远方：鲁迅与左翼》）

钱理群笔下的鲁迅惊心动魄："鲁迅不仅跟别人过不去，更主要地和自己过不去。他把自己搞得乱七八糟。……他把自己的后院搞得天翻地覆，不留后路，他不断地进行自我拷打。……鲁迅要打碎一切，包括自我经验。"（《与鲁迅相遇》）

毛泽东与鲁迅的心，是相通的。

毛泽东接过鲁迅的投枪，"搅得周天寒彻"。他鼓动文化革命"大动乱"，分明鼓动更广阔的自我革命；他亲手创建的中国共产党政权，他的立身之本和成功载体，被他自己"搞得乱七八糟……天翻地覆，不留后路……自我拷打……打碎一切，包括自我经验"。

以至费正清如此指责：毛泽东"为了防止'官僚主义'和'修正主义'的弊病，几乎毁了中共。"（《剑桥中华人民共和国史》）

然而，燕雀岂知鸿鹄志？

公有制颠覆私有制，公有观念颠覆私有观念，是一场古今中外从来没有过的大革命。它拒绝权利易位的"皇帝瘾"，拒绝"党天下"的私利；它更"不是请客吃饭，不是做文章，不是绘画绣花，不能那样雅致，那样从容不迫，文质彬彬，那样温良恭俭让"；它"是暴动"（毛泽东），是天下大乱。

这是沧海桑田的巨变。

没有这个巨变，能有底层民众的解放和工农兵文化的崛起吗？

鲁迅形态——通向工农兵文化崛起的桥梁。

鲁迅称自己是"斩除荆棘的人"。在《野草•影的告别》中，他将自己和灵魂和整个世界沉入黑暗中；他期待：在黑暗中孕育光明。

破字当头，立在其中。除尽旧文化的荆棘，才有新文化的萌芽。"不破不立，不塞不流，不止不行。"（毛泽东：《新民主主义论》）

鲁迅桥梁，在"破"中构建与延展。它鞭策"士"向"无产阶级革命知识分子"转化。

鲁迅热情赞美:"奥古斯丁也,……伟哉其自忏之书,心声之洋溢者也。"(《集外集拾遗补编·破恶声论》)

奥古斯丁以教授之尊,肩起知识分子群的伪善与罪孽,在忏悔中皈依上帝。他鞭笞自我"喜爱空虚,寻觅虚伪",是"言语贩卖者";他甚至赞乞丐以自嘲:乞丐乞讨"是祝望别人幸福而获得了酒,我是用谎言去追求虚名。"(《忏悔录》)

鲁迅以"最后一个士大夫"的自重,引领知识分子群的自省与救赎,在忏悔中回归民众。他断然否定那种"以为诗人或文学家现在为劳动大众革命,将来革命成功,劳动阶级一定从丰报酬,特别优待,请他坐特等车,吃特等饭"的知识特权思想。他宣告:"劳动阶级决无特别例外地优待诗人或文学家的义务。"(《二心集·对于左翼作家联盟的意见》)

鲁迅桥梁,是向知识分子工农化、工农知识化的过渡。

以往的历史是特权集团剥削压制广大人民的历史;现在的历史是广大人民起来反抗特权集团专制的历史。人民的抗争,释放着每一个"大写的人"之能量,向着人人平等的未来过渡。

脑体相融的新人类正在崛起。"唯有左翼文艺现在在和无产者一同受难,将来当然也将和无产者一同起来","在中国,无产阶级的革命的文艺活动,其实就是唯一的文艺运动。"(鲁迅:《二心集·黑暗中国的文艺界的现状》)

在这"唯一的运动"中,同着鲁迅为文化革命的呐喊,成长起中国第一代战斗的无产阶级革命知识分子——胡风们,和周扬们。

然而,胡风们,和周扬们,都不能免小资产阶级知识分子的根性。

胡风是鲁迅晚年圈子中人,周扬是与晚年鲁迅联盟的左翼文化军队的"元帅"。二者在彼此间的对立与斗争中,从不同侧面继承了鲁迅。

胡风偏重实质,周扬偏重形式。

没有形式,不能扬新文化之威;没有实质,则不能有新文化。

然而,周扬游走于形式。他紧跟王明,跟错了;紧跟毛泽东呢?经过延安整风和建国后历次政治运动,呕心沥血20年,一次次以"左"的极端为工农兵文化鸣锣,虽成就一时辉煌,却毕竟缺乏底层被压迫者的阶级直觉,到头来终于跟不上,滑回了帝王将相的旧文化,被毛泽东在文化大革命的疾风骤雨中扫荡出局。

小资产阶级知识分子投身革命,单凭"紧跟",决不能有真的"无产文学"。因为,"从喷泉里出来的都是水,从血管里出来的都是血。"(鲁迅:《而已集·革命文学》)

相反,胡风执着于内容。他秉承鲁迅遗风:做革命文学,先做革命人;但他拘泥文艺理论的教条,拘泥"自我",失于鲁迅真谛。他的"叛逆",未如鲁迅那样从"士大夫"转变为农民思想家,而始终是一个文人,一个葆有农民之朴实的正直清高的文人。

鲁迅是革命家,他的文学为了革命,革命因文学而血肉生动;胡风是文学家,他的革命聚于文学,文学被革命撑得硬骨铮铮。从梅志的视角看:胡风"一向对政治钝感"。(《胡风传》)他缺乏融文学于革命大潮的自觉。

这是胡风与鲁迅的区别,也是胡风在毛泽东以工农兵文化颠覆旧文化的大风暴中颓然倾倒的原因。

行文至此,真不免感叹:知识分子群不必谈,胡适、周作人不必谈,便是自诩"得了鲁迅真传"的王实味、胡风们,以及大陆内外几十年至今自封和被封的"当代鲁迅"们,谁又真可以比肩于鲁迅呢?那原因,在于他们尽管自认为代表着人民，实质不过代表一个集团、顶多一个阶层；而鲁迅则彻底地将自己的血肉和情感融于人民之中，代言着最底层被压迫大众的苦难和抗争。

当"底层大众"被时代风云锻压成无产阶级时，它便承担起人类解放的使命，它对特权剥削的反抗也便同时成为对旧制度旧文化的颠覆。

鲁迅=颠覆。

鲁迅与毛泽东并立。

在中国历史上，毛泽东是最后一位农民起义英雄和最后一位"专制帝王"，也是第一位无产阶级革命家；鲁迅则是最后一位农民革命思想家和最后一位"士大夫"，也是第一位无产阶级文化革命先驱者。

4、旗手之三：为新民主主义呐喊

毛泽东说："孔夫子是封建社会的圣人，鲁迅则是现代中国的圣人。"（《论鲁迅》）

前圣后圣比肩。

孔子呼号于中国封建社会兴起之风云际会里。

鲁迅呐喊于中国封建社会衰亡之哀鸿遍野中。

孔子以公有观念对私有观念的变通——善的等级制，为人类私有制确立"百世不能易"的学说。

鲁迅以公有观念对私有观念的颠覆——文化革命，为中华民族确立百世不能易的方向：粉碎私有制！

封建社会的基本构成是农民与地主。孔子站在地主阶级立场，规范封建剥削；鲁迅立足被压迫民众，鼓动农民革命。

马克思主义诞生，激励中国农民革命的社会主义指向，也激励鲁迅从旧民主主义向新民主主义升华。

鲁迅是新民主主义思想家。

鲁迅没有明确新民主主义概念；但他的一生，分明是为新民主主义呐喊的一生。

——什么是新民主主义？

新民主主义就是社会主义主导的与资本主义的统一战线。它以孙中山晚年向社会主义的倾斜，明确了中国封建社会步入现代社会的必由之路。

"鲁迅是中国封建社会的逆子贰臣。"（瞿秋白）

两千年来，中国叛逆士大夫的终极去处，只有一个：农民！

然而，现代中国卷入全球一体化的大潮，世界资本主义与社会主义强烈影响并规定中华民族的走向，鲁迅"叛逆"面临新选择：资本主义，或社会主义。

青年鲁迅不认同社会主义："使天下人人归于一致，社会之内，荡无高卑。此其为理想诚美矣，顾于个人特殊之性，视之蔑如，既不加之别分，且欲致之灭绝。"（《坟·文化偏至论》）

青年鲁迅赞誉西方资产阶级革命："其首在立人，人立而后凡事举；若其道术，乃必尊个性而张精神。"（《坟·文化偏至论》）

不独鲁迅。"'五四'新文化高举个体自由的旗帜，力图用西方个人主义来取代中国家族本位主义，这在先驱者那里是非常显明的事实。"（袁盛勇：《鲁迅：

从复古走向启蒙》）

什么样的个人主义？

美国实用主义者杜威说："人人都是各种权利的中心点，社会一切平等。……我们拿个人作中心，认我们的权利为神圣不可侵犯，那么，推己及人，自然会尊重他人的权利了。"（《五大讲演》）

这是孔子学说的现代资本主义版。

梁启超勾勒出资本主义乌托邦："一部分之权利，合之即为全体之权利。一私人之权利思想，积之即为一国家之权利思想。"（《论权利思想》）

胡适的解说逼近资本主义精神的社会主义内涵：只顾自己利益，不管群众利益的，是伪个人主义；而真个人主义强调独立人格，独立思维，信仰真理，不认个人利益。（《个人自由与社会进步》）

五四新文化提倡资本主义精神，是从私有制角度对公有制的曲折认同。它强调个人权利的合理性，强调对个体意志和独立人格的尊重；而每个人"自我"的聚合，便是人类整体利益的申张。

青年鲁迅崇奉的，实际上是以资本主义形态张扬的社会主义。他心许欧美资产阶级革命："扫荡门第，平一尊卑，政治之权，主以百姓，平等自由之念，社会民主之思，弥漫于人心。"（《坟·文化偏至论》）

这是未被资本大亨们糟践的资产阶级革命的本来意义。

资产阶级"祖师爷"洛克如此规定资本主义精神的社会主义内涵：人民是政府的主人，指令政府构成，人民具有以暴力推翻腐败政府的天然权利。（《政府论》）

资产阶级另一位"祖师爷"卢梭明确资本主义精神的社会主义指向："良好的社会制度是最善于改变人性的制度，它剥夺人的绝对生命，赋予他以相对关系的生命，把所谓'我'移植在共同的单一体中，也就是说移植在社会的'我'之中，这样，他就不再以为自己是一个单一体，而是整体的一部分，只有在共同体之中方感觉到自己的存在。"（《爱弥儿》）

个体性与社会性的统一体。

在原始社会，人的个体利益，一般地屈从于氏族或部落的整体利益。人的社会性处于主导的支配地位。因为，离开整体的庇护，个体不能生存。

在封建社会，人的整体利益一般地屈从于个体利益，人的个体性处于主导的支配地位。它被集中为君主特权，以代言民族国家整体利益的虚饰，压抑和剥夺广大人民的个体利益。

资本主义革命集中被压抑的个体利益，向虚假的整体利益——特权剥削抗争，它以对个体利益的普世尊重，吁求人类整体利益。

社会主义革命代言被压迫民众的整体利益，向极端的个体利益——特权剥削抗争，它以对整体利益的正名，吁求普世个体利益。

在这个意义上，资本主义革命与社会主义革命是对立的同一体。他们分别从私有制或公有制的不同基点，指向人类解放的同一目标。

这是鲁迅从旧民主主义向新民主主义转化的社会根源和思想根源。

资本主义精神与社会主义精神的同一，即二者在本质上诉诸"人类解放"的共性，决定了鲁迅人格的统一——"不转化"。

资本主义与社会主义的对立，即资产阶级背叛"人类解放"的根本宗旨和无产阶级担着"人类解放"使命的蓬勃兴起，决定了鲁迅的转化。

鲁迅转化是资本主义向社会主义转化的人格态。

刘半农书赠前期鲁迅："托尼学说，魏晋文章"。

托尔斯泰是俄国前资本主义思想家。尼采是西欧后资本主义思想家。

托尔斯泰张扬社会主义空想，期待抽象人性的"和平宣言"激励资本主义自我变革，实现人类社会的"普世价值"。

尼采直面资本世界的没落，期待"上帝死了"的振聋发聩成就资产阶级英雄精神的回光返照；他以"超人"的新专制，试图变革丧失精神的资本主义。

青年鲁迅一度陷入"托尼学说"中。他为人的抽象呼号："东方发白，人类向各民族所要的是'人'"（《热风·随感录四十》）

然而，托尔斯泰的善良说教无法阻止资本的聚敛和垄断。他的"和平"空想破碎了，他的"普世价值"的福音，被资本吞噬社会的野心阴冷嘲笑。

尼采扫荡旧制度的豪情反而助长了资本专制对世界的盘剥。他的"超人"虚幻也破碎了，他的"英雄救世"的张狂，被资本的帝国争霸恶毒愚弄。

资本主义精神不能挣脱私有制和私有观念的束缚，不能不屈从资本的嗜血。它的民主、自由和人权，终于幻化为资本主义乌托邦；它鼓吹的个体权益和"普世价值"，沦为特权剥削的奴仆；它聚起资本专制，育肥一个少数"精英嗜血者"的政治。

资产阶级先驱者们无论路德、加尔文，还是拿破仑、华盛顿、杰斐逊、罗斯福，都不能不被资产阶级利益制约，成为资本扩张和帝国争霸的推手。

实际上，以资本形态出现的民主、自由、人权，并不属于资本主义，而是属于社会主义，是在私有制和私有观念框架内，对公有制和公有观念的诉求。

资本主义发展到帝国主义阶段，日益阻滞经济力的进步，日益丧失推进民主、自由、人权的活力；维持资本社会庞大架构的，已经不是资本主义自身，而是资本攫取的社会主义能量。

确切地说，是工人阶级的社会主义运动推进了民主、自由和人权，只是被记在资本主义的功劳簿上。

社会主义，被资本主义。这是迫于资本惯性依然强势的社会主义的无奈，也是被社会主义生气勃勃蚕食一切领域的资本主义的无奈。

垂死挣扎的资本主义从最微小的细胞处，向社会主义"和平演变"。

资本世界，从旧民主主义向新民主主义转化。

——什么是新民主主义？

新民主主义就是从资本主义向社会主义的过渡。

鲁迅是新民主主义的人格态。

不是哪个人创造了"新民主主义"。而是资本运行规律从资本社会内部，不断地生发着新民主主义。

160 年前，马克思、恩格斯已经在《共产党宣言》中指出了这个转化：工人阶级主导民主革命。

世界在转化中。

中国在转化中。

然而，转化并不平衡。20 世纪初，世界资本主义在总没落中交织着勃发的生机。西欧，资本主义趋于没落；中国，资本主义正在萌芽；美国，资本主义如日中天。

美国太阳强势升起，从威尔逊总统承担人类责任的自觉，到罗斯福总统为人类解放事业的呕心沥血，美国精神辉耀世界。

与此同时，苏联社会主义闪亮登场，但依然是实验；十月革命后的苏联，一切在摸索中。

胡适从美国的民主法制中寻到改良路，期待用双手托起一个资本主义新中国。他鼓励北大学生追随美国资本主义，担起救国重任："社会送给我们一个领袖的资格，是要我们在生死关头上，出来说话做事。"（《学术救国》转引自钱理群：《与鲁迅相遇》）

鲁迅却疑虑彷徨。

鲁迅喊出"将来容不得吃人的人，活在世上。"（《呐喊·狂人日记》）然而是空喊。他不知道路在何方："人生最苦痛的是梦醒了无路可走。"他迷茫：平等权是紧要的，但"我不知道这权柄如何取得，单知道仍然要战斗。"中国变革的风暴"从哪里来，怎么地来，我也是不能确切地知道。"（《坟·娜拉走后怎样》）

鄙弃胡适"改良私有制"的鼓噪，鲁迅期待颠覆私有制。

然而，"托尼学说"破产，鲁迅期待落空。对封建制度，他绝望了；对资本主义，他也绝望了。帝国主义的弱肉强食更激怒了他："我在中国，看不见资本主义各国之所谓'文化'；我单知道他们和他们的奴才们，在中国正在……屠杀革命群众。"（《且介亭杂文·答国际文学社问》）

鲁迅从空幻的"立人"梦中惊觉："虽然梦'大家有饭吃'者有人，梦'无阶级社会'者有人，梦'大同世界'者有人，而很少有人梦见建设这样社会以前的阶级斗争，白色恐怖，轰炸，虐杀，鼻子里灌辣椒水，电刑……倘不梦见这些，好社会是不会来的。"（《南腔北调集·听说梦》）

阶级压迫和阶级斗争冷酷嘲笑了"普世价值"的虚伪，也促成了鲁迅的转化，他从抽象的"博爱"一变而为具体的阶级仇恨："憎人却不过是爱人者的败亡的逃路。"（鲁迅：《集外集拾遗补编·〈绛洞花主〉小引》）

爱之深，所以恨之切；爱的败亡，催动恨的生发。

然而，爱人原也是憎人者希望的归宿。被压迫阶级抗争特权剥削的阶级斗争，是通向人类"博爱"与"普世价值"的唯一桥梁。鲁迅的刻骨之恨，聚起人类解放的无疆大爱。

胡适被资本主义精神鼓舞，沾沾于旧民主主义的一得之见。

鲁迅孤峰兀立，目如鹰隼，深刻而敏锐地捕捉到历史转折的节点——旧民主主义向新民主主义转化。

——什么是新民主主义？

新民主主义就是工人阶级取代资产阶级成为主导，实行彻底的民主革命。

新民主主义的一缕曙光，荡起鲁迅灵府的希望。

五四运动是新民主主义的开端，鲁迅是五四运动的人格态。

鲁迅转化同着五四运动的节拍——

五四运动中，《新青年》大量发表介绍马克思主义的文章。李大钊在《什么是新文学》中，首次提出"以马克思主义来指导和建设新文学的理论意见。"然而，早期共产党人对十月革命的引进，并不能改变五四运动的资本主义属性。

所以，20世纪20年代末，革命知识分子激烈地清算五四运动，喊出了工人阶级占领文化舞台的第一声吼。

这一声吼，吼出了无产阶级与资产阶级的决裂，吼出了对社会主义与资本主义统一战线的否定，甚至吼出了对五四运动的否定。

1927年四·一二蒋介石大屠杀是这个决裂的导因。同年八·一南昌起义是这个决裂的宣言。反映在文化战线上，创造社、太阳社的激进主张，便是政治决裂和人民革命的折光。

郭沫若认定：五四运动是"资本社会和封建社会的意识上的斗争"；所谓"自

由",是新兴资产阶级的自由;所谓"民主"和"科学",是"替资本社会建设上层建筑"。茅盾认定:五四运动是中国新兴资产阶级的文化运动。(见林伟民:《中国左翼文学思潮》)

因此,必须与五四运动决裂。李初梨主张"用无产阶级启蒙运动代替五四时期的资产阶级启蒙运动。"(钱理群:《与鲁迅相遇》)

"无产文学"诞生了!

"无产文学"在白色恐怖的血腥屠杀中挺起左派革命者的铮铮硬骨:"你是反对革命的人,那你做出来的文学或者你所欣赏的文学,自然是反革命的文学……你假如是赞成革命的人,那你做出来的文学或者你所欣赏的文学,自然是革命的文学。"(郭沫若:《革命与文学》)

蒋光慈甚至断言:"一般的文学家大多数是反革命派。"(《关于革命文学》)

否定一切!

创造社、太阳社竟集中火力,展开对鲁迅的围攻。

把文化领域的阶级对立提到黑白分明的程度,明确新文化与旧文化的势不两立。这几乎是中国60年代文化大革命中极左观念在20年代的先声,而郭沫若们也分明是"四人帮"们的老大哥。

可以说,郭沫若、成仿吾、李初梨们以极端革命精神对五四运动的否定,已经跨越鲁迅的《阿Q正传》、茅盾的《子夜》,最先踏上了后来延安整风、解放区文艺、反右到文化大革命那一条以工农兵文化颠覆旧文化的激烈革命之路。

林伟民写道:"从文学思潮本身的发展来看,工农兵文学思潮更应该看作是三十年代左翼文学运动时期革命文学思潮和文艺大众化思潮在新的历史条件下的延续和发扬。"(《中国左翼文学思潮》)

30年代左翼文学运动对工农兵文化之开山,功不可没!

要之,这是革命知识分子投身社会主义埋葬资本主义之世界大潮的勇敢作为。在他们自己,不负时代伟业;在整个知识界,足可领军群伦。他们是推动历史进步的先锋。

左联的《理论纲领》跳动着激情的火焰:"我们知道帝国主义的资本主义制度已经变成人类进化的桎梏,而其'掘墓人'的无产阶级负起其历史的使命,在这'必然的王国'中作人类最后的同胞战争——阶级斗争,以求人类彻底的解放。"

《左联决议》奉行斯大林理论:社会主义将在与帝国主义的对决中赢得胜利,"中国革命可以是全世界革命这个火山的最容易爆发的火口,也就是人类解放斗争的伟大叙事诗最后一卷的前奏曲。"(转引自林伟民:《中国左翼文学思潮》)

成仿吾慷慨抒怀:"资本主义已经到了它的最后一日,世界形成了两个战垒,一边是资本主义余毒法西斯蒂的孤城,一边是全世界农工大众的联合战线。"(《从文学革命到革命文学》转引自钱理群:《与鲁迅相遇》)

共产主义即将全世界胜利。"最后一日"的资本主义且已"日薄西山,气息奄奄",只要投身大决战,就可以消灭资本主义。那么,跃出战壕,挑灯一个夜战,便可收取共产主义的晨曦。

这是何等可敬的革命狂热!因为他们充溢着创造未来的崇高向往和献身革命的牺牲精神。郭沫若们无愧"无产文学"的先驱者。

这又是何等可悲的革命狂热!因为他们把小资产阶级的尾巴翘得高高,奋不顾身地"制造"历史进程,唯我独左,英雄救世,君临天下,扫荡一切。创造社、太阳社的革命"纯"到连鲁迅都不能接受,在他们之后四人帮们的革命"纯"到连周恩来都不能接受,他们自诩的无产阶级和人民代言人,岂不是虚妄的幻影;

而他们自己，也在这幻影里走向幻灭。

然而，郭沫若们尽管流于形式，却为鲁迅开辟了道路。也许可以这样说，郭沫若、成仿吾、蒋光慈、李初梨和他们的创造社、太阳社在新文化初期的历史地位，便是为着主将鲁迅登台亮相的紧锣密鼓。

鲁迅转化同着五四运动的精神——

五四运动昂扬着民主与科学的主旋律，它与封建特权剥削、资本特权剥削势不两立，它同样与在"无产阶级"名号下恶意滋生的新特权剥削势不两立。

鲁迅无情斧斫小资产阶级知识分子的劣根性："不要脑子里存着许多旧的残滓，却故意瞒了起来，演戏似的指着自己的鼻子道：'惟我是无产阶级！'"（《三闲集·现今的新文学的概观》）

鲁迅怒斥成仿吾们："将革命使一般人理解为非常可怕的事，摆着一种极左的凶恶的面貌，好似革命一到，一切非革命者就都得死，令人对革命只抱着恐怖。"（《二心集·上海文艺之一瞥》）

富豪大亨吹胀慈善家的瓜皮帽，是伪善；小资产阶级漫画"无产阶级"的铁拳头，也是伪善。

鲁迅对伪善深恶痛绝：

"我憎恶那些拿了鞭子，专门鞭扑别人的人们。"（《致徐懋庸》）

"有些手执皮鞭，乱打苦工的脊背，自以为在革命的大人物，我深恶之，他其实是取了工头的立场而已。"（《致曹靖华》）

"'奴才'做了主人，是绝不肯废去'老爷'的称呼的，他的摆架子，恐怕比他的主人还十足，还可笑。"（《三闲集·"醉眼"中的朦胧》）

瞿秋白评价鲁迅杂文的鲜明特征：痛击瞒和骗。

李洁非在《典型文坛·误读与被误读》中对晚年鲁迅独与胡风亲近颇为奇怪。其实那是胡风始终保持了农家子的朴实本色，没有伪善。

伪善一定不好吗？

也不一定。

对于革命知识分子，伪善常常是追求光明而又不能挣脱旧我的矛盾态，是历史进步击打出的喷溅着泡沫的浪花。这浪花，是整个知识分子群最具青春与活力的部分，是"人民创造历史"的知识躁动。

然而，这种躁动，遮掩不了革命知识分子的先天不足，却将其小资产阶级劣根性暴露于众目睽睽之下。成仿吾们和后来的周扬们，先后品尝了失意的苦果。

瞿秋白批评："创造社等类的文学家，但说真有革命志愿的，也大半扭缠着私人的态度……表现着文人的小集团主义。"（《〈鲁迅杂感选集〉序言》）

其后，时任共产党文委书记的潘汉年批评：左翼作家"充分表现着小资产阶级个人主义意识的浓厚，正确的马克思主义思想尚未深入。"（《左翼作家联盟的意义及其任务》，转引自林伟民：《中国左翼文学思潮》）

正确的马克思主义是什么？

新民主主义。

大资产阶级背叛革命不等于整个资产阶级背叛革命。李初梨们正确指出了五四运动的资本主义属性，却以"左"的极端割裂资本主义与社会主义的内在联系，抹煞了中国新生资产阶级的革命精神及五四运动内涵的社会主义指向。

这是左倾思潮在文化上的反映。

左倾思潮一直是中国革命的重要构成。毛泽东的"新民主主义"虽然认同与资产阶级合作，但很快止步于"与资产阶级决裂"。而改革开放几十年，已经从与资产阶级合作，到大踏步后退向资产阶级让权，却依然回避社会主义与资本主义统一战线的理论辩证。

如此回避，反而使资产阶级在"不争论"的遮掩下，不断蚕食社会主义的主导地位，几乎完成了资本主义复辟。

资本主义与社会主义对立同一的理论辩证，难道不是五四运动诉诸中国革命的方向性课题吗？

鲁迅转化同着五四运动的方向——

毛泽东说：五四运动是"在当时世界革命号召之下，是在俄国革命号召之下，是在列宁号召之下发生的。五四运动是当时无产阶级世界革命的一部分。"（《新民主主义论》）

无产阶级世界革命为五四运动规定方向，那就是知识分子向着农工大众"脱壳"，小资产阶级向着无产阶级"脱壳"！

鲁迅说：小资产阶级原有两个灵魂，"虽然可以向资产阶级去，但也能够向无产阶级去。"因此，在大转换的时代，"阶级的对立大抵已经十分锐利化，农工大众日益显得着重，（知识分子）倘要自己从没落中救出，当然应该向他们去了。"（《三闲集•"醉眼"中的朦胧》）

鲁迅维护郭沫若们颠覆旧文化的原则高度。他斩钉截铁地说："在阶级社会里，即断不能免掉所属的阶级性，……倘说，因为我们是人，所以以表现人性为限，那么，无产者就因为是无产阶级，所以要做无产文学。"（《二心集•"硬译"与文学的阶级性》）

鲁迅举起了"无产文学"的大旗。

然而，鲁迅决不认同郭沫若、周扬乃至后来四人帮们的对"无产文学"的公式化误导。

那么，什么是"无产文学"？

鲁迅不冀望小资产阶级。他说："现在的左翼作家，能写出好的无产阶级文学来么？我想，也很难。这是因现在的左翼作家还都是读书人——知识阶级，他们要写出革命的实际来，是很不容易的缘故……革命文学家，至少是必须和革命共同着生命，或深切地感受着革命的脉搏的。"（《二心集•上海文艺之一瞥》）

鲁迅笔锋转处，"无产文学"被变通为"革命文学"。

于是，革命小资产阶级知识分子的眼前豁然开朗：投身工农革命的大野狂流，创作以无产阶级为导向的小资产阶级文学，便是"革命文学"，便是"无产文学"。

鲁迅明确定义：无产文学"是属于革命的广大劳苦群众的……是革命的劳苦大众的文学。"（《二心集•中国无产阶级革命文学和前驱的血》）

"无产文学"就是泥腿子文学，就是农民小资产阶级文学。它的对象不是无产阶级革命，而是农民小资产阶级革命。

然而，它绝不是为着小资产阶级改朝换代以跻身特权之巅，而是纳入无产阶级革命范畴，融汇于无产阶级解放全人类的大潮。

它是"革命文学"，是一个不断长成的生命体。它要革资本主义的命，更要自我革命。只有不断革命，直至在"无产阶级专政下继续革命"，才能实行与私有制和私有观念的决裂，创造真正的"无产文学"。

当无产阶级占有全世界，便不再需要"无产文学"；还需要"无产文学"的时候，一定不是纯粹的"无产文学"，而是激昂社会主义导向的小资产阶级文学，是无产阶级世界观引导小资产阶级脱壳的文学。

"无产文学"，就是新民主主义文学。

978-1-62265-934-0 (online)　　978-1-62265-935-7 (paper)　　　　　　　薛　道

新民主主义是小资产阶级向无产阶级转化的桥梁。不在这个桥梁上踏出坚实的足印，就绝不会是真正的无产阶级。

1948 年，胡绳在《鲁迅思想发展的道路》中，批评鲁迅前期的小资产阶级局限。那么，鲁迅后期就没有小资产阶级局限？而且，在鲁迅后期之后，中国人包括胡绳自己，又有几个挣脱了小资产阶级局限？

有着小资产阶级局限就不能成为洪秀全、陈玉成式的英雄？就不能成为卢梭、孙中山式的思想家？反过来，无产阶级英雄如江姐、董存瑞就没有小资产阶级局限？无产阶级政治家如列宁、斯大林就彻底挣脱了小资产阶级局限？

20 世纪 40 年代，延安整风，王实味的《政治家·艺术家》道出鲁迅和毛泽东的心声："旧中国是一个包脓裹血的、充满着肮脏与黑暗的社会。在这个社会里生长的中国人，必然要沾染上它们，连我们自己——创造新中国的革命战士，也不能例外。"（转引自袁盛勇：《鲁迅：从复古走向启蒙》）

中国共产党不能例外，鲁迅不能例外。

王富仁写道：不能否定郭沫若、成仿吾等左翼文学批评家在 1928—1930 年"以阶级论对鲁迅、茅盾、郁达夫、叶圣陶以及他们自己所作的阶级的判断的正确性，他们都不属于无产阶级文学，而属于小资产阶级文学。"（吴三元、季桂起：《中国当代文学批评概观·序》）

岂止文学！

鲁迅的一生，是小资产阶级知识分子的一生。

1928 年，在《三闲集·通信》中，鲁迅自叹："小资产阶级根性未除，于心总是戚戚。"

1932 年，在《二心集·序言》中，鲁迅自嘲："我时时说些自己的事情，怎样地在'碰壁'，怎样地在做蜗牛，好像全世界的苦恼，萃于一身，在替大众受罪似的：也正是中产的知识阶级分子的坏脾气。"

1933 年，在《南腔北调集·听说梦》中，鲁迅给自己定性："我自己姑且定位属于这个阶级——小资产阶级。"

1935 年，临终前一年，在《致增田涉》的信中，鲁迅自白："《中国小说史》豪华的装帧，是我有生以来，著作第一次穿上漂亮服装，我喜欢豪华版，也许毕竟是小资产阶级的缘故吧。"

并非谦虚，而是正视。

从古至今的人类文明史，无分中外，那最广大的小资产阶级群体：农民、小手工业者、小商人、小知识分子……是推动历史进步的基本力量；可歌可泣的英雄事迹、惊天动地的历史贡献、博大精深的思想集成，多出自这个群体。

即便今天欧美的工人阶级，也并未超越小资产阶级层面。

小资产阶级原有自身的光荣。然而，当"无产阶级"被马克思锻铸成历史进步的英雄勋章，"小资产阶级"旦夕间相形见绌，甚至成为耻辱的别称。

于是，从西欧到北美，从苏联到中国，在小资产阶级茫茫人海中，冒出一批批舞着"无产阶级"英雄勋章的个人、团体和政党。

也于是，这枚英雄勋章竟成为击打鲁迅的"利器"，成为击打没有挂勋章的其他小资产阶级的"利器"。

可悲，亦复可叹！

其实，"小资产阶级"不但应是底层民众的自我定位，而且应是迄今为止的工人政党的自我定位。

敢于这样定位，才可望自我救赎，才可望从小资产阶级"脱壳"，担起工人政党的荣光。

鲁迅敢于这样定位。

鲁迅的一生，是从小资产阶级向无产阶级"脱壳"的一生。

鲁迅世界观的转化及其在转化中的纠结，形成自身"脱壳"的特色。

前期鲁迅，唯心史观为主。他说："惟主观性，即为真理，至凡有道德行为，亦可弗问客观之结果如何，而一任主观之善恶为判断焉。"（《坟·文化偏至论》）

后期鲁迅，唯物史观为主。他说："我对于唯物史观是门外汉，不能说什么。……在我自己，是以为若据性格感情等，都受'支配于经济'之说，则这些就一定带有阶级性。"（《三闲集·文学的阶级性》）

鲁迅的"人性论"向阶级观念转化："穷人决无开交易所折本的烦恼，煤油大王哪会知道北京捡煤渣老婆子身受的酸辛，饥区的灾民，大约总不去种兰花，像阔人的老太爷一样，贾府上的焦大，也不爱林妹妹的。"（《二心集·"硬译"与"文学的阶级性"》）

然而，鲁迅转化并不彻底。

确立阶级观念不等于马克思主义。阶级和阶级斗争本是资产阶级的发现。除了心怀叵测、人话鬼话的"精英"们，严肃的资产阶级政治家、思想家从不否认阶级斗争的客观存在。

那么，马克思的新贡献是什么？他在《致约·魏德迈》的信中写道：他"证明了下列几点：(1)阶级的存在仅仅同生产发展的一定历史阶段相联系；(2)阶级斗争必然要导致无产阶级专政；(3)这个专政不过是达到消灭一切阶级和进入无阶级社会的过渡。"

鲁迅认同"无产阶级专政"及其向"无阶级社会的过渡"。他确信："无产者文学是为了以自己们之力，来解放本阶级并及一切阶级而斗争的一翼，所要的是全般，不是一角的地位。"（《二心集·"硬译"与"文学的阶级性"》）

然而，对于"经济决定论"这个唯物史观的基本命题，鲁迅不甚了了。他在《热风·〈呐喊〉自序》中的呼吁："我们第一要着，是在改变他们的精神"，实在是他的终生主线。

在这一点上，鲁迅，乃至毛泽东，都开了唯心史观的后门：凌驾经济规律，放眼文化革命。

唯心史观未可全非。

事实上，唯心论与唯物论都是人类文明史的思想之花。唯心论固守"精神第一性"，唯物论强调"物质第一性"，除此之外，不能有别的意义。

因为，物质与精神是对立的同一体。没有物质的精神与没有精神的物质，同样不存在。"无为有处有还无。"（《红楼梦》）"无"相对于"有"，有无相生，有无混一，只是在不同状态下侧重不同，有着互异的表现形态。

当物质的属性居于主导地位时，精神的属性则处于被压抑的次要地位或低级状态。如果物质没有精神的隐性存在，便不可能从宇宙尘埃中发展出人类理性。

当精神的属性居于主导地位时，物质的属性则处于被压抑的次要地位或低级状态。如果没有物质的隐性存在，就不可能有任何理性或神性的精神显现。

这并非"泛神论"，也并非"庸俗唯物论"，而是对转化的认同。毛泽东说：转化是矛盾同一性的主要特征。（《矛盾论》）大自然在物质与精神的混一中，以万千环节相互转化的多彩光，跃动着永恒时空的链条之舞。

辩证唯物论强调物质的第一性，同时高度重视精神的反作用。

所以马克思倾毕生心血论证物质和经济的基础地位，却将他的战马向着精神

978-1-62265-934-0 (online)　　978-1-62265-935-7 (paper)　　　　　　　　薛遒

长嘶。罗素说的对，马克思偏重于精神方面。(《西方哲学史》)换言之，马克思强调哲学的实践功能，强调革命能动性。

革命能动性是共产党人的党性特征，也是对"人民创造历史"的本质认定。

在马克思主义发展史上，第二国际领袖们固守"经济决定论"，却淡忘了革命主动精神；列宁、斯大林推崇"革命能动性"，却弱化了经济的决定地位。

中国革命是十月革命的翻版。

鲁迅和毛泽东延续列宁思路，对"经济决定论"未予充分尊重，却进一步张大了精神的反作用。

从鲁迅对"精神界战士"的推崇，到毛泽东"精神原子弹"的升空，唯物史观被"革命能动性"牵引，向极端发展。

鲁迅自知："至于是否以唯物史观为依据，则因为我是外行，不得而知。"(《三闲集·文坛的掌故》)

鲁迅自白："即如我自己，何尝懂什么经济学或看了什么宣传文字，《资本论》不但未尝寓目，连手碰也没有过。"(《致姚克》)

政治经济学是资产阶级的社会科学，是人类历史进步必由阶段的思想集成。马克思以彻底的唯物史观改造并完成了这门科学，鲁迅和毛泽东却跳了过去。

这是毛泽东的新中国试图跨越资本主义而大受挫折的思想理论根源。

从但丁到尼采，资本主义革命时期崛起一批"精神界的战士"，资本主义没落时期又崛起一批"精神界的战士"。无产阶级革命时期，走在前列的依然是一批"精神界的战士"。

变革旧制度的时代风云需要精神界的战士。

鲁迅、毛泽东以对精神变革的崇高诉求，创造出人类史上媲美于耶稣、释迦牟尼的辉煌。

然而，他们对经济规律的漠视，也不能不尝受耶稣、释迦牟尼一样的现实败绩。精神的孤军奋进，终至夭折。

鲁迅的变革夭折了，毛泽东的变革也夭折了。

鲁迅逝世至今，"改造国民性"依然任重道远。

毛泽东逝世至今，"文化革命"依然不足以形成激励人类社会的热潮。

因为，没有对私有制的颠覆，不可能彻底变革私有观念；而没有生产力的彻底解放，也不能颠覆私有制。

精神的开拓不仅可以强力反作用于物质，更有赖于物质的强力支撑；精神的运行规律归根结底不能离开物质的运行规律而催开满园春蕾。

21世纪，依然是列宁主义时代——帝国主义和人民革命的时代。

然而，鲁迅、毛泽东耸起的精神灯塔，却指引着人类的进程。

那是公元前500年"轴心"精神的重张，那是老子、佛陀、柏拉图以及耶稣、穆罕默德乃至马克思、列宁在现代中华的民族形态。

这是求索的形态：从唯心史观向唯物史观转化，是鲁迅终生的自我"脱壳"，也是他终生未竟的心路之旅。

不断革命！

鲁迅评价孙中山："站出世间来就是革命，失败了还是革命。……无论所作的哪一件，全都是革命。无论后人如何吹求他，冷落他，他终于全都是革命。"(《集外集拾遗·中山先生逝世后一周年》)

日本学者竹内好评价："鲁迅在孙文身上看到了'永远的革命者'，而又在'永远的革命者'那里看到了他自己。"(《鲁迅·政治与文学》)

鲁迅以不断革命的执着，引领中华民族"脱壳"。

——鲁迅引领共产党从小资产阶级向无产阶级"脱壳"。

鲁迅刻画了阿 Q："一个现代的我们国人的魂灵。"

鲁迅也是阿 Q。

青年时代的鲁迅在日本看幻灯片：一个中国人被日本人当作间谍枪毙，"围着看的也是一群中国人；在讲堂里还有一个我"——看客。（鲁迅：《朝花夕拾·藤野先生》）。

然而，鲁迅是自觉揭自己头上"癞疮疤"的阿 Q，是从阿 Q 精神自觉"脱壳"的先驱者。

先驱者言："民国元年已经过去，无可追踪了，但此后倘再有改革，我相信还会有阿 Q 似的革命党出现。我也很愿意如人们所说，我只写出了现在以前的或一时期，但我恐怕我所看见的并非现代的前身，而是其后，或者竟是二三十年之后。"（鲁迅：《华盖集续编的续编·〈阿 Q 正传〉的成因》）

这段话写于 1926 年。隔一年，1927 年，蒋介石大屠杀，国民党露出了"阿 Q 似的革命党"的真面目：无非为权利易位和新的剥削。

但是，二三十年后，指的谁呢？

共产党。

共产党也是"阿 Q 似的革命党"。

阿 Q 似的革命为了抢东西，为了复仇，为了当人上人。中国革命既然是农民革命，中国共产党就不能不是农民革命党。"党的组织基础的最大部分是由农民和其他小资产阶级出身的成分所构成。"（毛泽东：《关于纠正党内的错误思想》）

农民革命立足抢东西、复仇与争当人上人，非此不能发动革命。所以才有"打土豪，分田地"的激励，才有"报仇雪恨"的鼓动。诱之以利，动之以情，晓之以理，层层递进，才使马克思主义在中国共产党的发展史上，逐渐占据统治地位。

然而，中国共产党又是以共产主义为指向的无产阶级政党，它不能止步于私有制内部的革命。它必须超越这个层面，以公有制颠覆私有制，开辟鲁迅期待的"第三样时代"，将农民革命向无产阶级革命升华。

因此，共产党又不能是"阿 Q 似的革命党"。

它是新民主主义政党。它必须从小资产阶级向无产阶级升华，必须在无产阶级世界观指导下，对"阿 Q 似的革命党"自觉"脱壳"。

揭自己头上的"癞疮疤"，实在是毛泽东的耿耿心结。从"三湾整编"到延安整风，再到"双百方针"，终于，他用生命的最后 10 年，投放一场文化大革命，彻底揭开了共产党头上的"癞疮疤"——党内走资本主义道路的当权派，向世界表明毛泽东对"阿 Q 似的革命党"实行超越与升华的铁打意志和坚定信念。

因为，毛泽东担忧："他毕生工作导致的政治制度到头来将偏离他的理想，并证明和他所取代的政治制度同样是剥削性质的。"（肯·利伯塔尔：《剑桥中华人民共和国史》）

毛泽东与鲁迅的心，是相通的。

"希望与绝望同在"！

正视绝望，才有希望；正视置于资本世纪中随时可能被私有制和私有观念吞没的危机，才有共产党的未来。

——鲁迅引领知识分子从小资产阶级向无产阶级"脱壳"。

鲁迅写了《一件小事》：在撞伤一位老女人后，人力车夫真诚地担起责任，乘车的"教授"反嗔车夫多事，耽误了自己的行程。

然而，这个另类"教授"却迅速转入自我解剖。猛醒中，他震动于车夫与整个底层民众愈益高大的形象，也羞愧于自身与整个上层社会的卑琐小我。

"教授"被拖上道德审判台，"车夫"则定位为文化革命的领路人。

"车夫"领导"教授"！——鲁迅为新民主主义呐喊。

毛泽东也为新民主主义呐喊："最干净的还是工人农民，尽管他们手是黑的，脚上有牛屎，还是比资产阶级和小资产阶级知识分子都干净。"（《在延安文艺座谈会上的讲话》）

这就是新民主主义，它是"脱壳"，它是转化，它是变革的过程。

明确地说，在中国，在世界，如果没有"车夫"领导"教授"的文化革命，如果不能确立工农兵文化的统治地位，就绝不会有对私有制和私有观念的颠覆性变革，也绝不会有将世界从核危机与环境危机中拯救出来的希望。

然而，"车夫"领导"教授"只是对变革的质的确定，它同时要求变革的质的深化，即"车夫"不但是变革的主体，也是变革的客体。它决不许"车夫"的领导权形成新一轮特权剥削。

"教授"必须"脱壳"，"车夫"也必须"脱壳"。而且，"车夫"只有自觉"脱壳"，才能领导"教授"的"脱壳"。

那么，"教授"能不能自觉"脱壳"呢？

鲁迅走在前头！

整个知识分子群，置身鲁迅后学当无愧乎？

可堪回首，文化大革命以来，这个群体竟合力谋杀了工农兵文化颠覆旧文化这个重大历史课题。他们或止步于形式的"脱壳"，或借"脱壳"而营私；其末流者，竟肆无忌惮地诋毁"脱壳"而得意于撼树蚍蜉之自鸣。

郁达夫在《忆鲁迅》中长叹："没有伟大的人物出现的民族，是世界上最可怜的生物之群；有了伟大的人物，而不知拥护、爱戴、崇仰的国家，是没有希望的奴隶之邦。"

我们变革奴隶之邦了吗？

（二）反右——文化革命的序幕

20 世纪 40 年代，毛泽东发表《在延安文艺座谈会上的讲话》，将一声雏凤之鸣，唱响中国无产阶级文化大革命的晨曲；50 年代新中国的反右斗争，则为60 年代文化大革命之威武雄壮的活剧拉开序幕。

对于反右，据说有一问：鲁迅活着会怎样？

毛泽东认真思考后严肃回答："要么是关在牢里还是要写，要么他识大体不做声。"（见周海婴：《鲁迅与我 70 年》转引自王宏志：《鲁迅与〈左联〉》）

"鲁迅活着会怎样"？这是"知识精英"们扔给毛泽东的烫手山芋——

鲁迅硬骨铮铮，被毛泽东礼赞为新时代的"圣人"。那么，建国后，鲁迅一定不妥协地抗争共产党的官僚恶习；于是，鲁迅一定被打成右派关进牢里。结论：毛泽东和中国共产党表面尊崇鲁迅，实际和鲁迅背道而驰。

因为，专制与民主是对立的。

然而，鲁迅愧为"民主精英"。他为专制辩护："秦始皇实在冤枉得很，他的吃亏是在二世而亡，一般帮闲们都替新主子去讲他的坏话了。"秦始皇"烧书是为了统一思想"。（《准风月谈·华德焚书异同论》）

鲁迅会对一个新生的人民政权求全责备，像批判旧文化一样无情攻击吗？

新制度诞生，与旧制度有着本质的鲜明区别；然而，在历史的链条上，任何新制度不过是旧制度前行的一个环节，这个环节固然因其新而闪光，但不能不承受整个链条的重负。

鲁迅活着，会浅薄到无视这一点的程度吗？

毛泽东不相信。他冷然地把这个烫手山芋回敬给知识分子群——

鲁迅决不是右派们手里的"枪"。如果鲁迅被异化，成为伪命题的"枪"，那么就把这只"枪"折成两截。换句话说：别拿鲁迅说事！

20 世纪的中国知识分子，其实免不了封建体系构成，是封建生产关系（农民和地主）的依附物，是旧文化的传承者。

鲁迅则是超越中国知识分子群的"孤绝的旗帜"（朱寿桐）。

孤绝之峰，岂是"知识分子群"可以理解、可以利用的？

鲁迅是"中国知识分子群"的另类。"我快步走着，仿佛要从一种沉重的东西中冲出，但是不能够。耳朵中有什么挣扎着，久之，久之，终于挣扎出来了，隐约像是长嗥，像一匹受伤的狼，当深夜在旷野中嗥叫，惨伤里夹杂着愤怒和悲哀。"（鲁迅：《彷徨·孤独者》）

凄厉的狼嗥！

瞿秋白写道：鲁迅"是野兽的奶汁所喂养大的……他从他自己的道路回到了狼的怀抱。"（《〈鲁迅杂感选集〉序言》）

张宁写道：瞿秋白"对来自民间的那种不驯服之'野兽性'的谕示，一定会使鲁迅有一种知己般的理解。许多年后，日本学者伊藤虎丸……也指出了鲁迅与民间原生的野性有着天然的内在契合。"（《无数人们与无穷远方：鲁迅与左翼》）

这就是被"知识精英"们所切齿的"流寇黄巢"、"闯匪李自成"以及"洪杨之乱"、"义和拳匪"等等之"野性"。在这个意义上，鲁迅就是黄巢、李自成、洪秀全在 20 世纪中国的文化形态。

978-1-62265-934-0 (online)　　978-1-62265-935-7 (paper)　　　　　　　　　薛　道

鲁迅与毛泽东的心，是相通的：那是两颗热辣辣的与底层抗争紧相连的"匪心"。因此，就算退一步说，鲁迅对"反右"或有保留，但绝不会成为"右派"们的密友，也绝不会成为"党内走资本主义道路当权派"的同谋。他对毛泽东发动文化大革命鼓动底层造反的冲天气概，一定会拈须微笑吧。

1、胡风冤案——在革命的祭坛上

> 海
> 沸腾着
> 他涌着一个最高峰
> 毛泽东
> 他屹然地站在那最高峰上
> ——胡风：《欢乐颂》

"你还我一个王实味！"

王实味被杀，毛泽东怒不可遏。

然而，却是毛泽东拎出了王实味。

延安整风，王实味被押上审判台；建国后，毛泽东再批王实味，号令全国"痛打落水狗"。

王实味的悲剧人生，成为10年后胡风、冯雪峰及共产党"右派"们未鉴的前车辙，也成为献在20年后中国无产阶级文化大革命祭坛上的原初牺牲。

他们倒在毛泽东的威权下——

从苏区肃反时被处决的"AB团首领"谢汉昌、李白芳，到延安整风时被清除的王实味，再到建国后被相继打倒的胡风、周扬、刘少奇……，都被扣上"反革命"的帽子。

他们真是"反革命"吗？

不是！

谢汉昌、李白芳不肯背叛苏维埃政权，王实味苦苦哀求保留自己的共产党员党籍，胡风真诚地讴歌新中国，周扬处心积虑地紧跟毛泽东，刘少奇"死不改悔"对共产主义的信仰。

他们怎能是"反革命"？

然而，他们必须是"反革命"。

并不是毛泽东排斥异己，而是毛泽东对他们背离革命的本质把握。

共产党人的革命是什么？

是颠覆！是马克思、恩格斯在《共产党宣言》中的旗帜鲜明："与传统的所有制和传统的所有观念实行彻底决裂"！

一句话：消灭剥削！

除非背叛共产党，否则无权模糊这个本质。

谢汉昌、李白芳对富农剥削网开一面；王实味不顾解放区四面被围的严酷现实，过分苛责工农政权；胡风以对马克思主义文艺理论的一得之见，抗拒工农兵文化颠覆旧文化的时代大潮；周扬困于工农兵文化的牵强，终究滑向封资修的泥塘；而刘少奇向资本主义妥协，助长着"党内走资本主义道路当权派"的形成和坐大。

对于颠覆几千年特权剥削和私有制而言,对于被压迫的广大劳苦大众谋取彻底翻身的大革命而言,从谢汉昌、李白芳到王实味,从胡风到周扬、刘少奇,能说他们是"革命"吗?

"革命"与"反革命"是对立的同一体。

这个同一体,不仅表现为个人,更是广大历史现象的抽象。还记得鲁迅投枪掷处吗?那不是简单的个体,而是"类型"。

因为是类型的抽象,所以毛泽东强调"一个不杀,大部不抓";所以毛泽东前有对王实味被擅杀的愤慨,后有对右派学生林希翎被擅抓的不安:得知林希翎竟多年身陷囹圄,毛泽东下令"立即放人"。

鲁迅——毛泽东,两波孤绝之浪。他们以激进革命的急迫,催击时代之流,鼓动被压迫人民向历史峰巅冲决。

这是囊括一切人的革命。这"一切人",既是革命的主体,也是革命的客体;既是革命的动力,也是革命的对象。二者之间,并无鸿沟。

作为"革命的对象",在一定意义上,不就是对革命的反动吗?

从延安整风到文化大革命,置身毛泽东颠覆旧制度旧文化的滚滚狂潮,知音者少,顺从者多。偏偏几个不"顺从"者,便荣膺了"类型"之靶。

王实味被贴上"反革命"标签抬向革命祭坛,胡风也被贴上"反革命"标签抬向革命祭坛。可是,批判胡风的万千"英雄",有谁明了:"我也是胡风"?

胡风,一个被重墨勾勒的"类型脸谱":"胡风和胡风分子确是一切反革命阶级、集团和个人的代言人。……胡风分子是以伪装出现的反革命分子,他们给人以假像,而将真相荫蔽着。但是他们既要反革命,就不可能将其真相荫蔽得十分彻底。作为一个集团的代表人物,在解放以前和解放以后,他们和我们的争论已有多次了。"(毛泽东:《〈关于胡风反革命集团的材料〉的序言和按语》)

这是不妥协的"多次"。胡风梗着脖子与毛泽东文艺路线、与胡风小集团之外的几乎所有左翼知识分子论争。

胡风无所畏惧,他倚着一个大靠山,那就是鲁迅。

延安整风,王实味"以现代鲁迅自居。"(袁盛勇:《鲁迅:从复古走向启蒙》)胡风则倾其后半生,自命鲁迅嫡传。

胡风自是鲁迅晚年圈子中人。难得鲁迅如此评价:"胡风鲠直,易于招怨,是可接近的。"(《答徐懋庸并关于抗日统一战线问题》)

胡风继承了鲁迅耿直而不伪善的品格。

鲁迅说:"中国人向来因为不敢正视人生,只好瞒和骗,由此也生出瞒和骗的文艺来。"他热烈地期待:"我们的作家取下假面,真诚地、深入地、大胆地看取人生并且写出它的血和肉来。"(《坟·论睁了眼看》)

胡风说:"一个作家最宝贵的东西是真诚,不能虚伪。如果虚伪,怎么能正确地反映现实呢?怎么能把人物的真实感情表达出来呢?"(《关于鲁迅的杂文》)

胡风继承了鲁迅深沉而厚重的文学观。

鲁迅说:"好的文艺作品,向来多是不受别人命令,不顾利害,自然而然地从心中流露的东西。"(《而已集·革命时代的文学》)

胡风说:"艺术活动的最高目标是把捉人的真实,创造综合的典型。这需要作家本人和现实生活的肉搏过程中才可以达到,需要作家本人用真实的爱憎去看进生活底层才可以达到。"(《张天翼论》)

胡风继承了鲁迅对创作"革命文学"的严肃态度。

鲁迅说："革命文学家，至少是必须和革命共同着生命，或深切地感受着革命的脉搏的。"（《二心集·上海文艺之一瞥》）

胡风说："如果作者对于人生不抱有积极的态度，他就不能和进步力量呼应或融合；离开了进步力量，他又怎样能够大无畏地看清生活的真理，创造出能够推动生活的作品呢？"（《文学与生活》）

要做革命文学，先做革命人。

胡风用马克思主义文艺理论提升鲁迅："主观精神和客观真理的结合或融合，就产生了新文艺的战斗生命，我们把那叫做现实主义。"（《现实主义在今天》）

胡风将马克思主义文艺理论诉诸文坛。"自左翼文学运动以来，胡风一直以其惊人的意志力与盛行在左翼文坛的'公式主义'和'客观主义'倾向作斗争"，（林伟民：《中国左翼文学思潮》）

然而，胡风却被毛泽东打成了"反革命"。

胡风不解："我对世界对历史的看法虽然只限于从一个小角度出发，在涉及了的具体问题上可能有错误，但怎么会和党不同呢？"（《关于几年来文艺实践情况的报告》，即《三十万言书》）

胡风一生崇拜毛泽东。

重要的是，胡风的文艺理论在革命指向上与毛泽东殊途同归。

毛泽东强调：在改造客观世界的同时，改造自己的主观世界。

胡风明确："对于对象的体现过程或克服过程，在作为主体的作家这一面，同时也就是不断的自我扩张过程，不断的自我斗争过程。"（《置身在为民主的斗争里面》）

毛泽东强调：知识分子必须与工农兵相结合。

胡风警告："知识分子的反叛，如果不走向和人民深刻结合的路，就不免要被中庸主义所战败，而走到复古主义的泥坑里去。"（《青春的诗——路翎著〈财主的儿女们〉序》）

毛泽东强调：文艺必须与人民同呼吸、共命运。

胡风规定："艺术应该是人的心灵的倾诉，但如果不能对于受苦者的心灵所经验的今日的残酷和明日的梦想感同身受，信徒似地把自己的命运和它们连结在一起，那还能倾诉什么？"（《〈人与文学〉题记》）

胡风以对文学创作的独立求索，道出了毛泽东文艺理论的真谛。

毛泽东与胡风是同一的：创作革命文学，先做革命人。

然而，胡风执拗地限于文学的"小角度"。当他如数家珍地摩挲着马克思主义文艺理论的瑰宝而沉浸其中时，毛泽东颠覆旧制度旧文化的政治大革命则如黄河之水其势滔滔，把他和他钟爱的"瑰宝"一起卷入大潮。

毛泽东与胡风是对立的。

胡风强调五四以来知识分子的使命。

毛泽东强调五四文化的工农兵方向。

胡风主张：知识分子在"表现"工农兵中完成主观精神与客观真理的碰撞，实现革命化。

毛泽东主张：知识分子向工农兵学习，在"学习"中转变世界观，成为工农化的知识分子，以工农感情创作工农文学。

一句话，是站在小资产阶级知识分子的立场，在改造工农兵的同时改造自己呢？还是接受工农兵的再教育，在向工农兵的转化中表现工农兵？

归根结底，谁改造谁？

　　毛泽东有着胡风欠缺的被压迫阶级的阶级直觉,更有着远远超越胡风的政治深刻性——在中国文明史上,知识分子从来不是主体。

　　处于"依附地位"的知识分子,对于中国革命的"主体"要求,不管如何"先知先觉",只是对自身的过高估计;其启蒙民众的自负,不管如何崇高,最多是催唤主体的时代号角。

　　毛泽东与胡风在对立中同一。

　　因为同一,所以从延安到北京,毛泽东"整"过的知识分子大多被委以重任,而新中国也给予胡风文化领导者的崇高地位。

　　因为对立,所以毛泽东一"整"再"整"知识分子,坚决抵制知识分子向旧文化倾斜,更不允许胡风依恃文学理论的"高明"干扰工农兵文化的方向。

　　李辉说得对:"写出令人拍案叫绝的诗词的毛泽东,并不将自己仅仅作为一个文艺家来介入文艺,他着眼的是政治,是千万人的思想改造。"(《胡风集团冤案始末》)

　　文艺是阶级斗争的工具!

　　胡风一头扎进马克思主义文艺理论的知识堆中精雕细琢,却模糊了马克思主义文艺理论的实质。

　　胡风与毛泽东对立,也与鲁迅对立。

　　鲁迅认同"遵命文学。不过我所遵奉的,是那时革命的前驱者的命令,也是我自己所愿意遵奉的命令,决不是皇上的圣旨,也不是金元和真的指挥刀。"(《南腔北调集·〈自选集〉自序》)

　　胡风挺着鲁迅风骨,傲对"皇上的圣旨";然而他不能认识:这"皇上的圣旨"竟也同时是"革命前驱者的命令"。

　　鲁迅与瞿秋白,是以文学交的革命战友。

　　鲁迅与胡风,是同居革命阵营的文学同道。

　　革命抑或文学,是二者的不同取向。

　　晚年鲁迅曾无情批驳左翼文学家们公式化、概念化的自鸣得意;然而,鲁迅实在是阶级斗争的自觉工具。胡风却不是。朱寿桐评说:"即使是鲁迅最亲近的朋友和学生,也无法真正进入到他的思想领地,更无法取得和他对话的资格或资本。"(《孤绝的旗帜》)

　　信哉其言!

　　胡风也曾为"文艺作为阶级斗争的工具"而激动,他写道:在反动逆流中,"急迫地要求着战斗,急迫地要求着首先'整肃'自己的队伍,使文艺成为能够有武器性能的武器。"(《〈逆流的日子〉序》)

　　但这是理性的抽象,不是融在血液里的自觉。他执着于文学的本能和对政治的疏离,使他不能真的将文学作为武器纳入政治革命中。

　　鲁迅则不同。

　　青年鲁迅学工、学医到学文,是为救国。文艺不过是救国的工具。鲁迅的文学之路,其实是政治之路。小说、散文、诗歌、历史故事,是颠覆旧文化的不同手段,杂文更是得心应手的工具。

　　鲁迅的散文美也峭立,鲁迅的小说骨立传神,鲁迅的诗歌戏语人生里透射冷峻悲愤。寥寥几笔写精神——鲁迅的眼,何曾青睐文学的玫瑰色。

　　怪不得从鲁迅逝世至今,众多自封的和被封的"文学大师"、"文学小师"们,也当了一回堂·吉诃德,纷起指责鲁迅文学少文。

　　似乎有理。鲁迅自己就说过:过去的"中国,小说不算文学,做小说的也决不能称为文学家，所以并没有人想在这一条道路上出世。……不过想利用它的力量，来改良社会。"（《南腔北调集·我怎么做起小说来》）

为着改良社会，这"文学"便是武器，是工具。

鲁迅主张文学的"阶级斗争工具论"。

在《致董秋芳》中，鲁迅要求无产文学充分发挥文学特性，用以推动无产阶级的阶级斗争：文艺"用于革命，作为工具的一种，自然也可以的。"

鲁迅主张文学的"齿轮论"。

在《柔石作〈二月〉小引》中，鲁迅批评主人公游离于大革命之外，就在于"自我"的固执与软弱，"不能成为一小齿轮，跟着大齿轮转动。"

鲁迅更将自己的血肉锻铸成人民大众反抗特权剥削的工具——匕首和投枪。

鲁迅在人类史上的高度，胡风仰观不能窥其顶，其戚戚于嫡传之悲而空余井蛙之叹，实所难免。

其实，个体的胡风，缩影着整个知识分子群。这个群体挥之不去的迷惘：鲁迅竟与毛泽东同着心？

鲁迅期待：工农大众文化取代帝王将相、富豪大亨的旧文化，"必须待政治之力的帮助。"（《集外集拾遗·文艺的大众化》）

延安整风，毛泽东明确政治对工农兵文化的护航，更以对人民专制的要求，助推鲁迅的期待向着新中国展开腾飞的双翼。

林伟民写道："毛泽东的'工农兵'方向和为工农兵'普及与提高'，是左翼文学运动所倡导的文艺大众化运动在新的历史阶段的空前发展，它真正实现了鲁迅生前关于文艺大众化的实现'必须待政治之力的帮助'的预言。"（《中国左翼文学思潮》）

延安整风张扬五四精神：五四运动不仅是民主与科学，更是对整个私有制和私有观念的颠覆。

拒绝这个颠覆，是知识分子群区别于鲁迅、毛泽东，抵制鲁迅、毛泽东，并被鲁迅、毛泽东无情横扫的根本原因。

延安整风惊心动魄。毛泽东遍燃黄土高原的"炼狱"之火，用几乎人人过关的"极刑"，甚至不惜冤假错案和逼供信的偏差，迫使知识分子们尝尽撕心裂肺的苦楚，进行脱胎换骨的改造。

延安整风的主题：谁改造谁。

王实味说："我们的革命事业有两方面，改造社会制度和改造人——人的灵魂。……首先针对着我们自己和我们的阵营"（《政治家·艺术家》转引自袁盛勇：《鲁迅：从复古走向启蒙》）

王实味的见解其实深得毛泽东的心。在致萧军的信中，毛泽东感叹："延安有无数的坏现象……都应改正。"（转引自王科、徐塞：《萧军评传》）

延安不是净土，旧中国的腐气在解放区弥漫。中国革命需要改造，中国共产党需要改造。

那么，谁来改造？

王实味挺身而出。

知识分子们冒着生命危险奔赴延安，在他们心目中，延安是一块圣洁的土地。那里是民主的天堂，是自由创作的百花园。周扬初到延安曾意气风发："在延安，创作自由的口号应当变成一种实际。"（《文学与生活漫谈》）

然而，他们失望了。国民党统治区的专制与等级，延安有；国民党统治区的官僚与特权，延安也有。

为着理想的崇高，知识分子们连袂抗争。

王实味严责解放区"衣着三色，食分五等"的等级体制；丁玲高呼拿起"杂文"武器，刺向延安孳生的官僚主义；艾青怒批延安文坛的垄断现象："文艺运动上形成了霸权"。（《我对于目前文艺上几个问题的意见》）而"诗人是一切时代的智能之标志"，"他们要审判一切——连那些平时审判别人的也要受他们的审判。"（见洪子诚：《中国当代文学史》）

怀着向往新时代的真诚，知识分子们以天下为己任，自诩"人类灵魂的工程师"。王实味说："艺术家的任务偏重于改造人的灵魂。"（《政治家•艺术家》）艾青说："作家的工作是保卫人类精神的健康。"（《了解作家，尊重作家》，转引自林伟民：《中国左翼文学思潮》）

平治天下，舍我其谁？

这原是五四知识分子的嗣传："从民众中驱除愚昧，把自己放在精神拯救者的位置上。这一点，倒是不分左翼、右翼，想法一致。左翼作家虽然早就把'大众'挂在嘴边，可多半只是表示自己站在'大众'一边，有资格在历史和意识形态上代表'大众'，而实际上并不觉得'大众'的文化是好的，相反以改造者自居。"（李洁非：《典型文坛•长歌沧桑》）

先知先觉，改造社会。

王实味开放一朵《野百合花》，为延安整风初期各机关、学校"反官僚、争民主"的汹涌大潮，映照一抹野气的艳丽。

这是何等的壮观！为着民主，为着自由，解放区的知识分子向共产党抗争，国统区的知识分子向国民党抗争，两股潮流相呼应，将知识分子们追求崇高的朗朗心迹真诚地写在中华大地上。

然而，知识分子们劣根性的尾巴却也"裤子遮不住，毕竟翘上天"。

毛泽东拍案而起，他不容教条主义改造中国革命；也不容知识分子改造中国共产党。一场"脱裤子，割尾巴"的飓风，扫得知识分子们噤若寒蝉。

实在说，王实味们太高看了自己。当他们用"民主"的标签把解放区贴的花花绿绿的时候，实际上用软刀子把共产党政权切割得七零八碎；当他们把对蒋介石统治区的破灭的幻想，抛撒在毛泽东统治区，将民主的要求急迫地施之于与旧制度有着千丝万缕联系的新生工农政权，只是暴露了知识分子的天真。

王实味们是崇高的：他们忠实于人类解放的原则和信仰。

毛泽东是崇高的：他不仅忠实于"原则"和"信仰"，更有着与被压迫阶级血肉相连的阶级直觉。

所以，任何时候，毛泽东决不把屁股歪向特权剥削，而知识分子则常常游走于两端之间；所以，沉迷于原则的抽象，知识分子可以迸发满腔正义，将投枪掷向革命阵营的狭隘、自私以及专制与腐化，毛泽东则高度警惕着这些批评演化为向旧势力的呼应。

王实味们不能明了：身处外寇内患的专制罗网中，如果不诉诸革命的专制与等级，如何聚沙为石，锻铸一支抵抗重压的铁军，求得生存与发展？

进而言之，摧毁中国社会几千年封建专制体制，岂能指望"民主"、"自由"的隔靴搔痒？它需要革命专制的重锤。

20世纪的中国没有民主。

延安需要专制。

专制——工农政权杀出旧专制包围圈的唯一法宝，中国共产党聚人民之力实现人民民主的必由之路。

中国革命是农民革命，农民天生地追求平等，然而农民也潜在认同专制与等级。别说农民，便是穿长衫的农民——小资产阶级知识分子：王实味、胡风们，周扬、丁玲们，以及王蒙、刘宾雁们，尽管不平而鸣，为民主与平等扯破嗓子鼓与呼，但内心深处对"人上人"的渴求、对爬上更高等级博取功名利禄的"雄心壮志"，其实足令农民革命党们自愧弗如。

根深蒂固的资产阶级小资产阶级世界观和"先知先觉"的自我意识，使知识分子们抱着五四的民主虚幻，对弱势的新生工农政权求全责备，从而迎合了反动势力对解放区的围剿。

王实味赢得蒋介石集团的喝彩，便是最好的说明。

毛泽东不能不怒喝："依了你们，实际上就是依了大地主大资产阶级。"他不容分说：丁玲、王实味们当先生可以，但必须先当学生。因为，你们"灵魂深处还是一个小资产阶级知识分子的王国。"（《在延安文艺座谈会上的讲话》）

毛泽东立意高远。他确定：用马克思主义中国化改造中国革命；用工人阶级世界观改造中国共产党。

毛泽东发表了《在延安文艺座谈会上的讲话》。

毛泽东说："在现在世界上，一切文化或文学艺术都是属于一定的阶级，属于一定的政治路线的。为艺术的艺术，超阶级的艺术，和政治并行或互相独立的艺术，实际上是不存在的。"（《在延安文艺座谈会上的讲话》）

——文学有鲜明的阶级性。

然而，资产阶级知识精英们不认可。

你说是帝国主义文化吗？不对，那是"人"的文化。

你说是殖民主义文化吗？不对，那是"博爱"的文化。

你说是特权剥削文化吗？不对，那是"普世价值"的文化。

其实，资产阶级的文化阶级性从不含糊。"任何阶级社会中的任何阶级，总是以政治标准放在第一位，以艺术标准放在第二位。"（毛泽东：《在延安文艺座谈会上的讲话》）

然而，资产阶级拼命掩盖自身的阶级性。

他们不敢提"阶级性"，因为那只会暴露他们不义财的剥削来源，激起人民的暴烈反抗；

他们不用提"阶级性"，因为几千年私有制和私有观念的深厚积淀，使整个社会有着对"私欲"、"私利"乃至弱肉强食的习惯性共识。

实在说，资产阶级文化较之无产阶级文化有着巨大的优越性，它天然地占据着文化制高点。

因此，无产阶级如果不强烈地主张着被压迫阶级的利益，不淋漓地捅破"普世价值"掩盖的特权剥削的实质，就不能聚起自己的军队夺取制高点，就不能享受比太阳还有光辉的公平和正义。

毛泽东说："无产阶级的文学艺术是无产阶级整个革命事业的一部分。如同列宁所说：是整个革命机器中的'齿轮和螺丝钉'。"它必须"服从党在一定革命时期内所规定的革命任务。"（《在延安文艺座谈会上的讲话》）

——无产文学是阶级斗争的工具。

这是共产党人须臾动摇不得的基本立场。

沈泽民率先提出"无产阶级艺术"的概念。

郭沫若明确倡导文艺为工农大众服务。

茅盾揭示文学的阶级性，鼓吹"为无产阶级文化尽宣扬之力。"（《文学者的

新使命》)

瞿秋白强调：文学是无产阶级革命的"齿轮和螺丝钉"："文艺也永远是、到处是政治的'留声机'。问题是在于做哪一个阶级的'留声机'，并且做得巧妙不巧妙。"（《文艺的自由和文学家的不自由》)

缔造下今日之社会主义中国的革命先驱者，一开始便以火的激情和铁的冷峻，规定他们的党徒和后代子孙：不能放纵帝王将相、富豪大亨们霸占着文艺舞台一手遮天，不能辜负人民大众颠覆特权剥削的历史使命，不能背叛文化的工农兵方向。

毛泽东说："在教育工农兵的任务之前，就先有一个学习工农兵的任务。……必须到群众中去，必须长期地无条件地全心全意地到工农兵群众中去。"（《在延安文艺座谈会上的讲话》)

——确定工农兵文化方向。

毛泽东拒绝小资产阶级知识分子用民主的抽象和知识特权的空幻训导共产党，训导工农兵；相反，他以专制的铁拳迫使知识分子向"泥腿子"跪拜。

毛泽东率领工农大众杀向特权剥削在文化领域的世袭封地：一篇《讲话》，以被压迫阶级对文化话语权的要求，为20多年后的文化大革命搭建起理论框架；三年整风，以阶级斗争方式展开思想革命，为20多年后的文化大革命作了"特区实验"。

毛泽东在政治路线、组织路线和思想路线上，完成了中国共产党自遵义会议以来的历史转折。延安整风，确立了毛泽东的革命专制；《新民主主义论》，奠定了毛泽东思想的理论基础；《在延安文艺座谈会上的讲话》，明确了毛泽东专制的属性——人民专制，而且以工农兵文化颠覆旧文化的坚定指向，萌发了毛泽东主义的第一支新芽。

40年代枣园的一炬灯烛，已经激情跳动60年代中国无产阶级文化大革命红海洋般的万千红旗、万千红臂章、万千红胸章的红色壮丽辉光。

共产党人面前，从此展开向着共产主义继续革命的宏伟蓝图。

延安整风是成功的。

延安整风深刻地触及了知识分子们的灵魂，转变了他们的立场。

郭沫若画龙点睛，将"文章下乡"、"文章入伍"改为"文人下乡"、"文人入伍"；一字兴废，认同了知识分子从"先生"到"学生"的置换。

茅盾转化文艺的自我意识，强调："做民众的学生，认识民众的力量，表现民众的要求。"（见蔡清富：《现代文学纵横谈》)

丁玲滚入乡村的田垄地头，写出了《太阳照在桑干河上》。

赵树理、艾青、萧军、田间、郭小川……大批知识分子成长为人民革命的文化战士。

随着全国解放，延安整风的"特区实验"向着中华大地辐射。1951年6月，北大校长马寅初主动发起教职员思想改造运动，得到毛泽东肯定，推向全国。10月，毛泽东发表《三大运动的伟大胜利》，他写道："思想改造，首先是各种知识分子的思想改造，是我国在各方面彻底实现民主改革和逐步实行工业化的重要条件之一。"

知识分子们真诚地投身运动。朱光潜写下《自我检讨》，费孝通写下《解放以来》，冯友兰写下《一年学习的总结》，他们以名重当时的高级知识分子身份，进行真诚的自我批判，表达向工农兵文化的认同与转化。费孝通说："知识分子的包袱是重的，传统的思想是深刻的，这个包袱是要一个一个暴露出来，加以清

除的。"（见李辉：《胡风集团冤案始末》）

延安之花，在960万平方公里的的广袤国土上绽放。

然而，延安整风真的成功吗？

郁达夫曾诉肺腑："将来的天下，是无产阶级的天下，将来的文学，也当然是无产阶级的文学，可是生在19世纪末期，曾受过小资产阶级的大学教育的我辈，是绝不能做未来的无产阶级的文学这一点，我是无论如何也不想否认的。"（《对于社会的态度》）

郁达夫勇敢地正视：小资产阶级的思想改造几乎不可能！

抛开郁达夫。至少，三年延安整风，并没有使小资产阶级知识分子脱胎换骨。建国后，这个群体迅速翘起了自身根性的尾巴。毛泽东的期待落空了。

1949年，新中国第一次文代会确定"与工农兵结合，为工农兵服务"的文化方向。周扬宣布："让工农兵群众在作品中如在社会中一样取得真正主人公的地位。"（《新的人民文艺》）

然而，这几乎是"唱"给毛泽东的空谷之音。

1950年，被毛泽东斥为"卖国主义"的《清宫秘史》，被知识分子们热情而坚决地捧为"爱国主义"；

1951年，被毛泽东斥为"阶级投降主义"的《武训传》，在全国知识分子群中，却响起此伏彼起的叫好声。

紧接着又出现了在《红楼梦研究》问题上向资产阶级权威叩头的"咄咄怪事"。

延安整风，成果何在？

要知道，文化战线的领导者们都是经过延安整风被毛泽东一手提携起来的共产党优秀知识分子啊！——周扬们，冯雪峰们，丁玲们……，甚至中共政治领袖们。唐文权披露：《武训传》在中南海试映，"许多中央委员都称赞影片拍得好。朱德热烈地握着孙瑜的手说：'这部影片很有教育意义。"（《开国第一文化冤案》）

毛泽东如何压得住心中的怒火？

"对于武训和电影《武训传》的歌颂竟至如此之多，说明了我国文化界的思想混乱达到了何等的程度！""一些共产党员自称已经学得的马克思主义，究竟跑到什么地方去了呢？"（《应当重视电影〈武训传〉的讨论》）

"被人称为爱国主义影片而实际是卖国主义影片的《清宫秘史》，在全国放映之后，至今没有被批判。《武训传》虽然批判了，却至今没有引出教训，又出现了容忍俞平伯唯心论和阻拦'小人物'的很有生气的批判文章的奇怪事情……"（《关于红楼梦研究问题的信》）

毛泽东如何估价延安整风的成败？

1963年，他写道："各种艺术形式——戏剧，曲艺，音乐，美术，舞蹈，电影，诗和文学等等，问题不少，人数很多，社会主义改造在许多部门中，至今收效甚微。许多部门至今还是'死人'统治着。"（《关于文学艺术的批示》）

1964年，他在《中央宣传部关于全国文联和所属各协会整风情况报告》上批示："这些协会和他们所掌握的刊物的大多数（据说有少数几个好的），十五年来，基本上（不是一切人）不执行党的政策，做官当老爷，不去接近工农兵，不去反映社会主义的革命和建设。最近几年，竟然跌到了修正主义的边缘。"

1966年，他在《林彪委托江青召开的部队文艺工作座谈会》纪要中，指出"无产阶级和资产阶级在文化战线上争夺领导权的斗争"中，"反党反社会主义的黑线专了我们的政。"

小资产阶级知识分子们为延安整风交出的，是一张不及格的答卷。它诉诸中国革命：小资产阶级的物质构成，却要形成头脑的无产阶级世界观，太难。

小资产阶级知识分子换一付无产阶级面孔，容易；甚至从理性上认同共产主义，也容易；然而，完成向无产阶级世界观的转化，不容易。而且一旦离开强制，放任自流，便迅速向旧文化倾倒，断送工农兵文化方向。改革开放后的中国，足以为证。

这是历史的结论：没有工人阶级的壮大与成熟，就没有无产阶级世界观的确立与形成。

然而，毛泽东不信邪。他要"愚公移山"，他试图在社会发展不充分的情况下，进行强制性半强制性的思想教育和思想改造，完成小资产阶级在世界观上向无产阶级的升华，进而在无产阶级世界观指导下，促进生产力进步，改变小资产阶级的阶级结构。

主观的自为被寄予厚望，精神的威力被过分夸张，毛泽东向主观唯心倾斜，他掀动工农兵文化大潮，涌涛层层，却聚起一堆泡沫。

涂抹政治。中国文坛再现公式化、概念化的荒唐。郭沫若早年对文学青年的"教诲"悄然行走江湖："当一个留声机器——这是文艺青年们的最好的信条。"（《英雄树》，转引自林伟民：《中国左翼文学思潮》）

文坛荒芜。工农兵未成熟到可以写出文艺作品，小资产阶级知识分子又写不好工农兵作品。郭沫若的笔钝了，茅盾的笔钝了，知识分子们的笔钝了。胡风战友舒芜与路翎在通信中嘲讽："试看今之官们，都是不动笔的，或是十几年前动过笔的，何其可笑！"（见李辉：《胡风集团冤案始末》）

毛泽东置身尴尬。"大家都正烦闷于偏重农村工厂一类题材上，烦闷于正趋向公式主义的牛角尖的危机上。"（周文：《鲁迅先生是没有死的》，转引自林伟民：《中国左翼文学思潮》）

1953年，第二次文代会共识：反对公式化、概念化，反对图解政治。

胡风坚持他的理论批判："在所谓政治性这个'左'的伪装下面的反现实主义的内容，用伪装出的'政治'面孔的主观教条主义的气势雄视一切。"（《论现实主义的路》）

甚至，"胡风还有一句：反胡风以后，中国文坛就进入中世纪。"（周扬语，见洪子诚：《中国当代文学史》13章注）

胡风慷慨陈言。他坚信，只有他的文艺理论君临文坛，才能催动社会主义文化园地百花盛开；小资产阶级知识分子不必刻意改造世界观，其革命倾向完全可以在创作实践中，"通过现实主义就会达到马克思主义"。（《三十万言书》）

然而，胡风的一厢情愿，并不为知识分子们领情，他们的"现实主义创作"，不是"一不留神"便滑进了《清宫秘史》和《武训传》、滑进了资产阶级小资产阶级的心灵殿堂吗？

"无产文学"何在？

毛泽东坚决抵制旧文化回潮："革命的或不革命的或反革命的知识分子的最后的分界，看其是否愿意并且实行和工农民众相结合。"（《五四运动》）

胡风不以为然。

曾经，延安整风的三年"炼狱"，胡风在重庆，躲过一劫。

延安派人给国统区的知识分子们"补课"，胡风拒绝。

然而胡风必须"补课"。

新中国建立后，毛泽东的威权及于全国，胡风躲不过这一劫。

其实，这是越出延安一隅遍及全国的整个知识分子群的"浩劫"。胡风扛起这个群体的"类型脸谱",承受"浩劫"。

毛泽东要酣畅淋漓地演出一场工农兵文化颠覆旧文化的时代大戏。"封建阶级或资产阶级在作为历史舞台主角时,都要求并且获得了文艺的主角地位,现在劳动人民更加千万倍理直气壮的要求这个地位。"(蒋天佐:《反对歪曲和伪造马列主义》)

浩劫,从来是历史进步为着质变的节点。

然而胡风看不到这个"节点",他心里塞满了文学的"小角度"。

胡风把自己摆在了革命祭坛前。

——胡风诉说延安时期王实味们的心声。他以对艺术规律的推崇,向工农兵文化的"统一政治标准"痛下杀手:"文学的艺术规律决定了它是一种个性化的'精神生产',而这是无法用一种统一的'政治标准'所代替的。"(见吴三元、季桂起:《中国当代文学批评概观》)

——胡风张扬延安时期王实味们的精神。他以拥抱人民的自为,搪塞开融入工农兵中接受再教育的动员令:"文艺作品要反映一代的心理动态,创作活动是一个艰苦的精神过程;要达到这个境地,文艺家就非有不但能够发现、分析,而且还能够拥抱、捍卫这一代的精神要求的人格力量或战斗要求不可。"(《文艺工作的发展及其努力方向》)

——胡风重申延安时期王实味们对"特权"的抗议。他固守小资产阶级知识分子的主体地位,拒绝工农兵方向的强制规定,必欲折断作家头上的"五把理论刀子"。

第一把刀子:"作家从事创造实践,非得首先具有完善的共产主义世界观";
第二把刀子:"只有工农兵生活才算是生活";
第三把刀子:"只有思想改造好了才能创作";……(《三十万言书》)
没有经历延安整风,胡风人生缺了重要一课。

解放前,胡风对毛泽东《在延安文艺座谈会上的讲话》"不是当作党内文件来学习,而是作为一种文艺观点来体会。"(梅志:《胡风传》)

解放后,胡风更肆意指责:"'下去'了才是'生活','上来'了就变成了没有人民的'太虚幻境'。这个大名鼎鼎的理论,使许多本来可以成长的作家渐渐衰萎。"(《三十万言书》)

胡风精神很鼓舞他那个乳臭未干的战友张中晓。张中晓搬弄学术术语,恶批《讲话》:"压杀真正的批评,压杀新的东西……完全是形式的理解和机械的看法……应该驱逐这些庸俗的恶劣的说法。……关于鲁迅杂文的一段,完全不对……根本没有懂得鲁迅……总观全书,其本质是非现实主义。"(见李辉:《胡风集团冤案始末》)

张中晓于是判决:"这书,也许在延安时有用,但,现在,我觉得是不行了。照现在的行情,它能屠杀生灵,怪不得帮闲们奉之若图腾。"(《致胡风》转引自沈国凡:《我所亲历的胡风案——法官王文正口述》)

后生可畏,小子张狂。然而却是反动的张狂!

其实,从《武训传》到《海瑞罢官》,到……,知识分子们自诩的"学术讨论",不同程度地跃动着对毛泽东文艺路线的这个"张中晓张狂"。

20世纪50年代,林希翎指责《讲话》过时,刘绍棠指责《讲话》过时。

20世纪70年代,王蒙复出便宣泄心火:"动辄在文化学术问题上搞彻底批判,骂倒一切,上纲上线……"(《话说"红卫兵遗风"》)

20世纪80年代,晚年胡乔木竟也跻身其列:毛泽东批判《武训传》,"一开始就拒弃了文化艺术学术讨论的思路，而引导为一场'不由分说'的带有政治倾向的文化批判运动……我可以负责地说，当时这场批判，是非常片面，非常极端，也可以说是非常粗暴的。"（转引自林伟民：《中国左翼文学思潮》）

以胡公之份，如此"负责"，曾不汗颜？

毛泽东在天之灵，该当如何训示：这不是"文化艺术学术讨论"，而是颠覆旧制度旧文化的政治革命，它不能不"极端"，不能不"粗暴"，甚至不能不"片面"。

毛泽东说："矫枉过正"！

鲁迅说："矫枉不忌过正。"（《鲁迅年谱》转引自朱寿桐：《孤绝的旗帜》）

毋庸讳言，"过正"，反映出毛泽东、鲁迅超越历史进程的主观激进；但不容否定，这恰恰是被压迫阶级压缩在心底的反抗特权剥削的强烈呼声。

被压迫阶级不需要"知识精英"和"清官"们从上面俯视的"人文关怀"，而需要扫荡一切特权剥削的人民革命、人民专制、人民主权，以及人民新文艺。而"没有冲破一切传统思想和手法的闯将，中国是不会有真的新文艺的。"（鲁迅：《坟·论睁了眼看》）

为着新文艺，郭沫若的《女神》是尝试，茅盾的《子夜》是尝试，曹禺的《雷雨》是尝试，老舍的《茶馆》是尝试；然而真的闯将，尽管不成熟吧，却是《小二黑结婚》、《红旗谱》、《创业史》、《艳阳天》、八个样板戏。

这是文化舞台主角的转换，这是工农兵文化对旧文化的抗争，这是以公有观念颠覆私有观念的伟大实验。

八个样板戏呕心沥血，精益求精，成就了工农兵文化的高峰。尽管依然不免公式化、概念化，但却展示着新文艺的必由之路："三突出"的艺术得失可以不论，其将旧文化对富豪大亨、才子佳人的"突出"，颠覆为新文化对劳动人民尤其工农兵英雄的"突出"，分明以开拓性的探索，为无产文学积下宝贵财富。

小资产阶级知识分子的思想改造是艰难的，然而，小资产阶级知识分子的思想改造是必需的。没有这个"改造"，就没有工农兵文化的新文艺。

从古至今，任何成功的思想改造，没有不经历自觉的强制。耶稣是这样，奥古斯丁是这样，卢梭是这样，鲁迅也是这样。

胡风拒绝"强制"，并鼓动他的战友抗争毛泽东引导知识分子投身思想革命的大潮，他怎能不成为历史进步的阻力而被无情扫除？

胡风殊死抗争："这僵尸统治的文坛，我甚至感觉得给它们发表了出来都不愉快。但我在磨我的剑，窥测方向，到我看准了的时候，我愿意割下我的头颅抛掷去，把那个脏臭的铁壁击碎。"（《致牛汉》转引自沈国凡：《我所亲历的胡风案——法官王文正口述》）

如此胡风，怎能不成为新中国知识分子群的对立面而被同仇敌忾？

钱穆回忆：中国文联主席团和作协主席团召开联席扩大会议，郭沫若提出把胡风"作为反革命分子来依法处理"，与会700多人报以热烈掌声。（见林贤治：《中国作家与精神气候》）

胡风被抬上革命祭坛。

周扬批判胡风："片面地强调所谓'主观精神'，实际上就是拒绝小资产阶级知识分子作家到工农群众的实际斗争中改造自己，在这个基本点上，他的理论是和毛主席的文艺思想正相违背的。"（见李辉：《胡风集团冤案始末》）

茅盾批判胡风："以为革命理论的学习是足以使作家'说谎'，以为发扬作家的'主观'才会有艺术的真实表现。他们认为既然是革命的内容，天然就有革命

978-1-62265-934-0 (online)　　978-1-62265-935-7 (paper)　　　　　　　　　薛 道

的立场……因此就抹杀了作家去和人民大众的现实斗争相结合的必要。"(《在反动派压迫下斗争和发展的革命性》)

胡风夫人梅志批判胡风:他参加土改,"不明白这不是去体验生活,而是要改造思想,没有来个大转弯,进行自我批判……,他还是死心眼地只想搞他的创作。"(《胡风传》)

被胡风们斥为"叛徒"的舒芜批判胡风:"我们过去一切错误的出发点,是硬要把自己倾向革命的小资产阶级个人主义追求过程,当作正确的革命道路。"(见李辉:《胡风集团冤案始末》)

胡风写出《我的自我批判》:"局限于狭隘的实践观点而不能从政治原则看问题","在作风和态度上表现为长期地拒绝思想改造","对解放后的人民文艺运动采取了冷淡的态度","发展成为和党所领导的文艺运动直接采取反对态度的严重错误"。(转引自李辉:《胡风集团冤案始末》)

不管胡风的检讨真诚与否,他已经说出了问题的实质——对革命的反动。

在《剑桥中华人民共和国史》中,默·戈德曼意识到:"如果胡风关于艺术创作的独立性质的看法付诸实施的话,那就会挖掉党所强制推行的整个控制体系的墙脚。"

不管戈德曼如何反感共产党的"控制体系",他已经透视了胡风对抗毛泽东文艺路线的内涵。

可怜胡风,误读革命,且"拘泥"(鲁迅批语),竟至终生不悟。去世前,"在大儿子晓谷问道毛泽东为什么将他打成反革命集团时,病房里的胡风只是说出简单的一句:'可能他嫌我不尊重他。'"(见李辉:《胡风集团冤案始末》)

不仅胡风。

1981年,胡风战友绿原、牛汉复出:"我要这样宣告:我们无罪,然后我们凋谢。"(见洪子诚:《中国当代文学史》)

时至今日,多少"知识精英"以自己的慷慨激昂或者多愁善感揣度毛泽东,却无视毛泽东以伟人胸怀所担起的开天辟地之使命。

什么是毛泽东的开天辟地?

不是建立新中国;而是从延安整风到文化大革命那扭转人类文明史之乾坤的伟大实验。

炎黄子孙,置身其中。

1955年,胡风被批判了;时隔11年,批判胡风的周扬也被批判了。

1955年,公安部长罗瑞卿签署了胡风的"逮捕令";11年后,签署胡风"逮捕令"的罗瑞卿也被逮捕了。

罗瑞卿的女儿罗点点在《第一任公安部长》中血泪斑斑:"这两个悲剧的惊人相似之处确实带有某种嘲弄意味……他们因为产生于同一阴暗的背景而早已超越了个人的命运。"(转引自李辉:《胡风集团冤案始末》)

曾经,胡风的夫人奔波在去往秦城监狱的路上;后来,罗瑞卿的女儿也奔波在去往秦城监狱的路上。两个女人的柔弱之心,坚强地承受着命运的磨难。

确实,这不是个人的命运,而是祖国的命运,人民的命运。

那么,是什么造成了这样的命运?

是"阴暗背景"吗?

无疑,极左制造了这样的悲剧。

然而,极左后面的背景,却是工农兵文化颠覆旧文化的强烈呼求,是公有制和公有观念颠覆私有制和私有观念的历史使命的感召。

胡风意识到这个历史使命了吗？

罗瑞卿和他的点点意识到这个历史使命了吗？

一切在毛泽东发动的历次运动中受"迫害"的、没受"迫害"的以及"迫害"他人的人们，意识到这个历史使命了吗？

2、罗隆基：中国新生资产阶级蓬勃生机的代言

1965 年。冬。北京。

伴凛冽寒风，罗隆基孑然一身，孤独辞世。

孤独，是罗隆基的生命符号，也是中国新兴资产阶级的时代宿命。

罗隆基——右派之魂。

1957 年，春意浓，百花开。知识分子们指点江山，啸傲华夏。然而，顷刻间，毛泽东和中国共产党掀动反右狂潮，55 万名右派惨遭摧残。

随着 1959 年开始落实政策，到 1962 年，右派群体大部摘帽，再到改革开放，几乎全员恢复名誉；然而罗隆基罪名依旧。

罗隆基是十亿中华的孤独，也是 55 万名右派战友的孤独。

罗隆基块垒难销："把我的骨头烧成灰，也找不出反党反社会主义的企图。"（见叶永烈：《沉重的 1957》）

然而，毛泽东不这样看。他说："以天下大乱，取而代之，逐步实行，终成大业为时局估计和最终目的者，到底只有较少人数。就是所谓资产阶级右派人物。……整个春季，中国天空上突然黑云乱翻，其源盖出于章罗同盟。"（《文汇报的资产阶级方向应当批判》）

中国民主同盟主席沈钧儒呼应毛泽东："章罗联盟事实上成为全国反共、反人民、反社会主义的最高司令部。"（见叶永烈：《沉重的 1957》）

据说，"'章罗联盟'，千古奇冤"！

因为，章、罗二人吵了半辈子。为"联盟"之论，罗隆基愤怒地打上章府之门："章伯钧，我过去没有跟你'联盟'，现在没有跟你'联盟'，今后也永远不会跟你'联盟'。"然后，断杖绝交，扬长而去……（见叶永烈：《沉重的 1957》）

罗隆基悲歌当哭："我坚决信赖共产党，我认定党最后是有真是真非的。"（见叶永烈：《沉重的 1957》）

罗隆基被打成右派后，香港请他赴港办报，周恩来批准。可是罗隆基掷地有声："我哪儿都不想去。我死，也死在这里。"

他死在了北京。

1986 年 10 月 24 日，统战部长阎明复代表中共中央作结："罗隆基先生的全部历史和全部工作，总的来说，是爱国的，进步的，为我们民族和国家做了好事。"（见姚杉尔：《中国百名大右派》）

罗隆基作了好事。

其实，不是罗隆基一个人做了好事，而是以"章罗同盟"为象征的中国新生资产阶级为中国革命和中华民族的解放大业做了好事。

1927 年，迎着蒋介石背叛革命的屠刀，中国民族资产阶级及其政党中华革命党、中国致公党等，同共产党人一起，浴血抗争。邓演达、宋庆龄宣告：中国国民党临时行动委员会成立，章伯钧列身其中。

1931 年，邓演达策动推翻蒋介石的武装起义，遭致暗杀。章伯钧领导同仁继续反蒋，并参加了起义的福建人民政府。

抗日战争，章伯钧、黄炎培、史良、沙千里、陶行知分别结社组团，反抗蒋介石独裁政权。沈钧儒、章乃器等七君子慷慨于囹圄，宋庆龄舍身自请入狱。民主人士抗日救国，义动华夏，一时传为佳音。

抗战胜利，章伯钧、罗隆基积极筹建中国民主政团同盟，以争民主、争宪政的强烈呼声，给予中国共产党废除国民党一党专政、建立民主联合政府的主张，压上了民族资产阶级强有力的砝码，一代名流柳亚子红色亮相："世界的光明在莫斯科，中国的光明在延安。"（见《中国民主党派词典》）

1945 年，毛泽东致函赫尔利，建议召开各党派"国是会议"，由国民党、共产党和民盟参加，这时的"民盟"，俨然第三势力，成为中国共产党信赖的盟友；而章伯钧、罗隆基则是"民盟"的重要领导人。

解放战争，民盟、民革、民进、民联、农工党、致公党等民主党派与共产党合作，拒绝参加国民党政权，有力地配合了中国共产党的政治进攻。民主人士为此付出沉重代价：重庆"较场口血案"、南京"下关惨案"，以及先后饮弹的李公朴、闻一多、于邦奇、杜斌丞……

民主党派的正义行动，深深感动中国共产党。周恩来赞陶行知："一个无保留追随党的党外布尔什维克"！（《对进步朋友多加关照》）这是中国共产党对民主党派战友的高度肯定。

中华人民共和国成立，"民族资产阶级参加了国民经济的恢复工作，还参加了或者支持了土地改革、镇压反革命、抗美援朝的斗争。"（刘少奇：《在中共八大上的政治报告》）各民主党派参与共建民主自由的新世界，实现了多年夙愿，群情激昂，一时何等畅快！

然而，风云变幻，时事苍狗。"联合政府"下的工商业社会主义改造"赎买"了资产阶级。民主党派被釜底抽薪，阶级基础丧失，沦为依附共产党的虚幻存在。

接着反右风骤，无情吞噬了中国共产党天下的另类声音，民主党派的政治地位几乎归零。资产阶级知识分子们终于掂出了斤两，醒悟了自身存在的虚幻。

毛泽东对中国民族资产阶级及其知识分子，刻史册以深深之痕——不公正！

因为，各民主党派与中国共产党合作，为推翻旧政权而浴血，那么，在新中国建立后，他们当然应当分享政权。

因为，新民主主义确定与资产阶级的联合政府，资产阶级具有参政的法理性，当然可以伸张自己的政纲，发出自己的声音。

更重要的，中国资产阶级具有参政的历史必然性。右派领袖章伯钧一语千钧："尽管许多人说资本主义坏，但事实上资本主义仍有生命力。"（见罗•麦克法夸尔：《文化大革命的起源》）

换句话说，谁也剥夺不了资产阶级生存与发展的权利。

刘少奇认同此论。1949 年 4 月，他在天津指出："今天中国资产阶级还处在年轻时代，正是发挥它的历史作用、积极作用和建立功劳的时候。"（见何光国：《刘少奇全传》）

因为，生产力的进步，要求建立资本主义生产关系；而资本主义生产方式内在的经济底蕴，并不随同工商业的社会主义改造而失去生命力。

因为，资产阶级与无产阶级，都是脱胎于中国封建社会的新生力量，都有不可阻遏的活力。资产阶级不能排除无产阶级而一家独大；同样，无产阶级又岂能排除资产阶级而独坐天下？"无我原非你"（《红楼梦》），二者是孪生兄弟。张扬一个阶级，如何压抑得了另一个阶级？

社会主义与资本主义是对立的同一体。在资产阶级国家，不发展社会主义，一定不能发展资本主义；在无产阶级国家，不发展资本主义，一定不能发展社会主义。

孙中山是资本主义生命力的代表。

孙中山去世，大资产阶级篡夺革命果实，无产阶级登上政治舞台，中国共产党作为新兴政治势力显示了蓬勃朝气，但这一切，都不能阻止资本主义依然迸发源源不绝的生机。

民主党派是这个"生机"的代言。

建国前，民主党派以向国民党"一党专政"的抗议，张扬这个"生机"。

建国后，"章罗同盟"以向共产党"一党专政"的抗议，张扬这个"生机"。

这是被社会主义内核强力支撑的生机。

几乎与"章罗同盟"并列的右派战将彭文应曾如此表达这个"生机"："用民主革命的方法，取得中国之独立统一，将全国的生产工具，放在民主的政府之下，由国家所有、经营并支配，以谋全体国民的幸福——这便是社会主义之路。"(《社会主义之路比较可通》)

彭文应从资本主义角度主张社会主义，即资本社会主义。

孙中山如此"要求"，美国总统罗斯福如此"要求"。中国共产党早期领袖陈独秀也曾如此要求："盖宪法者，全国人民权利的保证书也，决不可杂以优待一族一教一党一派人之作用。"(《宪法与孔教》)

普世价值！

然而是空想；尽管不乏真诚、善良。中国资产阶级思想先驱取法英美，大多有着这样的真诚和善良；直至今天，中国正直的知识分子，依然有着这样的真诚和善良。

它源于资产阶级"理论开山"卢梭、洛克规定的资本主义精神。

资本主义精神是社会主义精神的资本形态。

资本主义精神与社会主义精神是同一价值观的两个侧面：立足私有制，从个体"私利"角度争取社会整体的自由和人权，是资本主义精神；立足公有制，从社会整体角度落实每个个体的主权和"私利"，是社会主义精神。

资本主义精神以个体的实现指向公有制；社会主义精神以人类共同利益的张扬变革私有制。

社会主义精神，内在着对私有制的肯定。

资本主义精神，内在着对公有制的认同。

胡适——资本主义精神的中国旗！

胡适期待建立资本主义新中国："真实的为我，便是最益的为人。……争你个人的自由，便是为国家争自由！争你自己的人格，便是为国家争人格！自由平等的国家不是一群奴才建造得起来的。"(《介绍我自己的思想》)

只有独立人格，才有独立国格；只有公民社会的崛起，才有新中国的崛起。

不可否认，胡适鼓吹为个体"私利"竞争。然而没有这个"竞争"，如何维护每一个人的主权？而所有人主权的总和，不就是公权吗？

主权岂能寄望特权阶层的施舍？胡适呼吁全体人民的觉悟和奋起："法律只能规定我们的权利，决不能保障我们的权利。权利的保障全靠个人自己养成不肯放弃权利的好习惯。"(《民权的保障》)

法制是公民自由的保障，而公民必须用自由的手臂来支撑法制。

什么仁义礼智信！什么温良恭俭让！不涌竞争之潮，如何吞没在"公义"名义下侵吞人民膏血的特权阶层，如何成长起一代有民主素质的国民和一个现代国家。

和谐社会不能建立在等级剥削和特权横行的基础上。"'民主政治的真实内容'有一套最基本的条款——一套最基本的自由权利——都是大众所需要的，并不是资产阶级所独霸而大众所不需要的。"（胡适：《陈独秀的最后见解•序》，转引自傅国涌：《1949 年：中国知识分子的私人记录》）。

胡适主张的，不就是以资本主义形态表达的社会主义内涵吗？

胡适旗下，立着罗隆基。

新月政论三剑客：胡适、罗隆基、梁实秋。

请看罗隆基书生锐气：

什么是法治？"法治的真意，是政府守法，是政府的一举一动，以法为准的，不凭执政者意气上的成见为准则。"（《什么是法治》）

什么是权利？"国家的威权是有限制的。人民对国家服从的义务是相对的。什么时候国家担当不了我所托付给它的责任，在国家失了命令我的权利，在我没有了服从的义务。"（《论人权》）

胡适苦口婆心，劝导蒋介石专制集团拾起"崇高"："政府诸公必须自己先用宪法来训练自己，裁制自己，然后可以希望训练国民走上共和的大路。"（《我们什么时候才可以有宪法》）

罗隆基口无遮拦，向蒋介石专制集团步步紧逼——

他质问国民党："'党在国上'，有什么可以反对的地方呢？国虽然成了党人的国，党又非全国人的党，那么我们这班非党员的国民，站在什么一个地位？"（《我们要什么样的政治制度？》）

他抗争蒋介石："我们小民的呼号是：我们要法治！我们要法律上的平等……拘捕，羁押，监禁，惩罚，枪杀，这些都是政治溃乱的证据。这是军人的军法子。老子说得好：'民不畏死，奈何以死惧之'。"（《我的被捕经过与反感》）

他甚至主张人民革命："一切的人权，都可以被侵略被人蹂躏，被人剥夺。只有革命的人权是永远在人民手里。"（《论人权》）

他竟然向国民党夺权："我们要向主张'党高于国'、'党权高于国权'的国民党收回我们国民的政权。"（《我们要什么样的政治制度？》）

罗隆基主张的，不是更激烈地以资本主义形态表达的社会主义内涵吗？

然而，毕竟是资本主义形态。

资本主义形态的民主、自由、人权，立足私有制和私有观念，尊崇个人为私利的争夺，便不能不匍匐于金钱之下，纵容剥削，导致强弱两势的分化，终究沦为特权专制与资本垄断的奴隶；而资本主义精神不能从生产力进步的经济规律中，把握公有制的必然指向，终究不能与私有制彻底决裂。它必须向社会主义精神升华，否则一定被资本主义形态窒息。

1948 年，《世界人权宣言》："为使人类不致迫不得已铤而走险对暴政和压迫进行反叛，有必要使人权受法制的保护。"

如此人权！

资本世界定义的"人权"，原是为了掠夺不至严重到激发反抗的程度，为了保卫剥削，为了"做稳奴隶的时期"长治久安！

当然，不是鲁迅曾经愤然的奴隶，而是资本专制下被冠以"公民"美名的"资本奴隶"或"文明奴隶"！

这是资本主义真实的"自我"。

胡适认同这个"自我"："民国十一年，我们发表一个政治主张，要一个'好政府'。现在——民国十九年，如果我再发表一个政治主张，我愿意再让一步，把'好'字去了，只要一个政府。"（《胡适日记》，转引自林贤治：《鲁迅的最后十年》）

什么民主、自由、人权，拱手交与专制政府，老身自到政府里当官去也！胡适摇身混与专制政府一道压制民主、自由，做稳了"上层精英"。

鲁迅尖刻，但入木三分：胡适们的民主自由，不过最终是国民党专制政府的"帮忙"或"帮闲"。（见《伪自由书·言论自由的界限》）

胡适到底随蒋介石去遍览海岛风光了。

然而，罗隆基留在了大陆。

蒋介石要罗隆基加入国民党当官，他拒绝；蒋介石派特务追杀罗隆基几致殒命，他无畏。罗隆基坚持对民主政治的信仰，期待民主政治在毛泽东的新中国大放异彩。

不止罗隆基。

章诒和说得对：知识分子们"渴望在新制度下，继续推进民主进程。"他们渴望事业，渴望大展雄才，渴望承担。"这种承担，既是个人对社会的责任，也是一种自我证实的需要。"（《往事并不如烟》）

这是压抑心底已久的渴望和需要。

柳亚子诗情如镜，抒发新生资产阶级的雄心。他自诩"中国第一流政治家"；他放言：无论民革还是共产党，"听我的话一定成功，不听我的话一定失败。"（《柳亚子选集》，转引自傅国涌：《1949 年：中国知识分子的私人记录》）

章伯钧壮志冲霄："毛泽东能领导中国革命，难道我章伯钧就不能领导吗？"（见姚杉尔：《中国百名大右派》）

徐铸成渴望干出大事业。他"抱着一肚皮'雄才大略'，想在北京搞一个文汇报……成为新闻界的巨头。"（见孙葵君：《记忆深刻的两次运动》 转引自傅国涌：《1949 年：中国知识分子的私人记录》）

沈从文心有不甘："可惜这么一个新的国家，新的时代，我竟无从参与。多少比我坏过十分的人，还可以种种情形下得到新生，我却出于环境上性格上的客观的限制，终必牺牲于时代过程中。"（见傅国涌：《1949 年：中国知识分子的私人记录》）

沈从文失望在前。

接着，罗隆基失望了。民主党派失望了。知识分子们失望了。

蒋介石治下的罗隆基，是异类；毛泽东治下的罗隆基，还是异类。

实在说，不论蒋介石治下，还是毛泽东治下，整个民族资产阶级及其知识分子皆为异类。

20 世纪的中国，没有民族资产阶级的出路。胡适一番抗争，得了这个道理，权衡利弊，投了蒋介石；罗隆基们投了毛泽东，却不明其理，总将"书生意气，挥斥方遒"，争得脸红脖子粗，终究自取其辱。

道理很简单：以美国为首的帝国主义世界体系形成，中国资本主义失去了独立发展的先机，只能如蒋介石拜倒在帝国主义脚下作代理人；要么走另一条路，就是社会主义。社会主义同样不允许资本主义独立发展。

或者做帝国主义附庸，或者做社会主义附庸，中国资本主义处境尴尬。明乎此，便可知民主党派们的尊严和辉煌，除了虚张声势，实在剩不下什么东西。

然而，罗隆基们是要干大事业的。

宋云彬《北行日记》载：建国初，中国共产党曾打算解散大部分民主党派（见朱正：《反右派斗争始末》）；最终没有，毛泽东反而给了民主党派那么多全国人大副委员长，那么多全国政协副主席，那么多部长，那么多副省长、副市长……，位不可谓不隆；但虚位待之，或许真的"有职无权"吧！

民主党派们不满足于"虚"。

罗隆基要"实"，他要筹建变革共产党主张的"平反委员会"。

章伯钧要"实"，他要设立指导共产党方向的"政治设计院"。

储安平要"实"，他要扫除共产党的"一党天下"。

实在说，这几个"实"，对于资本主义民主政治，无可非议；对于社会主义民主政治，同样无可非议。章伯钧、罗隆基、储安平和民主党派们要求民主政治，批评共产党，应该说是中肯的，合理的，合法的。

请听——

储安平声明："领导国家并不等于这个国家即为党所有，大家拥护党，但并没有忘记了自己也还是国家的主人。"

彭文应评判："社会主义制度下，应该比资本主义更多的民主，可是我国经验不够，人代会政协会民主都不够。"

黄药眠揭露："党员当中有不少的人有升官发财的思想，青年人入党就是想留作助教想出国留学。"（以上见姚杉尔：《中国百名大右派》）

王造时指责："今天的官僚主义，不是个别的现象，而是普遍存在着；不是刚刚萌芽，而是发展到了相当恶劣的程度。"（见朱正：《反右派斗争始末》）

毛泽东和知识分子们的心是相通的。他指出："资产阶级和曾经为旧社会服务过的知识分子……对我们提出了批评，大多数是对的，必须接受。……右派的批评也有一些是对的，不能一概抹杀。"（《事情正在起变化》）

"对"在什么地方？

"对"在正确批评了中国共产党不能挣脱的农民根性。

进京前，毛泽东向中国人民宣誓："我们决不当李自成。"（见何明：《建国大业》）然而，进京后的中国共产党，却整体向李自成农民军演变。

枪毙刘青山、张子善，震动全国。然而，毛泽东的"杀威棒"制止不了演变的趋势。

章伯钧慨叹："我是把共产党估计高了，把毛泽东的野心估计低了。原来仍不过是陈涉吴广、太平天国，是一个农民党闹了一场李自成进北京。……共产党在政党性质和成分问题上，显露无遗。"（见章诒和：《往事并不如烟》）

不能否认，中国共产党反右扩大化的严重错误，是自身的农民根性和封建传统使然。事实上，大量"右派"对中国共产党官僚体制、封建遗毒和农民小资产阶级观念提出了严正批评。

然而，同样不能否定，表现为农民小资产阶级对资产阶级民主的形式的"反动"，却深深蕴含着无产阶级否定资产阶级及一切剥削阶级的本质的进步。

严格地说，中国共产党是一个新民主主义政党。它是工农联盟的党，是用工人阶级世界观引导农民升华的政党。它有着鲁迅所称"农民革命党"的先天不足，却同时放射着工人政党的时代光辉——"社会主义指向"。

章伯钧冷眼洞穿了中国共产党作为农民政党的基本构成，却抹杀了中国共产党与农民政党的本质区别。

当"本质"被无限拔高，"扩大化"的悲剧便堂皇开幕。

当"本质"被形式淹没，知识分子们否定"反右"的呼声便甚嚣尘上。

那么，如何看待这个本质呢？

——争夺农民！

毛泽东说："我们是处在散漫的小资产阶级的包围之中。"（《组织起来》）

中国社会是农民小资产阶级社会。两个并不强大、却青春活力勃发的阶级即无产阶级与资产阶级，为着争夺农民，提出不同的方案。

中国共产党的基本成分是农民，统一战线中的无产阶级与资产阶级，为着争夺执政的共产党，提出不同的社会指向。

"当人民推翻了帝国主义、封建主义和官僚资本主义的统治之后，中国要向哪里去？向资本主义，还是社会主义？"（毛泽东：《关于正确处理人民内部矛盾的问题》）

引导中国农民社会向社会主义！这是毛泽东的回答——

毛泽东明确新中国不是资本家的政权，而是人民政权："蒋介石的国都在南京，他的基础是江浙资本家。我们要把国都建在北平，我们也要在北平找到我们的基础，这就是工人阶级和广大的劳动群众。"（见何明：《建国大业》）

引导中国农民社会向资本主义！这是民主党派和知识分子们的向往——

1913 年，在袁世凯专制的淫威下，早期国民党的"议会政治"、"政党政治"破产；1947 年，在蒋介石专制的淫威下，各民主党派的"议会政治"、"政党政治"再破产。新中国建立，中国新兴资产阶级将"议会政治"、"政党政治"的未遂心愿，寄托在毛泽东身上。

民主党派要与中国共产党一争高下。

毛泽东看得分明：民主党派"虽然都表示接受中国共产党的领导，但是他们中的许多人，实际上就是程度不同的反对派。"（《论十大关系》）

建国初，毛泽东已经宣布了对民主党派的战争，即工人阶级与资产阶级的矛盾成为主要矛盾。

反右斗争明确了这个"战争"：建国八年来，"对于资本主义道路和社会主义道路何去何从，孰吉孰凶，实际上还没有认真地彻底地展开讨论。"（《人民日报》社论：《不平常的春天》）

因此，罗隆基有话要说。

毛泽东也有话要说。

无产阶级与资产阶级和平共处，合作建国，时历 8 载，已经不能再"和平共处"下去。共产党吞没了民主党派的阶级基础，要向着社会主义高歌猛进；民主党派根基渐空，从心底爆发恐慌的叫喊。

矛盾一触即发。

赫鲁晓夫"秘密报告"是个契机，匈牙利暴乱是个契机，毛泽东引导中国共产党从农民政党向工人政党升华的"整风"是个契机，"章罗同盟"应运而生。

实在说，共产党整风本是自家事，原不打算"搬"民主党派这座"尊神"。《中共中央关于整风运动的指示》写得明白："非党员愿意参加整风运动，应该欢迎。但是必须完全出于自愿，不得强迫，并且允许随时退出。"

然而，民主党派岂能坐失如此良机，他们已经迫不及待了。

矛盾的焦点：是让共产党"小知识分子"们接受章伯钧、罗隆基等"大知识分子"的领导，用资产阶级民主、法制改造共产党呢？还是让资产阶级接受无产阶级的改造，迫使"大知识分子"们滚一身泥巴，与工农结合，实现知识分子工农化，拒绝资本主义？

毛泽东很清醒："共产党看出了资产阶级与无产阶级这一场阶级斗争是不可避免的。"（《文汇报的资产阶级方向应当批判》）

毋庸讳言，毛泽东是攻击者。对资产阶级"赎买"也罢，"利用、限制、改造"也罢，建国以来，共产党的和平攻势，大军压境，步步紧逼，凌厉地杀向资产阶级，不断压缩民主党派的生存空间。而"章罗同盟"临渊背水，绝境下岂甘束手就擒，于是一夫呼百夫应，举义旗而反噬，其势使然——

储安平拍马踏阵，他在《向毛主席和周总理提些意见》中，热血沸腾地质问：

党"是不是'莫非王土'那样的思想，从而形成了现在这样一个一家天下的清一色的局面"？"1949 年开国以后，那时中央人民政府六个副主席中有三个党外人士，四个副总理中有二个党外人士，也还像个联合政府的样子。可是后来政府改组，中华人民共和国的副主席只有一个，原来中央人民政府的几个非党副主席，他们的椅子都搬到人大常委会去了。这且不说，现在国务院的副总理有十二位之多，其中没有一个非党人士……这样的安排是不是可以研究？"（转引自章诒和：《往事并不如烟》）

储安平道出了民主党派和知识分子们压抑太久的心声。

北京谭惕吾热烈呼应："应该建立制度使人民监督共产党。"

辽宁张百生说得干脆："把党从'人大'与政府之上拿下来。"

北京徐璋本大胆建议："取消用马列主义作为我们的指导思想。"

北京陈新桂勇敢断言："无产阶级专政这个政治制度是有问题的。"

南京刘地生发出号召："在中小学，应该取消少先队和青年团的组织。"

天津黄心平公开提出："各政党轮流执政。"（以上见朱正：《反右派斗争始末》）

为生存的最后一搏！民主党派和知识分子们将心底深处的怨气、怒气痛快一吼，吼出了新生资产阶级的底气，吼出了资本主义的政纲。

章伯钧自白：他创建并为领袖的"农工民主党是靠反共起家的。"（见叶永烈：《反右派始末》）

罗隆基与知识分子们的心是相通的。他说："对知识分子来说，资产阶级的民主自由，总比社会主义制度要好些。"（见姚杉尔：《中国百名大右派》）

实在说，右派平反不等于右派不是资产阶级！

毛泽东激烈定性："资产阶级右派就是反共反人民反社会主义的资产阶级反动派。"（《文汇报的资产阶级方向应当批判》）

只是，资产阶级一定是反动派吗？

事实上，为右派平反就是为资产阶级平反，就是认同资产阶级存在与发展的合理性、合法性与必然性。它是向毛泽东《论联合政府》的回归："没有一个由共产党领导的新式的资产阶级性质的彻底的民主革命，要想在殖民地半殖民地半封建的废墟上建立起社会主义社会，那只是完全的空想。"

然而，却是毛泽东陷入空想。

新中国建立，毛泽东把消灭资产阶级、跨越新民主主义阶段的使命提上日程。"彻底的民主革命"迅速被"社会主义革命"取代，超越社会发展进程的的激进，使毛泽东不能不受到历史规律的惩罚。

不管毛泽东为社会主义革命怎样呕心沥血，中国社会必然回归新民主主义。

因为，资产阶级和资本主义的生命活力，还没有完全释放。

正是这个生命活力，支撑了"章罗同盟"对共产党的坚强抗争。

"章罗同盟"的抗争是有历史渊源的——

抗战胜利，罗隆基谋划："把民主同盟造成中国第三个大的政党……中国的

政党非有武力不可,我就把民主同盟的基础放在中国的西南,四川、云南、广东、广西等省。"(见朱正:《反右派斗争始末》)

解放前夕,罗隆基拒绝共产党领导,主张民盟以独立政纲与共产党合作;否则退出政府,成为在野党。他坦告周恩来:"你们代表一部分人民,我们代表另一部分人民,这样来共同协商合作组织联合政府。"(见章诒和:《往事并不如烟》)

建国后,罗隆基告诫民盟同仁:不要迷恋做官,"不是无条件驯服,以求在政府中占得一官半职。此点若不明白,我们全局输了。"

切记!切记!在统一战线中与共产党争夺对中国的领导权。

这是罗隆基的既定方针。

也是章伯钧的既定方针。

韩兆鹗证实章伯钧固有意图:"中国将来是个南北朝,我们还许三分天下有其一呢!"

那也是抗战胜利后,"章伯钧设想中国实行联邦制,主张三分天下,共产党治长江以北,某一方面治西南,他治东南。"

章伯钧承认:建国后,"我有一套政治野心,就是抬高自己的政治地位,不是为做官,是为了实现我的政治主张。……我爱社会主义,也爱民主。"(以上均见朱正:《反右派斗争始末》)

不愧资产阶级政治领袖。使命:引导乃至改造共产党,发展资本社会主义。

心有灵犀。"章罗同盟"之谓,何其精确乃尔!

"章罗同盟"的抗争是猛烈的——

1957年6月初,北京各大高校掀起批判共产党的狂潮,"北大学生在大鸣大放中出现了骚乱,一些人发表了攻击党政部门的煽动性讲话。"(姚杉尔:《中国百名大右派》)

学潮兴起,北大学生传火种于全国,鼓动各地学生。学生们群情激动,印发形形色色的小册子,举行反对共产党的游行示威。"有几个人走得很远,他们谴责党对权力的垄断,要求解散党。"(默•戈德曼:《剑桥中华人民共和国史》)

铺天盖地,风暴骤起。

毛泽东高度警觉。他不怕闹事;然而也不无忧虑。"他问身边的工作人员:'你看共产党的江山能不能坐稳?'"(见朱正:《反右派斗争始末》)

共产党的江山在动摇中。

葛佩琦声色俱厉:"群众是要推翻共产党,杀共产党人,若你们再不改,不争口气,腐化下去必走这条道路,总有那么一天。"(见叶永烈:《反右派始末》)

费孝通推波助澜:"非党人士有职无权,党团员要掌握大权,作威作福。我看不是个人作风问题,而是制度造成的。我已声明不参加共产党以表示态度。"

钱伟长跃跃欲试:"清华大学党委已不能维持了,如果继续放我们不管,要收那我们就来收。"

曾昭抡高瞻远瞩:"现在的情况是全国各地都搞起了,上海的学生闹得很厉害。……北京的情况很严重,学生有可能上街,市民也不满意,学生同市民结合起来就是匈牙利事件。"

章伯钧语调铿锵。他不准备马上君临天下,但帮助共产党"收拾残局",入主政权,指导共产党的"雄心"却大大激发出来了;他要民主党派迅速发展几百万党员,他指示收拾旧部,扩充领导机构。"共产党能放不能收,要收得300万军队,但人心是去了,这条船要沉了。"(以上均见朱正:《反右派斗争始末》)

章伯钧们对形势做了基本分析。

形势大好，星火燎原。如此局面，能不摩拳擦掌，策马峰巅？

河南王毅斋压抑不住："中国民主党派也算怪，只会死心塌地跟着共产党走。"

湖北马哲民深刻分析："工人农民对党都不满，共产党的地位很危险，……有的党员退党，责任不在党员，同时也不是偶然的，与党内一团糟有关。"

北京曾昭抡情绪激动："不要看秀才造反三年不成，中国知识分子闹事是有传统的，从汉朝的太学生到'五四'，都是学生闹起来的。"

四川潘大逵四处鼓动：鸣放"不要社会主义方向"。他申明章伯钧"发展组织"的意图："现在是百家争鸣，也是百家争人的时候。两年以后的中国形势要变，所以要大量训练盟的干部。"

共产党天下危殆，大乱在即，有枪便是草头王。民主党派修成正果的机会终于来了，费孝通要民主党派承担重任。君不见，"学生正在到处寻找领导"吗？

钱伟长踌躇满志："现在民主党派说话是有力量的。学生们到处找自己的领袖，希望我们能站出来说话。"（以上均见姚杉尔：《中国百名大右派》）

"章罗同盟"的抗争以悲剧落幕——

《中共中央关于整风运动的指示》规定："这次整风运动，应该是一次既严肃认真又和风细雨的思想教育运动。"

毛泽东规定：整风"和风细雨"，"小民主，小小民主"。

但是，知识分子们不干。

上海徐仲年义正词严："迅雷烈风有扫荡阴霾之功"，"和风细雨不足以平息民愤"。（见朱正：《反右派斗争始末》）

章伯钧鞭辟入里："整风运动以来，群众提了这么多意见，毛主席没有思想准备。中共中央也没有思想准备，有人说整风是和风细雨，恐怕不是和风细雨，是个台风！"（见姚杉尔：《中国百名大右派》）

"台风"打碎了毛泽东期待的和风细雨，能不被毛泽东以"台风"回击？

毛泽东挥戈上阵："无论民主党派、大学教授、大学生，均有一部分右派和反动分子，在此次运动中闹得最凶的就是他们。……章伯钧、罗隆基拼命做颠覆活动，野心很大，党要扩大，政要平权，积极夺取教育权，说半年或一年，天下就将大乱。毛泽东混不下去了，所以想辞职。共产党内部分裂，不久将被推翻。"（《中央关于反击右派分子斗争的步骤、策略问题的指示》转引自薄一波：《若干重大决策与事件的回顾》）

毛泽东檄传天下：反右"是一场大战，不打胜这一仗，社会主义是建不成的，并且有出匈牙利事件的某些危险。"（《关于组织力量准备反击右派分子进攻的指示》）

统帅令下，百万兵发。广大人民口诛笔伐，开展了对右派的围剿。中华大地，热气腾腾，洋溢着毛泽东和中国共产党在人民中的崇高威望与无上信任。

罗隆基、章伯钧可醒悟否？

新中国固然是与民族资产阶级的联合政府，然而那最厚重最无可撼动的力量决不是区区资本家及其知识分子，而是农民。

农民是中国社会的基本构成。中国共产党作为农民革命党，以其与农民的血肉相连，有着资产阶级政党远不具备的强大支撑；中国共产党同时作为指向共产主义的工人政党，又以其马列主义科学，有着工人阶级赋予的时代伟力。

这是中国共产党超越资产阶级政党的绝对优势。

凭着这个优势，毛泽东给予中国民族资产阶级及其知识分子以深深的不公正；然而，翻开千古史册，评说权力兴衰，试问：哪个阶级是"公正"的？

毛泽东豪气冲天:"他们是反动的社会集团,利令智昏,把无产阶级的绝对优势看成了绝对劣势,到处点火可以煽动工农,学生的大字报可以接管学校,大鸣大放,一触即发,天下顷刻大乱,共产党马上完蛋,这就是6月6日章伯钧向北京6教授所作目前形势的估计。"(《文汇报的资产阶级方向应当批判》)

《人民日报》发表社论:"资产阶级右派先生们,你们把中国人民几十年的革命史看作儿戏,把中国人民八年建设史看作儿戏,把党和人民群众的血肉联系和党在人民群众中的高度威信看作儿戏……"(《不平常的春天》)

在毛泽东的反击下,"章罗同盟"顷刻瓦解。

"章罗同盟"的抗争有着厚重的思想根基——

罗隆基向社会主义致敬:"今天一般高级知识分子是愿意在党的领导之下,进到社会主义社会……我们旧知识分子在学习马列主义理论之外,还要好好地学习中共党史和中国革命史。"(见姚杉尔:《中国百名大右派》)

然而,罗隆基一脑子资本主义,与社会主义格格不入。他评判自我:"资产阶级政治思想的一整套,在脑子里装得特别牢……我一发言,自己觉得是在讲马列,人家一听,仍旧说我是冒牌货。"(见章诒和:《往事并不如烟》)

作为"冒牌货",作为资本主义信徒,罗隆基怎能不站在社会主义的对立面?

实在说,平反,未必改变得了右派立场。

章伯钧自不待言。"右派"帽子的戴与摘,在他原无分别。他坚信资本主义,坚信"两院制一定会在中国实现。"他"断言,老毛绘制的共产主义美好理想永远是蓝图,是幻想。"(见章诒和:《往事并不如烟》)

不仅未平反的几个"右派",便是获得平反的相当一批"右派",其实难免故我依然。

曾昭抡字斟句酌:"明确地要推翻共产党的政权的思想,是没有的,不过,从6月6日那种反动思想发展下去,是可能会发展到叛国叛民的。"

黄药眠退居一隅:"资产阶级知识分子尽管他自己个人可能没有攫取权位的野心,但他们总是企图以他自己的世界观来改造世界。"(以上见姚杉尔:《中国百名大右派》)

至于章乃器、聂绀弩,则公然表示与毛泽东和中国共产党势不两立。

章乃器曾书对联一幅。上联:"肠肥脑必满",骂的是毛泽东;下联:"理得而心安",慰的是自己。

聂绀弩则直率地发泄对毛泽东的仇恨:"四句——身败名裂,家破人亡,众叛亲离,等到一切真相被揭开,他还要遗臭万年。"

同为右派的戴浩曾对聂绀弩有一句公道的评论:"他真是像判决书写得那样,恶毒攻击了无产阶级司令部。"(以上均见章诒和:《往事并不如烟》)

章诒和感触独特,她说:"人是不能改造的。罪犯充其量只能做到遏制自己,即遏制犯罪本质。"(《往事并不如烟》)

所以,章伯钧不能改造,聂绀弩不能改造。还有改革开放后趾高气扬的茅于轼,也艰难苦恨繁双鬓,多年遏制自己,终于忍到了怒将肺腑向青天的时刻。他自豪:我"准确地被打成了右派,一点也不冤枉。"我"当时确实是想走资本主义道路'!"(见何雪飞:《当代社会思潮与中国文化建设》载《乌有之乡"文化自觉"研讨会》论文集)

茅于轼在改革开放后得到国内国际垄断资本集团撑腰之后陡增的勇气,可以不论,倒是他对章罗联盟强烈的归属感,很是从阶级属性上,对当年毛泽东和中国共产党的"反右",做了精确注释。

毛泽东批得不错："罗隆基说，无产阶级的小知识分子怎么能领导小资产阶级的大知识分子？他这个话不对，他说他是小资产阶级，其实他是资产阶级。"（《做革命的促进派》）

早在《论十大关系》中，毛泽东已经论定：民主党派是"以民族资产阶级及其知识分子为主"的党派。

民主党派有着资产阶级的全部根性。他们不乏为"民主政治"的生命活力，也聚集着剥削阶级的全部卑琐、贪婪和私欲。周恩来评说："中国资产阶级本身也同世界各国的资产阶级一样，具有唯利是图、损人利己、投机取巧的本质。"（见何沁主编：《中华人民共和国史》）

请看章诒和的一段绝妙好辞："罗隆基雄才大略，却又炫才扬己；忧国忧民，但也患得患失；他思维敏捷，纵横捭阖，可性格外露，喜怒于形；他雄心勃勃有之，野心勃勃亦有之；他慷慨激昂，长文擅辩，也度量狭窄，锱铢必较；有大手笔，也耍小聪明；他是坦荡荡君子，也是常戚戚小人。"（《往事并不如烟》）

罗隆基的密友浦熙修揭发："罗隆基说要'做社会主义的官，过资产阶级生活。'"（见姚杉尔：《中国百名大右派》）

罗隆基凄苦自白："自己是想做官的，但做官做到饱受屈辱，人格丧尽，是谁也没有料到的。"（见章诒和：《往事并不如烟》）

争名逐利，傲视民众；君子小人，浑然一体；天下己任，自我核心。罗隆基的两面性，是中国新生资产阶级两面性的抽象，也是右派两面性的抽象。那是朝气蓬勃的生机与贪婪自私的先天劣根性的对立同一。

马克思说过：资本家是人格化的资本。

同样，罗隆基是人格化的中国新生资产阶级。

资本的本性是扩张。它必然地表现为政治上的"雄心"或者"野心"；资本扩张需要每一个铜板的积累，它必然地表现为观念上的患得患失。

资产阶级的本性是金钱。它的每一枚金币都打造着金融帝国的特权，打造着"上等人"和"下等人"的不平等，即垄断集团和工农大众的壁垒。

章伯钧敏锐地触碰这个"壁垒"。他说："老毛欣赏秦始皇，而秦始皇是个有恩于士卒，而无礼于文人士大夫的独裁者"。（见章诒和：《往事并不如烟》）

好高的评价！毛泽东若听到此番议论，兴许会慨叹一声："英雄所见略同"！

章伯钧如此阶级嗅觉，不愧资产阶级领军人。他在与毛泽东的对立中，以远高于腐儒和"知识精英"的思想水平，道出一个真理：秦始皇在历史上千古一帝的地位，就在于"有恩于士卒，无礼于文人士大夫"。

这是人民大众欢迎的"独裁者"呵！

章伯钧还有一句："老毛的动机从来不是出于私人的。"（见章诒和：《往事并不如烟》）

无论褒贬，那是说到点子上。毛泽东应该说：知我者伯钧也。

毛泽东无"私"，是劳苦大众的贴心人，他的动机出于被压迫阶级，他的立场属于人民；而章伯钧们则为"私"，是剥削者的守护神，他的动机出于资产阶级，他的立场属于特权阶层。

章伯钧看不起毛泽东："别看金銮殿坐上了，举手投足，还是个农民。"（见章诒和：《往事并不如烟》）

一副贵族派头！不经意间，流露对农民、对劳动者的鄙视。

章伯钧及其"贵族"小圈子，尽管被其后人捧到极高，却早失了"贵族精神"。

人类，从来以庄严的虔诚，向"贵族精神"致礼！

请看贵族精神：

远古印度教严厉界说：对于违规，"吠舍得刑罚应双倍于首陀罗，刹帝力更双倍地重，而婆罗门的则再双倍甚至四倍于刹帝力。"（史密斯：《人的宗教》）

首陀罗，最低等级的奴仆；吠舍，比奴仆高一级的平民；刹帝力，比平民高一级的武士；婆罗门，最高等级的贵族。在四种性的等级制中，最高贵的阶层承担最重的社会责任。

美国开国元勋华盛顿不失贵族精神！中国总理周恩来不失贵族精神！

周恩来以承担人类义务的高度自觉，诠释着善的等级制：尊贵的地位意味着责任，无上的荣誉是无私的付出与牺牲；被人仰视的等级越高，支撑等级的基座越大，承担也就越重越多。

迪•威尔逊困惑：周恩来"文雅、礼貌和谦逊……言行举止温柔和蔼，然而，为了使他的国家能迅速在一代人的时间内从封建主义进入到现代社会，他的一些所作所为却显得冷酷、好斗甚至不可理解。"（《周恩来》）

其实，那是为"承担"的自觉。

"贵族精神"与"平民精神"是对立的同一体。

"平民精神"固不免阶级反抗和阶级斗争的偏激，"贵族精神"亦不免"人性"的抽象与保守。

毛泽东将"平民精神"发挥到极致，在与被压迫阶级的血肉交融和冷酷的阶级斗争中，表达着对整体"人性"的终极关怀。

周恩来将"贵族精神"发挥到极致，将对整体"人性"的终极关怀，诉诸于"无产阶级解放全人类"的冷酷的阶级斗争。

伟大，属于"平民精神"，也属于"贵族精神"。

它不属于"章罗同盟"；不属于日益腐朽的世界资本主义体系。

"章罗同盟"是毛泽东专制的有力支撑——

在反右中，储安平一死谢天下。

他留下了知识分子的激情乃至狂傲，清白乃至迂腐，还有天真、固执和困惑。

储安平在解放前办《观察》，在解放后办《光明》，都是为了改良。前者，是改良国民党；后者，是改良共产党。

改良之谓，小骂大帮忙也。只是这个"帮"，竟帮得风生水起。

1946年，储安平慷慨激昂地向国民党抗争："虽然刀枪环绕，并不能不冒死为之；大义当前，我们实亦不暇顾及一己的吉凶安危了。"（《论文汇•新民•联合三报被封及〈大公报〉在这次学潮中表示的态度》，转引自傅国涌：《1949年：中国知识分子的私人记录》）

1947年，储安平大义凛然地批评蒋介石政权："政府人物固无不可替换者，政府制度尤无不可更改者"。（《政府利刃指向〈观察〉》）

储安平很有些舍生忘死。

时隔10年，1957年，储安平重出江湖，遍发英雄帖，这次把矛头对准了共产党。他说："《光明日报》要成为民主党派和高级知识分子的讲坛，就要创造条件主动组织、并推动他们对共产党发言，从政治上监督。"

储安平热血沸腾："我听统战部一位副部长说毛主席说过，《光明日报》可以和《人民日报》唱对台戏。请问，大家有没有这样的思想准备？有没有真正拥护和贯彻这一点的准备？"（以上见章诒和：《往事并不如烟》）

储安平有这样的思想准备，而且大刀阔斧地干起来。他再一次舍生忘死。因为在他心底深处，不认同共产党。

　　1947 年，储安平在《中国的政局》中写道："共产党在基本精神上，实在是一个反民主的政党。就统治精神上说，共产党和法西斯党本无任何区别，两者都企图透过严厉的组织以强制人民的意志。"

　　把共产党专制与法西斯专制混为一谈，也就是把人民专制的进步性与特权专制的反动性混为一谈。民主知识分子们"高深"的背后，不乏浅薄。

　　储安平接着说："我们现在争自由，在国民党统治下，这个'自由'还是个'多'、'少'的问题，假如共产党执政了，这个'自由'就变成了一个'有'、'无'的问题了。"（转引自姚杉尔：《中国百名大右派》）

　　断言共产党为专制政体，储安平有先见之明。

　　那么，谁是共产党专制的重要支柱？

　　——民主党派和知识分子！储安平们、罗隆基们、章伯钧们……

　　别看"知识精英"把"民主政治"的大旗摇得呼啦啦响，那是表像。其实，无论取法英美的知识分子们，从胡适到"章罗同盟"；还是服膺马列的知识分子们，从胡风、周扬到"四人帮"，都潜在地认同专制。

　　解放前，资深报人徐铸成早已看穿：储安平是国民党专制的维护者。"鸣放"期间，储安平则是共产党专制的维护者。所谓批评，改良而已。

　　章伯钧到底深刻："不是国家不立法，宪法也有了。实际上是共产党管理国家的办法，不需要法。"（见章诒和：《往事并不如烟》）

　　说得不错。

　　向现代化进步的中国社会，已经产生朦胧的法制要求，所以立法。

　　然而，法制只是知识分子模糊的抽象。提上日程的立法，远没有成为中华民族的自觉。在封建泥沼中蹒跚跋涉的中国社会，尚不知法制为何物。万众瞩望的，依然是"好皇帝"。

　　指责毛泽东三反五反、反胡风、反右、反彭德怀、反刘少奇是破坏法制，那不过是书生清议，虚妄而已；恰恰相反，那是毛泽东对历史呼唤法制的回答。

　　毛泽东不认同"章罗同盟"的"法制"，不认同一切剥削阶级的"法制"；他要跨越"上等人"管理"下等人"的法制，他要建设马克思主义和人民主权的社会主义法制，他要用自己的专制压迫资本主义法制要求，架起通向社会主义法制的桥梁。

　　1942 年延安整风，已经奠下毛泽东专制的思想基础；**1957** 年反右斗争，则正式拉开了毛泽东专制的大幕。

　　支撑毛泽东专制的，除了中国农民社会及中国共产党的农民根性。还有一个不容回避的成分，就是民主党派和知识分子的"偏师"。

　　"士为知己者用"！中国知识分子的士大夫根性，成为毛泽东专制的重要支柱。罗隆基向毛泽东表白："中国旧社会中的'士'有这样一种传统观念：'以国士待我者，我必以国士报之；以众人待我者，我必以众人报之'，合则'士为知己者死'，不合，则'士可杀不可辱'。"（见姚杉尔：《中国百名大右派》）

　　"为王前驱"！

　　北大傅鹰教授谦卑求"仕"："知识分子的要求就是把我们当自己人，如此而已。"（见叶永烈：《反右派始末》）

　　这并不过分；然而很难。

　　在毛泽东眼里，只有工农大众才是"自己人"。

　　知识分子高踞工农之上做"上等人"的强烈渴求，与毛泽东"泥腿子最干净"的颠覆性思维，岂不南辕北辙？

978-1-62265-934-0 (online)　　　978-1-62265-935-7 (paper)　　　　　　　薛 遒

"布衣宰相","帝王师",千古知识分子趋之若鹜的隆誉,与毛泽东根除私有制、确立人民主权的宏阔心胸,岂不"话不投机半句多"?

有位殷海光感叹:"我父执那一辈读书人是坐在家里,要外出做事的话,必须等着有人来请。若他是名士,就更须有人来三顾茅庐。"(见辛晓征:《鲁迅》)

这一叹,叹出多少贪、嗔、痴,叹出多少知识分子清高背后的愚昧和狭隘。

辛晓征补白:"从清末以来,知识分子引进思想,传播新知,一切改造社会的努力,都不过使自己丧失尊严,进一步边缘化,这样的结局,又岂不哀哉!"

这一哀,又哀出多少卑琐与虚妄,哀出知识分子依附专制的奴性和等级观。

其实,传播新知,实乃知识分子应分之事,岂可有非分之求?鲁迅说得明白:"知识阶级有知识阶级的事要做,不应特别看轻,然而劳动阶级决无特别例外地优待诗人或文学家的义务。"(《二心集•对于左翼作家联盟的意见》)

不必讳言,民主党派不过是农民的知识形态,士大夫根性不过是农民根性的高雅表达。王蒙对知识分子的"清高"很不以为然:"我在农村呆了多年,我对知识分子嘲笑农民自私至今印象很深。因为我发现当知识分子穷得和农民一样时,他所表现出来的自私比农民还要厉害。"(《创作是一种燃烧》)

章诒和更深深喟叹:"民主党派曾是许多知识分子向往的一块净土,在踏上这块净土以后,储安平才渐渐明白:原来这里也害着我们这个民族的通病——宗派情绪,家长作风,忌妒心理,官僚色彩……"(《往事并不如烟》)

怎能否定毛泽东对于知识分子思想改造的期待?

事实上,没有知识分子"尊严"的丧尽,就没有人类整体尊严的崛起。知识平民化,知识大众化,知识平等化,是历史不依知识分子意志为转移的大趋势。

什么时候,知识分子们从"为王前驱",转变到"为民前驱",才可望成为中国革命和中国人民的"自己人"。因为,"世界却正由愚人造成,聪明人决不能支持世界,尤其是中国的聪明人。"(鲁迅:《写在"坟"后面》)

这是对中国知识分子命运的解读。也是对"章罗联盟"的解读。

"章罗联盟"以悲剧终。鲁迅说:"悲剧将人生有价值的东西毁灭给人看。"(《再论雷锋塔的倒掉》)

毁灭了什么?

毁灭了比封建专制有巨大进步性的"价值"——资本主义民主、自由、人权。

前后夹击。中国封建社会的深厚传统有着对专制的强烈需求和对民主的下意识排斥;而毛泽东对无产阶级民主即人民主权的坚决主张和激进革命,则无情地扼住了资本主义的咽喉。

"章罗联盟"生不逢时。"民主"昙花一现便归于毁灭。这是命运赋予中国新生资产阶级难以避免的凄凉与孤独。

然而,中国新生资产阶级的生命力并未枯竭,它积聚着爆发。"凡活的而且在生长者,总有着希望的前途。"(鲁迅:《华盖集•我观北大》)

章罗联盟垮台了,但资产阶级是"活的而且在生长者"。它并不因毛泽东的强力压迫而失其"新兴性",它依然是新兴资产阶级,依然有着"希望的前途"。

这"希望的前途"在哪里?

"就在共产党内,党内走资本主义道路的当权派"。(毛泽东)

社会资产阶级的式微,转化为党内资产阶级的强势崛起。

拒绝与资产阶级的统一战线,并不能剥夺资产阶级的生命力,也改变不了其与无产阶级同生同灭的命运,只不过使它变换一个生存与竞争的形式。

改革开放,中国新兴资产阶级走出孤独,扑入社会。它兴奋地融进资本世界,

978-1-62265-934-0 (online)　　978-1-62265-935-7 (paper)　　　　　　　　　　薛 遒

爆发出巨大能量，一时群星灿烂，闪烁现代之光，将古老神州耀得绚丽斑斓。

中国活力四溢。

然而，物极必反。资产阶级生机渐弱。它消耗的能量难以补充，因为严重的贫富悬殊使它失去民众；而其内在的贪婪、腐败与嗜血则日益在社会上张显面目的丑陋。它恣肆地销蚀"新兴"，步入腐朽，向帝国主义世界体系的中国马仔沉沦。

孤独，是历史授予中国新兴资产阶级的光荣勋章。失去孤独，便失去光荣，失去生机，失去生命底蕴。

中国融入资本世界，中国资产阶级也开始了真正的衰亡。

因为，21 世纪的资产阶级，或者依附社会主义而生存，或者在资本主义外壳下吸吮社会主义生命力而苟活。除此之外，别无生路。

这是世界帝国主义体系的衰亡。中国资产阶级赶上了"末班车"。

3、王蒙：新中国青年知识分子时代作为的呼求

人类的时空步履，总在奋进与轮回中，匆匆。

奋进与轮回。鲁迅与王蒙。

新中国的反右斗争，青年王蒙终究被共产党打成右派；旧中国的辛亥革命，青年鲁迅则险些成了革命党的刀下鬼。

1911 年，武昌首义，浙江光复。革命党都督王金发兴冲冲地易帜绍兴，他第一板斧抡出，便擒拿了谋害女侠秋瑾的恶贼……；然而接着便是专制！

他不能不专制。新政权突兀于旧势力包围中，处处陷阱；革命党置身杀机四伏里，岌岌可危。专制是王大都督的唯一选择。

然而，鲁迅不干了。民主共和如雾如烟，飘逝了青年鲁迅的美好期盼。他不由拍案而起，与"同学少年"共挥偏激之矛，怒指王金发。他们创办《越铎日报》，斥专制，揭腐败，战官场，斗当权。甚至孙中山为新政权辩护，也被斥为"为虎作伥"。

王大都督在旧势力的迫压下已经焦头烂额，又被新青年的步步紧逼乱了方寸，腹背受敌，怒火中烧，一道杀机陡起……（见辛晓征：《鲁迅》）

好在王金发毕竟是革命党，对革命的激进青年鲁迅，放了一马。

王蒙不足与鲁迅比肩。

然而，王蒙却以新中国青年知识分子时代作为的呼求，成为青年鲁迅的轮回。

《组织部新来的年轻人》——王蒙轮回的起点。

在这篇小说中，主人公林震真诚的一嗓子，喊出了从 50 年代王蒙到 60 年代红卫兵新中国知识青年对中国共产党的崇敬和信赖，也喊出了自身的天真和激情："党是人民的、阶级的心脏，我们不允许心脏上有灰尘，就不允许党的机关有缺点。"

林震为热烈的工作场景陶醉："人声嘈杂，人影交错，电话铃声断断续续，林震仿佛从中听到了本区生活的脉搏的跳动"。

然而，热烈表像下却是共产党官僚机构对革命的消解："林震有一种奇怪的感觉，和刘世吾谈话似乎可以消食化气，而他自己的那些肯定的判断、明确的意见，却变得模糊不清了。"

官僚主义者对工作的漠然，解构着共产党的前程。林震困惑："他们的缺点散布在咱们工作的成绩里边，就像灰尘散布在美好的空气中，你嗅得出来，但抓不住。"

曾经，青年鲁迅陷于辛亥后的失望；曾经，奔赴延安的知识分子陷于革命圣地原非净土的悲哀；而王蒙笔下的青年人同样陷于困惑：他们心中神圣的共产党机构竟弥漫着官僚主义腐气。

五四以来，激进的青年知识分子从来是冲击旧势力的先锋。王蒙笔下的林震同样如此。献身革命的主动作为和憧憬崇高的青春朝气，使林震在求索中充溢着神圣的使命感。他以积极的进取精神寻觅困惑的答案，而理想也在对现实的鞭击中迸溅出异彩的火花。咸立强评说："一个除了青春和激情外近乎一无所有的青年人，带着诸多疑问和探索的勇气，来到不容置疑的权力话语前，不断以自我真实感知验证出对方的僵化和谬误，而试图了解和把握强势话语的过程，最终也就变成了揭发与批判。"（《话语的缝隙》）

王蒙在求索中深化批判性思维，尖锐地触碰新中国的内在链条："一个缺点，仿佛粘在从上到下的一系列的缘故上。"

王蒙向整个共产党官僚体制发起冲击。他冲上了风口浪尖。

那是 1956 年，中国共产党乘风破浪的一年。

这一年，中国农业、手工业、资本主义工商业三大改造完成，公有制确立，社会主义革命取得决定性胜利：资产阶级不存在了，阶级斗争消失了，"全民国家"建成了，无产阶级专政过时了。

早在 1955 年底，毛泽东便兴致勃勃地称颂民族资产阶级："现在它是一只半脚踏进社会主义，人家现在快要变工人阶级了，人家已经是半社会主义者了。……它只有四分之一没有进来了。"（见薄一波：《若干重大决策与事件的回顾》）

这"半社会主义者"不就是自家人吗？毛泽东"不止一次提到，中国的无产阶级专政已经只剩下 10%的职能了，就是那 10%,也主要是用于对外的。"（见杨奎松：《毛泽东与莫斯科的恩恩怨怨》）

中国开始重大历史转折。

毛泽东说："中国共产党是领导阶级斗争胜利了的党，现在的任务就是要向自然界作斗争，就是要搞建设。"

周恩来说："我们革命阶段过去了，或者说基本过去了。"正确处理人民内部矛盾上升为"提起一切的纲"。（以上见薄一波：《若干重大决策与事件的回顾》）

彭真说："企业公私合营和农业合作化表明，我们已经打败了资产阶级。"（见罗•麦克法夸尔：《文化大革命的起源》）

刘少奇在党的八大作《政治报告》，宣布中国从"革命到建设"的转变。

1956 年八大，中国共产党全党共识："团结全国各族人民进行一场新的战争——向自然界开战，发展我们的经济，发展我们的文化，使全体人民比较顺利地走过目前的过渡时期，巩固我们的新制度，建设我们的新国家。"（毛泽东：《关于正确处理人民内部矛盾的问题》）

毛泽东发表《论十大关系》，发表《百花齐放，百家争鸣》。他"坚决地认为可以说服全中国人民的各个阶级来支持中国共产党为国家确立的目标。"（罗•麦克法夸尔：《文化大革命的起源》）

毛泽东真诚地主张"双百"，真诚地相信社会主义在中国大地扎根，真诚地期待民主党派为维护社会主义"鸣放"，真诚地呼吁调动知识分子的积极性，为赶超世界先进科技文化水平而奋斗。

978-1-62265-934-0 (online)　　978-1-62265-935-7 (paper)　　　　　　　　　　　薛　道

毛泽东自信赢得了民主党派们的信任：号召"尽可能把他们的积极性调动起来为社会主义服务。"（《论十大关系》）

毛泽东自信他的真诚将征服民众包括知识分子："你如果是真理，信的人势必就会越多。"（《"百花齐放、百家争鸣"应该成为我们的方针》）

弗•泰韦斯礼赞毛泽东的真诚："通过 1956 到 1957 的百花运动，大力推动了知识分子对党的批评。"（《剑桥中华人民共和国史》）

R•特里尔批评毛泽东的真诚："毛在 1956 年太乐观了，过高地估计中国已变成一个有机的大家庭。"（《毛泽东传》）

毛泽东的脑海里跃动着理想蓝图：在这个"有机的大家庭"里，知识分子和风细雨地帮助共产党整风，消除渐成气候的官僚体制；共产党各级干部认真接受批评，克服官僚主义、主观主义、宗派主义……。

毛泽东直面现实：执政党官僚主义成为社会进步的主要障碍。"从 1956 年 9 月到 1957 年 3 月间，全国发生了数十起共约 1 万多工人罢工、请愿事件，有几十个城市发生 1 万多大、中学校学生罢课、请愿事件，在农村也发生了闹退社风潮。"（何沁：《中华人民共和国史》）

毛泽东说："这些闹事……主要是我们工作中的缺点。"刘少奇说："人民群众起来闹事的主要原因是我们领导机关的官僚主义。"（见薄一波：《若干重大决策与事件的回顾》）

这是特权阶层与广大人民之间的矛盾——

"县委以上的干部有几十万，国家的命运就掌握在他们手里。如果不搞好，脱离群众，不是艰苦奋斗，那么，工人、农民、学生就有理由不赞成他们。我们一定要警惕，不要滋长官僚主义，不要形成一个脱离人民的贵族阶层。谁犯了官僚主义，不去解决群众的问题，骂群众，压群众，总是不改，群众就有理由把他革掉。"

这是不能容忍的贵族阶层的横行霸道——

"现在，有这样一些人，好像得了天下，就高枕无忧，可以横行霸道了。这样的人，群众反对他，打石头，打锄头，我看是该当，我最欢迎。而且有些时候，只有打才能解决问题。共产党是要得教训的。"

这是工人、农民、学生天经地义的造反——

"如果脱离群众，不去解决群众的问题，农民就要打扁担，工人就要上街示威，学生就要闹事。凡是出了这类事，第一要说是好事，我就是这样看的。"（以上均见毛泽东：《在中共八届二次全会上的讲话》）

毛泽东挟"山大王"之野气，踹翻执政党党魁的高脚凳，跃身民间，重新做成了农民起义领袖，"揭竿"处，杀声急，却是指向自己党内的官僚主义。他要藉人民之力，发动思想革命，斩断官僚体制开始蔓延的特权触角。

"双百"，作为文化大革命的原生形态，为着共产党的自我救赎！为着人民政权的长治久安！

这时，王蒙应运而生。

《组织部新来的年轻人》，以青年知识分子偏激的叫春之鸣，成为毛泽东啸聚山林之传檄的最先响应。

一石激起千重浪。王蒙成为争论的中心。"看到作品引起这么大的动静，看到人们争说'组织部'，看到行行整齐的铅字里王蒙二字出现的频率那么高，我主要是得意洋洋。"（《王蒙自传》）

王蒙获得广泛支持，也遭到无情痛击。解放军总政治部马寒冰著文《是香花还是毒草？》，对王蒙大加挞伐；被毛泽东保护的小人物李希凡跳过龙门成了大人物，便迫不及待地推波鼓浪，指责王蒙"把党的一切组织、人员、工作，写成一片黑暗。"（见朱正：《反右派斗争始末》）

应该说，马寒冰、李希凡抓住了问题的实质：王蒙"敦促人们对整个制度作批判性的思考。"（默·戈德曼：《剑桥中华人民共和国史》）

文艺领域两种观念的对峙，反映了党内两条路线的斗争。

R·特里尔写道："政治局中，不是每个人都能理解毛提出双百方针的要旨。刘和其他一些人对于让共产党接受放肆的、公开的批评很不高兴，只有毛一个人认为邀请党外人士来批评共产党是有好处的。"（《毛泽东传》）

罗·麦克法夸尔写道：从政治局到各省，反对者居多。"毛主席承受巨大压力。在这场内部危机中，电报雪片般地（从党内'鸣放和辩论'的反对者那里）飞来，所有的电报都要求（对整风）加以限制。"（《文化大革命的起源》）

毛泽东陷于孤立。他承认："我没有群众基础。"（《在上海局杭州会议上的讲话》）他自叹："很多高级干部、地委书记、专员以上的干部约1万多人，其中是否有1千人是赞成'百花齐放、百家争鸣'的都很难说，其余十分之九还是不赞成。这些都是高级干部呢。"（见朱正：《反右派斗争始末》）

毛泽东的激进遭到共产党内强大反对势力的抵制。刘少奇、彭真担心鸣放会使内部矛盾尖锐起来，使党的领导陷于被动。"一旦承认执政党的地位是官僚主义的根本根源，并且官僚主义导致人民与党危险的疏远，那么，就可以要求不仅改善党的工作方法，而且要改变党的地位。毛在1957年没有走得那么远。但是，刘的忧虑也许是对的，9年以后，毛的矛头指向了执政党的地位。"（罗·麦克法夸尔：《文化大革命的起源》）

在"双百"的背后，刘少奇敏锐地捕捉到"反党"的阴影。

激进的王蒙，成了"反党"的急先锋。

王蒙被批判。

毛泽东讥之为"大军围剿"。他专门召开中国共产党全国宣传工作会议，为王蒙解围。

毛泽东说："我看到文艺批评方面围剿王蒙，所以我要开这个宣传工作会议。……仔细一查他也是个共产党，共产党骂共产党，好嘛。有人说北京没有官僚主义。北京怎么会没有官僚主义。北京的城墙这么高，官僚主义不少。现在有人围剿王蒙，还是部队的几个同志，好家伙，大军围剿啊。"

毛泽东说："对于自己的工作就是肯定一切，现在共产党里面还有这种人。总而言之，只能讲好，不能讲坏。只能赞扬，不能批评。最近就在北京发生了一个'世界大战'，有个人叫王蒙，大家想剿灭他……军法从事。……现在我们替王蒙解围，要把这个人救出来。此人虽有缺点，但他讲正了一个问题，就是批评官僚主义。"

毛泽东说："王蒙反官僚主义，我就支持。""批评王蒙的文章我看了就不服。""我跟王蒙又不是儿女亲家，我为什么保他？你们要抓他，派一团人把他抓起来就是了。"

毛泽东说："王蒙很有希望，新生力量，有文才的人难得。"（以上均见崔建飞：《毛泽东五谈王蒙〈组织部新来的青年人〉》）

毛泽东一意孤行。

他"借"为王蒙解围之"题"，"发挥"双百方针的主张；他为王蒙这个"过河卒子"鼓与呼，实际上号令车、马、炮引领全军，向敌阵掩杀过去。

978-1-62265-934-0 (online)　　978-1-62265-935-7 (paper)　　　　　　　　　　　　薛　遒

毛泽东挥动帅旗，剑指中国共产党内开始形成的官僚主义和贵族阶层。

青年王蒙承载的太重太重。

王蒙承载着毛泽东的殷切期望和中国共产主义的光辉前景；然而，王蒙也承载着刘少奇的深沉忧虑和中国历史进程的现实重负。他承载得起吗？

王蒙终于被定为"右派"。

因为，反右斗争表明：在中国共产党两条路线斗争中，激进的毛泽东败下阵来，历史证明了刘少奇。

毛泽东反对特权，刘少奇同样反对特权。

毛泽东主张思想教育；主张放手发动群众批评党，监督党，改造党，用政治手段解决社会矛盾。

刘少奇主张维护共产党的形象、体制和领导，有秩序、有组织地纠正自身的官僚作风；主张通过"按劳分配"，用经济手段解决社会矛盾。

"双百"方针鼓动起知识分子的鸣放，毛泽东真诚地感激党外人士对官僚主义的批评。他为各级干部被揭发被批判的劣行深感痛心，他长叹："不整风党就毁了。"（见薄一波：《若干重大决策与事件的回顾》）

"双百"的推行，"证明了毛泽东关于迅速地行动起来进行整党和纠正党的滥用权力的判断是正确的。但是，许多批评者所持的尖锐态度也证实了刘少奇和彭真的担心：允许开门整风是危险的。"（罗·麦克法夸尔：《文化大革命的起源》）

刘少奇担心："大学和中学已在活动中……如果工人、中小学教员和其他群众组织也开始动员起来，我们将无法坚守阵地。"（见罗·麦克法夸尔：《文化大革命的起源》）

并非杞人忧天。"匈牙利的叛乱是个样板，表明知识分子和青年学生能够对党发动强有力的攻击。中国的一些知识分子感到他们正在模仿匈牙利的裴多菲俱乐部。"（罗·麦克法夸尔：《文化大革命的起源》）

"鸣放"转化为对中国共产党政治体制的攻击，一发不可收。

朱正写道：知识分子们"放出的言论不论其涉及范围和尖锐程度，都大大超出了毛泽东的预计。"（《反右派斗争始末》）

斯·施拉姆写道："毛的希望落空了，评论者并没有满足于批评个别的弊病，而是对整个制度的基本原则——共产党对权力的独占，提出了疑问。"（《毛泽东》）

弗·泰韦斯写道：鸣放向极端发展，"通过集中攻击党的干部在其工作单位日常事务中的缺点，知识分子实际上提出了党在社会主义建设新时期中是否有能力领导中国的问题。"（《剑桥中华人民共和国史》）

中国共产党执政的法理性，遭到质疑，乃至否定。

民主党派和资产阶级知识分子们高看了自己，他们误读了自身在新中国的存在价值和中国共产党给予他们的政治地位。

在八大《政治报告》中，刘少奇规定民主党派的任务：由于转变为劳动者的资本家和上层小资产阶级还有着浓厚的资产阶级思想，因此，"各民主党派还需要在一个很长的时间内继续联系他们，代表他们，并且帮助改造他们。"

八届三次全会《关于整风运动的报告》规定："党对各民主党派实行长期共存、互相监督的方针；党在学术文化范围内主张百家争鸣、百花齐放。所有这些方针政策都以社会主义为前提。"

很明显，"长期共存，互相监督"的本意：不是相拉相扯地走资本主义道路，而是相帮相扶地坚定社会主义方向。

毛泽东和中国共产党失望了。根深蒂固的资产阶级世界观决定了民主党派们不肯"陪太子读书",而一定要引导中华民族走他们心目中的资本主义光明路。

这是问题的实质。

武汉程千帆当了右派后醒悟:共产党整风,"要你提三大主义,你却要提争民主,……请我们帮他洗脸,我们却全身洗到了,一直洗到脚……"(见朱正:《反右派斗争始末》)

岂止是"洗"?那是要共产党脱胎换骨,改造成为资产阶级政党。

右派大举进攻:"现在政治黑暗,道德败坏,各机关都是官僚机构,比国民党还坏";"根本的办法是改变社会主义制度";"请共产党下台";"中共组织退出机关、学校";"已经天下大乱了,毛主席他们混不下去了,该下台了"。(见薄一波:《若干重大决策与事件的回顾》)

北京外贸学院孙希光恨声不已:"我几乎恨一切人,真想杀他好几千万!……反右派运动很快就会过去,……到那时再组织反扑,东山再起。"(见姚杉尔:《中国百名大右派》)

毛泽东感慨良多:"右派最喜欢急风暴雨,最不喜欢和风细雨。我们不是提倡和风细雨吗?"(《打退资产阶级的进攻》)

毛泽东被"逼上梁山":在石家庄,"少数反革命分子乘机进行煽动,组织示威游行,说是要夺取石家庄广播电台,宣布来一个'匈牙利'";在北京,"有个学生公开提出:'总有一天老子要杀几千几万人就是了。'百花齐放、百家争鸣一来,这一'家'也出来了。""在一些教授中,也有各种怪议论,不要共产党呀,共产党领导不了他呀,社会主义不好呀,如此等等……是不是想复辟?"(毛泽东:《在省市自治区党委书记会议上的讲话》)

弗·泰韦斯评说毛泽东"双百"败绩:"毛泽东假定知识分子本质上站在社会主义一边……对向党整风那样敏感的事情,也能做出积极的贡献,没有考虑到资产阶级知识分子作为一个集团……与党干部的关系是互不信任。当毛泽东把知识分子推到整风的前列时,他实际上要求他们执行一项不可能做到的任务:大胆地批评他们常常害怕和厌恶的党的当权派,可是在批评时又要本着'和风细雨'的精神。"(《剑桥中华人民共和国史》)

充满创意的"双百"方针夭折了,"整风"运动失败了。

如何理解"双百方针"?

——"艺术问题上百花齐放,学术问题上百家争鸣。"(毛泽东:《"百花齐放、百家争鸣"应该成为我们的方针》)

毛泽东定义"双百",严格而明确:"艺术"与"学术"。

这里有政治吗?

没有!是民主党派和知识分子们坚决地指向资产阶级政治。

如何理解"共产党整风"?

——毛泽东说:"党外人士自愿参加,不愿意就不参加。整风的办法不用大民主,用小民主,小小民主,和风细雨,治病救人,反对一棍子打死人的办法。"(见姚杉尔:《中国百名大右派》)

毛泽东定义"整风",清晰而确定:"小小民主"与"和风细雨"。

这里有"共产党下台"吗?

没有!是民主党派和知识分子引向急风暴雨,为着改变体制,变革社会主义。"中共中央发表的整风文件中讲和风细雨,当时许多人不赞成,主要是右派不赞成,他们要来一个急风暴雨。"(毛泽东:《坚定地相信群众的大多数》)

急风暴雨的挑衅和进攻,打乱了毛泽东的整风部署,腰斩了毛泽东呕心沥血地说服全党接受党外人士批评以清除官僚主义的努力。"毛不得不同意实行反击，这一逆转使毛十分恼火，把他的愤慨发泄到了那些使整风激烈程度逐步升级的报纸身上。"（罗·麦克法夸尔：《文化大革命的起源》）

毛泽东痛下杀手："文汇报在春季里执行民盟中央反共反人民反社会主义的方针，向无产阶级举行了猖狂的进攻，和共产党的方针背道而驰。其方针是整垮共产党，造成天下大乱，以便取而代之。"（《文汇报的资产阶级方向应当批判》）

反右号角吹响。

毛泽东划清界限："我们主张社会主义的百花齐放。……不是说社会主义、资本主义都可以'齐放'。"（见邸延生：《"文革"前夜的毛泽东》）

毛泽东与他的党内同僚合兵一处，发布反右统帅令，迅速赢得全党的热烈支持，党心民心大定，毛泽东也以决绝的态度将资产阶级置于死地。

说什么"引蛇出洞"？

分明"蛇"已经"出洞"。无非是让它们把"七寸"暴露在光天化日之下。

毛泽东下发《中央关于对待当前党外人士批评的指示》："少数带有反共情绪的人跃跃欲试，发表一些带有煽动性的言论，企图将正确解决人民内部矛盾、巩固人民民主专政、以利社会主义建设的正确方向，引导到错误方向去。此点请你们注意，放手让他们发表，并且暂时（几个星期内）不要批驳，使右翼分子在人民面前暴露其反动面目。"（转引自薄一波：《若干重大决策与事件的回顾》）

毛泽东没有说"引蛇出洞"，他说"蚂蚁出洞"："苏共'二十大'台风一刮，中国也有那么一些蚂蚁出洞。……党内党外那些捧波、匈事件的人捧得好呀！开口波兹南，闭口匈牙利。这一下就露出头来了，蚂蚁出洞了，乌龟王八都出来了。"（《在省市自治区党委书记会议上的讲话》）

毛泽东还说过"钓鱼"："人们说，怕钓鱼，或者说，诱敌深入，聚而歼之。现在大批的鱼自己浮到水面上来了，并不要钓。"（《事情正在起变化》）

树欲静而风不止。

中央整风指示非常明确：克服党内官僚主义，调动一切积极力量，全国一体，齐心合力建设社会主义。可是，民主党派和资产阶级知识分子不甘被共产党同化，自己跳了出来。"匈牙利事件有一个好处，就是把我们中国的这些蚂蚁引出了洞。"（毛泽东：《在省市自治区党委书记会议上的讲话》）

——毛泽东没有"引蛇出洞"，不等于毛泽东对"蛇"们没有防范。

1955 年，毛泽东发表《驳"舆论一律"》，公示"阳谋"，明确整风与反右的关系："在内部，压制自由，压制人民对党和政府的错误缺点的批评，压制学术界的自由讨论，是犯罪的行为。……在外部，放纵反革命乱说乱动是犯罪的行为，而专政是合法的行为。"

1956 年，毛泽东鼓动"双百"。他剖析官僚主义的危险和整风的必要，也抚慰心存疑惧的党内同僚：整风不是一棒子把人打死，而是治病救人。他必须争取全党的支持，"必须使这些官员对在即将开始的整风运动中批评中国共产党所产生的后果放心。"（罗·麦克法夸尔：《文化大革命的起源》）

毛泽东解释，整风是对立统一。整顿共产党官僚主义是主动进攻；警惕"知识精英"发动对社会主义制度的颠覆是被动防御。被动防御在一定条件下可以转化为主动进攻。如果有人兴风作浪，则坚决反击："你要搞资产阶级大民主，我就提出整风，就是思想改造。把学生们统统发动起来批评你，每个学校设一个关卡，你要过关，通过才算了事。"（《在中共八届二次全会上的讲话》）

换句话说，你若干扰共产党整风的大方向，后院点火，我就开展社会整风，坚决反击。勿谓言之不预。

——毛泽东没有"引蛇出洞"，不等于共产党官僚机构没有"引蛇出洞"。

王蒙就是被"引蛇出洞"，当了右派的。

"如果不是我自己见竿就爬，疯狂检讨，东拉西扯，啥都认下来，根本绝对不可能把我打成右派。"（《王蒙自传》）

谁伸出了"竿"？

那是借反右派之机，行打击报复或邀官买宠的共产党官僚。

王蒙为什么"见竿就爬"？

那是新中国青年知识分子时代作为之呼求的畸形态：以对党的忠诚和信任向党交心与自我解剖。于是，意见和检讨成了"反党"的铁证。

黄秋耘在《风雨年华》里写道：王蒙"得罪了东城区委的领导，骂他们是官僚主义者。虽然毛主席表过态，还是可以用别的罪名来给他定罪的。"（见朱正：《反右派斗争始末》）

毛泽东保护不了王蒙。

人民出版社负责人曾彦修被打成右派，是因为他的深刻检讨被指攻击了党："我们进城八年来，作为无产阶级政党的共产党，具体到人民出版社党支部，原来和广大群众矛盾如此之深！虽不说是'民怨'沸腾，但已有些'怨声载道'了。"（见朱正：《反右派斗争始末》）

对共产党的真挚与忠诚，保护不了曾彦修。

在《反右派斗争始末》中，朱正记下一件事：毛泽东鼓励民间办报，与党报唱"对台戏"，批判官僚主义。湖南几个青年人积极响应。然而，八字没一撇，这几个竟敢向领导挑战的"捣蛋鬼"，便在反右中被打成右派。

举着"尚方宝剑"，保护不了这几个青年人。

同样，周恩来明确吴祖光不是右派，可是仍被周扬划为右派；周扬明确傅雷不是右派，可是柯庆施为了张扬自己的权威，断然定傅雷为右派。

还有《文汇报》总编辑徐铸成，虽得毛泽东呵护，依然躲不过右派的命运。（见胡平：《禅机：1957，苦难的祭坛》）

反右中，大量的党员、团员、民主党派、知识分子，就是这样被"引蛇出洞"，被"长官意志"，"被右派"，成了那个"扩大化"的人群。

反右扩大化，演绎着中国共产党封建底蕴不可阻遏的自我张扬——

"毛泽东尖锐指出：现在王国甚多，八百诸侯，谁也管不了谁。"（顾保孜、杜修贤：《红镜头中的毛泽东》）一个个"土围子"，一个个"领主"，借反右推波助澜，向"双百"方针反噬，向毛泽东变革官僚体制的"整风"进行反扫荡。

资产阶级右派们被打倒了。反右斗争胜利了。

与此同时，共产党的官僚主义没有被清除，反而强化了。

自恃老资格共产党员的聂绀弩很是"大逆不道"："这个党你还想进去，我还想出来呢！当年，我要是知道共产党是今天这个样子，我绝不会参加的，它简直比国民党还糟糕。50年来，共产党一直以改造世界为己任，其实最需要改造的恰恰就是共产党自己。……时至今日，我还没有看到共产党内部出现能够承担改造自身的力量。"（见章诒和：《往事并不如烟》）

这是长鸣的警钟。官僚特权成为共产党的致命伤。

毛泽东颇有一些同感："两股风来吹，一是大多数好人，他们贴大字报，讲共产党有缺点，要改；另外是极少数右派，他们是攻击我们的。两方面进攻是一个方向。但是多数人的进攻是应当的，攻得对。"（《打退资产阶级的进攻》）

978-1-62265-934-0 (online)　　978-1-62265-935-7 (paper)　　　　　　　　薛　道

刘少奇颇有一些同感："我们有的同志已经变为老爷，把人民群众当做仆人。"（《如何正确处理人民内部矛盾》）

邓小平也颇有一些同感："共产党员一般缺乏民主的习惯……某些同志的'以党治国'的观念，就是国民党恶劣传统反映到我们党内的具体表现。"（《党与抗日民主政权》）

反右扩大化，同样演绎着中国知识分子封建底蕴不可阻遏的自我张扬——

中国共产党不能免"农民革命党"的根性。

刘少奇说：它"长期和主要在农村活动。我国工人阶级过去长时期中只是部分地、秘密地和我们的党发生联系，工人阶级中的大部分人真正公开地和党发生联系还不久，还是解放以后的事。"（《军队面临的新任务》）

毛泽东说：中国共产党的组织成分"大多数是农民及其他小资产阶级出身的。"（《论军队生产自给，兼论整风和生产两大运动的重要性》）

新民主主义政权建立，提升农民革命超越改朝换代的封建层面，成为中国共产党的急迫任务。

如何提升？

被划为"党内右派"的云南省委常委、组织部长郑敦提出："老干部没有文化，应该采取赎买政策让其退休。"

同样被划为"党内右派"的外贸部欧美研究室主任严文杰向党中央递交意见书，"主张把第一次国内革命战争时期、抗日战争时期、解放战争时期培养起来的这些中下层党员'拿开'，用包下来的办法，给他们终生生活保证金，再按情况要他们退休和下乡，或担任简单的工作。"（以上见朱正：《反右派斗争始末》）

那么，谁担重任？

——青年知识分子。

另一个被划为"党内右派"的中国青年报编委刘宾雁所见略同。他写出《在桥梁工地上》，为着新中国青年知识分子时代作为的呼求，讴歌了一个具有无产阶级民主精神的科技干部，最先张扬了毛泽东的瞩望。

延安时的毛泽东，已经规定了"农民革命党"的升华之路：根除专制，根除特权。他说："这条新路，就是民主。"（见黄炎培：《延安归来》）

刘宾雁笔下的青年科技干部形象，不但具有大公无私的献身精神和民主科学的工作作风，而且和工人同吃同住同劳动，尊敬和信赖工人，张扬工人阶级的主导地位："困难在那儿，一定得告诉工人，——只要提出来，就会有办法解决。"（《在桥梁工地上》）

可以说，刘宾雁塑造出一个 10 年后文化大革命文艺"三突出"原则的雏形：那是以底层社会冲击特权的阶级正义，昭示工农兵方向的"无产阶级民主"内涵；那更是对农民革命的超越，和对资产阶级民主的拒绝。

然而，不管刘宾雁对升华"农民革命党"有着怎样的真诚，也不管刘宾雁笔下的典型人物有着怎样的真实，他的以及郑敦、严文杰们的寄托，终究是凭了原则的抽象，手造了一个理想的幻影。

青年知识分子整体，不过是穿西服或穿中山装的农民。他们承担不起升华"农民革命党"的历史任务。

王蒙曾借用一句"名言"："你想找农民吗？不一定非得去农村，你所在的大学、研究所、领导机关、外事俱乐部……哪里不是农民？哪个教授、哪个艺人、哪个长官、哪个老板不是农民？（见《王蒙自传》）

中国是农民的国度。农民有着走社会主义道路的天然趋向，更有着走资本主义道路的本能要求。农民是社会主义的同盟军，更是资本主义的同路人。

穿西服或穿中山装的农民——青年知识分子也如此。

王蒙也如此。

王蒙被"引蛇出洞"，便因为王蒙本身的"蛇"性；或者说，王蒙有着与右派们的思想共鸣。

王蒙后来认识了自己：少年得志，"心浮气躁，心比天高……趾高气扬，君临人世，认定历史的舵把就掌握在自己手里。"

王蒙承认："我喜欢成为人五人六，喜欢出名，喜欢成为注意中心。"

王蒙渴望出人头地："我还要实话实说，'红学'领域的两个小人物李希凡、蓝翎的一举成名令我心潮澎湃。"（以上见《王蒙自传》）

王蒙与章伯钧、罗隆基，其实心相通。他的追名逐利，不过嫁接在为共产主义奋斗的信念中。

毛泽东指出王蒙的小资产阶级性："王蒙的小说有资产阶级思想，……有片面性。"（见崔建飞：《毛泽东五谈王蒙〈组织部新来的青年人〉》）

不只王蒙。毛泽东说："在1000多万党员里头，大中小知识分子大概占100万。这100万知识分子……归到小资产阶级范畴比较合适。"（《增强党的团结，继承党的传统》）

中国社会是小资产阶级社会。

刘少奇担心：在批评共产党官僚主义的同时，将是小资产阶级无组织无纪律自由散漫的泛滥，而且必被资产阶级利用。

历史证实了刘少奇。

鸣放期间，小资产阶级升华"农民革命党"的冲动，以理想的堂皇和民主的抽象，从"左"的方面迎合了右派改造共产党的政治进攻。青年知识分子大量地做了资产阶级的同盟军：王蒙、刘宾雁、刘绍棠、林希翎、谭天荣……

还有共产党高级干部郑敦、严文杰……

以及老资格的共产党员冯雪峰、秦兆阳……

1957年，茅盾以过来人之深邃，透视青年刘绍棠："刘绍棠一方面无知得很，一方面狂妄的很……一个青年犯了这种毛病，一定要毁灭自己。"（《我们要把刘绍棠当做一面镜子》，转引自叶永烈：《反右派始末》）

刘绍棠复出后反省：21岁时，已出了7本书，"狂傲得'不知天高地厚'，娇骄二气十足，轻薄与浮躁兼有。"（《刘绍棠文集•小传》）

不只是"轻薄与浮躁"。更主要的，小资产阶级与资产阶级在世界观上是相通的；被"扩大化"的右派与没有"扩大化"的右派之间，并无鸿沟。

反右，反了55万个知识分子。

然而，它实在不是针对知识分子个人，而是针对知识分子本能向往的资本主义道路。

章伯钧、罗隆基呼唤资本主义民主。

王蒙、刘宾雁、冯雪峰、林希翎呼唤社会主义民主。

殊途同归。民主，成为中国从封建专制向现代化进步的强烈呼声。

林希翎坦言："我觉得公有制比私有制好，但我认为我们现在的社会主义不是真正的社会主义……真正的社会主义应该是很民主的……我管这个社会叫做封建基础上产生的社会主义。我们要为一个真正的社会主义而斗争！"（见朱正：《反右派斗争始末》）

冯雪峰论定："作家其实都知道应该怎么写，不用人去教。没有社会主义民

主，他怎么也不可能写得好。有了社会主义民主，都会写出好东西来。"（见李辉：《胡风集团冤案始末》）

钟点棐批评："有许多经验的电影艺术家不能充分发挥出创作上的潜力，而只能唯唯听命于行政负责人员的指挥，尚未进入创作，已经畏首畏尾。"（《电影的锣鼓》）

秦兆阳强调："必须少用行政命令的方式对文学创作进行干涉……不能眼光短浅地只顾眼前的政治宣传的任务。"（《现实主义——广阔的道路》）

这一切，高屋建瓴，说得何等正确！

然而，"高处不胜寒"！理论的五彩纱掩盖不了书生内体的虚弱与苍白。

不应回避，20 世纪的中国，任何民主的抽象都是不能实现的幻影。知识分子们可以在心的世界纵情构建他们的民主体制，可以严厉批判共产党的官僚主义；而归到现实，不管哪个党派上台，都不可能用他们的民主蓝图根本变革中国的官僚体制。

周恩来早就指出："中国人民受过长期的压迫，在他们理解诚实投票的重要性和意义之前，还需要几代人的政治训练。我们还没有为一个彻底的民主制度做好准备。"（见迪·威尔逊：《周恩来》）

要之，民主的呼声不管怎样强烈，也大体是知识分子的呼声。中国最厚重的群体——农民，并未发出这个呼声。

于是，知识分子的进步要求不能不淹没在小农意志的汪洋大海中。

也于是，被最广大农民这个厚重力量支撑的中国共产党新生政权，便不能不具有专制的属性。而无论是对毛泽东专制的抗拒，还是对依附于毛泽东专制的官僚体制的抗拒，都是对整个中华民族数亿农民的抗拒。

岂不螳臂挡车？

对于有着太多封建专制形态的共产主义革命，林希翎不能理解，冯雪峰不能理解，秦兆阳不能理解，太多太多的人不能理解。

何足为奇？"书生对于宇宙间的一切现象，都不会有亲切的了解。往往会把自己变成一大堆抽象名词的化身。……对于实际生活，总像雾里看花似的，隔着一层膜。"（瞿秋白：《多余的话》）

毋庸置疑，专制，是对社会主义导向的反动；

然而，专制，难道不同时是对社会主义导向的支撑！

没有人民专制，不能铲除特权剥削专制；没有新专制对旧专制的颠覆，不会有人民民主的张扬。如果沉迷于民主的抽象，模糊专制的阶级属性，对新生的人民政权横加指责，岂不正是青年鲁迅的轮回？

为着时代作为的呼求，青年鲁迅曾以"左"的激进作了封建势力的同盟军；同样为着时代作为的呼求，鸣放中的青年知识分子以"左"的激进作了资产阶级的同盟军。

不能否定青年知识分子的革命激情和进步要求。鸣放，是资本主义进步理念对中国共产党封建根性进行的无情剥蚀与猛烈批判。

然而，反右，则是毛泽东坚持工人政党指向，以更进步的社会主义理念拒绝资本主义道路；但同时也维护了中国共产党作为农民革命党的全部劣根性。

一得一失！其间之隙，可以游刃乎？

毛泽东没有想到，执政"七八年间，一方已经积累了多少失误，而另一方已经积累了多少怨气。……他突然看见了他的臣民和他的党员之间矛盾的广度和深度。他终于认识到：在中国的具体条件下任何民主化的试验都是有害的。"（朱正：

《反右派斗争始末》)

他认识到：中国共产党的农民小资产阶级构成，难以避免被资产阶级征服的命运；他认识到：中国散沙一样的农民社会，没有专制的强力难以成团；他甚至认识到：中国共产党日渐成型的官僚体制，没有代言人民的革命专制难以撼动。

襁褓中的婴儿，没有强力的保护，是要早夭的。

在几千年传统私有制、私有观念的包围中，在党内外小资产阶级的汪洋大海中，到达马克思指引的无产阶级民主社会，不能不走过一段艰难的专制之路。

毛泽东专制！

然而，在毛泽东内心深处，又是多么渴望挺起一代共产主义新青年，"舍得一身剐，敢把皇帝拉下马"，向专制挑战，与旧世界决裂！

在王蒙身上，毛泽东看到了自己；正像王蒙在毛泽东身上看到自己一样。王蒙有着"类似毛泽东青年时代的感觉。辽阔，自由，鲜明，刚强，自信，奋斗……像天降大任的期待，像革命的领导人的榜样。"（《王蒙自传》）

王蒙高呼《青春万岁》，他真诚地讴歌新中国，讴歌新中国知识青年为着共产主义理想的奋斗激情："我自然要努力变成巨人。……我设想经过我们这些青年工作干部的努力，中华大地到处是健康优美火热聪明高尚……听指挥能战斗的青年男女。"（《王蒙自传》）

毛泽东甚至在右派学生林希翎、谭天荣身上，也看到了自己。

林希翎抨击："解放后真正为共产主义入党的有多少？"她鼓吹：应该有70%以上的群众同意才可以入党。（见姚杉尔：《中国百名大右派》）

谭天荣声明："对于我，生死早已置之度外，无论死去还是活着，我都是一个共产主义者。……我不怀疑毛主席永远支持我们，不怀疑共产党。"（见朱正：《反右派斗争始末》）

世界是青年人的。尤其是为着崇高理想而奋不顾身的青年人。

毛泽东保护王蒙，反对抓捕林希翎，是对充满理想的激进青年的理解和认同。

然而，王蒙被打成右派，毛泽东没有再施援手。他把老一代革命人的博大胸怀和殷切期待赋予新一代青年知识分子："屈原如果继续做官，他的文章就没有了。正是因为开除'官籍'、'下放劳动'，才有可能接近社会生活，才能产生象《离骚》这样好的文学作品。"（见吴江雄：《毛泽东谈古论今》）

那也是毛泽东的生命史。正是在工农革命中历经磨难，出生入死，毛泽东才实现小资产阶级知识分子的脱胎换骨。

艰难困苦，玉汝于成。

刘绍棠援引孟子："天将降大任于斯人也，必先苦其心志，劳其筋骨，饿其体肤，空乏其身，行拂乱其所为，然后动心忍性，增益其所不能。"他自我评说："我那漫长的22年坎坷岁月，正是经历了这个完整过程，因而才有我在新时期那喷泉一般的创作。"（《刘绍棠文集·小传》）

一批右派复出后崭露头角，成就斐然。王蒙、刘绍棠、邓友梅、刘宾雁……那是在苦难生活中千锤百炼的厚积薄发。

然而，"大任"真的"于斯"吗？

至少，不是毛泽东期待的"大任"。

刘宾雁曾燃放何等强烈的革命信念之火！在《本报内部消息》中，他写道："不是说一个党员不能有缺点，但是这些人身上短少的那个东西是共产党人无论如何不能短少的。"

——为共产主义的激情。

然而，刘宾雁的共产主义激情终于异变为资本主义激情。

鲁迅的确深刻："'左翼'作家是很容易成为'右翼'作家的。革命是痛苦，其中也必然混有污秽和血，决不是如诗人所想象的那般有趣，那般完美；……对于革命抱着浪漫谛克的幻想的人，一和革命接近，一到革命进行，便容易失望。"（《二心集·对于左翼作家联盟的意见》）

曾经给予刘宾雁无限冲动的，是社会主义民主的抽象，"那般有趣，那般完美"；当人民革命在现实进行中不能不挥动专制之锤时，他深深地痛苦于"污秽和血"，陷于失望。

复出的刘宾雁以《人妖之间》、《第二种忠诚》延续了他对专制的鞭挞，也延续了他知识分子的空想，终于为"民主"的抽象，一头扎进资本主义怀抱。

只是，在资本阵营，他得到的"民主"，难道不是另一种形态的"专制"？

那是资本专制！

刘宾雁斩断毛泽东的期待，决然西去。王蒙又如何呢？

王蒙去新疆，在与工农结合中得了乐趣，"我与大自然，我与农村农民一拍即合。"（《王蒙自传》）

在"一拍即合"中，复出的王蒙竟有如此收获——

"要谦虚谨慎，戒骄戒躁，夹起尾巴做人，向工农兵学习，老老实实地接受工人阶级的领导与改造，做螺丝钉……这些要求可能都是有道理或者曾经有道理的；但仅仅这样还是不那么够的，他们至少还应该奋发有为，勇敢进取，是非分明，堂堂正正，顶天立地。如果没有后一方面的价值观念而只片面地讲前一部分要求，很可能培养出来的不是雷锋，不是华罗庚、钱学森，更不是鲁迅，而是一拨鼠头鼠脑，探头探脑、贼头贼脑、一等诡诈、二等智商、三等学问、等外人格的……之流。"（《精神侏儒的几个小镜头》）

原来工农兵不仅谈不上"奋发有为，勇敢进取，是非分明，堂堂正正，顶天立地"，而且竟是"鼠头鼠脑，探头探脑、贼头贼脑、一等诡诈、二等智商、三等学问、等外人格的……之流。"

自幼刻在小小心灵的痕迹："万般皆下品，唯有读书高"，王蒙终生抹不掉！

不仅如此。

当年李希凡批王蒙，遭毛泽东训斥："李希凡现在在高级机关，当了政协委员，吃党饭，听党的命令，当了婆婆。"（见崔建飞：《毛泽东五谈王蒙〈组织部新来的青年人〉》）

当了官便压制小人物，李希凡如此，王蒙同样如此：平反复出，官运亨通，"当了婆婆"，便倾泻污水，泼向落难的"红卫兵"。

王蒙怒斥红卫兵：砸烂意识、泼污水意识、救世主意识、吹牛意识……"彻底批判，骂倒一切，上纲上线，根本扭转，呼风唤雨，大帽子吓人，随时准备放出手榴弹、炸弹、原子弹，杀个片甲不留，……奋起一下千钧棒，三砸两骂，玉宇澄清……"他剑刺毛泽东"金猴奋起千钧棒，玉宇澄清万里埃"，刀劈毛泽东青年时代的"我们不说谁说，我们不敢谁干？"嘲笑毛泽东"非搞成一张白纸以画'最新最美的图画'"（《话说"红卫兵遗风"》）

王蒙会淡忘吗？当年毛泽东臂佩红袖章，挥手天安门，已经向世界宣告：毛泽东是红卫兵。

王蒙"一锅烩"，连同曾经保护他的人。

其实，王蒙也是红卫兵。

王蒙不过是 60 年代红卫兵在 50 年代的特定形态。被他破口大骂的"红卫兵意识"，不过以别样形态存在于青年王蒙身上。

50 年代的王蒙有着被毛泽东保护与鼓励的革命激情；60 年代的红卫兵更有着被毛泽东保护与鼓励的革命激情。

50 年代的王蒙以共产党推翻旧世界的蓬勃活力，表现着小资产阶级知识分子的狂热、浮躁和自以为是。60 年代的红卫兵以毛泽东彻底变革私有制乃至变革共产党的颠覆性号召，表现出小资产阶级知识分子的狂热、浮躁和自以为是。

为改造农民政权而强烈冲动的小资产阶级知识分子，归根结底要被无产阶级或资产阶级改造。

曾经，王蒙承载着毛泽东的殷切期望和中国共产主义的光辉前景。他实在承载不起。他愧对毛泽东：对毛泽东一连串颠覆旧文化的革命，"我跟不上，从心眼里不喜欢这样的运动。"（《王蒙自传》）

曾经，青年王蒙是对青年鲁迅的轮回；而老年王蒙则以对革命的消解，成为对老年鲁迅的悖逆。

鲁迅终生不失农村"野孩子"的根性，一任血管里沸腾着底层民众的苦难和抗争；王蒙终生自得于封建"士大夫"的根性，尽管在农村摸爬 20 年，却终究附庸"上等人"的风雅、清高和道貌岸然。

复出的王蒙以《蝴蝶》、《布礼》回味对共产主义的忠诚，延续对官僚主义的批判，然而，他更"与时俱进"地鼓吹妥协，鼓吹"人的文学"，鼓吹"普世价值"的抽象，与刘宾雁殊途同归，"费厄泼赖"地拥抱资本主义。

俱往矣！

历史变革如斯，并不改"天降大任于斯"——青年知识分子！

这是为共产主义继续革命的"大任"。50 年代的王蒙、刘宾雁们承担不起。60 年代的红卫兵们也承担不起吗？

70 年代，80 年代……21 世纪的青年知识分子呢？

毛泽东曾指望反右运动："一次最彻底的思想战线上和政治战线上的社会主义大革命"，"替无产阶级文学艺术开辟了一条广泛发展的道路。"（见洪子诚：《中国当代文学史》）

毛泽东开辟的分明是"工农兵文化"颠覆旧文化的千古第一路。

王蒙没有走上这条路，刘宾雁没有走上这条路，千千万万的知识分子没有走上这条路。

据说，夏衍晚年著《〈武训传〉事件始末》，文笔沉郁："中国知识分子这样真心地拥护和支持中国共产党，而 40 多年来，……1957 年的反右派，1959 年的反右倾，拔白旗，1964 年的文化部整风，以及'史无前例'的文化大革命，首当其冲的恰恰是知识分子。这个问题我想了很久，但找不到顺理成章的回答，只能说是民族的悲剧吧。"（转引自李洁非：《典型文坛•误读与被误读》）

一句"民族的悲剧"，浓缩了夏衍几乎一生的牢骚，也浓缩了夏衍几乎一生的行程：游离于工农兵文化颠覆旧文化的大潮之外的夏衍，穷毕生思索竟不能明白：他的革命到底是什么？

历史，不能不清算极左的巨大危害，但一并抹煞产生极左的那个颠覆旧世界的革命之根，对于进步知识分子，才是真正的悲剧吧！

其实，真诚的知识分子与真诚的毛泽东是对立的同一体。

知识分子们的民主抽象尽管不能助力任何集团、党派建立民主体制，但其对"红色专制"的解构，强有力地清算着内在于"红色专制"的封建底蕴，事实上推进着新专制——人民民主的建构。

毛泽东的专制无奈尽管不能免除官僚体制的金字塔，但其对"人民民主"的代言，强有力地颠覆特权剥削，鼓动底层民众对自身主权的觉醒，事实上推进新民主——人民专制的建构。

人民专制是对极少数特权剥削的专制。没有这个专制，就没有工农兵的民主，也没有知识分子的民主。毛泽东为知识分子们指明现实政治的进步之路。

1957 年 2 月，毛泽东作《关于正确处理人民内部矛盾的问题》的讲话，明确社会主义时期矛盾的学说，尤其明确主要矛盾——人民大众与官僚主义的矛盾。

大规模的阶级斗争结束了，毛泽东敏锐地抓住了新政权的实质：共产党和人民的关系。共产党不是改朝换代的党，不是家天下的党，不是专制党、宪政党，而只能是人民的公仆。

毛泽东确信只要共产党坚守"人民公仆"的底线，知识分子就不会敌对，而必然成为建设社会主义的重要力量。他鼓励鸣放，鼓励批判共产党官僚体制，主张改组大学党委制，主张创办和共产党唱对台戏的民间报纸。这一切，都与知识分子心相通，而与大量的共产党官员悖逆。

然而，这个讲话直到 1957 年 6 月才公开发表，其间精心修改 14 次。一些重要的观点消失了，一些重要的观点出现了。

这一"消失"与"出现"，标志着毛泽东思想路线的重大转折。

"阶级斗争基本结束"的提法改变了，"资本主义与社会主义谁胜谁负的问题没有真正解决"被正式提出。"发表稿中尽管没有提到反对资产阶级右派的话，但发表的目的含有为反击右派的进攻提供思想武器，则是无疑的。"（薄一波：《若干重大决策与事件的回顾》）

在 2 月的讲话中，毛泽东重点反官僚主义；在 6 月发表时，则删去反官僚主义的尖锐词句，预设了战略转折——反右。

重要的是，"讲话原稿一直到 5 月 24 日以前的改稿，都是讲无产阶级和资产阶级在思想方面即意识形态方面还存在矛盾和斗争，而从 5 月 24 日以后的改稿，阶级斗争的范围就逐渐扩展了，分量也逐渐加重了。"（薄一波：《若干重大决策与事件的回顾》）

阶级斗争重新成为思想革命的表现形态。

然而，毛泽东没有改变他的核心理念：阶级斗争的指向，依然是思想革命。

思想革命，这个人类文明史恒久的命题，成为毛泽东不解的心结。

《剑桥中华人民共和国史》对毛泽东"双百"和整风运动评价极高："这种开始于延安而周期性地用于中华人民共和国时期的运动，其目的是想发展成人类行为史上最雄心勃勃的一次实验。"——与所有观念彻底决裂。

这是"无产阶级专政下继续革命"的本意。

这是 20 世纪 50 年代，毛泽东对转折时期的世界共产主义运动所做的初步求索和实践。

右派领袖章伯钧俯视政局：一年前的中共"八大"，"毛泽东思想"降下全旗，中国共产党的指导思想悄然消失。"苏共 20 大以后，斯大林被批判了，各国共产党所遵循的唯一理论和行动的教科书——苏共党史也要修改，现在没有一个理论和实践的标准了。"（见章诒和：《往事并不如烟》）

右派学生的风云人物进行着另类的思索。

北大民主墙不认同中共八大关于阶级消灭的论断，激情高呼"反对特权阶级存在"！"反对新的变相的阶级压迫"！直接指向阶级矛盾和阶级斗争。

周大觉、谭天荣提出"领导者阶级"这一概念，模糊地捕捉到毛泽东后来关于"党内资产阶级"的思想轮廓。

龙英华甚至朦胧地触碰到创立毛泽东主义的时代之弦:"现阶段的马克思主义就是两个体系共处时期的马克思主义,与列宁时期的马克思主义不同。五四运动是解决阶级斗争的任务,五•一九运动是阶级斗争消灭后产生的新思想运动。"(见朱正:《反右派斗争始末》)

"毛泽东思想"升华为"毛泽东主义",是 1957 年提出的课题。

4、从高岗到彭德怀——农民革命的历史挽歌

在中国共产党史册上,刻录着两大危机。

一个是顾顺章,他的叛变几乎将中央机构一网打尽,只是功亏一篑。

另一个是王明。王明没有叛变。

> 爆竹声知旧岁终,狱中何处有春风?
> 新年战友连窗祝,含笑交流众志同。
> 死去一心留党国,生还百计为工农。
> 苏联茁壮苏区大,马列旌旗遍地红。
>
> (王明:《狱中题诗》)

王明被捕,没有竹钉,没有老虎凳、没有辣椒水,没有电椅……,没有经受酷刑对意志的检验,他被释放了。

不管怎么说,王明没有叛变。

但是,王明却以任何叛徒远不能及的恶劣和巨大能量,给予中国革命以惨重损失,给予中国共产党难以磨灭的耻辱和沉重的教训。刘少奇深恶痛绝:"王明这一派人,有莫大的罪过。"(见戴茂林、曹仲彬:《王明传》)

王明——浮在革命大潮上的泡沫。

然而,这却是一个通体闪耀共产国际和斯大林光辉的金色泡沫。

中国革命深深刻着"苏联模式"的烙印。甚至可以说,是列宁——斯大林一手缔造和培育了中国共产党,是共产国际强力支持和"制造"了中国红色革命。

在理论上,中国革命以列宁主义为指导思想;在政策乃至策略上,斯大林指挥中国共产党服从以苏联为轴心的世界战略;在经济上,苏联大笔经费支撑着早期中国共产党的生存;在组织上,莫斯科红色党校为中国共产党培训出大批干部。还有苏式特工训练,以及活跃在中华大地的苏联顾问和苏联教官……

在一定意义上,中国红色革命是苏联红色革命的产儿。

"父子党"天经地义。

为"父子党"的"子"的地位,毛泽东终生愤愤不平;王明终生津津乐道。

担着"父"的责任,斯大林与共产国际对中国革命居功至伟;行使"父"的威权,斯大林严酷自为的战略部署,也给中国革命带来巨大损失:陈独秀、瞿秋白、李立三……

尤其王明。

王明是"苏联模式"硬塞给中国革命的。在共产国际特派大员米夫的策划下,王明"合法"地篡党夺权,入主中共中央;而不成熟的中国共产党则被迫将指挥

978-1-62265-934-0 (online)　　978-1-62265-935-7 (paper)　　　　　　　薛道

权交给了这个连中央委员都未曾当选的"白衣秀才"。1971 年,毛泽东余恨难消:王明"借着第三国际的力量,在全党夺权四年之久。"(《毛泽东在外地巡视期间同沿途各地负责同志的谈话纪要》)

自得于红色"儿皇帝"的令牌,王明"一人之下,万人之上",甚至逃避国内随时可能牺牲的险恶环境,安居莫斯科,颐指气使,遥控中国革命。

通过王明的中转,中国共产党痛彻骨髓地领略了来自克里姆林宫的无情砍斫。毛泽东说:"第二次国内革命战争后期的王明'左'倾冒险主义,抗日战争初期的王明右倾机会主义,都是从斯大林那里来的。"(《论十大关系》)

王明左倾——

1931 年,王明在《目前的政治形势及党的紧急任务》中,做出了"苏区富农路线与反革命分子还占据在许多党内苏维埃的领导机关内"的基本估计,发布了苏区肃反绞杀令。

擎着王明令箭,各路"钦差大臣"风风火火,杀奔红色根据地。博古、张国焘、陈昌皓、夏曦……们,挥动苏联党内斗争的恐怖之旗,拉帮结派,捕风捉影,诛戮异己。但见尚方宝剑飞处,成千上万红军人头落地。

戴茂林、曹仲彬写道:"王明处理党内矛盾向以'残酷斗争、无情打击'而闻名,对于反对过自己的不同意见是绝不手软的。"(《王明传》)他对瞿秋白不依不饶,对何孟雄等数十名战友惨遭杀害冷酷无情……,王明演绎出斯大林专制的畸形态。

尤为甚者,王明专制下,小资产阶级知识分子革命家们全面掌控共产党和红军的领导权,"赵括将兵,夸夸其谈",把中国革命几年血拼来的家当弄得山穷水尽——从井冈山创建根据地艰难起步,到工农武装浴血全国扩展的数十万红军,经第五次围剿一战败北,二万五千里长征损兵折将,红军和根据地丧失殆尽,残兵败卒苟延陕北一隅,若非"西安事变"的巨大转机,很难说不被蒋介石一口吞吃。

惨痛教训,成为毛泽东难以释怀的创痛。

王明右倾——

王明批判陈独秀:"把无产阶级争夺革命领导的斗争变成资产阶级尾巴主义的服役。"(《论陈独秀》)然而斯大林口风一变,王明则自己做起了"资产阶级尾巴主义的服役"。

1937 年,王明从莫斯科回国,初到延安,便鼓吹"一切经过抗日民族统一战线",建立一支"有统一指挥、统一纪律、统一武装、统一供给和统一作战计划的真正全中国统一国家军队。"(《四个月抗战的经验与教训》)

王明迎合斯大林战略部署的转折,主张"改造红军的性质","改变苏维埃政权的性质",放弃领导权,全面统一于蒋介石的麾下。(《救中国人民的关键》)

王明再次吹响葬送中国共产党和中国革命的集结号。

蒋介石心领神会,期待王明的"大礼"。王明得意地写道:"蒋介石派人请我们乘苏联飞机回国。"(《〈不胜今昔之感〉注》转引自戴茂林、曹仲彬:《王明传》)

问题不在于统一战线。统一战线是中国革命的三大法宝之一。

问题在于王明的求宠。从求宠斯大林,到求宠蒋介石,王明抽象着中国知识分子的"士大夫"根性:"为王前驱"!

这是鲁迅深恶痛绝的奴性。王明为奴性贴上了红色标签。

中国革命是农民革命;王明是农民革命的知识形态。

农民革命是什么?

　　——农民革命反抗剥削的朦胧指向，不是变革私有制，而是"你方唱罢我登场"，改朝换代，财富易位。

　　农民革命的知识形态是什么？

　　——依附或者利用农民革命，将读书做官、光宗耀祖的最高追求，从绝望于向皇权的求宠，转而诉诸于被压迫人民的反抗。

　　王明是农家子。像几乎所有农家子一样，王明追求出人头地。

　　王明是农家读书郎，像几乎所有农家读书郎一样，王明追求仕途腾飞，功成名就。"儒家经典的熏陶，也是唯圣、唯书、唯有读书高的古训深深植根于王明的头脑之中。"（戴茂林、曹仲彬：《王明传》）

　　不仅如此。

　　如果说黄巢、洪秀全以及参加李自成起义的李岩等知识分子本身不失冲锋陷阵的革命领袖的殊荣，那么，王明则几乎可以说是对农民革命的投机。

　　20 世纪，中国革命已经不是原来意义上的农民革命，而是工人阶级世界观指引下的农民革命。

　　尤其十月革命和苏联的强势崛起，以势不可挡的社会主义新潮流，规定着中国和世界的光明前景。

　　莫斯科"红色专制"的赫赫声威与人民革命的滚滚洪流紧相连，为王明展现一幅新的仕进图：底层知识分子在旧制度几乎走不通的读书做官路，如今不仅可以诉诸于人民的反抗，而且可以同时诉诸于向皇权的求宠。

　　平步青云，"一朝跻身卿相之间"，是诗人李白的渴望，是千古知识分子的渴望，也是王明的渴望。

　　反抗压迫的革命激情与追求"人上人"的潜意识，助燃王明旺盛的青春之火，他敏锐地抓住莫斯科的红都之光，不遗余力地抢得一个身位，挤上留洋之轮。

　　出农门，入校门；再从中国的校门跨入洋校门；然后从留学生一跃而红色党魁、中国共产党第一理论家。王明泰山临空般地力压了在工农革命中浴血搏杀的中国共产党领袖群体。

　　王明走了一条快捷方式。

　　只有专制，才有这样的快捷方式。

　　然而，如果没有充分满足专制的奴性，也便没有通向专制后门的快捷方式。

　　专制与奴性在对立中同一。

　　为着奴性，鲁迅曾给周扬画脸谱："奴隶总管"；那根子其实在王明："奴隶大总管"。

　　王明骨子里农民小生产者的狭隘和小资产阶级知识分子的偏执，使他无法超越自我。将虚弱的自我托付给"苏联模式"的信念支撑，成为王明生命的唯一慰藉："俄国革命的模式牢牢控制了王明的思维空间。只有与俄国模式相同才是正确的，否则一切都不可取。这是王明直到离开人世时也没有放弃的一个'真理'。"（戴茂林、曹仲彬：《王明传》）

　　一批批从苏联归国的知识分子奋不顾身地滚入中国革命的热土，而王明却始终游离于中国革命实践之外。

　　王明是斯大林专制的奴性产物，他不能不被走向成熟的中国革命坚决抵制。刘少奇告诫全党："要学毛泽东，不学王明。……王明是披了马克思主义的外衣招摇撞骗，是江湖上卖狗皮膏药的，唱来好听，用了不灵。"（见严昌、阳雪梅：《刘少奇谋略》）

　　红色专制下的红色奴性，不可能崛起一代红色革命的红色领军人。

978-1-62265-934-0 (online)　　978-1-62265-935-7 (paper)　　　　　　　　薛　道

斯大林专制下，王明唯苏联指挥棒是从，成为中国革命的泡沫；毛泽东专制下，从陈伯达、李锐到"四人帮"，小资产阶级革命知识分子们尽管峥嵘一时，却终究不免革命的同路人。

没有与工农同苦难的深度感情结合，便不会有被压迫人民的阶级直觉；没有滚入工农革命的底层磨练，便不会有共产党人坚定的左派立场。舍此，任何理论的辉煌、原则的崇高，都难免在"唯上"、"唯书"、"唯私欲"中动摇。如此，毛泽东那一句严格限定"左派"内涵的极端语便不难理解，他教诲侄子毛远新："你没吃过苦，怎么能当上左派呢？"（见邸延生：《"文革"前夜的毛泽东》）

毛泽东和中国革命深刻地感知了王明，王明也成了中国革命不光彩的"过客"。"王明泡沫"破灭，中国共产党挣脱"无产阶级革命"的理论教条，走出一条农民革命的胜利之路。

然而，农民革命的本色，也给中国共产党预设了尴尬。

20 世纪，农民革命没有出路；作为农民革命的知识形态——小资产阶级知识分子革命家，同样没有出路。它们必须向资本主义或社会主义转化。

新中国建立，一代革命领袖们面临痛苦抉择：他们不能走农民革命的老路，不能改朝换代，打江山坐江山，分封王公贵族；而必须交出手中的权利，给资产阶级，或者给无产阶级。

然而，从封建泥潭蹒跚走出的中国社会，没有足堪大任的资产阶级，也没有足堪大任的无产阶级。农民犹为中坚。

说到底，是农民小资产阶级向何处去的问题。

为着农民革命的成果，两个新生的阶级——资产阶级与无产阶级，展开激烈争夺。

争夺农民；争夺小资产阶级知识分子；争夺农民革命的升华指向。

1949 年，毛泽东在七届二中全会上，启示全党。

1950 年，中共中央开展整风运动，教育全党。

1951 年，中共中央再次整党，明确"党内监督，群众监督，民主党派监督，新闻监督"的原则，把党诉诸人民。

1952 年，毛泽东痛斩刘青山、张子善，将升华农民革命党的决心昭示天下。

然而，农民革命本色依然。

当中国社会前行的步履依然在封建的生产工具、生产方式和生产关系中拖泥带水，当现代工业、现代科技依然是期待中的未来，当经济成分依然是广大的农民，你又怎么可以指望它的上层建筑——国家机器、政党、领袖集团、观念、意识形态等等，可以从农民革命的本色里脱颖？

为着农民革命的本色，刘青山做了牺牲品，张子善做了牺牲品，更有一个充满悲剧色彩的牺牲品，那就是高岗。

高岗一路壮歌，从威满黄土高原的"西北王"，到声震黑土地的"东北王"，辉煌连着辉煌，终于承受不住辉煌，为农民革命的本色殉身。

高岗与王明，同为农家子，同为农家读书郎，同样有着出人头地的企盼。

在《我的反省》中，高岗回顾童年：看见地主儿子衣锦还乡，"头戴金边帽，腰挎东洋刀，骑着高头大马，护兵前呼后拥，好不威风！暗暗下决心，长大后也要带兵打仗，杀富济贫，为穷人报仇。也要做这样威风凛凛、出人头地的人。"（转引自戴茂林、赵晓光：《高岗传》）

不同的是，王明机智地选取了"读书做官"的投机路，高岗则淳朴地投身人民革命，身冒矢石，冲锋陷阵，九死一生。"杀富济贫，为穷人报仇。"

高下之别，不可同论。

高岗是毛泽东的爱将。

中央红军到达陕北，饥寒交迫。高岗将陕北红军的全部家当 8000 银元悉数给了毛泽东。

高岗亲民而实干，他领导的陕甘宁边区，成为各根据地的一面旗帜；他率先开展的的西北局整风，更为延安整风确立毛泽东统治地位，奠定了基础。

在国共两党生死决战的关键时刻，毛泽东极度信任地登坛拜将，将东北这个关键地区托付高岗。高岗不辱使命，为解放东北、建设东北、确保东北支持全国以及在抗美援朝中后方基地的坚强地位，作出了卓越贡献。

高岗有着农民革命领袖的可贵品质：自信、自尊、自强、自爱，勇于自为，务实而不失激情。戴茂林、赵晓光由衷赞叹："高岗干工作确实有一抓到底的作风……大刀阔斧，雷厉风行，有时也夜以继日。"（《高岗传》）

毛泽东对高岗倾情相待。

鲁迅与毛泽东相通的是"心"；高岗与毛泽东相通的是"情"。

情在何处？

在王明"左"倾路线下，高岗被捕，几致丧命。正是中央红军到陕北，毛泽东高呼"刀下留人"，才得幸免。

高岗感激毛泽东，忠诚毛泽东。临终前，他给夫人李力群留下遗言"我冤枉"，那是他对"反党反毛泽东"罪名的抗议。

然而，高岗是反刘少奇的。

建国初，刘少奇支持党员雇工："党员雇工与否，参加变工与否，应有完全的自由，党组织不得强制。其党籍亦不得因此停止或开除。"（见薄一波：《若干重大决策与事件的回顾》）

刘少奇鼓励党员剥削："雇工，单干，应该放任自流……有剥削也还是可以做社会主义者的"，"即使东北将来有一万个富农党员也不可怕"，"认为党员便不能有剥削，是一种教条主义思想。"（见戴茂林、赵晓光：《高岗传》）

刘少奇为资本剥削唱赞歌："现在还必须有剥削，还要欢迎剥削，工人在要求资本家剥削，不剥削就不能生活。今天关里大批难民到东北去，关外的富农能剥削他，他就会谢天谢地。"（见戴茂林、赵晓光：《高岗传》）

高岗反对党员剥削："共产党是不允许剥削人的……党员要雇工时，应说服他不雇工，多买车马参加互助组……党在农村中组织起来提高生产的方针，是必须依靠农村党员去带头实现的。"（见戴茂林、赵晓光：《高岗传》）

高岗主张人民共同富裕："我们农村经济发展的方向是使绝大多数农民上升为丰衣足食的农民。而要做到这一点则又必须使绝大多数农民'由个体逐步地向集体方面发展'。"（见薄一波：《若干重大决策与事件的回顾》）

刘少奇表现出知识分子革命家对现实的冷静考量。

高岗迸发着农民革命领袖火辣辣的被压迫阶级感情。

这感情，与毛泽东相通；而对于知识分子革命家的冷静，高岗难以容忍，毛泽东也难以容忍。

高岗将对刘少奇的反感诉诸毛泽东，"毛主席批给陈伯达看，对少奇同志谈话的不满，形于颜色。"（见薄一波：《若干重大决策与事件的回顾》）

毛泽东支持高岗。

1951 年 10 月，毛泽东要求各级党组织"领导农民群众逐步地组成和发展各种以私有财产为基础的农业生产互助合作组织。"（见戴茂林、赵晓光：《高岗传》）

978-1-62265-934-0 (online)   978-1-62265-935-7 (paper)   薛　遒

毛泽东倚重高岗。

邓小平证实：毛泽东"解放初期就对少奇同志、总理有意见，而对高岗抬得比较高。"（见戴茂林、赵晓光：《高岗传》）

毛泽东认定："新中国成立后，应当触动私有财产，逐步由新民主主义向社会主义过渡。所以，他对刘少奇关于党员雇工与否的谈话'不满，形于颜色'，他明确表示不能支持刘少奇等人在互助合作问题上的意见，他撤销了得到刘少奇认可的李立三的全国总工会主席和党组书记的职务，他认为周恩来领导下实行的新税制'得到资本家叫好'，是'右倾机会主义'的错误。"（戴茂林、赵晓光：《高岗传》）

毛泽东多么期待一个与自己思路高度认同的战友在身边呵！

1953 年，高岗调京。毛泽东再次托重担于高岗，"经济内阁"权倾一时。

然而，高岗让毛泽东失望了。

孙悟空 72 变，藏不下猴尾巴；却将尾巴立成旗杆。

高岗也把尾巴立成旗杆。那是"山大王"的尾巴。

刘青山有一句"名言"："老子们拼命打下天下，享受些又怎样？"（见《中共河北省委开除刘青山、张子善党籍的决议》）

确实，"享受些又怎样"！

按劳分配！何况用生命的代价和鲜血的付出，还不该享受一些吗？

然而，"共产党员"的名号，却容不得"享受"二字。

"共产党"横空出世，便豪迈地包揽了人间世的全部崇高：牺牲自己，牺牲私利，为人类解放献身。

毛泽东感叹："峣峣者易折，皎皎者易污。盛名之下，其实难副。"说大跃进超越现实，人民公社超越现实，文化大革命超越现实，其实是共产党自身超越现实。像耶稣把尴尬留给门徒，像佛陀把尴尬留给僧伽，共产党把尴尬留给了它的党员。

当年，刘青山旺盛的人气，溢满他的"独立王国"！"天津地区的干部中弥漫着一种比阔气、比享受、比生活的风气，不少干部想方设法捞钱，以供个人享受和摆阔气。"（何明：《建国大业》）

农民革命为权利易位的本色挑战毛泽东向共产主义升华的信念。刘青山、张子善被腰斩，然而这一本色却在中国共产党内顽强蔓延。

高岗是这一本色的写照。

那是封建观念的农民形态。高岗"跟着共产党干革命出生入死并不含糊，但从为了'报仇'到'干出个样子给他们看看'，既反映了高岗的淳朴，也体现了高岗的狭隘。"（戴茂林、赵晓光：《高岗传》）

高岗心中的境界并不是共产革命。而是农民革命对儒学传统观念的认同，即孔夫子确立的"善的等级制"，也就是按劳分配。

高岗说："'荣誉'是人民根据你对整个事业的贡献给予你的鼓励，'地位'是人民给你的责任，'物质待遇'则是人民根据你对具体事业的贡献给予你的适当酬劳。这种酬劳不是平均'供给'的，也不是靠吹嘘与蒙骗，而是看你对人民实在贡献的大小而定。"（《荣誉属于谁》，转引自戴茂林、赵晓光：《高岗传》）

高岗说错了吗？

如果抛开共产党员入党宣誓"为人类解放献身"的慷慨，高岗说出了真理。

那么，高岗自得于出人头地、"衣锦还乡"，享受"荣誉"、"地位"和"物质待遇"，以致"生活作风腐化，是高岗从参加革命后一直到生命的终结也没有能够彻底改正的错误。"（戴茂林、赵晓光：《高岗传》）其实合乎情理。

毛泽东对高岗自爱而恨。爱的是高岗鲜明的被压迫阶级立场，恨的是高岗难以提升的农民革命领袖的"山大王"素质。

高岗的一生是山大王的一生。

儿时的高岗是孩子王。"有时候，他坐在炕上，装作山大王，让娃娃们给他磕头。"（戴茂林、赵晓光：《高岗传》）

失意后的高岗不失山大王的刚烈，没有"永不翻案"，不求东山再起，而是站着生，站着死，一刎谢天下。

然而，高岗也同时谢绝了向共产主义革命的升华。

从"山大王"的追求始，到"山大王"的失足终，高岗没有超越绿林豪杰的层面。

周恩来定评："高岗对马列主义懂得极少"。（见戴茂林、赵晓光：《高岗传》）

毛泽东定评：高岗有"有功于革命的一面，因而博得了党的信任，但他的个人主义思想和私生活的腐化欲长期没有得到纠正和制止……高岗在最近时期的反党行为，就是他的黑暗面发展的必然结果。"（见薄一波：《若干重大决策与事件的回顾》）

高岗并不反党。

然而，高岗却有着恶劣的"反党行为"。

刘少奇定义："对于党最危险的，乃是敌人在我们党内制造分裂，制造派别活动，利用某种派别作为他们代理人的危险。"（见戴茂林、赵晓光：《高岗传》）

毛泽东语气决绝："北京有两个司令部，一个是以我为首的司令部，就是刮阳风，烧阳火；一个是以别人为司令的司令部，叫做刮阴风，烧阴火。"（《在中国共产党全国代表会议上的讲话》）

周恩来宣布高岗的罪状：散布"枪杆子出党"、"党是军队创造的"、"军党论"；毛泽东代表红区，刘少奇代表白区，中国党的骨干是军队锻炼出来的，白区干部要篡党；进行宗派活动，制造党内分裂……（见戴茂林、赵晓光：《高岗传》）

高岗被揭发，他秘密串联，结党营私，"无中生有地说：某个领导同志说过，中国革命的大正统是井冈山，小正统是陕北，现在刘少奇有一个圈圈，周恩来有一个圈圈，咱们搞个井冈山的大圈圈。"（吴子皓：《毛泽东与刘少奇》）

高岗作《我的反省》："企图把少奇拉下来，使自己成为主席唯一的助手，准备自己将来做领袖。"（转引自薄一波：《若干重大决策与事件的回顾》）

高岗将中国共产党两个基本派别的矛盾导向激烈冲突。

这是对毛泽东确定的刘少奇接班人地位的颠覆，是对"马上得之，不能马上治之"的质疑，是对升华农民革命党的抗拒，也是对毛泽东权威的挑战。

文化大革命初，毛泽东《致江青的信》揭示林彪"为了打鬼，借助钟馗"，此非一时兴发，而是积淀心底的肺腑之诉。

高岗"邀宠"，请毛泽东做"钟馗"。

彭德怀率直，宣泄对毛泽东这个"钟馗"的不满。

林彪隐忍，终于等到了"钟馗打鬼"的一天。高岗未竟之愿，林彪实现了。

——打倒刘少奇！

其实刘少奇又何尝不借助毛泽东的"钟馗之威"？

专制者一言九鼎；则"钟馗"之运如影随形。专制而不"钟馗"者，古来皆无。

这是高岗事件，也是庐山会议的深层次症结。

彭德怀抓耳挠腮："要我彻底交待高饶问题的错误和军事俱乐部，就是这两个问题难过关。"（见戴茂林、赵晓光：《高岗传》）

本来就没有"高岗—彭德怀联盟"，也没有"军事俱乐部"。然而，"无为有处有还无"。以高岗—彭德怀—林彪为表征的"军队党"，与以刘少奇—彭真为表征的"白区党"，进行着潜在而持久的斗争。

李井泉作报告：彭德怀"说彭真、薄一波、安子文等同志要篡党，他们的后台是刘少奇同志。"（见杨继绳：《墓碑——中国六十年代大饥荒纪实》）

刘少奇深感压力：彭德怀在"高岗事件前，讲了很多对我不满的话。"（见戴茂林、赵晓光：《高岗传》）

在"七千人大会"上，刘少奇说："长期以来，彭德怀同志在党内有一个小集团。他参加了高岗、饶漱石反党集团。在反对高饶集团的时候，没有把他提出来。他是高饶集团的余孽，是这个集团的主要成员。"（见邸延生：《"文革"前夜的毛泽东》）

文化大革命初，林彪道白：他与"刘、邓不仅是 50 天的问题，而是 10 年、20 年的问题"；乃至"林彪的妻子叶群两次找人，指使他写了诬陷刘少奇的材料，林彪把这份材料通过江青转送给毛泽东。"（吴子皓：《毛泽东与刘少奇》）

林彪欲置刘少奇于绝地，旁及刘少奇之妻王光美。"'九大'之后，林彪判了妈妈死刑，'立即执行'……"只是被毛泽东阻拦。（刘平平：《胜利的鲜花献给您》）

三尺冻冰，其寒弥久。

邓力群后来揭示："高岗的事情，实际上林彪是后台，毛泽东同志也知道。"（《介绍和答问》）

邓小平后来证实：高岗"得到林彪的支持，也得到彭德怀同志的支持，才敢放手这么搞。那时候，六个大区，他得到四个大区的支持，东北是他自己，中南是林彪，华东是饶漱石，西北是彭德怀同志。"（见戴茂林、赵晓光：《高岗传》）

"三分天下有其二"！"清君侧"其势渐成，咄咄逼人！

这也就是刘少奇之子刘源在其《"四清"疑团》一文中所说的"逼宫"。

毛泽东坐不住了。他质问："究竟是政出一门，还是政出多门？"（《在中国共产党全国代表会议上的讲话》）

建国初，毛泽东正视中国共产党内林立的山头："我们党中央实际上是一个联合委员会，山头很多。"（《在郑州会议上的讲话》）

毛泽东主张"照顾山头"，但坚决反对山头主义，强调全党团结。他"多次要高岗同刘少奇谈话，将问题讲清楚；而高岗不予理睬，反而变本加厉。"（吴子皓：《毛泽东与刘少奇》）

"八百诸侯"制造党的分裂，"武人干政"威胁中央集权，令毛泽东深为忌惮。他对高岗痛下杀手，实际是对"山大王"们的严重警告。

毛泽东不屑封建君臣那种"秘折奏本"，"1953 年 9 月 9 日，彭德怀曾到毛泽东处讲他对刘少奇和周恩来个别问题上的意见，毛泽东要他同刘、周当面谈。"（戴茂林、赵晓光：《高岗传》）

毛泽东支持刘少奇、周恩来。他说："少奇同志是大公无私的，是正派的，他绝不是那种搞宗派的人。"（见吴子皓：《毛泽东与刘少奇》）

尽管文化大革命形成极端的毛泽东专制，但在解放初，对现代政党和民主政治的追求，却是中国共产党的明确方针。刘少奇虽然与毛泽东观点有异，但他一经决议便放弃自我的大局观，以及严格的组织观念和现代革命领袖所必备的政治素质，理所当然地被毛泽东认同。

那么，谁扭转了毛泽东和中国共产党追求民主政治的方向？

反右斗争和庐山会议。

或者说："章罗同盟"和彭德怀。

"章罗同盟"暴露了中国社会的封建属性。广阔的农民群体不知民主为何物；放开民主，不过便宜了资产阶级利用"民主"对共产党的政治进攻。

——结论：中国共产党不能放弃专制。

彭德怀则暴露了中国共产党的封建根性。他的"万言书"，不过是封建君臣关系"文死谏"的变奏。

尤可叹者："万言书"甫一露面，庐山与会者多数赞同；而当毛泽东龙颜震怒，则几乎全体噤声，一致倒向毛泽东。毛泽东专制何其凛凛！

问题不在这里。

实际上，延安整风确立了毛泽东专制；新中国成立，则开始了对毛泽东专制的消解。尤其 1956 年八大关于"阶级斗争消灭"的基本估计和党章中"毛泽东思想"提法的删除，明确了中国共产党民主政体的进程。反右、总路线、大跃进、人民公社，尽管凸显着毛泽东的个人意志，却是中国共产党中央的集体作为。

因此，彭德怀的"元老一怒，山呼海应"。其实以不满毛泽东专制的群呼，表达对延安整风确定的毛—刘体制即毛泽东专制庇护的刘少奇班子的抗争，进而影响乃至变革毛泽东专制的倾向性。

彭德怀们捍卫农民革命的成果，离不开毛泽东专制；毛泽东将农民革命党向现代政党升华，维护并树立以刘少奇为首的现代政治领袖集团的权威，离不开毛泽东专制；而重提阶级斗争，求索并明确社会主义条件下继续革命之路，同样离不开毛泽东专制。

——结论：毛泽东不能放弃专制。

R•特里尔看得清楚：庐山会议之后，"毛逐渐地把自己的威信与共产党的威信割裂开来。"（《毛泽东传》）

毛泽东专制！

这是中国共产党作为农民革命党的抽象，也是从高岗到彭德怀顽强"接力"的同一首农民革命历史挽歌的强音。

毛泽东是"山大王"，高岗是"山大王"，彭德怀也是"山大王"。

不同的是，毛泽东超越了"山大王"，高岗没有。

那么，彭德怀呢？

彭德怀——农民革命之魂。

从陈胜吴广、黄巢李闯，到太平天国……彭德怀以共产主义辉光为农民革命的谢幕，吟唱了一首回肠荡气的"正气歌"。

陈胜吴广是要当"王"的，黄巢李闯是要当"王"的，洪秀全杨秀清也是要当"王"的，他们投身革命那石破天惊的壮烈，无不深深地烙印着攫取财富与权力的根性。

彭德怀是不要当"王"的。

如果说，王明是农民革命的泡沫；高岗写照了农民革命的原色；那么，彭德怀则是农民革命本质的聚焦。

那是农民革命从未实现的要求：平宇内，均天下；有福同享，有难同当。

彭德怀是农民造反野性抗争的代言：他儿时便带领伙伴抗击地主狗腿子的压迫，少年时率领数百饥民冲击地主大院，青年时痛殴欺压民工的官吏，后投军组织"救贫会"，铲除残害百姓的恶霸。30 岁领导平江起义，奔赴井冈山……

彭德怀与底层劳苦大众情相连。1926 年，他当湘军副团长，一天去县城办事，"租了一顶轿子，可是他并不坐轿，却步行与轿夫们谈着话。轿夫要他坐轿，他说：'你年纪比我大，我打柴棍子出身，比你还走得快些。'就这样一直步行，快到伪湘乡县政府时，他才坐了轿子进去。"（谭迅：《彭德怀青少年时期的故事》）

坐轿摆谱糊弄上司，而与劳动人民休戚与共。这是对那些挥霍人民血汗大吃大喝，在形象工程中弄两下铁锹自我贴金的贪官污吏，搧出的响亮耳光。

仇恨特权，铲除贫富悬殊，是彭德怀一生的心结。他对基层干部说："我从小讨过米，砍过柴，挖过煤，打过短工。我知道饿肚子的滋味。群众吃么子，我也吃么子。不然，就会变成老爷。"（见罗海鸥等：《彭大将军回故乡》）

多少人想当老爷！彭德怀不当。他是悬在国门、党门和人民心灵之门的明镜。

下部队增加一个菜，他拒绝；他要和战士同餐。

打了胜仗给他选匹好马，他拒绝；他把马让给伤员。

去三线工作派专车，他拒绝；他与平民共乘普通车厢。

战友给他送土特产，他拒绝；一切物品分给战士……

在艰苦的战争环境中，警卫员跑了半个村子买来点白面，给彭德怀煮了一碗面条。彭德怀坚决不吃："我们是人民的公仆，不是骑在人民头上的老爷。有糖同甜，有盐同咸嘛。战士吃黑豆，我们吃白面，难道我们的嗓子镶着金吗？"（见郝许生：《彭总在荔北战役中的两个故事》）

彭德怀曾粗暴地赶走自己的警卫员，因为警卫员偶尔使彭德怀的饭桌上比战士的大锅饭多了一只鸡。

彭德怀自我评价："革命一生，两袖清风"；临终，"我仍然挺起胸脯，大喊百声问心无愧。"

彭大元帅问心无愧。他的全部家当："一只左轮手枪，一枚红星奖章，6 块银元，一包历史资料。"（见孟云增：《伟大而质朴的人》）

彭德怀得罪了不少人。外出视察，"官儿"们毕恭毕敬地请他吃饭，他脸一板："'什么你请客？人民请客，国家请客！这种风气要不得，慷国家之慨！'表面上看，他有点不讲'人情'，后来我想，他正是对人民情深，有时才会这样声色俱厉，叫人觉得铁面无私呵！"（景希珍：《在彭总身边》）

多么可敬的"得罪人"！

承受着横行恣肆的特权与腐败的欺凌，人民多么渴望在中国大地上乃至全世界卷动这个彭德怀旋风——它粗暴，甚至野蛮，然而却以锱铢必较的反特权和实实在在的平民化，捍卫共产党在人民心中的荣誉和历史中的地位。

谁堪比彭德怀那共产党人的崇高？

彭德怀严束自我！他说："管'公'的人就要这样：第一自己不贪；第二不给别人送；第三敢把厚脸皮的上司、熟人挡回去。"他的警卫员景希珍说：跟随彭德怀 17 年，彭德怀"从来没有点过菜，从来没有收过人家的礼物，没有报销过一个钱的出差费或招待费之类的开支。"（《彭总在朝鲜战场》）

谁掂得动彭德怀那沉重的底层之情？

朝鲜战争中，彭德怀亲临前线，发现四位已经牺牲多天的战士。他默哀，叫人抬去掩埋。当他看到抬的人带着大口罩时，不禁愤懑填胸："妈的，一点无产阶级感情也没有，同志牺牲在这里，好几天没人知道。好不容易盼来个活人，还嫌他们臭，戴上口罩。"他坐在死者躺过的石头上，不走了。"我就坐在这里不走，要闻够同志的气味。"（见刘真：《彭总的故事》）

谁不肃然敬重彭德怀那淳朴的心胸?

国民党女特务暗杀彭德怀,阴谋败露被抓。彭德怀动情地说:"这女人的孩子还小,不能杀。"他说:"不要为我杀人。要杀彭德怀的人不一定要把她杀掉。"(《彭传》编辑组:《"不要为我杀人"》)

谁能不为彭德怀那自我的厚重动容?

一战士严重违纪,影响恶劣,不杀不足以平民愤。然而,彭德怀"三番五次地看着那个报告,不忍签字。当他签了字后,把那报告摔到地上,跺着脚说:'这个侦察兵才 23 岁,现在犯了杀头之罪。我们这些人是干什么的?'他喟然长叹,热泪纵横!"(习仲勋:《彭总在西北战场》)

千钧重责担双肩。如此风范,才堪为人民领袖。

彭大将军,今安在!

1974 年,彭大将军背着"反党"的罪名,怆然离世。

谁置彭德怀于死地?

毛泽东。

毛泽东剥夺了彭德怀的政治生命。

彭德怀不相信。"那些人叫我三反分子,叫他们去问问毛主席吧,毛主席决不会同意的。"(见景希珍:《彭总在西南》)

彭德怀敬重毛泽东。百团大战,"毛泽东给彭德怀发了嘉奖令。高兴得彭德怀叫住了欧致富,非要他去看毛主席发来的电报……"(蒋锡元:《"百团大战"——一个争论了数年的战役》)

彭德怀忠于毛泽东。临近生命的终结,他在囚室中致信毛泽东:"向你最后一次敬礼。"

彭德怀与毛泽东,情相通。

抗美援朝,一个艰难的抉择。多少人不同意,彭德怀也一度犹豫:"最近我们讨论出兵还是不出兵的时候,我在北京饭店一夜没有睡,把毛主席的话念了几十遍,才通了。"(见解力夫:《抗美援朝荣获大胜 彭大将军返回祖国》)

那么,毛泽东的什么话呢?

不是为国际共产主义事业的慷慨激昂,也不是唇亡齿寒的迫不得已,而是被压迫人民心心相印的血泪深情。毛泽东说:"你们说的都有道理,但是别人处于国家危急时刻,我们站在旁边看,不论怎样说,心里也难过。"(见《彭德怀自述》)

毛泽东与高岗情相通,也与彭德怀情相通。那是被压迫阶级的深厚阶级感情。

然而,彭德怀与毛泽东,心难连。

毛泽东批评彭德怀:"你这个人是搞派别活动的。"指的就是与高岗的无形联盟。

尽管彭德怀做检讨:在高岗问题上"是有错误的"(见戴茂林、赵晓光:《高岗传》);尽管"在反对高饶反党联盟的斗争中,党中央已经知道了彭德怀和黄克诚参与这一反党联盟的若干事实,给了他们以严肃的批评,希望他们得到教训,从此悔悟,并没有加以深究。"(《中共八届八中全会关于以彭德怀为首的反党集团的决议》)

但是,毛泽东的忌惮并未稍减。

庐山会议,毛泽东刺向彭德怀致命一刀:"你组织性、纪律性差。你有个说法,'只要有利于革命,专之可也。'……人们说你是伪君子,你历来就有野心……许多同志都对你有顾虑。"(见黄克诚:《谈庐山会议"反党集团"的"证据"》)

彭德怀"专权",使毛泽东不快:山西保卫战,一头倒向阎锡山,拖延"独

978-1-62265-934-0 (online)　　978-1-62265-935-7 (paper)　　　　　　薛 遒

立自主的山地游击战"的执行;"百团大战"则是边"斩"边"奏":彭德怀的命令"发向各个所属部队……与此同时,也上报了延安中共中央军委。"(蒋锡元:《"百团大战"——一个争论了数年的战役》)

然而,毛泽东又欣赏彭德怀的专权,那是"善于根据敌情变化独立做出判断"的主动精神和指挥能力。(何定:《巨星的陨落与重新升起》)

毛泽东放手让彭德怀将专权发挥得淋漓尽致;而彭大将军也在毛泽东的嘉许下大展身手,尽得"英雄用武之地":在张国焘分裂红军的关键时刻,毛泽东委彭德怀为北进红军总指挥;在胡宗南20多万大军围剿之际,毛泽东放手彭德怀以2万多兵力保卫延安;抗美援朝,毛泽东更让彭德怀统兵百万横扫美国侵略者。

在对敌斗争中,彭德怀是毛泽东极度信任的一员猛将,他比之为关羽、张飞;彭德怀则自比李逵。

然而,在党内斗争中,彭德怀的"专权"却形成对中央集权的威胁。尤其抗美援朝胜利,在新中国威满世界而彭德怀声名如日中天之际。

1958年,"彭德怀在军内(也可以说是在党内)的威望达到了高峰,在众元帅中更加冒尖。就在那一年的军委扩大会上,林彪面对着40多位高级将领(包括各位元帅在内)发出惊人的呼吁说:'我们要团结在彭老总的周围……'。"(王焰:《黄克诚一再提醒彭德怀的问题在庐山会议上终于发生了》)

毛泽东早就论定彭德怀"刚愎自用,目空一切。"师哲写到:"主席认为彭总高傲。"(《我所敬佩的彭老总》)

庐山上的彭德怀高傲得睥睨一切:"我掌握军队,军队会跟我走。可是中国不能再打内战了,那样人民遭殃。只要老百姓能过上安定日子,党和国家不变色,倒我一个彭德怀算什么?"(见孟翔风、申晚香:《彭德怀与他的侄儿彭起超》)

彭德怀忠于党,忠于祖国。他大义凛然:"我只能毁灭自己,决不能损害党所领导的人民军队。"(《彭德怀自述》)

然而,彭德怀内心深处那"山大王"的尾巴,已经翘成了高高的旗杆。军队会跟你彭德怀走吗?人民不遭殃是你彭德怀的忍让吗?

如此,不难理解毛泽东的感叹:"许多同志都对你有顾虑。"

即便毛泽东,虽不信军队会跟彭德怀走,但内心并不踏实:"人民解放军跟你走,我就上山打游击。"(见何定:《巨星的陨落与重新升起》)

实在说,毛泽东并不怀疑彭德怀的忠诚。"毛泽东对张飞这个人物非常喜爱,他曾经评价张飞是'粗中有细'。在著名的'庐山会议'后期批彭德怀时,他又用彭德怀比张飞:'有张飞之粗而无其细'……。"(吴江雄:《毛泽东谈古论今》)

这是对彭德怀赤胆忠心的高度肯定。

张飞细在何处?

1944年,毛泽东在延安党校作报告:"张飞在古城相会时,怀疑关云长,是有高度的原则性。关羽形式上投降了曹操,封了寿亭侯,帮曹操杀了颜良、文丑,你又回来究竟是干什么来了?我们一定要有严肃性、原则性。"(见范忠程:《博览群书的毛泽东》转引自吴江雄:《毛泽东谈古论今》)

张飞有原则性,彭德怀失了原则性。失了原则性的"粗",其威向何方?

1959年,毛泽东以泰山压顶之势,震慑了彭德怀,也震慑了"山大王"们,为他选定的接班人刘少奇保驾护航。

1965年,毛泽东立意打倒刘少奇,他向彭德怀伸出和解之手:"现在看来,也许真理在你那边,让历史去做结论吧。对你的事,看来是批判错了,等几年再说吧……"(沈同凡:《1965年后的彭德怀》)

　　然而，文化大革命中，彭德怀惨遭关押，毛泽东却一语不发。他能不忌惮：他百年后留下的华国锋集团+四人帮的组合，如何经受得住彭德怀之威？

　　除了毛泽东，谁镇得住彭大将军！

　　问题不止于此。还有更深层次的原因——

　　毛泽东将自己与彭德怀之间掘了一条沟："庐山出现的这一场斗争，是一场阶级斗争，是过去十年社会主义革命过程中资产阶级与无产阶级两大对抗阶级的生死斗争的继续。"（《机关枪和迫击炮的来历及其他》）

　　生死斗争！

　　毛泽东认定：彭德怀"思想中有不少封建的、资产阶级的东西，是个经验主义者。"（黄克诚：《谈庐山会议"反党集团"的"证据"》）

　　毛泽东批评：彭德怀"从来不是一个马克思主义者"，而是"资产阶级革命家进了共产党，资产阶级世界观，他们的立场，没有改变。"（见邸延生：《"文革"前夜的毛泽东》）

　　《中共八届八中全会关于以彭德怀为首的反党集团的决议》定论：彭德怀"是在民主革命中参加我们党的一部分资产阶级的代表。"

　　这并非杯弓蛇影。

　　彭德怀的马列主义不多。抗战时期，他主张"自主自由"，"和平建国"。"毛泽东指出，彭德怀信奉的是自由、平等、博爱，在抗日统一战线中不分左、中、右。"（罗·麦克法夸尔：《文化大革命的起源》）

　　彭德怀承认："我这个人一辈子就想搞'富国强兵'，没什么别的想头。"（见黄克诚：《谈庐山会议"反党集团"的"证据"》）

　　这就对了。"富国强兵"而没有明晰的社会主义"想头"，那就一定导向资本主义。

　　因为，新中国可以自诩强大，但在国际大格局中，它实际十分弱小。世界资本主义的厚重足以将任何善良的"富国强兵"纳入帝国主义体系。

　　因为，新生公有制活力无限，但面对几千年私有制传统势力，它实际十分脆弱。"小荷才露尖尖角"，资本主义自发倾向的巨口足以吞噬社会主义幼芽。

　　建国初，中国共产党作为农民革命党，升华问题迫在眉睫。毛泽东向工人政党升华；"章罗同盟"向资产阶级政党升华。

　　彭德怀做了"章罗同盟"在共产党内的代理人，也就是毛泽东说的离右派"只差30公里"；他超越"山大王"，展开了农民革命党向资产阶级政党升华的旗帜。

　　这是伟大而真诚的旗帜。

　　不用说，"章罗同盟"有着完整的资本主义政纲，彭德怀没有。然而，彭德怀以农民革命领袖的淳朴情怀和被共产主义辉光开启的广阔心胸，有着章伯钧、罗隆基所欠缺的崇高。

　　那是资产阶级革命先驱卢梭、丹东、罗伯斯庇尔的东方农民形态，那是孙中山、黄兴、林觉民在中国共产党的再现。

　　无私无畏，"天下为公"！

　　伟大的资本主义精神其实是人类共产主义追求的别样形态。"章罗同盟"糟蹋了这个精神，彭德怀张扬了这个精神。

　　然而，这毕竟是资本主义精神。

　　"自由、平等、博爱"的抽象掩盖着剥削阶级和被剥削阶级的不同追求，"富国强兵"的良好愿望淡化了社会主义道路和资本主义道路的尖锐冲突。

　　尤其在反华大合唱中。

978-1-62265-934-0 (online)   978-1-62265-935-7 (paper)   薛 遒

列宁要求："对党的缺点进行绝对必要的批评时，每一个提出批评的人，在批评的形式上，应当考虑到党处在敌人包围中的情况。"(《关于党的统一的决议草案初稿》)

1959年，中国处在包围中。毛泽东说："从1959年春季，全世界帝国主义、各国反动派、修正主义组织反华大合唱。"(见陈晋：《在"不怕鬼"的背后》)

帝国主义围困，敌对势力叫嚣反攻大陆，西藏叛乱，中印边界纠纷，中苏关系破裂，加之国内大跃进失败的严重局面，迫得毛泽东笔端沉重："高天滚滚寒流急"，"万花纷谢一时稀"。(《毛泽东诗词》)

毛泽东心情沉重而愤懑："现在党内外都在刮风……无非是讲得一塌糊涂。"(见陈晋：《在"不怕鬼"的背后》)

毛泽东不畏惧，然而不无担忧，"党的巩固和分裂，都可能"；"人民共和国或者胜利，或者灭亡。"(见陈晋：《在"不怕鬼"的背后》)

在党面临分裂和国家面临灭亡的危机时刻，彭德怀呼应了国际反华势力对中国共产党和中华民族的进攻。

这也是刘少奇、周恩来和全党绝大多数人反对彭德怀的根本原因。

彭德怀"上书"，批评大跃进。

如何看待大跃进？

——大跃进永恒地矗立起毛泽东和中国共产党崇高理念的光荣碑。

不错。"所谓'人人进入新乐园，吃喝穿用不要钱，鸡鸭鱼肉味道鲜，顿顿可吃四大盘。'这套小农式的'共产主义'，毛泽东确实始终极感兴趣。"(李锐：《"大跃进"失败的教训何在》)

然而，这种"兴趣"恰恰以最真诚最广博最无私的人道情怀，反衬出"知识精英"们标榜"人道"的自利性，甚至虚伪。

"李银桥回忆，1957年底到1958年初，连续有人汇报农村某些地区出现'两极分化'和贫富差距加大的情况。每次听过汇报后，毛泽东脸色显得阴沉，久久思考，不作一语。大约在1957年12月，卫士马维探亲带回一个窝窝头，又黑又硬，掺杂大量粗糙的糠皮，交给毛泽东并说：'我们家乡的农民生活还很苦，他们就是吃这个窝头，我讲的是实话。'毛泽东接过窝窝头时，他的手有些抖，眼圈一下子就红了，掰一块放嘴里，泪水立刻溢满眼眶，豆大的泪珠便顺着脸颊淌落下来。他一边哭，一边掰了窝窝头分给我们这些身边的工作人员：'吃，你们都吃一块，这就是我们农民的口粮，这就是种粮的人吃的粮食呵！……'可以想象，当听到有些地方解决了吃饭问题，吃饭不要钱，他会是一种多么快活的心情。"(吴江雄：《毛泽东谈古论今》)

大跃进振奋人心。

1958年9月1日，《人民日报》鼓舞全国：河北徐水一亩山药产120万斤，一棵白菜500斤，小麦亩产12万斤，皮棉亩产5000斤。(《徐水人民公社颂》)

青海某农场小麦亩产万斤，广西某农业社水稻亩产13万斤。四川郫县友爱乡亩产水稻8万斤。(见杨继绳：《墓碑——中国六十年代大饥荒纪实》)

毛泽东视察徐水，到处是丰收景象，他担忧"粮食多了怎么办？"

刘少奇对赫鲁晓夫说："我们现在不是粮食不够吃，而是怕；怕粮食太多了没法处理。"(见顾保孜、杜修贤：《红镜头中的毛泽东》)

粮食多了怎么办？仓库装不下，放开肚皮吃不完，只有大量出口，还要减少耕种面积，改种经济作物，以及农村绿化……这一切，并非仅是毛泽东和中共领袖坚信，便是当时的专家们，也同样坚信，如钱学森，如中国科学院。

李富春报告钢铁产量三年超过英国，薄一波报告两年超过英国。全国人民热气腾腾，为超英赶美而奋斗。

大跃进以对公有观念的推崇，最大限度地启动广阔农村半沉睡的人力资源，张扬着中国共产党挣脱农民政党的强烈冲动和向共产主义政党升华的高度自觉。

刘少奇宣布："中国进入共产主义不要好久，你们大多数人可以看到共产主义。"（见舒偶：《大炼钢铁的奇迹与悲剧》）

毛泽东展望："大概十年左右，可能产品非常丰富，道德非常高尚，我们就可以从吃饭、穿衣、住房子上实行共产主义。公共食堂，吃饭不要钱……"

毛泽东与刘少奇兴奋唱和。

毛泽东说：第四个五年计划向共产主义过渡。

刘少奇说：第三个五年计划开始过渡。

毛泽东说：加个"开始"可以。（见薄一波：《若干重大决策与事件的回顾》）

邓小平后来公正责问："'大跃进'，毛泽东同志头脑发热，我们不发热？刘少奇同志、周恩来同志和我都没有反对，陈云同志没有说话。"（《对起草<关于建国以来党的若干历史问题的决议>的意见》）

中国共产党将开创从小农经济向共产主义过渡的新模式。"毛泽东和刘少奇曾设想几十年后我国的农村将是许多共产主义的公社，每个公社有自己的农业、工业，有大学、中学、小学，有医院，有科研机关，有商店和服务业，有交通事业，有托儿所和公共食堂，有俱乐部，也有维持治安的民警等。"（何沁主编：《中华人民共和国史》）

根除剥削，根除特权，根除资本嗜血，中华民族率先开创"新千年"。

像陶渊明的"桃花源"，像莫尔的"乌托邦"，像巴贝夫、圣西门、傅立叶、欧文……毛泽东和中国共产党的崇高作为，成为激励人类历史进步的永恒之光。

——然而，大跃进也深刻暴露了中国共产党和中国社会的封建根性。

美好前景强烈地激发农民尤其农村青年的热情和积极性。"毛泽东谈人民公社要实行供给制，吃饭、穿衣都不要钱。这对几辈子缺衣少食的农民来说，是多么大的鼓舞！基层干部认为自己要亲手建成共产主义，感到无比自豪。"（杨继绳：《墓碑——中国六十年代大饥荒纪实》）

干部激情满怀，群众热火朝天，甚至挑灯夜战；他们集中粮食，吃公共食堂；他们全民炼铁：没有煤，用木柴烧，没有木柴，拆房子拆门窗，没有铁，把老百姓家里的铁勺、铁锅、铁农具扔进土炉子……

湖北应城县用数千工时数千斤肥料，培育出一个重达 200 斤的大红薯；动员几千男女老幼，将尿集中起来，用 200 口大锅蒸发，来生产"尿素"；拆掉农民房子，来造木头飞机，劳民伤财却飞不起来。（见陈世高：《我经历的大跃进》）

一派荒唐，却是充满真诚充满希望充满自信的荒唐。"徐水有许多虚假的东西，但人民干劲却是真实的。"（刘炼：《河北徐水县"大跃进"亲历记》）

高昂的干劲与农民的愚昧相结合。全国都一样。

愚昧不失真诚。"为了保证秧苗有足够的营养，人们突发奇想，在每个秧头除了包上高效的土杂肥、化肥之外，还沾上糯米浆、黄豆浆、糖浆，给秧苗增加养分。其中有位领导更聪明，他想，既然人吃了猪肉会增肥，为什么秧苗不可以'吃'点肉，让它长得更快更壮些？于是，他下令用百来斤猪肉剁成肉馅包在秧头上，再插到田里去。"（刘伯威：《"大跃进"年代的奇闻轶事》）

大跃进暴露出农民思维对"计划经济"的浅薄认识：安徽凤阳"代圩生产队干部带领 100 多个社员，抬着 2000 多把秧到大韩家庄插秧；因地未整好就又抬到刘园；刘园毫无准备又抬到前庙。到了前庙天色已晚，无法栽秧，一天行程12 里，空跑 4 个庄，棵苗未栽，秧苗全死光。"（见杨继绳：《墓碑——中国六十年代大饥荒纪实》）

大跃进暴露出小农观念对共产主义的庸俗理解："1958 年 10 月中旬的一天，跑马乡的党委书记在大会上宣布：11 月 7 日是社会主义结束之日，11 月 8 日是共产主义开始之日。会一开完，大家就上街去拿商店的东西，商店的东西拿完了，就去拿别人家的：你的鸡，我可以抓来吃；这个队种的菜，别个队可以随便跑来挖……"（薄一波：《若干重大决策与事件的回顾》）

"共产主义"炬火投入农民社会，竟激起放纵私欲的狂热。一切"共产"，大家争先恐后地吃光喝光用光。纵情几个月，便开始缺粮，挨饿，大批死人。

还有可悲的欺上瞒下。

在河北徐水，毛泽东为一株棉株结上百个棉桃而惊喜，却没看到棉田里大量植株没有一个棉桃。

在山东五莲，放出母猪一胎产下 62 头小猪的"卫星"，那是 6 头母猪产仔凑起来的数。

在安徽亳县，把 100 多亩水稻精心移并到 1 亩多的水田里，吹嘘成亩产 4 万斤的"捷报"。

知识分子们也烈火烹油。一位记者检讨："原来采访亩产 700 斤，他嫌少，就加了一个'零'，报社总编还觉得不过瘾，又加了一个'零'，结果登出来就成了 7 万斤。"（刘源：《忠直坦荡昭日月》）

毛泽东该猛醒了。

1960 年，韶山乡亲贺凤生告"御状"："好不容易一家一户有了房子，一夜之间，全部都要拆了去建居民点，土砖墙要捣碎了沤肥料，弄得到处鸡飞狗跳墙，哭爹的哭爹，骂娘的骂娘。""现在的干部兴放卫星，实际上是浮夸卫星。为了迎接上级的检查，把好几块田里的稻谷移栽到一块田里，硬说是亩产达到几千斤……做假事说假话的是那些人，作官受表扬的也是那些人，吃好喝好的还是那些人。干部当老爷，严重脱离群众，老百姓饿得要死，只能在背后冲天骂娘。"

这比彭德怀说得厉害。毛泽东真切地感知了他的基层组织和基层干部。他动情地说："感谢你为中央提供了最有价值的情况，那是少奇、恩来和我都捞不到的真实情况呀！""对不起农民兄弟，请你代表我向他们道个歉。"（见潘相陈：《毛泽东家书钩沉》）

毛泽东应该道歉，中国共产党应该道歉。

那是难以洗刷的耻辱："共产主义"的指挥棒，竟搅动起中国社会几千年的封建沉渣。

河南信阳"一个党支部，23 个党员饿死了 20 个，剩下 3 个党员，给省委写了一封信，请求省委救济他们村的人民，此信竟被省委扣押并查处。"（张树藩：《信阳事件：一个沉痛的历史教训》）

在反瞒产中，甘肃通渭县打死、逼死 1300 多人。河南息县打死逼死 1065 人。河南光山县李堰湾大队 25 个党员中 21 个打过人，438 人遭毒打，社员称大队办公室是"阎王殿"。

"中共河南省委事后报告：'全区大队以上干部共有五万人，犯有种种违法乱纪的干部估计不下 50%，一时打人成风，成千上万的人被打死、逼死、打残，绝大多数公社、队设立监狱和劳改队，乱捕、乱扣成风。'"

刑罚之酷难以置信：将人捆绑用冷水淋冻致死，用"点天灯"的残酷手段烧死，"给有些被斗争的社员嘴上戴驴笼头，身上驾马鞍子。"还有脸上刺字，砍指头……以及株连九族。

甘肃镇原县委书记许国和被定为"右倾"，亲属不能幸免，妻子、岳父、大哥、二哥、弟弟、弟媳、老母被关押批斗，6岁孩子流落街头。

中央派员调查。王任重被实情震撼，他恨恨地说："明明看着群众死亡，硬扣着口粮不发；明明看到食堂停火，也不准群众家里冒烟，不准群众挖野菜，不准群众逃荒；群众饿得走不动，连拐棍也不让挂，对待人民不如牛马，任意打骂，一直打到死……"（以上见杨继绳：《墓碑——中国六十年代大饥荒纪实》）

——铭记：大跃进惨重失败留给历史沉痛教训。

那是千里饥荒，饿殍遍野。

在河南遂平：劳累一天的午餐是野菜汤和不到二两重的苜蓿与高粱面掺合的一个小窝头；晚餐是撒了少许高粱面的野菜汤。村边，不断增添着饿死人的新坟。（见王秀明：《我所经历的"大跃进"运动》）

在河南信阳，地区领导强行征粮，农民家里颗粒无存，"一边是大小官仓堆满粮，一边是100多万人成饿殍，横尸室内外，有的地方人死后都无活人埋"。饥民煮野菜和红薯叶吃，竟被视为给领导政绩'抹黑'而被砸锅；农民外出讨饭被拦截，不准外出。（见苏中杰：《良民的标准》转引自夏中义主编：《人与国家》）

在湖南宁乡，85万人口饿死5万人。（见何光国：《刘少奇全传》）

四川、甘肃、安徽……数以百万计的人非正常死亡。

饥饿的孩子靠吃死去父亲的尸体苟活，饥饿的母亲煮食自己的幼子，饥饿的小姐姐杀吃自己的幼弟，饥饿的人群在野地割下死人大腿、屁股的肉……（以上见杨继绳：《墓碑——中国六十年代大饥荒纪实》）

这惨景催人泪下。当刘少奇说出"人相食"三字时，他内心承受着何等巨大的痛苦。他惶愧："历史要写上你我的"。（见刘源：《"四清"疑团》）

一手制造河南悲剧的省委第一书吴芝圃低头谢罪："我欠河南5千万人民的债一辈子也还不清。"（见杨继绳：《墓碑——中国六十年代大饥荒纪实》）

"朱门酒肉臭，路有冻死骨"，在新中国令人痛心地再现：农民们的饿殍无声泣诉着干部的特权腐化，官吏们的草菅人命为大跃进的失败雪上加霜。这一切，充分暴露中国共产党远不具备一个成熟工人政党的素质，它实在没有脱离小资产阶级层面。

中国革命是农民革命。"中国共产党的武装斗争，就是在无产阶级领导下的农民战争。"（毛泽东：《〈共产党人〉发刊词》）

大跃进是农民战争的延续。它以农民革命的方式将农民革命向共产主义升华，最终受制于农民革命。

农民革命适应中国国情，在反帝反封建的战争中赢得了胜利；然而，农民革命不适应从半封建社会向社会主义的跃进。

共产主义革命，不能寄托于农民。

毛泽东甩开工人阶级与资产阶级的联盟，固执地把不能挣脱封建意识的农民和农民党员干部作为向着共产主义革命转化的主力军。雄心固然勃勃，却不能不因无视经济规律而失败。

大跃进遍野哀鸿，为农民革命留一曲悲凉的挽歌。

毛泽东后来醒悟："大跃进以来仍是农民问题，过高的估计了农民。究竟是鞍钢是老大哥呢？还是徐水是老大哥？还是工人阶级、鞍钢是老大哥。……把农民当成工人，这不对。"（《在郑州会议上的讲话》）

毛泽东是人民之子。

20 世纪的中国，人民=农民。

毛泽东是农民之子。

吴江雄写道："毛泽东思想的空想社会主义印记是现实的汪洋大海的农民小生产思想的反映。……人民公社运动就是要把空想社会主义的一些理想付之实践，结果碰了钉子。"（《毛泽东谈古论今》）

毛泽东的热情鼓舞人民的热情，毛泽东的盲目代言人民的盲目，毛泽东的主观任性膨胀了广大干部群众的主观任性。作为农民的代言，毛泽东不能免小资产阶级根性。

1959 年，毛泽东庐山讲话："搞了一个卫星公社的章程，我得了那个东西，如获至宝。你说我小资产阶级狂热性，也有一点，不然我为什么如获至宝呢？"（见薄一波：《若干重大决策与事件的回顾》）

毛泽东为大跃进的失败承担责任。

毛泽东检讨："主要责任在我身上，应该说我"；大跃进"9000 万人上阵，这个乱子就闹大了，自己负责。"（《在庐山会议上的讲话》）

毛泽东检讨："苏联在准备向共产主义过渡问题上很谨慎。我看，我们中国人大概包括我在内，是个冒失鬼。5 亿多农民的年薪不到 80 元，是不是穷得要命？我们现在吹得太大了，我看不合事实，没有反映客观实际。"（见薄一波：《若干重大决策与事件的回顾》）

毛泽东检讨："向地球作战，向自然界开战，这个战略战术，我们就是不懂，就是不会。……关于客观经济规律，按比例，这个问题我是没有解决的，这个问题，我不懂。"（见严文：《庐山会议前毛泽东的纠"左"努力》）

毛泽东检讨："我现在认识论上发生了问题，离开客观走向主观唯心主义。我和李达的争论我是错误的。""58 年有些事，我有责任。提倡敢想敢干，'八大'二次会议达到高峰。其中也有些是胡思乱想，唯心主义。"（见吴江雄：《毛泽东谈古论今》）

毛泽东检讨："大家做官了，不做调查研究了，我也是浮在上面看报告。"（见史略：《毛泽东与 1961 年大兴调查研究之风》）

毛泽东检讨："社会主义经济建设的客观规律，你违反了它，就一定要受惩罚。我们就是受了惩罚，最近三年受了大惩罚，要检讨。"（见柳建辉、史略：《60 年代初毛泽东的纠"左"努力》）

毛泽东倾全力纠"左"。他深入求索马克思主义经济理论，到各地调研，找各级干部谈话，投身实践，狠抓落实，把一平二调、高指标、浮夸风压了下来。

毛泽东力挽狂澜，他对全党说："过去打土豪是正确的，'不义之财，取之无碍'，和宋江一样；现在对农民能这样吗？唯一的办法只能等价交换。"（《在郑州会议上的讲话》）

毛泽东批评共产风，将共产党官僚机构对农民的剥夺痛斥为"抢"、"偷"、"贼"。他震怒：人民的"财产权利必须神圣不可侵犯"；"我代表 1000 万队长级干部、5 亿农民说话，坚持搞右倾机会主义，贯彻到底。你们不跟我来贯彻，我一个人贯彻，直到开除党籍，也要到马克思那里告状。"（《在郑州会议上的讲话》）

1962 年"七千人大会"，刘少奇评价毛泽东："这几年来，我们在实际工作中的缺点和错误，他总是最早发现，并提醒大家注意。"（见柳建辉、史略：《60 年代初毛泽东的纠"左"努力》）

薄一波记录，庐山会议前的半年多时间，是毛泽东最先清醒地意识到大跃进冒进的危险。"如果不是毛主席从纷繁的事务中找出人民公社问题的症结所在，我们的事业就可能被'共产风'葬送。"（《若干重大决策与事件的回顾》）

如此，不难理解毛泽东对彭德怀"上书"的愤怒。他说："庐山会前，纠'左'问题还未搞清楚，彭德怀强迫我们应战，打乱了反'左'。"（《在八届九中全会上的讲话》）

彭德怀的批评，本是毛泽东已经或正在解决的问题。

1959年4月29日，毛泽东致信省、地、县、社、队、小队各级干部，反对唱高调，反对浮夸风，要求实事求是。中共中央采取各种措施，制止共产风，压缩指标，平衡经济，注重民生。而"彭德怀把那些暂时的、局部的、早已克服了或者正在迅速克服中的缺点收集起来，并加以极端夸大，把我国目前形势描写成为漆黑一团。"（《中共八届八中全会关于以彭德怀为首的反党集团的决议》）

何沁写道："毛泽东认为彭德怀等不是跟他一道去纠正工作中的缺点和错误，实际上对'大跃进'和人民公社表示怀疑和反对，是向他和中央领导'下战书'。"（《中华人民共和国史》）

薄一波同样认为：毛泽东敏锐地抓住了彭德怀的实质：其动机是"把结论引导到错误路线，领导机关错误。"（《若干重大决策与事件的回顾》）

彭德怀批评大跃进，"醉翁之意不在酒"，在于剑指中国共产党的领导体制和领导路线。

彭德怀笔记："从1958年下半年起，我国生产关系的变革远远地走在了生产力发展的前面。这是错误的。"（见何定：《巨星的陨落与重新升起》）

彭德怀说得对：先进生产关系依赖先进的生产力；如果没有坚实的生产力基础，生产关系的变革终究是空谈。

然而，痛心人民疾苦的彭德怀，却漠视世界风云诉诸共产主义运动的严峻课题，那是大跃进触动的"雷区"：中国革命向何处去？世界革命向何处去？

——农民革命向何处升华？

为着升华的实验：巴黎公社，十月革命，斯大林的"集体农庄"，毛泽东的"大跃进"……

那是以小资产阶级为主体的广阔人群向着共产主义的实验。

法兰西民族，俄罗斯民族，中华民族……成千成万人以生命的巨大付出，向着整个人类献上真诚的求索，向着世界历史进程擎起前行的火炬。

大跃进的牺牲是惨重的。然而，成堆白骨支撑的，却是中华民族的崇高理想和英雄气概。它凝聚成毛泽东那力重千钧的豪迈："对形势要从积极方面去看，有困难要想办法去战胜它。缺点可以有几千条，但这是可以克服的。不可理不直，气不壮。"（见邱延生：《"文革"前夜的毛泽东》）

"中国人连死都不怕"！（毛泽东）

那是中华民族前仆后继者们的整体一声吼：四•一二大屠杀，不怕！南京大屠杀，不怕！大跃进的严重失败，不怕！文化大革命的"大动乱"，也不怕！

为中华腾飞！

为千古人类的大同追求！

中国社会是农民社会，中国革命是农民革命，彭德怀不能免农民思维，毛泽东不能免农民思维。然而，共产主义思想体系为农民革命照亮道路，彭德怀与毛泽东是超越农民革命的农民革命领袖。

毛泽东赞彭德怀：

山高路远坑深，
大军纵横驰奔。
谁敢横刀立马，
惟我彭大将军。

彭大将军横刀立马，英气冠中华。
然而彭德怀不是鹰，他飞不起来。
毛泽东是鹰。
彭德怀止步于毛泽东思想，即马列主义中国化；然后向着"富国强兵"的抽象一头撞去，扎进了资本主义怀抱。
毛泽东不满于毛泽东思想，他要推进马克思主义关于无产阶级解放全人类的科学世界观。他说："只有超过马克思，才算马克思主义。"（见吴江雄：《毛泽东谈古论今》）
毛泽东主义呼之欲出。

978-1-62265-934-0 (online)   978-1-62265-935-7 (paper)

（三）文化大革命——确立毛泽东主义

毛泽东是神。

释迦牟尼是神，耶稣是神，关羽也是神。

什么是神？

临终前的鲁迅在热昏的迷蒙中得了启示："无穷的远方，无数的人们，都和我有关。"（《且介亭杂文末编·"这也是生活"》）

鲁迅也是神！

人天一体。所谓神，就是对个体与整体相一致的自觉；就是自我生命融入人类整体中并为人类整体而呐喊而奋斗的自为。

鲁迅在临终前的混沌里，捕捉到这个自觉和自为。

释迦牟尼"悟"到了这个自觉和自为，耶稣"悟"到了这个自觉和自为；关羽没有。然而，关羽的义薄云天与人民的内心要求共振，人民奉关羽为神。

毛泽东有这个自觉和自为吗？

据说，临终前的毛泽东在得知天降陨石的"神谕"后，深深地陷入激动中。

不管毛泽东有没有捕捉到这个自觉和自为，他与人民血肉相连的生命，已经无保留地献身人类整体利益，实现了人天一体。

被"精英"们赶下神坛的毛泽东，已经而且注定被人民永久地奉上神坛。

毛泽东是神！

1、刘少奇：理想与幻想

建国后，中国共产党挺立起三个奋起挑战毛泽东权威的"猛士"——彭德怀、刘少奇、林彪。

对毛泽东专制，彭德怀难以容忍；刘少奇一再让步，终至忍无可忍；林彪曲意逢迎，最后"林郎才尽"，破釜沉舟，一决雌雄。

不论彭德怀、刘少奇、林彪之间怎样尖锐冲突，三人的主旨并无区别，那就是毛泽东认定的"右"——彭德怀"右倾"，刘少奇"右倾"，林彪形"左"实质依然"右倾"。

殊途同归，他们反抗毛泽东的"左"。

他们不反党，不反社会主义；但他们反毛泽东。

他们不反开国领袖毛泽东，不反共产党领袖毛泽东；他们反的是不断革命、"不断折腾"的毛泽东。

他们被"逼上梁山"。

然而，这并不能证明他们"造反有理"。

因为，他们是"人"，而毛泽东是"神"。

他们难以设想：为了幻觉中的共产主义，毛泽东竟然失去现实的清醒。

他们憧憬强大的新中国。

刘少奇曾诉肺腑："我的有生之年不多了，必须更抓紧时间多干些事。只要

马克思再给我十年时间，我们是能够把中国建设得真正富强起来的。"（见刘平平等：《胜利的鲜花献给您》）

毛泽东却不止步于此。他更倾心耶稣的"天国"、佛陀的"彼岸"——彻底颠覆私有制和私有观念。

这是两条路线的斗争。

这个斗争，在1945年毛—刘体制建立之初已见端倪。

抗战胜利后，毛泽东赴重庆谈判，刘少奇主持中央工作，他宏筹大略，缜密部署，兵发东北，抢得先机。

然而，那是将东北作为筹码，与蒋介石讨价还价。刘少奇、周恩来下达《中央对目前东北的方针问题的指示》："力求国民党承认我党在东北一定合法地位的条件下与国民党合作，实行民主改革，和平建设东北。"

刘少奇扩张实力，逼迫蒋介石改良，确保共产党的合法地位；毛泽东则认定打倒蒋介石，"将革命进行到底"，赢得全中国。

知识分子革命家与农民革命领袖的气概分野，已经决定了20年后毛刘之争的路线之别，以及刘少奇的悲剧命运和周恩来的"忍辱含垢"。

刘少奇、周恩来的知识分子革命家的根性，是不是对《水浒传》宋江、卢俊义一干人等期盼"招安"之心态的别样认同？

如此方可理解，毛泽东临终前以"天外飞石"的突兀，评《水浒》，批宋江，绝非心血来潮，而是积数十年之愤愤，拼将生命的最后热能，化为一道警醒中华民族的耀眼光。

中华子孙，以及毛泽东的党，能够拒绝资本世界的"招安"，挺直铮铮硬骨吗？

实际上，刘少奇路线的源头是"苏联模式"。

苏联指示中共："学习法国的经验。"（《重庆代表团致中央电》）

"法国"什么"经验"？

——在资产阶级主导下，社会主义与资本主义的统一战线。

周恩来说：法国共产党"同意将军队编入国防军后，不仅军事地位并未损失，政治地位也绝大提高。"

刘少奇、周恩来决定走法国共产党的"缴枪"之路，他们下发《中央关于和平民主新阶段问题的指示》："我党即将参加政府"，"我们的军队即将改编为国军及地方保安队、自卫队等。在整编后的军队中，政治委员、党的支部、党务委员会等即将取消，党将停止对军队的直接领导（几个月后开始实行），不再向军队发出直接命令。"（以上均见杨奎松：《毛泽东与莫斯科的恩恩怨怨》）

1946年2月12日，毛泽东病愈。他出席中央会议，明确反对刘少奇的"投降"方针。刘少奇和与会者们转变了认识。

这应该是中共七大确立毛—刘体制后，毛泽东对刘少奇的第一次否定，也是刘少奇对毛泽东的第一次屈从。这个屈从是诚心的。

毛泽东抗争"苏联模式"。以至在中国革命胜利后，斯大林深怀内疚，多次道歉："在你们的斗争中，我们是否扰乱或者妨害了你们呢？""我们觉得我们是妨碍了你们的。……我们常常不够了解你们的实际情况，可能讲错话。"（见吴子皓：《毛泽东与刘少奇》）

其实，毛泽东路线的源头，同样是"苏联模式"。

什么是"苏联模式"？

"苏联模式"就是革命民主主义的苏联形态。

978-1-62265-934-0 (online)   978-1-62265-935-7 (paper)   薛 道

"苏联模式"是 1956 年苏共 20 大之后出现的概念，但它却是列宁、斯大林和苏联共产党将马克思主义与俄国革命具体实践相结合的成果。

"苏联模式"不是固化的，而是一个发展的过程。

"苏联模式"表现为列宁主义，即"工农联盟"：无产阶级领导农民进行民主革命，消灭资产阶级；至多暂时利用资产阶级。其突出特点是无产阶级专制。这是新民主主义低级阶段。

"苏联模式"表现为斯大林主义，即"三和两全"：苏联消灭阶级，建成社会主义，成为全民党、全民国家；以苏联为首的社会主义阵营与以美国为首的帝国主义阵营和平共处，和平竞赛，和平过渡。其突出特点是无产阶级与资产阶级的统一战线。这是新民主主义低级阶段向高级阶段的过渡。

中共七大，刘少奇代表全党确立毛泽东思想。毛泽东思想就是新民主主义。

准确地说，毛泽东思想是新民主主义低级阶段向高级阶段过渡的中国形态，是列宁—斯大林主义的构成。毛泽东说："中国共产党人提出的这一正确的命题，是根据斯大林的理论。"（《新民主主义论》）

1927 年，瞿秋白在《国民革命完了吗？》中阐述这个"理论"："中国的国民革命的任务，必须工人阶级负起全副的责任，联合最彻底的民权革命的伟大力量——中国农民，来实行。"

1928 年，初登井冈山的毛泽东确认这个"理论"："中国迫切需要一个资产阶级的民主革命，这个革命必须由无产阶级领导才能完成。"（《中国的红色政权为什么能够存在？》）

1936 年，刘少奇在延安解说这个"理论"："中国的资产阶级已经不要求彻底的民主革命，而且反对彻底的民主革命。中国的民主革命不能由资产阶级的领导来完成，而要由无产阶级在同资产阶级争夺领导权的斗争中来完成。"（《领导权问题是民族统一战线的中心问题》）

1939 年，毛泽东明确新民主主义概念。

新民主主义的实质：无产阶级领导民主革命。

新民主主义在中国，走过一段从水土不服到游鱼得水的曲折路：

中国共产党早期领袖照搬列宁主义的"苏联模式"，倾心工人运动，发动城市起义，把农民看做附属力量，致革命屡遭失败。

刘少奇列身其中。他曾用"提携"二字，明示农民的依附地位："农民为国民革命之重要势力，是工人阶级天然的同盟军。中国工人阶级应切实提携农民，进行中国的革命。"（《工人阶级在革命中的地位与职工运动方针》）

毛泽东独辟蹊径，变革"苏联模式"。他依据中国农民社会的实情，从列宁的"工农联盟"处后退，置重心于"农"，确定农民革命主体，"农村包围城市"，星火燎原，遂成大观。

历史证明了毛泽东。

遵义会议，刘少奇投给毛泽东一票，表明他的自我否定和对毛泽东"农民革命"的认同。

延安整风，刘少奇更以对王明的清算，成为毛泽东"农民革命"忠实有力的同盟者。他说："作为工人阶级先锋队的我们的党，要长期在农村中用最大力量来组织与领导这个农民革命，乃是必然的道理。"（《论党》）

刘少奇开辟华北、华东抗日根据地，挥兵东北，土地改革……全面张大农民革命的威力，为新中国奠下厚重的基石。

刘少奇是毛泽东的亲密战友。

978-1-62265-934-0 (online)　　978-1-62265-935-7 (paper)　　　　　　　　薛 遒

新民主主义，是延安时期确立的毛泽东—刘少奇领导体制的理论基础。

那么，这是一个什么样的理论呢？

毛泽东依据晚年斯大林学说，再次变革"苏联模式"。他否定了列宁和早期斯大林"消灭资产阶级"的主张，将苏联社会主义与英美资本主义的联盟，置换为中国共产党主导下与中国民族资产阶级的统一战线。

"新民主主义"的内涵：工人阶级与资产阶级在对立中同一。

毛泽东说：新民主主义时期，发展资本主义"是一个不可避免的过程。它不但有利于资产阶级，同时也有利于无产阶级，或者说更有利于无产阶级。"因此，"在中国，为民主主义奋斗的时间还是长期的。"（《论联合政府》）

刘少奇服膺这一理论。

然而，解放战争胜利曙光初现，毛泽东就急切地抛弃这一理论。他按捺不住向列宁和斯大林早期的"工农联盟"回归，要踢开资产阶级，进军社会主义。

1947 年 11 月 30 日，毛泽东致电斯大林确定建国方针：无产阶级独裁，中国共产党一党专政。

1948 年 4 月 20 日，斯大林回电毛泽东：必须在共产党领导下，联合资产阶级，建立"民族革命民主政府，而不是共产主义政府"。

1949 年 3 月，斯大林致电中共："我们俄国共产党人主张中国共产党人不要疏远民族资产阶级，而要把他们看作是一支有助于同帝国主义者作斗争的力量并与之合作。"（见刘彦章等：《斯大林年谱》）

毛泽东服从了斯大林。新中国建立，确立新民主主义政权，即在工人阶级领导下以工农联盟为基础的与民族资产阶级合作的联合政府。

然而，这个"联合政府"不过是消灭资产阶级的和平门面。

毛泽东说："官僚资本和民族资本的比例是 8:2。我们解放后，全部没收了官僚资本，就把中国资本主义的主要成分消灭了。"（《读<政治经济学教科书（社会主义部分）>的笔记》）

民族资产阶级在联合政府中，点缀而已。

毛泽东准备违背斯大林。他指示："目前还是搞新民主主义，不是社会主义；是削弱资产阶级，不是要消灭资产阶级。"（见薄一波：《若干重大决策与事件的回顾》）

"削弱"，是为消灭做准备。"同农民的联盟是主要的，基本的，第一位的；同资产阶级的联盟是暂时的，第二位的。"（毛泽东：《农业合作化的一场辩论和当前的阶级斗争》）

很快，从"暂时联盟"到"赎买"，再到消灭资产阶级，毛泽东否定了与资产阶级的统一战线，也就否定了他自己定义的新民主主义。

新民主主义还是社会主义？毛泽东与刘少奇拉开了路线斗争的大幕。

毛泽东说："资产阶级民主革命完成之后，中国内部的主要矛盾就是无产阶级与资产阶级之间的矛盾。"（见薄一波：《若干重大决策与事件的回顾》）

刘少奇坚持新中国的主要矛盾不是无产阶级与资产阶级的矛盾，认为不能犯冒险主义的错误。（见朱元石：《刘少奇 1949 年秘密访苏》）

刘少奇青年时代留苏，比毛泽东更多地接受了正统马克思学说。尽管在中国革命实践中，刘少奇热情投身毛泽东的"农民革命"，但"农民革命"对于共产主义的落后性，他有着清醒认识。

刘少奇没有改变"工人革命"的基本思路。他说："按照群众路线，必须照顾多数，即是必须照顾中间状态与落后状态的群众。"而照顾多数落后群众，"主

要地就是照顾农民。"(（《论党》）

资本关系进步，还是封建关系进步？

——资本关系进步！

科学社会主义是资本关系的产物。农民的封建属性决定了农民革命的落后性。

资产阶级政党进步，还是农民政党进步？

——资产阶级政党进步！

先进的工人政党是先进的资产阶级政党的孪生兄弟。农民政党处于落后的生产力和生产关系的制约中，其部分个体可以实现觉悟的升华，但整体不能。

在中国，无论国民党，还是共产党，都不能免"农民政党"的根性。"我们的党员，绝大部分是农民和小资产阶级出身……在党内反映了大量的小生产者的思想意识。"（刘少奇：《论党》）

冀望农民政党干社会主义，无异天方夜谭。毛泽东后来醒悟："在 1963 年 2 月召开的中央工作会议上，毛泽东说：'我们的干部……绝大多数不懂社会主义。'"（刘源：《"四清"疑团》）

"农民政党"必须向资产阶级政党或无产阶级政党转化，否则没有出路。

然而，不将农业社会提升为工业社会，不将封建关系提升为资本关系，就不能从实质上完成"农民政党"的升华。

什么是资本关系？

就是以资本为轴心的所有制关系，也就是无产阶级和资产阶级的关系。说白了，社会的基本构成不再是广大的农民，而是广大的工人。

明了这一点，就不难理解刘少奇建国初对发展资本主义的热切。

刘少奇热情鼓励："私人资本主义现在不只是可以存在，而且要发展，扩大。"（见戴茂林、赵晓光：《高岗传》）

刘少奇期待农村的资本主义变革。他说：富农是农村中的资产阶级，保护富农的经济政策要延续到"相当远的将来。……在整个新民主主义的阶段内，都是要保存富农经济的。"（《关于土地改革问题的报告》）

刘少奇为资本家抱不平："帝国主义、国民党、官僚资产阶级找不到了，都看不到了！于是子弹就打在资本家头上。这是打错了，把朋友当敌人打。"（《对天津工作的指示》转引自刘源：《"四清"疑团》）

刘少奇主张在社会主义主导下，走完资本主义发展阶段。他说："今天在我国，资本主义的剥削不但没有罪恶，而且有功劳。封建剥削除去以后，资本主义的剥削是有进步性的……今天不是工厂开得太多，剥削的工人太多，而是太少了。你们有本事多办厂多剥削一些工人，对国家对人民都有利，大家赞成。"（见吴子皓：《毛泽东与刘少奇》）

刘少奇甚至签发中组部复信，认同"党员剥削"："一部分党员向富农发展，并不是可怕的事情，党员变成富农怎么办的提法，是过早了，因而也是错误的。"（见薄一波：《若干重大决策与事件的回顾》）

这为改革开放的"共产党员剥削"开了先河，成为"资本家入党"或"党员资本家"的原生形态。

刘少奇正视中国共产党的农民基本构成，对中国共产党作为新民主主义政党做出清醒定位——"工农联盟"的党，即以工人阶级世界观为指向的农民政党。

因此，"照顾"农民党员的"多数"，也便顺理成章。

事实上，农民式思维、农民式"按劳分配"的要求以及农民式发家致富的本能和由此生发的剥削，中国共产党无法避免。

刘少奇认定民主革命并未成功："在落后的半封建基础上，不允许马上建立社会主义社会，必须经过新民主主义阶段。"（见刘源：《"四清"疑团》）

刘少奇坚持："不能把新民主主义阶段同社会主义阶段混为一谈。"

然而，刘少奇也不乏书生气："即使东北将来有1万富农党员也不可怕，因为过几年，东北可能有100万党员，这1万人若都不好，被开除也不要紧。"

甚至，刘少奇偏激至于冲动："认为党员便不能有剥削，是一种教条主义思想"。（以上均见薄一波：《若干重大决策与事件的回顾》）

毛泽东后来批评刘少奇缺乏辩证思维，确实一针见血——

形式逻辑支撑刘少奇：1万进行剥削的富农党员，完全可以被99万不剥削的党员所限制，所改造。

辩证逻辑否定刘少奇：1万富农党员向全体党员和整个社会传达的信息，是剥削合理，剥削有功！而这1万富农党员通过剥削"让一部分人先富起来"，就会形成超过99万不剥削党员合力的能量，引导并鼓励这99万党员"下海"，兴风作浪，卷动"发家致富"的剥削大潮，理直气壮地异化为剥削党员，彻底冲垮共产党的根基。

刘少奇把握了历史发展规律：基于新民主主义政权性质和中国小农社会属性，中国不能回避资本主义。压制资本主义，社会主义发展不起来。

然而，刘少奇理论同时形成对共产党的"质"的模糊：一个铲除剥削的党，却允许其成员发展剥削，这一表里之别，如何不葬送共产党的生命？如何不动摇共产主义指向？

剥削之潮渐涌，共产党被引向危机。1953年，"两极分化已有发生和发展。一些富裕中农力求变自己为富农，一些贫农因各种原因而出卖土地，成为雇农。"（何沁主编：《中华人民共和国史》）

胡适批评蒋介石："他自己尽可以继续站在党内做一党的领袖，正如他尽可以站在军中做一军的领袖一样。但他的眼光必须远超出党的利益之外，必须看到整个国家的利益。不能如此的，决不够资格做一国的领袖。"（《政制改革的大路》）

胡适说得对。然而不免书生空谈。尊奉抽象的"普世价值"，做超阶级、超利益集团的国家领袖，蒋介石做不到；毛泽东做不到；今日世界各国的总统元首们，也做不到。

一国的领袖当然必须放眼整个国家的利益，但不管他主观意愿如何，他的倾向绝不会是公允的。

同样，抽象的"执政党"不会存在。不受"人民主权"制约，便一定受"利益集团"制约，政府可以在阳光下高调奏响"公平与正义"的主旋律，但主导倾向只能是一方，绝不会公允。

所谓公允，无非是倾向的包装，或是天真的幻想。

因为，国家是阶级统治的机关。刘少奇说："世界上一切国家的实质都是阶级的专政，问题只是什么阶级对什么阶级的专政。"（《在中国共产党第八次全国代表大会上的政治报告》）

然而，刘少奇对"阶级专政"的认同停留在概念上，他幻想公允。

刘少奇更多着知识分子的良知和创建理性社会的原则。建国后，他急切地向执政党党魁转变，淡化了被压迫阶级领袖的色彩。

毛泽东则不管怎样为适应国家领导人形象而调整光聚，即便君临天下，也遮不住内心深处时时迸发的劳苦大众反抗剥削的阶级感情和阶级直觉。

刘少奇被毛泽东否定。

毛泽东批评刘少奇："在民主革命成功以后，仍然停留在原来的地方。他们没有懂得革命性质的转变，还在继续搞他们的'新民主主义'，不去搞社会主义改造。"(《批判离开总路线的右倾观点》)

毛泽东号召"不断革命"。

这很像托洛茨基。托洛茨基说："无产阶级作为民主革命的领导者取得了政权以后所实行的专政，必然立即面临着要深刻地侵犯资产阶级所有权的各项任务。这样，民主革命立即转变为社会主义革命。"(《不断革命》)

不同的是，托洛茨基将"不断革命"的激进付诸知识分子集团，最终寡不敌众，被比之强大数十倍数百倍的俄罗斯农民群体打弯了腰；毛泽东则鄙弃知识分子的摇摆，将"不断革命"的激进付诸中国的广大农民。"小农共产主义"被工人阶级世界观的科学指向所激动，爆发蓬勃生机。

毛泽东对农民运动情有独钟。他说："中国的革命实质上是农民革命。"(《新民主主义论》)

新中国因袭的，是农民革命的全部辉煌与全部重负。建国后，毛泽东不减农民革命的热情，他要领导农民再接再厉，跨越资本主义，向共产主义进军："我们现在的革命斗争，甚至比过去的武装革命斗争还要深刻，这是要把资本主义制度和一切剥削制度彻底埋葬的一场革命。"(《批判离开总路线的右倾观点》)

为着"农民革命"的光荣，农民被"揠苗助长"；贫农更得了一顶"半无产阶级"的桂冠，成了领导阶级。

1948 年 2 月，毛泽东在修改《中共中央关于土地改革中各社会阶级的划分及其待遇的规定》时，笔墨踌躇："无产阶级和半无产阶级（贫农）为人民民主革命和新民主国家政权的领导阶级，而无产阶级则是主要的领导阶级。"

1951 年 3 月，中共中央《关于整顿党的基层组织的决议》，文字牵强："中国革命在过去是城市工人阶级和乡村半工人阶级领导的，在今后更需要工人阶级的领导。"

1951 年 7 月，《中共中央关于工人阶级与半工人阶级领导作用问题的解释》，语句模糊："中国革命在过去是城市和乡村的工人阶级和半工人阶级领导的。"

直到 1951 年 12 月，中共中央《关于中国革命领导阶级问题的修正指示》，才从农民革命的惯性思维中开始挣脱，明确马克思主义的理论科学："关于中国革命的领导问题，无论过去或今后，均应只提是工人阶级（通过其先锋队中国共产党）领导下，不应再把半工人阶级包括在内。"(以上见《毛泽东书信选集·致刘少奇》注释)

这是具有里程碑意义的理论转折！

它意味着中国共产党在基本构成上从作为农民政党的自我认同到向工人政党升华的主观自觉：中国共产党将不再是模糊的工人阶级和农民小资产阶级的先锋队，而是工人阶级的先锋队。

它意味着中国共产党对马克思主义从抽象的接受到理论的自为：中国共产党不能止步于农民小资产阶级的私有制和私有观念，而必须将自己提升为创建公有制和公有观念的无产阶级战士。

它还有一个深远意义，那就是为 10 多年后毛泽东提出的"无产阶级专政下继续革命"理论奠下第一块基石——中国革命走过一个"否定之否定"：从初期耽于"工人革命"的空幻，到毛泽东"农民革命"将双脚扎进中华大地，再从"农民革命"向"工人革命"升华——向世界共产主义运动升华！

中国共产党宣告：无产阶级革命开始了！

尽管它还仅仅是一个对历史进程的宣言；尽管离真正的无产阶级革命，还远！

这是一个早产的革命。

中国共产党举起"无产阶级革命"之旗，却没有从农民革命的惯性思维中彻底挣脱。农民虽不再是"领导阶级"，却依然不免"半工人阶级"的尴尬。

为了"无产阶级革命"，广阔的小农社会被迫"变脸"，被从政治层面界定为半工人社会，成了中国社会主义革命的物质载体。

工农联盟！弱小的中国工人阶级有了"半工人阶级"的涌入，便急剧膨胀，具有了压倒一切的力量。

1958 年，《中共中央关于在农村建立人民公社问题的决议》如此成文："在并社过程中，应该以共产主义的精神去教育干部和群众，不要采取算细账，找平补齐的办法，不要去斤斤计较小事。……共产主义在我国的实现，已经不是什么遥远将来的事情了。"

于是，享有"半工人阶级"荣誉的小农们，担起了工人阶级的重担，那就是不计较利益得失，牺牲自我，为共产主义奋斗。

于是，从小农经济直接跃入共产主义，有了依托。

于是，互助组、合作化、人民公社、大跃进、四清……毛泽东激情鼓动，中国农村剧烈震荡。

这是列宁"战时共产主义"和早年斯大林"农业集体化"的中国版。中国农民担起了他们实在担不起的光荣担，也被这副重担压弯了腰。

毛泽东的社会主义革命高屋建瓴，群众运动的伟力势如破竹。从 1953 年到 1956 年，仅用 3 年，中国共产党便基本完成农业、手工业和资本主义工商业的社会主义改造。毛泽东欣慰了："1949 年那样大的胜利，并没有使我高兴；到 1955 年，当我看到那么多农民参加了合作社，接着是私营工商业的改造，我开始高兴了。"（见吴江雄：《毛泽东谈古论今》）

毛泽东为什么高兴？——公有制颠覆私有制！

毛泽东和中国共产党人的崇高理想唤起"在渊"之"潜龙"，中华腾飞将托起人类的太阳。

刘少奇放弃自我，放弃新民主主义，放弃"工人革命"，屈从了毛泽东。

刘少奇检讨："我有过一种想法，就是我以为还要等一个时候才能在我国农村中大量地、普遍地组织农业生产合作社和集体农场，而没有想到立即就可以大量地组织半社会主义的农业生产合作社，并由此发展到完全社会主义的农业生产合作社即集体农场。"（见戴茂林、赵晓光：《高岗传》）

这是毛—刘体制建立后，毛泽东第二次否定刘少奇，也是刘少奇对毛泽东的第二次屈从。这个屈从多少有些勉强，但也是诚心的。

1956 年，刘少奇在八大《政治报告》中宣布："改变生产资料私有制为社会主义公有制这个极其复杂和困难的历史任务，现在在我国已经基本上完成了。我国社会主义和资本主义谁胜谁负的问题，现在已经解决了。"

中国共产党一个冲刺，撞进"苏联模式"：资产阶级消灭了，阶级斗争结束了，新民主主义终结了，社会主义建成了。

于是，全国大干社会主义。

反右、大跃进、大炼钢铁、人民公社、公共食堂、庐山会议……尽管刘少奇对"双百"方针有异议，对庐山"反右"有保留，然而他"像一个天主教徒一样虔诚地信仰党的权威"。（R•特里尔：《毛泽东传》）他立场坚定，满腔热情地投身毛泽东战略部署，成为毛泽东最积极的支持者和最得力的助手。

刘少奇与毛泽东并肩，共同爆发为共产主义的激情，共同张扬为人类解放的圣洁；也共同制造了大跃进的惨痛失败和严重危机，共同促成了"反右"扩大化。

刘少奇是毛泽东选定的接班人。

1959 年，毛泽东退居二线，力挺刘少奇，他后来回顾："为什么分一、二线呢？一是身体不好，二是苏联的教训，……我想在死之前树立他们的威信，没有想到反面"。（见杜蒲：《"左"倾理论与社会主义曲折认识的关系》）

罗•麦克法夸尔更明确："赫鲁晓夫对斯大林错误的揭露，引起毛泽东改进无产阶级专政的深深思索。……他决定退出众人注目的中心，以便让他的资历很深的同志们不依靠他，建立起他们自己的主要政治形象。"（《文化大革命的起源》）

刘少奇当选国家主席。

1961 年，毛泽东树立刘少奇核心。他翻阅一篇文章，把"以毛泽东同志为代表的中国马克思列宁主义者"修改为"以毛泽东同志和刘少奇同志为代表的中国马克思列宁主义者"。（见刘爱琴：《百年回首，历久弥高》）

同年，毛泽东会见英国元帅蒙哥马利，明确地说：刘少奇"是我们党的第一副主席，是我的接班人。我死后，就是他。"（见吴子皓：《毛泽东与刘少奇》）

然而，时隔不到一年，对于刘少奇的接班人地位，毛泽东动摇了。

1962 年"七千人大会"和"西楼会议"，将毛—刘体制撕开裂缝。

问题的切入：如何论定大跃进？

毛泽东说：形势大好！

刘少奇说："没有大好形势，而是一种困难形势。"（《目前的经济形势到底怎么样》）

毛泽东张开巴掌：这是"九个指头一个指头"——"九个指头"的成绩，"一个指头"的缺点。

刘少奇反驳："不能说是一个指头和九个指头的关系，恐怕是三个指头和七个指头的关系。"（《在扩大的中央工作会议上的讲话》）

毛泽东批评刘少奇"烦琐哲学"。

刘少奇确实"烦琐"。他不具备毛泽东的大气魄，只是小心地用"三七开"蚕食毛泽东的"一九开"。这是"量"的剥夺，对"质"则"不争论"。

其实，在毛泽东看来，哪怕倒"一九开"，即在"量"上将缺点错误认定为90%，都未必不可以接受。他不讳言失误。"毛在口头上说成绩是主要的，但在他的讲话中更多的篇幅是讲缺点和批评。"（罗•麦克法夸尔：《文化大革命的起源》）

在"九个指头"形势大好上不松口，不是毛泽东闭眼无视失败，而是从本质上坚定共产党人立场和共产主义方向；在90%的"量"的具体问题上，毛泽东自我否定，正视失败，检讨缺点，纠正错误。

毛泽东"认为，从全局来讲，还是九个指头和一个指头的问题。从具体事实来说，确实有些得不偿失。"（严文：《庐山会议前毛泽东的纠"左"努力》）

得不偿失，不是一九开，甚至不是刘少奇说的三七开，而是倒过来了，"失"大于"得"，缺点多于成绩，大跃进严重失败。

然而，这是"量"的失败。毛泽东说："向下的东西是旧的量和质，主要地表现在量上。向上的东西是新的量和质，主要地表现在质上。"（《论持久战》）也就是说，旧事物本质腐朽，已经失去生机，但在"量"上依然强大，如"汪洋大海"；新事物"量"上弱小，缺陷比比皆是，但在"质"上充满生机，前景辉煌。

什么"质"？

开天辟地第一遭，中华民族颠覆私有制和私有观念的共产主义伟大实验。

这个"质"，在"量"上很小，甚至不足 10%；但却具有决定性的主导地位。那必须是"九个指头"。否则，要共产党干什么？

这是凸显毛泽东"神性"的辩证法。其"质"、"量"之辨，绝非刘少奇和他的同僚们可以企及，更绝非"知识精英"们可以企及。

毛泽东与刘少奇，没走到一个点上。

毛泽东担忧劳动人民重新陷入"弱势群体"，被特权剥削奴役。他说："一搞包产到户，一搞单干，半年的时间就看出农村的阶级分化很厉害。有的人很穷，没法生活。有卖地的，有买地的，有放高利贷的，有娶小老婆的。"（见薄一波：《若干重大决策与事件的回顾》）

刘少奇焦虑国民经济惨重失败的现实困境。他反思大跃进的灾难，质疑"三面红旗"，推行三自一包。他分明向毛泽东宣战："'左'了这么多年，让我们'右'一下吧。"（《目前的经济形势到底怎么样》）

毛泽东喟然长叹："什么'产量责任制'，什么'包产到户'，统统都是单干。搞单干，势必引起两极分化，两年都不要，一年就会分化。"（转引自马社香：《前奏：毛泽东 1965 年重上井冈山》）

刘少奇影射毛泽东："有问题不愿揭，怕说漆黑一团！还它个本来面目，怕什么？说漆黑一团，可以让人悲观，也可以激发人们向困难作斗争的勇气。"（见吴子皓：《毛泽东与刘少奇》）

毛泽东怒向刘少奇："压不住阵脚了？为什么不顶住？……说得一片黑暗，你急什么？……三面红旗也否了，地也分了，你不顶住，我死了以后怎么办？"（见刘源：《"四清"疑团》）

毛泽东心头阴影渐浓：20 年风雨同舟的亲密战友，20 年力挺的接班人，如今现了原形。他深感失望：自己这座靠山犹在，刘少奇便倒向"右倾"；自己百年之后，岂不溃不成军？他忧心忡忡："我的话他们可以不听，这不是为我个人，是为了我们这个国家、这个党，将来改不改变颜色，走不走社会主义道路的问题。我很担心，这个班交给谁我才能放心。""我还活着呢，他们就这样……"（见邸延生：《"文革"前夜的毛泽东》）

毛泽东第三次否定刘少奇。

刘少奇第三次屈从毛泽东。然而，刘少奇的这次屈从并非诚心，而是"阳奉阴违"，他义无反顾地走上一条从隐性抗争到公开抗争，再到彻底覆亡的不归路。

刘少奇隐性抗争——

1962 年，毛泽东提出："千万不要忘记阶级斗争"！

刘少奇屈从。但他力主思想教育，反对全党卷入阶级斗争，干扰经济建设。

毛、刘妥协，"经济建设中心"与"阶级斗争为纲"二元平行。双方各行其是。刘少奇成功地主持了国民经济调整，毛泽东深入研究阶级斗争。

势均力敌，暂时平衡。在刘少奇，是对毛泽东"阶级斗争说"的敷衍；在毛泽东，是必须正视大跃进失败后中国经济的困境。

刘少奇倾尽心血，贯彻"八字方针"："调整、巩固、充实、提高"，重启与资本主义合作。"经济调整的基本趋向，是按刘少奇所说的'退'。……退向'新民主主义秩序'"（刘源：《"四清"疑团》）

刘少奇发展了新民主主义：资产阶级消灭了，工人阶级与资产阶级的统一战线不存在了；但是，社会主义可以借助资本主义，建立与资本主义的统一战线。

刘少奇为邓小平改革开放奠定理论基石。"我们今天的经济体制改革正是沿着刘少奇指引的方向前进的。"（严昌、阳雪梅：《刘少奇谋略》）

什么方向？——用经济办法管理经济。也就是资本主义办法。

政治经济学是资本主义的社会科学。马克思完成了这门科学，并没有改变其阶级属性。他的《资本论》"不是第一部批判性共产主义作品，而是最后一部资产阶级经济学名著。"（安·拉布里奥拉：《唯物史观论丛》转引自罗·麦德维杰夫：《俄罗斯向何处去》）

所谓社会主义经济学，不过是对资本主义经济学的变通，或者说借用。

在生产力发展程度不足以全面支撑社会主义计划经济的条件下，借助"经济办法"——资本主义社会科学，是发展社会主义的必由之路。

然而也是滑向资本主义之路。

刘少奇不讳言资本主义。他批评："我们现在的办法是中央各部和省、市的厅、局都干预经济，这是超经济的方法，不是资本主义的方法，是封建主义的方法。"（见吴子皓：《毛泽东与刘少奇》）

刘少奇锐眼洞穿：在人民主权未得落实，人的素质和科技水平尚处于较低层次时，"计划经济"这一高于资本主义市场经济水平的社会主义科学，很容易被异化为"封建主义"的官僚垄断。

显然，大跃进乱象更使刘少奇痛感中国社会的封建根性，他主张在社会主义主导下，用资本主义方法改造中国。他说："要有限制地大力发展资本主义"，而"采取限制的政策，就是为了避免资本主义的前途"。（见王光美：《真理的光焰永不熄灭》）。

刘少奇留下一个深沉的求索：规范资本主义，使其成为社会主义进步的助力。

这个求索逼视改革开放：得到大力发展的资本主义限制得住吗？资本主义前途能避免吗？中国共产党向天国刘少奇呈报的，该是一张什么样的答卷？

刘少奇公开抗争——

1964年，毛泽东明确："运动的重点，是整党内走资本主义道路的当权派。"

刘少奇反对："对这个'派'我总是理解不了。走资本主义道路的人有，但是资产阶级都要消亡了，怎么可能有什么派？"（见刘源：《"四清"疑团》）

毛泽东明确阶级分野，将矛头指向共产党特权阶层："官僚主义者与工人阶级和贫下中农是两个尖锐对立的阶级。这些人是已经变成或者正在变成吸工人血的资产阶级分子。"（见马社香：《前奏：毛泽东1965年重上井冈山》）

刘少奇顽强退守。他认定人民和官僚主义的矛盾，而将其攻击矛头指向地富反坏右和蜕化变质干部。

毛泽东断言：社会主义和资本主义两条道路的斗争，"根子在上边"。

刘少奇"附和毛泽东'根子在上边'的指示，但只限于公社和县一级。同时，他又强调矛盾不上交……从而阻止了无止境地追'上面的根子'。"（刘源：《"四清"疑团》）

"苏联模式"支撑刘少奇。"全民党"、"全民国家"，何来资产阶级？何来"党内走资派"？归根结底，何来阶级斗争？

毛、刘尖锐对立，激烈论争。安子文证实："到了文化大革命前一两年，已没有人再敢向毛主席提意见了，只有少奇同志敢于批评和反对，有时在会上，我们一见两位主席顶起来了，都十分紧张。"（见刘源：《忠直坦荡昭日月》）

这是中国共产党两位理论根基最深厚的优秀领袖为共产主义事业的原则之争。刘少奇硬骨铮铮："党内斗争之所以必要，……是由于在党的发展过程中和无产阶级斗争过程中产生了党内原则上的分歧。……党内斗争，是整个革命斗争中不可缺少的必要的组成部分。"（《论共产党员的修养》）

破釜沉舟，刘少奇不再向毛泽东屈从；毛泽东也不再接受刘少奇的屈从。维持 20 年的毛—刘体制崩溃。毛泽东认定刘少奇是中国党内修正主义的总根子。

刘少奇彻底覆亡——

1966 年，毛泽东忍无可忍，决心打倒刘少奇。

刘少奇的儿子刘源公正指出：没有"原则问题"，"毛泽东绝不会下决心打倒刘少奇和半数以上的老革命、老战友。……毛泽东确实是忍无可忍，才'炮打司令部'。"（《"四清"疑团》）

刘少奇被批判。

1967 年 1 月 13 日，毛泽东约见刘少奇。刘少奇提出自己承担责任，辞去国家领导职位，解放广大干部，尽早结束文化大革命。

毛泽东沉吟不语。他尚未摧毁共产党官僚体制，岂能"解放广大干部"？他要明确"党内走资派"这个斗争重点，岂能结束文化大革命？"无产阶级专政下继续革命"，难道是"革"你刘少奇一个人的"命"吗？

毛泽东断定：刘少奇尽管承担责任，但并没有真的认识"错误"，不是真的检讨。刘少奇依然是"经济建设中心"，依然没有"改悔"。

刘平平写道：毛泽东"建议爸爸认真读几本书，还介绍了德国动物学家海格尔写的《机械唯物主义》和狄德罗的《机械人》。临别时，毛主席亲自送爸爸到门口，亲切地说：'好好学习，保重身体。"（《胜利的鲜花献给您》）

毛泽东是亲切的，然而，在亲切的表像下，他内心是失望的。

毛泽东说："刘、邓二人是搞公开的，不搞秘密的。对刘、邓要准许革命，准许改……对少奇同志不能一笔抹杀。"（见吴子皓：《毛泽东与刘少奇》）

然而，刘少奇步入高岗覆辙。

高岗的骨头是硬的，刘少奇的骨头也是硬的。

高岗作检讨，实际不认错，而是以自杀拒绝与毛泽东合作；刘少奇作检讨，实际也不认错，而是以自杀的别样形态——回乡务农，拒绝与毛泽东合作。他们以不同的形式坚持自己的主张，"自绝于党"，自绝于毛泽东。

毛泽东确认刘少奇不打算修正自我，在"亲切"中下了否定的决心。两个"机械"，该是对刘少奇缺乏辩证思维的定论吧！

1968 年，毛泽东主持八届十二中全会，宣布将"叛徒、内奸、工贼"刘少奇永远开除出党，剥夺了刘少奇的政治生命。

其实，毛泽东是清醒的。他打倒的不是被冠以"叛徒、内奸、工贼"的刘少奇，而是沉迷"普世价值"抽象"不改悔"的刘少奇。

从抽象的"民主建国"，到抽象的"经济建设中心"，再到抽象的"共产党精英政治"，刘少奇"主张阶级合作，熄灭斗争。"（刘源：《"四清"疑团》）

然而，"合作"与"斗争"是对立的同一体。熄灭斗争，铁板一块，便无所谓合作；既然合作，就不能没有不同意见，不能没有斗争。

"普世价值"的抽象，在贫富对立、两极分化的阶级社会，对于鼎沸的民怨，是麻醉剂；对于横行的强暴，能不是助纣为虐？

熄灭斗争的阶级合作，是不是认同资本剥削劳动的合法性而给资本家撑腰？是不是束住被压迫人民的手脚而放纵权贵阶层对弱势群体的掠夺？是不是损害共产党的工人阶级品格而助长特权集团日益酷毒的嗜血？

毛泽东能不否定刘少奇？

他的第一次否定，在于刘少奇盲从斯大林战略部署，将统一战线交由资本主义主导，即实际的投降路线。

他的第二次否定，在于刘少奇坚持新民主主义，主张与资本主义合作，而不是消灭资产阶级，消灭剥削。

他的第三次否定，则直指刘少奇崇高理想的寄托：共产党精英政治。

刘少奇捍卫共产党的崇高："除了人民的利益之外，党再无自己的特殊利益。最广大人民群众的最大利益，即是真理的最高标准，即是我们党员一切行动的最高标准。"（《论党》）

刘少奇对共产党干部寄以厚望："各级领导人要全心全意为人民服务，没有私心，不贪污，能吃苦，必要时与人民一起吃苦，这样，国家才能搞好……才能保证肃清贪污盗窃集团。"（《刘少奇年谱》）

刘少奇甚至语出激烈："我们的干部、共产党员要甘心给老百姓做牛马，凡不愿意给老百姓当长工、当牛马的可以退党。"（《在全国土地会议上的结论》）

刘少奇说到了，他自己也做到了。

不仅刘少奇，中国共产党一大批先驱者：朱德、周恩来、董必武、谢觉哉……，都做到了。

这样的先进集团，能够无私地献身社会，难道不能卓有成效地治理国家吗？刘少奇确信：共产党领导集体固然必须向人民学习，但作为社会优秀分子，足以成为统御力量，他"明显地感到一个无私的党的精华应该置于外部监督之上。"（罗•麦克法夸尔：《文化大革命的起源》）

刘少奇清醒地指证了现实：囿于社会发展程度，今日世界林林总总的"人民国家"，其实不具备人民真正行使权力的条件。人民只能把自己的权力委托或"被委托"给"精英集团"。

资本主义国家如此，社会主义国家也如此。

美国研究者评说："中国共产党创造了一个有纪律的精英团体，一个新的党政机构，使党的最高领导人能够前所未有地向中国的大多数人口贯彻他们的意志。"（王景伦：《毛泽东的理想主义和邓小平的现实主义》）

然而，"精英政治"不属于社会主义。

"精英政治"是资本主义的宠儿，它是少数人的政治。它以对"人民主权"的有限让步和对腐败的有限惩治，维护资本特权的利益。

社会主义只能是人民主权，它是多数人的政治。它固然无法跨越"精英政治"，然而那是对资本主义"精英政治"的借用和变通。它必须置身人民监督，为人民行使权力，时时抵制向"恶"的异化。

因为，千百年积淀的旧势力旧观念足以摧折社会主义新芽，而资本的厚重则足以将"共产党精英政治"畸变为垄断特权，消解"人民主权"。

苏联共产党向特权腐败沦落，对"精英政治"做了深刻的风险注解。

刘少奇步苏联共产党后尘。

事实上，苏联悲剧警醒中国共产党。毛泽东痛感危机；刘少奇也痛感危机，他说："社会主义国家有可能出工人贵族"，"如果我们不注意，不留心，党也可以变质。"（《刘少奇年谱》）

薄一波回顾："少奇同志在会上讲话中，提出'和平演变'已经演变到高级机关中的某些人了，省委、市委都有他们的人。"（《若干重大决策与事件的回顾》）

如何抵制畸变？

刘少奇变革"苏联模式"："不让资本主义复辟，防止和平演变，防止修正主义，有三项根本措施：第一，社会主义教育运动；第二、半工半读；第三、干部参加劳动。"（《刘少奇年谱》）

978-1-62265-934-0 (online)　　978-1-62265-935-7 (paper)　　　　　　　薛遒

　　怪不得抗战时被毛泽东高度评价的刘少奇代表作《论共产党员的修养》，到了文化大革命竟被毛泽东"出尔反尔"地判了极刑："《修养》的要害是背叛无产阶级专政"。

　　原因很简单：抗日战争，在坚持阶级斗争的前提下，强调共产党员的修养，极为必要；社会主义时期，放弃阶级斗争，只讲"修养"和思想教育，不讲特权阶层的蜕变，无视共产党内的阶级分化，淡化"既得利益集团"走资本主义道路的趋向，那不是为资本主义复辟开绿灯、"背叛无产阶级专政"又是什么？

　　刘少奇是"苏联模式"中人。

　　建国后，刘少奇力图将"苏联模式"与中国社会主义建设相结合：他反对发展农业合作社，是为了创造条件实现苏联式机械化的集体农庄；他支持"三自一包"，是与赫鲁晓夫共识，通过有限开放资本主义来发展社会主义；他批判官僚主义，加强党员干部修养，则为保持高尚的共产党精英集团，防止和平演变。

　　刘少奇致力于党的统一。

　　毛泽东"制造"党的分裂。

　　毛泽东尖锐透视一个日益猖獗的阶层——"既得利益集团"，他一语道破中国共产党的内部阶级分化："我党至少有两派，社会主义派和资本主义派。"（《杨尚昆日记》转引自马社香：《前奏：毛泽东1965年重上井冈山》）

　　那么，毛泽东如何抵制向资本主义的畸变？

　　人民监督！

　　毛泽东说："我们靠的是人民专政，在人民群众监督的汪洋大海中，什么样的坏人也逃不过人民群众的眼睛。"（见邸延生：《"文革"前夜的毛泽东》）

　　毛泽东回顾井冈山时期："士兵委员会可以监督连长、营长、团长，它有很大的权利。现在工厂的工会真的可以监督厂长、书记吗？谁又来监督我们的市委书记、省委书记？谁来监督中央的领导？"（见马社香：《前奏：毛泽东1965年重上井冈山》）

　　毛泽东否定精英政治。他批判苏联《政治经济学教科书》的错误：不讲"劳动者管理国家、管理军队、管理各种企业、管理文化教育的权利"。他明确定义社会主义民主："我们不能够把人民的权利问题，理解为国家只有一部分人管理，人民在这些人的管理下享受劳动、教育、社会保险等权利。"（见蔡仲德：《关于社会主义社会的矛盾问题》）

　　人民主权！

　　在毛泽东心中，根本没有"精英"的位置。什么"资本精英"、"政治精英"、"知识精英"，乃至"共产党精英"……他藐视一切"精英"！文化大革命"可以解释为毛对官僚主义、精英政治的日益增长的反感。"（王景伦：《毛泽东的理想主义和邓小平的现实主义》）

　　毛泽东只有一个信条：人民是真正的英雄！

　　所谓"精英"，不过是资产阶级在"平等"名义下，占有特权和维护等级的专属词。它不属于劳动人民，不属于无产阶级，不属于共产党。

　　自诩的"精英集团"，无非"既得利益集团"。古今中外，概莫能外。

　　毛泽东断定：卑贱者最聪明，高贵者最愚蠢。共产党同样如此。它的成员必须在群众中反复过滤与洗涤，才能保持光荣；它必须为"人民主权"代言而不能沦为"精英集团"，否则，一定背叛人民，成为与人民对立的"既得利益集团"。

　　毛泽东高扬的，不是蛰伏在资产阶级"民主"、"法制"下受金钱和资本奴役的伪"人民主权"，而是广大劳动者扬眉吐气的社会主义的"人民主权"。

不必讳言，毛泽东失败了。

毛泽东拒绝借用资本主义"民主"、"法制"来推进"人民主权"；他对"群众运动"寄以厚望。

然而，这个"群众"承担不起"自己解放自己"的共产主义使命，它不是现代工人，而是缺乏"民主"素质和"民主"资格的农民；毛泽东发动"群众运动"制约"精英政治"，却演变成少数"红色精英"的"运动群众"。

农民渴求"民主"，但对"民主"是朦胧的。

历史证明了刘少奇。

今天依然是资本世界，依然在"精英政治"的周期内，中国不能例外。尽管"精英政治"弊病百出，却生机犹存。

中国共产党别无选择。只能走刘少奇指出的路：借用"精英政治"，制约和变革"精英政治"，发展人民主权。

这是一条险路。

一边是峭壁，一边是深渊。共产主义在资本主义的逶迤群峰里，开拓一条随时可能失足的求索路。

毛泽东发动群众运动，鼓动大民主，是铤而走险。

刘少奇维护社会稳定，坚守"精英政治"，同样铤而走险。

"精英政治"的特权趋向，难免在公有制名义下向"权贵资本"畸变；而制约"精英政治"的"民主"要求，则由于人民缺乏民主素质，难免被资产阶级"知识精英"垄断，最终形成私有制的资本集团专制，复辟资本主义。

——改革开放数十年，中华民族深深地陷入这个"纠结"中。

中国向何处去？

毛泽东说："人民，只有人民，才是创造世界历史的动力。"（《论联合政府》）

决定历史走向的是人民。谁赢得人民，谁就赢得胜利。

曾经，蒋介石是胜利者。他将自我融于一阶级中，于是聚一阶级人民之众力，制衡那些囿于一己一集团之私而散沙一般争地盘的军阀。

刘少奇胜过蒋介石。他与毛泽东共同领导的中国共产党融于中华民族中，于是聚一民族之人民更多众力，战胜谋剥削阶级之私的蒋介石，赢得新中国。

毛泽东胜过刘少奇。建国后，刘少奇止步于中华崛起，毛泽东则将自我融于世界，融于共产主义运动，于是聚人类之整体众力，泰山凌空般压倒刘少奇。

千古人类对公正、平等、善良的执着追求和反抗剥削、反抗特权的不屈意志，赋予毛泽东战无不胜的伟力。

然而，这"伟力"固然使毛泽东收一时之功，却终因其目标高远而难免雾里看花之迷蒙。终于，抛弃毛泽东，成了人民的呼声。

人民选择了邓小平。

苏联的解体和中国的改革开放证明了马克思主义科学：从列宁到毛泽东，共产党人成功地指挥着向共产主义的进军。然而，可怕的孤军深入，几至全军覆没。

欲速不达。

理想与幻想——毛泽东与刘少奇。

依托几千年私有制和私有观念的厚重，资本主义庞然大物足以藐视共产主义嫩芽。建国后，能够遵循刘少奇路线，在与资本主义的合作中坚持社会主义主导，已经勉为其难；而当毛泽东以更激进的革命抛弃刘少奇，否定新民主主义，也便导致了对革命的抛弃。

刘少奇，这个在理想上离毛泽东最近的人，这个在理论上唯一可与毛泽东媲美的中国共产党领袖，被毛泽东无情甩开，毛泽东还能依靠谁呢？剩下的便只是红海洋翻卷的狂热浪花，以及张春桥的一得之见了。

文化大革命伊始，刘少奇在群众大会上讲："怎样进行无产阶级文化大革命，你们不大清楚，不大知道。你们问我们，我老实回答你们，我也不晓得。"

周恩来接见红卫兵代表时说："我真没有想到现在放手让你们来闹革命，连做梦也没有想到。（以上见贺源、张沱生：《党的八届十一中全会评述》）

毛泽东一意孤行，成了孤家寡人。

毛泽东长叹："始作俑者，其无后乎"！

其实，何须有后？

燃烧毛泽东生命之辉煌的，是千千万万烈士的血，是他多位亲人的牺牲。然而，毛泽东"超然"生死，写尽了人世间的"冷酷"。

1930 年，毛泽东的爱妻和挚妹惨遭杀害。"尽管人们对此深感悲痛，但她们的牺牲也不过是在毛前三年殉难亲友和同志们长长的名单中增加两个而已。毫无疑问，毛泽东认为这都是革命斗争中难以避免的。他绝不发慈悲，也不要求别人慈悲。"（斯·施拉姆：《毛泽东》）

同样，对长子毛岸英的牺牲是这样，对抗争者刘少奇的惨死也是这样；对亲人江青、毛远新可预见的命运是这样，对反对者彭德怀和大批老干部老战友的遭遇也是这样。至于毛泽东对自己的身后之污，依然这样。

选择了革命，便是选择了牺牲。

既然誓言"为共产主义献身"，那么被误解被冤屈，被谣诼被咒骂，原也在牺牲之列，岂可如怨妇弃妇般悲悲戚戚地来一番"牛棚杂议"的哀诉呢？

反过来，便不是革命者。则又误解、冤屈了什么？

不是说被"冤屈"的人不能诉委屈，更不是对那些打击报复、草菅人命的行为开脱，只是不应以世俗常情来揣度乃至控诉毛泽东。

毛泽东是性情中人。他曾为重病的陕北农民娃潮湿了眼圈，他曾为《白蛇传》中白娘子惨遭压迫泣不成声，他曾为大跃进失败饿死人悲情难抑，他曾为长子毛岸英牺牲悲歌当哭……（见邸延生：《"文革"前夜的毛泽东》）

然而，毛泽东绝不困于情。

国民党杀了他的爱妻，挖了他的祖坟，他与蒋介石重庆握手；美国飞机炸了他的爱子，他与尼克松北京建交。

毛泽东超越亲情，乃至情深无复见情。也就是脂评《红楼梦》中宝玉："情极之毒"。

毛泽东将个人之情升华为整体之情，它强烈地表现为工农大众反抗特权剥削的阶级情、人民情。

这是有血有肉的"普世价值"：整体情到极处，便是个体情毒。为普天下最广大生命的自由与幸福，毛泽东将自己和他的爱儿爱妻、亲弟亲妹，都视为颠覆旧制度旧文化战略大棋盘上的棋子；而打击的每一个人，包括他的忠诚战友高岗、彭德怀、刘少奇、林彪，不过是类型之靶，符号化了。

毛泽东把自己诉诸人民，他与人民一体。

"实践是检验真理的唯一标准"。人民在实践中醒悟，重新认同毛泽东，并把他永久地奉上神坛。

毛泽东是神！

对立同一：毛泽东与释迦牟尼。

2500 年前，释迦牟尼抛弃父母妻儿，出家远遁，是极无情；后来剃度妻、儿，使他们做成了释迦牟尼的同志和战友，是别样的极深情。亲情，融于人类整体情中。

不同的是，释迦牟尼表达人间至情用"四大皆空"的抚慰；毛泽东表达人间至情则寄望"阶级斗争"的反抗——"今日长缨在手，何时缚住苍龙？"

"专制"与"谦卑"，"冷酷"与"慈悲"，其实相反相成，相映生辉。

共产党人的新政权与以往任何时期的"改朝换代"不同。它是对过去一切政权的颠覆，它要铲除一切剥削与压迫，它以科学世界观承担起开创佛陀"彼岸世界"、耶稣"千年王国"的重担，它是与私有制和私有观念彻底决裂之宏图伟业的开端。

在本质上，它怎能不是对资产阶级及其制度、理念的彻底否定？

"久有凌云志，重上井冈山。"（毛泽东：《重上井冈山》）

一场文化大革命，毛泽东炸毁了他亲手创建的中国共产党的外壳，几乎把共产党作为阶级斗争的对象，发动群众整党，改造党。然而，他内心的强烈期待，却是中国共产党凤凰涅盘，浴火重生。

中国共产党能够砸碎旧时代套在自己脖子上的枷锁，一展凤凰之舞，鸣清音于九天吗？

毛泽东以理想之浪漫，告慰前人期待，激励后人前行。"毛要超越马克思主义。"他无法容忍官僚体制，无法容忍刘少奇："党的思想似乎像一个教堂，而刘就是教堂里虔诚的教徒。"（R·特里尔：《毛泽东传》）

这个"教堂"，就是"苏联模式"。

重要的是，"苏联模式"走到了尽头。

日益加剧的阶级分化和阶级斗争，冲击"苏联共产党精英集团"，宣告"全民党"、"全民国家"的破产，并最终导致苏联解体。

为"苏联模式"殉葬的，不仅王明，还有刘少奇。

不同的是，王明尊奉"苏联模式"，为了膨胀自我；刘少奇尊奉"苏联模式"，为了中国崛起。

毛泽东则别开生面，他借用"苏联模式"，为了超越。

毛泽东用生命的最后动能，发动文化大革命，炸裂"苏联模式"，以"无产阶级专政下继续革命"的光辉理论，创立了毛泽东主义。

2、文革之一：无产阶级专政下继续革命

读《湖南农民运动考察报告》札记——

"土豪劣绅盛时，杀农民真是杀人不眨眼。长沙新康镇团防局长何迈泉，办团十年，在他手里杀死的贫苦农民将近1000人……现在农民起来枪毙几个土豪劣绅，造成一点小小的镇压反革命派的恐怖现象，有什么理由说不应该？"

"好得很！"毛泽东大声疾呼："反对农会的土豪劣绅的家里，一群人涌进去，杀猪出谷。土豪劣绅的小姐少奶奶的牙床上，也可以踏上去滚一滚。动不动捉人戴高帽子游乡：'劣绅！今天认得我们！'为所欲为，一切反常，竟在乡村造成一种恐怖现象。"

毛泽东仰天长歌："你必定觉到一种从来未有的痛快。无数万成群的奴隶——农民，在那里打翻他们的吃人的仇敌。"

978-1-62265-934-0 (online)   978-1-62265-935-7 (paper)   薛 遒

毛泽东掷地有声：发枪发炮，武装人民，"只有土豪劣绅看了害怕，革命党决不应该看了害怕。"

——鲜明而凛冽的被压迫阶级立场，早在毛泽东青年时代便牢牢扎根于心。终其一生之伟业与败绩，都是这个"根"生发出来的。

人民之子，是毛泽东的本色，也是毛泽东之为千古伟人的底色。

从1927年考察湖南农民运动对人民大革命发自肺腑的赞颂，到1966年义无反顾地鼓动文化大革命的爆发，毛泽东向人民、向历史捧出的，是反抗压迫、反抗特权剥削的永不褪色的真诚。

精诚所至，金石为开。这"真诚"，与史共鸣，与时共鸣。

革命是暴烈的行为。

革命领袖，从来是暴烈行为的鼓动者。

在资产阶级不肖子孙的诅咒声里，列宁是"暴君"，斯大林是"暴君"，毛泽东是"暴君"。

那么，资产阶级革命领袖英国的克伦威尔是不是"暴君"？法国的拿破仑是不是"暴君"？美国的华盛顿是不是"暴君"？

美国学者威·房龙公允类比：华盛顿就是1917年俄国的列宁，而无产阶级革命领袖列宁就是1776年的华盛顿。他说：美国革命后，"在普通英国人的眼里，华盛顿简直就是列宁（比列宁还坏）"。（《美国史纲》）

中国的孙中山也是"暴君"。

辛亥革命，徐锡麟刺杀满清大员是暴烈行为，黄花岗喋血是暴烈行为，武昌首义也是暴烈行为。

请看资产阶级革命为底层民众之暴烈行为的颠覆性呐喊：

《革命道德说》礼赞泥腿子："坚毅不屈，道德最高"。（《民报》第8号）；

《哀贫民》号召人民起来反抗特权阶层："殪此富人"。（《民报》第17号）

《论穷人的好处》旗帜鲜明：农民"最有革命资格"。

《民族主义的教育》呼吁：以农民为主体的"下等社会"是"革命事业的中坚"，必以其为"根据地"。

《箴奴隶》甚至提出：以"强盗主义"来冲破"奴隶之网罗"。（以上见《辛亥革命十年间时论选集》）

同样，半个世纪后，毛泽东的文化大革命既然是革命，就不能不是暴烈行为。它重演了辛亥革命的亢奋，以"强盗主义"冲破"奴隶之网罗"。

遍及全国的红卫兵运动以人民大众反抗社会不公的畸形态，激荡"下等人"冲击"上等人"的暴烈。一时间，席卷旧体制、旧观念的狂潮拍天，汹涌澎湃，将毛泽东"对反动派造反有理"的豪情，演绎得淋漓尽致。

革命的暴烈天经地义。马克思、恩格斯号召："工人不仅不应反对所谓过火行为，不应反对民众对于可恨人物或对于那些可恨往事有关的官僚机构的报复，不但应该容忍这种举动，而且应该负责加以领导。"（《中央委员会告同盟书》）

这是无产阶级政党的本色。

因为，千古以降，特权剥削的传统势力风雨如磐，黑云覆地；没有革命的冲击，就不会有"公平与正义"的太阳照临天下。

然而，在马克思科学理论的基座上，暴力并不针对具体的人，甚至不是具体的阶级；而是"关系"。马克思说：人类社会对自身的"绝对命令：必须推翻那些使人成为受屈辱、被奴役、被遗弃和被蔑视的东西的一切关系。"（《〈黑格尔法

哲学批判〉导言》）

虽然这"关系"不能不通过人来体现。

人与人的关系——财富占有者剥削劳苦大众的经济关系,特权阶层压迫弱势群体的政治关系……

伟大的资产阶级革命先驱与伟大的无产阶级革命先驱鼓动暴烈行为,为着变革人类社会不公正的"关系"。

这是解读毛泽东不可稍有偏离的唯一路径。

毛泽东的伟大不在于建立新中国。

毛泽东的伟大在于对秦皇汉武、唐宗宋祖、成吉思汗的超越。

毛泽东亲手创建了"毛氏皇朝",却用自己的拳头打碎了这个"皇朝";毛泽东亲手创建了共产党政权,却一把火烧透全中国——文化大革命的"大浩劫"、"大动乱",将这个"政权"搞得天翻地覆,支离破碎。

毛泽东说得分明:文化大革命"就是要发动群众整我们这个党。"(见刘源:《"四清"疑团》)

文化大革命是毛泽东"一生中最重要的时刻,甚至比遵义会议更重要。他发动这场'革命'时就已经决心打碎这个他在遵义会议上挽救的党和亲手创建的共和国。"(李逊:《1967年1月上海纪实》)

这是毛泽东的自我否定。

古今中外,难道有比这样的自我否定更伟大的自我否定吗?

文化大革命昭示毛泽东的人民英雄本色,到死,不改为天下穷人打江山坐江山的初衷:"'君子动口不动手',最好的办法是用口。善讲不听,就会武讲。没有武器的,怎么搞呢?劳动者手里有工具,没有工具可以拿石头,石头都没有,有两个拳头。"(毛泽东:《在中共八届二次全会上的讲话》)

这哪像统治者的"圣谕"?——分明是革命领袖宣言人民的心语。

文化大革命更昭示毛泽东向无产阶级革命的升华,他以"工人阶级领导一切"的热忱期待,捧出一颗忠诚于人类解放事业的赤子心。

毛泽东因此不朽!

毛泽东因此超越总统首相、帝胄君王。

"文化大革命"矗立起毛泽东丰碑。它与耶稣的十字架、佛陀的菩提树、穆罕默德的《古兰经》、马克思的《资本论》和列宁的十月革命同辉,昂然于人类历史风云。

文化大革命确立了毛泽东主义。

文化大革命是中国无产阶级革命的开端。它以对"党内走资本主义道路当权派"的逻辑论证,确立了"无产阶级专政下继续革命的理论"。

文化大革命是干什么的?

"是阶级斗争嘛。"(《毛主席重要指示》见《中华人民共和国大典》下同)

这是怎样的阶级斗争?

——彻底颠覆旧制度!

"1966年春,文化大革命即将开始,毛泽东在上海西郊的一次谈话中反复提出:'要把十八层地狱统统打破,孙悟空闹天宫,你是站在孙悟空一边,还是站在天兵天将、玉皇大帝一边?''要支持小将,保护孙悟空'。"(费振刚、董学文主编:《毛泽东圈注史传诗文集成》)

1966年夏,清华大学附中红卫兵的大字报,完成了对毛泽东之为千古伟人的抽象:"革命就是造反,毛泽东的灵魂就是造反。"

　　毛泽东将这个"造反"具体化:"你们在 6 月 24 日和 7 月 4 日的两张大字报,说明对剥削压迫工人、农民、革命知识分子和革命党派的地主阶级、资产阶级、帝国主义、修正主义和他们的走狗,表示愤怒和声讨,说明对反动派造反有理,我向你们表示热烈的祝贺。"(《给清华大学附中红卫兵的信》)

　　1967 年初,上海工人阶级夺权,毛泽东隔空击掌:"这是一个大革命,是一个阶级推翻另一个阶级的大革命。这件大事对于整个华东,对于全国各省市的无产阶级文化大革命运动的发展,必将起着巨大的推动作用。"(见何沁:《中华人民共和国史》)

　　毛泽东擎起列宁主义之旗。

　　列宁说:"机会主义恰恰在最主要之点不承认阶级斗争,即不承认在资本主义向共产主义过渡的时期,在推翻资产阶级并完全消灭资产阶级的时期有阶级斗争。实际上,这个时期必然是阶级斗争空前残酷、阶级斗争形势空前尖锐的时期。"(《国家与革命》)

　　文化大革命是空前残酷、空前尖锐的阶级斗争。

　　"阶级斗争",向谁开火?

　　1956 年中共八大,宣布公有制对私有制的改造基本完成。毛泽东说:"现在阶级斗争这件工作基本结束了。……我们全党要来搞建设。"(见席宣:《关于"无产阶级专政下继续革命的理论"》)

　　1957 年反右斗争,毛泽东否定八大路线,设定阶级斗争对象:地富反坏右和资产阶级。他说:"无产阶级和资产阶级的矛盾,社会主义道路和资本主义道路的矛盾,毫无疑问,这是当前我国社会的主要矛盾。"(见席宣:《关于"无产阶级专政下继续革命的理论"》)

　　这个论断是牵强的。因为,社会主义"已经不能把工厂、机器、土地等生产资料攫为私有了。"(列宁:《国家与革命》)那么,没有了私有制,没有了生产资料的私人占有,当然没有以私人资本掠夺劳动者的剥削阶级;又哪来的无产阶级与资产阶级的阶级斗争?

　　薄一波批评:"知识分子和资产阶级右派并没有占有剥削他人的生产资料,地主、民族资产阶级也不再占有生产资料,在社会主义历史阶段,都已不是以一个完整的剥削阶级而存在。所以两个剥削阶级的观点是站不住脚的,是不合逻辑的。"(《若干重大决策与事件的回顾》)

　　1958 年武昌会议,毛泽东弥补理论的欠缺,将资产阶级修正为"政治思想上的阶级"。他说:"作为政治上同思想上的地主阶级跟资产阶级,这个东西还存在。"(见席宣:《关于"无产阶级专政下继续革命的理论"》)

　　1959 年庐山会议,毛泽东提升政治思想上的阶级斗争到共产党内:"社会经济制度变了,旧时代遗留下来残存于相当大的一部分人们头脑里的反动思想,亦即资产阶级思想和上层小资产阶级思想,一下子变不过来。要变需要时间,并且需要很长的时间。这是社会上的阶级斗争。党内斗争反映了社会上的阶级斗争。"(《机关枪和迫击炮的来历及其他》)

　　这个论断依然牵强。叶永烈指正:按照政治思想区分阶级和党内存在阶级斗争的观点,"是一个重大的理论失误,是在阶级和阶级斗争问题上从历史唯物主义滑向历史唯心主义的开端。"(《"文化大革命"简史》)

　　阶级是一个经济范畴。生产资料公有制的社会主义中国,何来阶级?"按照马克思主义的基本原理,应该从经济关系中,特别从生产资料占有的关系中,才能说明阶级的存在和特征,也才能提出判别和划分阶级的标准。"(叶永烈:《"文

化大革命"简史》)

因此，邓小平主持《关于建国以来党的若干历史问题的决议》理直气壮：毛泽东"无产阶级专政下继续革命的理论"，"既没有经济基础，也没有政治基础"。

什么是"无产阶级专政下继续革命的理论"？

《关于建国以来党的若干历史问题的决议》做出归纳："一大批资产阶级的代表人物、反革命的修正主义分子，已经混进党里、政府里、军队里和文化领域的各界里，相当大的一个多数的单位的领导权已经不在马克思主义者和人民群众的手里。党内走资本主义道路的当权派在中央形成了一个资产阶级司令部，它有一条修正主义的政治路线和组织路线，在各省、市、自治区和中央各部门都有代理人。过去的各种斗争都不能解决问题，只有实行文化大革命，公开地、全面地、自下而上地发动广大群众来揭发上述的黑暗面，才能把被走资派篡夺的权力重新夺回来。这实质上是一个阶级推翻一个阶级的政治大革命。"

那么，毛泽东的"理论"有没有经济基础和政治基础？

1962 年，毛泽东寻觅这个"基础"："有没有阶级呢？我看还有。地主、富农、反革命残余都还存在。"（见邸延生：《"文革"前夜的毛泽东》）

1963 年，毛泽东推进一步："在党员、干部队伍中，不少党员变成了资产阶级分子。"（见邸延生：《"文革"前夜的毛泽东》）

这是求索的猜想。然而，科学猜想常常是科学发现的前奏。事实上，毛泽东已经模糊地切到了"资产阶级"的脉搏。

1964 年，毛泽东开始捅破理论的坚壁："大批官僚资产阶级坏干部"的存在，造成了"我们国内严重尖锐的阶级斗争"。（见郑谦：《毛泽东与邓小平》）

1965 年，毛泽东豁然开朗："运动的重点，是整党内那些走资本主义道路的当权派"。（《二十三条》）

阶级斗争的对象明朗化：从被打倒的地富反坏右和民族资产阶级，到意识形态领域"政治思想上的阶级"，进而逼视"官僚主义者阶级"，毛泽东最后锁定"党内资产阶级"。

十年"文革"，毛泽东拼将生命的最后一搏，留下永驻史册的政治遗言："搞社会主义革命，不知道资产阶级在哪里，就在共产党内，党内走资本主义道路的当权派。走资派还在走。"（《毛主席重要指示》）

阶级斗争的对象明朗了。

然而，阶级是一个经济范畴。这个"对象"有没有经济基础呢？进而言之，政党是阶级的抽象，党内可以有派，党内如何有阶级？

毛泽东如何突破理论瓶颈？

——谁占有生产资料！

毛泽东拽出了"党内资产阶级"的经济尾巴。他在沈阳冶炼厂材料上批示："我们的工业究竟有多少在经营管理方面已经资本主义化了，是三分之一，二分之一，或者还要多些……"（见叶永烈：《"文化大革命"简史》）

列宁说过："在共产主义社会的第一阶段，'资产阶级法权'没有完全取消，而只是部分地取消，只是在已经实现的经济变革的范围内，也就是对生产资料的关系上取消。"（《国家与革命》）

其实，即使在生产资料的关系上，也大体是形式的取消。

生产关系，主要是所有制。

新中国是社会主义所有制吗？

毛泽东不容分说："我看所有制没有解决，至少是大部分，不讲全部的话。"

（见叶永烈：《"文化大革命"简史》）

新中国到底是什么所有制？

毛泽东道出两个"差不多"：一个是"中国解放前跟资本主义差不多"，一个是新中国"跟旧社会差不多"。他说："列宁说建设没有资本家的资产阶级国家，为了保障资产阶级法权，我们自己就是建设了这样一个国家，跟旧社会差不多，分等级，有八级工资、按劳分配、等价交换。"（《毛主席重要指示》）

毛泽东打碎了社会主义所有制的虚幻。他说：文化大革命"从中央一直搞到工厂、机关、学校。过去这些都不在我们手里，大都在国民党手里，都在资产阶级知识分子手里，而且他们还有后台。"（见席宣：《关于"无产阶级专政下继续革命的理论"》）

康生解读："资本主义复辟，在工厂方面，关系很大，因为它是经济基础。……社会主义工业向着资本主义发展的情况，它们形式上是'公'，实际上是'私'；形式上是'新'，实际上是'旧'；形式上是社会主义，实际上是资本主义。"（见王年一：《对上海"一月革命"的几点看法》）

毛泽东的中国，难道是资本主义所有制？

事实是严酷的。在"全民所有"的招牌下，资本主义经营管理日益扩张垄断特权对生产资料的攫夺；在"社会主义"名目下，党内走资派日益发展资产阶级剥削工人阶级的生产关系。

很清楚，向资本主义异化并非始自邓小平，而是新中国内在的强劲潮流。改革开放不过认同了这个潮流，明确鼓励了文化大革命前的资本主义生产关系。

然而，中国不是资本主义。"中国属于社会主义国家"。（毛泽东）

那么，社会主义国家为什么有资本主义生产关系？

因为，社会主义生产关系与资本主义生产关系绝非简单排斥，而是相反相成，共存共亡，对立同一。马克思、恩格斯论定这种同一性："在旧社会内部已经形成了新社会的因素。"（《共产党宣言》）

余金成、王兰垣在《社会主义走向振兴的世纪》中谨慎地说："在资本主义的计划发展和福利改革中，依稀可辨社会主义生产方式的影子；而在社会主义的市场经济和法律规范中，也不难找到资本主义生产方式的痕迹。"

其实，在资本主义国家，社会主义生产关系强势存在，但它表现为资本主义形态；在社会主义国家，资本主义生产关系强势存在，但它表现为社会主义形态。

在资本主义国家，资本主义生产关系不断经受资本社会化、生产社会化的蚕食，被迫向社会主义"和平演变"；只是资本主义生产关系居于矛盾的主要方面，因此决定着国家的资本主义性质。

在社会主义国家，社会主义生产关系不断经受等级与特权的蚕食，被迫向资本主义"和平演变"；只是社会主义生产关系居于矛盾的主要方面，因此决定着国家的社会主义性质。

社会主义生产关系与资本主义生产关系在对立中同一。毛泽东厌恶的"商品交换、八级工资制、按劳分配"，其为资产阶级法权，形成社会主义时期保存和发展资本主义生产关系的温床；其为社会主义分配原则，则成为利用资产阶级法权向共产主义平等过渡的助推器。

同一在对立中存在；对立变革同一。毛泽东说：同一"不是矛盾双方互相依存就完了，更重要的，还在于矛盾着的事物的互相转化。"（《矛盾论》）

如何"转化"？

谁占居主导，谁就决定了所有制的属性，决定了对另一方的利用、限制和改造，决定了对被动方的"转化"。

而矛盾非主导方化"被动"为"主动"的强烈冲动，则以其颠覆矛盾主导方的现实作为，使占统治地位的资本主义生产关系变革为社会主义生产关系成为可能，也使社会主义生产关系向资本主义生产关系的复辟成为可能。

这是两种生产关系的斗争。

这种斗争贯穿于双方的"温情"合作中：资本主义生产关系确立之时，社会主义生产关系呱呱坠地；社会主义生产关系诞生之初，资本主义生产关系华丽转身。

这个"华丽转身"就是国有企业。

国有企业是社会主义生产关系与资本主义生产关系对立同一的物质载体。

革命实现了对生产资料的社会占有，明确了社会主义生产关系的主导地位；然而，"社会主义无非是从国家资本主义垄断向前迈进的第一步。换句话说，社会主义无非是变得有利于全体人民的国家资本主义垄断而已。"（列宁：《大难临头，出路何在？》）

没收官僚资本为国营资本，并不能变革资本主义生产方式。没有高度提升的生产力、科技水平和劳动者综合素质，"全民所有"就不能不被虚拟化。毛泽东钟情的"两参一改三结合"尽管闪耀新世纪之光，却不能不经受现实的失败。

不止社会主义国有化，资本主义国有化同样如此。美国罗斯福时代和二战后西欧诸国一度兴起的公有化热潮，也终究沦为官僚特权者的温床而破产。

经济规律不可抗拒。

100 多年前，恩格斯已经指明"国有化"的二重性："只有在生产资料或交换手段真正发展到不适于由股份公司来管理，因而国有化在经济上已成为不可避免的情况下，国有化才意味着经济上的进步，才意味着在由社会本身占有一切生产力方面达到了一个新的准备阶段。"（《社会主义从空想到科学的发展·注释》）

尽管国有经济对于苏联、中国的社会主义建设砥柱中流，却不能遮掩一个事实：它不是股份经济发展成熟的的产物，而是落后国家的强制行为。

"全民所有"，实际是"政府所有"；"人民主权"，实际是国家垄断资本对劳动者的雇佣。它通过管理者建立与被管理者的生产关系，受制于资本主义经济规律，"不仅生产商品，不仅生产剩余价值，而且还生产和再生产资本关系本身：一方面是资本家，另一方面是雇佣工人。"（马克思：《资本论》第一卷）

商品交换无非私有财产的交换，也就是对私有者与私有者之间经济关系的事实确认。那么，劳动力依然具有商品的属性，而企业管理者假公济私，依仗"国家资本"的垄断地位，成为"私有经济"的强势群体，即官僚特权阶层，也便成为难以遏制的趋向；它们对"全民所有"的社会主义生产关系实行反噬，将资本主义生产关系从矛盾的次要方面向主要方面转化，推动社会主义所有制向资本主义所有制畸变。

这个"畸变"，在毛泽东生前曾"犹抱琵琶半遮面"，悄然于"人民主体"的名义下；而改革开放以转换机制、拍卖出售等方式将国有企业推向市场，不过将其公开化了。

毋庸置辩，国有企业保存并发展资本主义生产关系，形成资本主义的上层建筑；而利益集团相互间的亲密认同，则聚起一个特权化的资产阶级——走资派。毛泽东激烈定性："做了大官了，要保护大官们的利益。……比资本家还厉害。"（《毛主席重要指示》）

走资派——资本主义经济关系和阶级关系的政治代言。

让历史作结：毛泽东关于"党内走资本主义道路的当权派"的科学论证，将"无产阶级专政下继续革命的理论"建立在坚实的经济基础和政治基础上。

不止毛泽东。

事实上，刘少奇同样论证了这个理论。

在八大"政治报告"中，刘少奇指出：社会主义生产关系与生产力的矛盾主要表现在分配问题上；国家在"按劳分配"上的失误，也就是少劳多得，或多劳少得，分配上的不公，阻碍生产力进步。

刘少奇就差捅破窗户纸。他其实已经看到：在公有制的框架里，通过分配领域的利益转移，资本主义生产关系已经形成对社会主义生产关系的侵蚀。

随后，刘少奇遵循经济规律，几乎预言了"党内走资派"的滋生。他警告："剥削是历史发展过程中的必然产物，不是可有可无，随人的意志就能铲除的。违背规律人为去消灭它，必然还产生新的剥削，甚或自身也将变成新的剥削者。"（见王光美：《与君同舟，风雨无悔》）

这"新的剥削者"，与毛泽东定义的"走资派"，异曲同工。

中国共产党两位卓绝的领袖并立于历史风云，从对立的不同侧面向着同一聚焦：资本主义被强制"消灭"，资本主义生产方式在国营企业重新"萌发"；私有制被强制"消灭"，特权私有在公有制猖狂孳生；资本家剥削被强制"消灭"，在共产党内产生"走资派"剥削。

这并非个人、集团的品质优劣，而是"生产关系和交换关系的产物，一句话，都是自己时代的经济关系的产物。"（恩格斯：《反杜林论》）

这是经济规律。不同的是，对它的认同，刘少奇是主动的，毛泽东是被动的。

刘少奇把握了"剥削"的必然性，他容忍"剥削"，甚至一定程度上鼓励"剥削"，以求助推经济进步，最终消灭剥削。

毛泽东对"剥削"则如芒在背，忍无可忍："我不想哪一天在中国大地上再出现人剥削人的现象，再出现资本家、企业主、雇工、妓女和吸食鸦片烟；如果那样，许多烈士的血就白流了。"（见邸延生：《"文革"前夜的毛泽东》）

毛泽东"担心他在北京的毕生事业可能最终不是为世界上最合理的社会、反而为一个极度的剥削制度奠立基础。"（肯·利伯塔尔：《剑桥中华人民共和国史》）

毛泽东"坚信革命处在严重的危机关头，认为革命最终将象法国革命和俄国革命那样以各自不同的方式被断送。"（克·霍林沃思：《毛泽东和他的分歧者》）

毛泽东担忧："少则几年、十几年，多则几十年，就不可避免地要出现全国性的反革命复辟，马列主义的党就一定会变成修正主义的党，变成法西斯党，整个中国就要改变颜色了。"（见邸延生：《"文革"前夜的毛泽东》）

严峻的历史课题困扰毛泽东和共产党人：资本主义复辟有没有必然性？走资派有没有必然性？

在社会主义时期，既然资本主义生产关系作为社会主义生产关系的伴生物不乏生机，那么资本主义生产关系的政治代表——走资派也便活力依然；既然资本主义生产关系长期存在和不断产生，那么走资派也长期存在和不断产生。

资本主义复辟的根源在经济土壤中。马克思说："当使资产阶级生产方式必然消灭、从而也使资产阶级的政治统治必然颠覆的物质条件尚未在历史进程中、尚未在历史的'运动'中形成以前，即使无产阶级推翻了资产阶级的政治统治，它的胜利也只能是暂时的，只能是资产阶级革命本身的辅助因素。……任何强大的思想或意志力量都不能使他们摆脱这个命运。"（《道德化的批判和批判化的道德》）

社会主义政权的创立，能够摆脱资本主义复辟的命运吗？

邓小平存疑："资本主义代替封建主义的几百年间，发生过多少次王朝复辟？所以，从一定意义上说，某种暂时复辟也是难以完全避免的规律性现象。"（《在武昌、深圳、珠海、上海等地的谈话要点》

毛泽东也存疑："如果我们和我们的后代不能时刻提高警惕，不能逐步提高人民群众的觉悟，社会主义教育工作做得不深不透，各级领导权不是掌握在真正的马克思主义者手里，而被修正主义者所篡夺，则我国还可能要走一段资本主义复辟的道路。"（见邸延生：《"文革"前夜的毛泽东》）

毛泽东预感："我担心，我死以后，中国会出现资本主义复辟。"（见邸延生：《"文革"前夜的毛泽东》）

然而，资本主义复辟固然其势汹汹，社会主义革命同样不可阻遏。

毛泽东高瞻远瞩："在中国一定不出修正主义？这也难说。儿子不出，孙子出。不过不要紧，孙子出了修正主义，孙子的孙子一定会出马列主义。"（见曹英：《红色档案系列之二：中共早期领导人活动纪实》）

毛泽东大气磅礴："反潮流是马列主义的一个原则。"（见王洪文：《关于修改党章的报告》）

毛泽东为中华子孙立法！"既然所有制问题没有解决，许多单位的领导权实际上掌握在资产阶级手里，……从经济基础到上层建筑都存在资本主义的关系，那么发动'文化大革命'，开展夺权斗争，就成为十分必要的了。"（石仲泉：《马克思所说的"资产阶级权利"和毛泽东对它的误解》）

毛泽东定义文化大革命："从党内一小撮走资本主义道路当权派手里夺权，是在无产阶级专政条件下，一个阶级推翻一个阶级的革命，即无产阶级消灭资产阶级的革命。"（见王年一：《对上海"一月革命"的几点看法》）

文化大革命是毛泽东献给人类文明的经典之作。

毛泽东将他的毕生心血铸成指引人民反抗特权剥削的永恒航灯，诉诸历史，诉诸人民："一百年后还要不革命？一千年后还要不要革命？总还是要革命的。总是一部分人觉得受压，小官、学生、工、农、兵，不喜欢大人物压他们，所以他们要革命呢。"（《毛主席重要指示》）

人民与走资派的阶级斗争，是世纪性的持久战。

这个持久战以公有制颠覆私有制、公有观念颠覆私有观念的坚定指向，表明阶级斗争的必要性和必然性。

然而，这个持久战又大量地表现为人民内部矛盾。它以"团结—批评—团结"为宗旨，拒绝林彪、江青们沉迷于传统观念为"权力斗争"的热衷。邓小平模糊地捕捉到这一点："社会主义社会目前和今后的阶级斗争，显然不同于过去历史上阶级社会的阶级斗争。"（《坚持四项基本原则》）。

文化大革命开始了对以往阶级斗争形态的超越——

它肩起两千年前耶稣背负的十字架，将其震撼世界的空灵与崇高，置放在马克思学说的科学基座上；它激励一切人，呼唤良知，洗涤灵魂，救赎自我；它展开人民与走资派之间的阶级斗争，表达思想革命的深刻内涵。

文化大革命是思想革命。

1966 年 5 月《五·一六通知》开宗明义："彻底批判学术界、教育界、新闻界、文化界、出版界的资产阶级反动思想。"

1966 年 8 月《十六条》，即《关于无产阶级文化大革命的决定》篇首立论："当前开展的无产阶级文化大革命，是一场触及人们灵魂的大革命。"

978-1-62265-934-0 (online)　　978-1-62265-935-7 (paper)　　　　　　　　　薛 道

在根本的意义上，文化大革命是"为改变大部分党员和非党员头脑中的传统观念以及封建主义和非社会主义思想而进行的意识形态运动。"（迪•威尔逊：《周恩来》）

在深广的视角上，毛泽东"在向比刘和邓更大、更模糊的敌人开战。……他正在把社会主义现实当作日益滋生官僚主义的土壤来处置。"（R•特里尔：《毛泽东传》）

社会主义现实——私有制和私有观念的土壤。

在这块土壤上，"走资派"和"走社派"没有绝对的分野，而是在对立中同一。所谓同一："第一，事物发展过程中的每一种矛盾的两个方面，各各和它对立着的方面为自己存在的前提，双方共处于一个统一体中；第二，矛盾着的双方，依据一定的条件，各向着其相反的方向转化。"（毛泽东：《矛盾论》）

社会主义不能离开资本主义独立存在；走社派不能离开走资派独立存在。

同一的主要特征是转化。"走资派"在人民实践中自我救赎，可以转化为"走社派"，这为许多老干部的思想历程所证实；反之，"走社派"放弃思想革命，可以转化为"走资派"，这同样为许多老干部的思想历程所证实。

进而言之，人民大众和走资派之间也没有必然的鸿沟，双方在思想观念上有着千丝万缕的联系。

巴金有几分自知之明："不肯深挖自己的灵魂，不愿暴露自己的丑态，就不能理解这所谓十年浩劫。"（《〈随想录〉日译本序》）

鲁迅的解剖更无扭捏："上海的工人赚了几文钱，开起小小的工厂来，对付工人反而凶到绝顶。"（《二心集•上海文艺之一瞥》）

整个社会对金钱的膜拜，形成对资本主义生产关系的强力支撑；特权剥削的肆无忌惮，基于广大民众对私有制和私有观念的认同、和对等级金字塔构建的官僚体制的倾心。走资派不是谁加于中国社会的，它是中国社会的现实产物。

"凡是现实的都是合理的"。（黑格尔：《法哲学原理》）

走资派是合理的。

因此，文化大革命固然伤及一些人，但绝非针对个人，而是为着铲除一切已存的和不断产生的剥削与被剥削的"关系"。

马克思写道：资本家"是经济范畴的人格化，是一定的阶级关系和利益的承担者。"尽管阶级对立表现在人的身上，并通过人予以变革。但人"在社会意义上总是这些关系的产物"，因此，他明确指出："我的观点是更不能要个人对这些关系负责的。"（《〈资本论〉第一卷第一版序言》）

列宁写道："机会主义不是偶然的现象，不是个别人物的罪孽、过错和叛变，而是整个历史时代的社会产物。"（《第二国际的破产》）

毛泽东写道：批判资产阶级在党内的代理人，"不可以用简单的方法，不可把它当做敌我矛盾去处理，而必须把它当做人民内部矛盾去处理。"（《机关枪和迫击炮的来历及其他》）

这一脉相承的辩证思维，足为启迪。

胡绳在《回首文革•代序》中质问：毛泽东发动文革，"也有时发生反文革的倾向。开始他把邓小平当做第二号走资派，后来他启用邓小平，这难道不是自相矛盾吗？"

其实不矛盾。

毛泽东与邓小平在对立中同一。他维护走资派。

1966 年，毛泽东批评江青："你们文化革命小组，毫无政治经验，毫无军事经验。运动发动起来了，你们有功，你们现在骄傲。老干部统统打倒，你们掌权掌得起来？毫无经验……"（见曾涛：《正义的抗争》）

1967 年，毛泽东提出："刘少奇看来九大还是选他当中央委员。"（见黄峥：《"刘少奇专案组"始末》）

1968 年，"毛泽东说，不要一提走资派，就认为都是坏人。"（邓力群：《介绍和答问》）

1974 年，毛泽东重用邓小平，解放大批老干部，明确了走资派在中华崛起中的重要地位。

1976 年，毛泽东甚至把他百年身后事托付给走资派。临终前，他要邓小平主持搞一个"肯定文革"的决议，在这个前提下，安定团结，把国民经济搞上去。只是被邓小平拒绝。

从"打倒走资派"到寄厚望于"走资派"，十年文革，难道是一个轮回？

毛泽东期待轮回。

否定之否定。不是回到原来的起点，而是螺旋式发展到更高级的程度。也就是说，走资派经过群众斗争疾风骤雨的洗礼，完成灵魂深处的革命，领导中华民族在社会主义道路上实现伟大崛起。

走资派是批判对象；更是教育对象、团结对象，甚至是依靠对象。

凭什么？

1957 年，毛泽东发表《关于正确处理人民内部矛盾的问题》。

这是一篇令毛泽东很费踌躇，修改 14 遍而斧痕犹存的文章，但它却是文化大革命的奠基之作。它对阶级斗争的论述虽不免抽象，却初步构建了无产阶级专政下继续革命的理论框架，设定了人民群众向走资派进行斗争的基调。

在社会主义时期，阶级矛盾和人民内部矛盾是对立的同一体。

社会主义意味着社会占有生产资料，意味着阶级消失；因此，只要社会主义占居主导地位，便意味着阶级矛盾及其集中体现——人民与走资派的矛盾，一般地表现为人民内部矛盾。

毛泽东颇有分寸地说："一些同志，主要是老同志思想还停止在资产阶级民主革命阶段，对社会主义不理解，有抵触，甚至反对。"（《毛主席重要指示》）

"思想停止在资产阶级民主革命阶段"不等于反对社会主义。即使是"反对的人，或者亦是为光明磊落的心志所驱使。……在社会的重大问题上，在对与不对两方面，都有聪明正直的人。"（亨美顿语，见罗隆基：《什么是法治》）

他们有着致力中华崛起的真诚，甚至昂扬着早期资产阶级革命家为人类解放而献身的崇高，亦即"普世价值"之抽象。它延承孔子精神、耶稣精神、卢梭精神、托尔斯泰精神……，它曾经是罗斯福形态、戈尔巴乔夫形态、彭德怀形态、胡耀邦形态……

真诚的"普世价值"论者以"大爱无疆"的高尚品质，在人类文明史上赢得永恒的尊重。而社会主义时期的"普世价值"论者，则具化为"走资派"形态张扬资本主义精神。一切贪污、盗窃、腐败、堕落……，应与"走资派"严格界分。

走资派是资产阶级蓬勃生机的政治代言。

事实上，资产阶级并不必然地意味着反动没落。

因为，生产力只有在资产阶级手中才达到高度发展的程度。"从这一方面来说，资产阶级正如无产阶级本身一样，也是社会主义革命的一个必要的先决条件。"（恩格斯：《流亡者文献·论俄国社会问题》）

资产阶级是进步力量。

薛暮桥回顾:"在经济十分落后的中国,应当有一个较长的新民主主义时期,不宜匆忙消灭个体经济和私营企业。"因为,"五十年代的新中国,资本主义所能容纳的生产力远没有完全发挥出来。"(《从新民主主义到社会主义初级阶段》)

其实,不仅"五十年代的新中国",便是整个社会主义历史阶段,"资本主义所能容纳的生产力"都不同程度地有着发挥的空间。

资本主义生产方式对生产力的适应性、资本垄断与集权对国际资本竞争大格局的重要性、资产阶级意识形态对几千年传统观念的亲和性,成为社会主义时期走资派不断产生和存在的基本根源。

社会主义与资本主义是对立的同一体,它们在斗争中相互依存,相互补充;而走资派维护资产阶级法权、法规、制度,正是以对社会进步的别样思考,弥补社会主义发展不足的缺陷,助推生产力进步。

"走资派"是社会主义政治体制的重要构成。毛泽东论证:"为什么一些右派分子进来加入我们的领导机构呢?世界上就有左、中、右,你只有左、中,而无右,就不完全。"(《在第十六次最高国务会议上的讲话》)

走资派是合理的。

走资派也是不合理的。

走资派在"合理"与"不合理"中对立同一。

"凡在人类历史领域中是现实的,随着时间的推移,都会成为不合理的,因而按其本性来说已经是不合理的,一开始就包含着不合理性。"(恩格斯:《路德维希·费尔巴哈和德国古典哲学的终结》)

这个"不合理"性就是对社会主义的销蚀。走资派淡化阶级矛盾和阶级斗争,为特权剥削和资本主义复辟开后门,成为资产阶级及一切贪污、盗窃、腐败、堕落的政治庇护。

毛泽东说:"为什么有些人对社会主义社会中矛盾问题看不清楚了?……问题是自己是属于小资产阶级,思想容易右。自己代表资产阶级,却说阶级矛盾看不清楚了。"(《毛主席重要指示》)

走资派"代表资产阶级",抗争社会主义。

社会主义国有资本的使命是创造财富回馈社会,管理者与被管理者之间以形式的"雇佣关系"推进与落实"社会公有"的实质;如果国有资本以其强势来剥夺社会,管理者垄断权力畸变为与被管理者完全的雇佣关系,即资本关系,那么,社会主义便必然地沦为权贵资本主义,而走资派也便必然地聚成资本主义复辟的大本营。

可怕的是,这个异变会在"普世价值"的真诚自诩和崇高作为的迷蒙中完成——中国社会主义沦亡。

毛泽东发动文化大革命的深层次立意,便是通过向走资派发动的进攻,开展思想革命,坚定颠覆私有制和私有观念的社会主义指向。

这个革命,怎能狭隘地指称为个人权力之争?

这个革命,为着彻底变革人对人的剥削关系——"无产阶级专政下继续革命"的本质要求。

毛泽东觉得,他的"大多数同事都已落伍,他应责无旁贷地承担起教育他们的工作,……以保证共产主义目标的实现。"(R·特里尔:《毛泽东传》)

——陈毅是"大多数同事"的典型。

陈毅与毛泽东对话。

陈毅:"看戏嘛,无非是娱乐。"

毛泽东："那也要看是什么样的娱乐。我们总不能让资产阶级占领社会主义的戏剧舞台。建国这么多年来，一直是旧戏统治着我们的舞台，这种现象再也不能继续下去了。……这里面存在着一个文艺为什么人服务的问题，存在着一个方向问题和路线问题。"

陈毅："那我就不好说什么了。"

——江青是"大多数同事"的另类典型。

江青与毛泽东对话。

江青："文化部确实存在着不少的问题，他们中的一些人，至今仍不贯彻你在延安文艺工作座谈会上的讲话精神，建国都这么多年了，还在那里热衷于搞旧的东西，文艺根本不是为工农兵服务。"

毛泽东："他们这些人，还是'帝王将相，才子佳人'啊！"（见邸延生：《"文革"前夜的毛泽东》）

陈毅失于理解毛泽东颠覆旧文化的高远。

江青摘取了毛泽东颠覆旧文化的皮毛。

在理论上发展毛泽东的是张春桥。

张春桥在《论对资产阶级的全面专政》中，将毛泽东消灭资产阶级的主张推向极端："无产阶级能不能战胜资产阶级，中国会不会变修正主义，关键在于我们能不能在一切领域、在革命发展的一切阶段始终坚持对资产阶级全面专政。"

两个"一切"，无所不包，势吞时空。

毫无疑问，这是共产党人彻底颠覆私有制和私有观念的公然亮相，是社会主义否定资本主义历史呼声的激情表达。

然而，高处不胜寒。张春桥们无以复加的极端，把毛泽东和他的文化大革命托上云端。在私有制和私有观念的汪洋大海中，如此"全面专政"，不过形成少数人对多数人的否定，成为小资产阶级激进分子对广大人民群众发动的战争。

不能说张春桥的文章没有得到毛泽东的认可。

"九大期间，毛泽东就'接班人'的问题与林彪谈过话，毛泽东对林彪谈到，你年纪大了以后谁来接班，曾提到张春桥的名字。"（刘志男：《九大至九届二中全会前夕毛泽东与林彪的分歧和矛盾》）

马克思批评巴枯宁："他的社会革命的基础是意志，而不是经济条件。"毋庸讳言，毛泽东晚年蹈了巴枯宁的覆辙；然而，这也恰恰因为巴枯宁的忧虑成了事实："一个新的人数很少的贵族阶级非常专制地管理人民群众。"（马克思：《巴枯宁〈国家制度和无政府状态〉一书摘要》）

"贵族阶级"，毛泽东定义为"党内资产阶级"。

然而，毛泽东不同于巴枯宁。

如果说，张春桥们激进的"书生意气"再现了知识分子革命家的根性：尖锐的原则之争却常常空洞，为理论的崇高却常常陷于权力之争，缺少与人民大众血肉相连的阶级感情，终不过是周扬们的"红卫兵形态"；那么，毛泽东的激进更多的是留给历史的宣言。

暮年毛泽东无力让自己的生命之火重光，他将对劳动人民的满腔深情，聚成"对资产阶级全面专政"的最后一呼，无限张大了"反抗压迫、反抗特权剥削"的崇高要求，留得丹心一粒，长照汗青！

只是，这一激进的宣言，促毛泽东步入绝路，也使张春桥们付出了政治生命的代价。

物极必反。人民抛弃了毛泽东和他的极端革命，选择了邓小平。

邓小平淡化阶级斗争，以否定文化大革命的方式，修正毛泽东的理论偏激，弥补毛泽东的理论缺陷，从另一个侧面维护并发展了毛泽东。

改革开放是文化大革命的遗嘱执行。

3、文革之二：触及灵魂的思想革命

山城重庆。

嘉陵江环抱中，有一座中国唯一的红卫兵公墓。那里埋葬着 500 多位红卫兵的尸骨。

当年，文化大革命惊心动魄。为了保卫毛泽东，为了共产主义的召唤，红卫兵们用坦克、迫击炮、登陆艇、机关枪……，浴血搏杀，死伤惨重。然而，他们"一律英雄般地豪迈，一律像革命先烈那样，为了一个理想而去抛头颅，洒热血"。（郭栋：《中国唯一的红卫兵公墓》，见《老相册》）

这是对立两派红卫兵共同唱响的时代壮歌。

为着崇高，一群鲜活的血肉之躯以无所畏惧的生命奉献，与别一群同样为着崇高同样无所畏惧的血肉之躯，刀锋印红！

他们被"精英"唾弃。季羡林痛斥：文革中"两派都搞打砸抢，甚至杀人，放火，都是一丘之貉。"（《牛棚杂忆》）

然而，他们更与历史同辉。这对立的血肉之躯共同燃起人类理想的火炬，给予 21 世纪直至千秋万代以久远的灵魂震撼。

马克思说："一切真正的英雄，……其命运只能是悲剧性的。"（《土耳其问题在下院》转引自朱寿桐：《孤绝的旗帜》）

红卫兵是悲剧性的。他们的"革命"并不庇荫于政权之伞而失去刚烈，他们豪迈地放飞了"革命"之魂——大无畏的牺牲精神！

英雄的红卫兵！

谁鼓舞了红卫兵？

毛泽东。

毛泽东高擎"五敢"精神：敢想，敢说，敢做，敢闯，敢革命；毛泽东下发"四大"武器：大鸣，大放，大字报，大辩论。

1956 年共产党整风，毛泽东欢呼大民主："你们怕群众上街，我不怕，来他几十万也不怕。……无产阶级发动的大民主，是对付阶级敌人的。"（《在中共八届二次全会上的讲话》）

1966 年文化大革命，毛泽东开放大民主。红卫兵们"主办了数以千万计的铅印油印小报、杂志，建立了遍及全国的群众组织信息交流网络。……得到了相当程度自主成立政治性团体、办报、集会、游行的权利。……社会主义国家历史上绝无仅有的高度'大民主'，调动了青年学生强烈的政治参与激情，驱使他们为'文化大革命'赴汤蹈火。"（印红标：《红卫兵运动述评》）

民主激发民魂。鲁迅说："唯有民魂是值得宝贵的，惟有它发扬起来，中国才有真进步。"（《华盖集续编·学界的三魂》）

文化大革命民魂高扬，奏响"中国真进步"的主旋律，伴"大浩劫"之和声，唱彻广袤神州。

当"人民主权"得到尊重，人民就以主人的责任感治理社会。文化大革命触发全国"大动乱",但人民主权的自觉却将"大动乱"控制在革命秩序内。

当"民主"事实上而不是口头上属于人民,人民就爆发出移山倒海的冲天气概。文化大革命严重影响经济建设,但人民主权激发人民的使命感,"抓革命,促生产",又极大地解放了生产力。

——"从1966年到1976年的10年间,工农业总产值按可比价格计算,平均每年增长7.1%"。(叶永烈:《"文化大革命"简史》)

——从1966年到1976年,文革10年,工农业总产值增长311.9个百分点,增长率为99.1%(陈东林:《"文化大革命"时期毛泽东的经济思想探悉》)

文化大革命以对无产阶级大民主的求索,成为历史进步的航灯。"无产阶级民主在世界上史无前例地发展和扩大了正是对绝大多数居民,即对被剥削劳动者的民主。"(列宁:《无产阶级革命和叛徒考茨基》)

文化大革命是人民大民主的节日。

然而,文化大革命并不是毛泽东瞩望的"无产阶级大民主",而是实验,或者叫"演习":文化大革命"是一场全国性的演习,左派、右派和动摇不定的中间派,都会得到各自的教训。"(转引自潘相陈:《毛泽东家书钩沉》)

当"绝大多数居民"还是小资产阶级的时候,不会有"无产阶级大民主"。

文化大革命是社会主义导向的小资产阶级大民主。

虽然执着于"社会主义革命",毛泽东的中国却并未根本变革农民社会的属性。文化大革命中,红卫兵们不管身着学生服,还是工人装,大体沿袭农民的思维和农民的习惯。

这是农民式小资产阶级的群众运动,所以打砸抢,所以唯我独左、无限上纲,所以争权夺利、打击报复、诬告陷害……

印红标说得对:"老红卫兵和造反派思潮虽然不是全无道理,但就其主体而言,都没有走出中国传统的封建思想的樊篱。"(《红卫兵运动述评》)

文革伊始,以干部子弟为主体的正统红卫兵自命政权的嫡长子,他们祭起封建的"血统论",将阶级斗争的暴力大棒挥向手无寸铁的地富反坏右、教师校长、寺庙古迹、文物书画……,捆绑吊打,游街抄家,私设公堂,滥施酷刑,复制了父辈遗传基因中农民革命的传统模式。40多天的时间,"仅北京市就有1700多人被打死,33600多户被抄家,84000多名所谓'五类分子'被赶出北京。"(印红标:《红卫兵运动述评》)

继起的造反派红卫兵同样轮回着农民革命的劣根性——

文斗少"文":"每一个鬼被押上高台,人们喊上一阵口号,然后一脚把鬼踹下台去。鬼们被摔得晕头转向,从地上泥土中爬起来,一瘸一拐,逃回家去。连六七十岁的老教授和躺在床上的病人,只要被戴上鬼的帽子,也毫无例外地被拖去批斗。他们无法走路,就用抬筐抬去,躺在斗鬼台上,挨上一顿臭骂,临了也是一脚踹下高台,再用抬筐抬回家去。"(季羡林:《牛棚杂忆》)

武斗唯"武":毛泽东批评:"无战争经验已经10多年了,全面内战,抢了枪,大多数是发的,打一下,也是个锻炼。但是把人往死里打,不救护伤员,这不好。"(《毛主席重要指示》)

沉迷于"横扫一切牛鬼蛇神"的狂热,阶级斗争在你死我活中畸化,以至草菅人命。"1967年10月,某大队两天内集体坑杀76人;同年11月,某县民兵枪杀69人;1968年7月,某群众组织被打死46人;同月,某县以'群众专政'为名,杀死3681人,使176户全家灭绝。"(刘烨园:《托付》转引自夏中义主编:《人与国家》)

何沁主编的《中华人民共和国史》中写道：文革 10 年，"全国上下受打击迫害和株连的干部、群众达 1 亿人……民主和法制被肆意践踏……国民收入损失约 5000 亿元……历史文化遗产遭到巨大破坏。"

——分明的小资产阶级民主乱象。

民主，在激进与保守两股趋向的撞击中遍体鳞伤。它昂扬着新生力量为社会进步的崇高要求而扫荡旧势力的真诚，也演绎着旧势力遗传给新生力量的腐朽在社会动荡里狂热爆发的丑陋。"崇高与卑污，相差只有一步。"（考茨基：《唯物主义历史观》）

"公"与"私"，"善"与"恶"，在对立中同一。

焕发文化大革命"公有"光辉的，是形形色色个体私欲的冲动；或者说，从个体私欲迸发出对革命的焦渴：在"解放全人类"的辉光里，合同工为转成固定工造反，临时工为转成正式工造反，下乡知青为返城造反……

清华附中那批红卫兵创始者，虽一度迸发为共产主义献身的激情，但"既得利益集团"享有者的根性，使他们很快向革命的对立面堕落，成了保守派。

出身下层家庭激烈反保守的后继红卫兵，同样在为共产主义牺牲的崇高情操里，隐伏着为私欲的卑污。1967 年夺权风暴后，"红卫兵头头越来越多地把为个人、小团体攫取和巩固权力作为头等问题。"（印红标：《红卫兵运动述评》）

利益，哪怕在潜意识里，也是强劲的动力。它界分着"革命"与"保守"。

广东 2200 名学生抽样调查，"出身干部家庭的学生绝大多数（73%）参加了保守组织，出身知识分子家庭的学生（61%）和出身'资产阶级'家庭的学生（40%）则参加了造反组织"。（王景伦：《毛泽东的理想主义和邓小平的现实主义》）

红卫兵，曾点燃毛泽东的期许之焰。毛泽东期待像大革命烈火锻炼出一批中共卓越领袖一样，文化大革命能够挺起一批继续革命的后来人。他"倾向于把现有的全部党组织打碎，然后从下到上地重建——无疑在此过程中要把红卫兵和其他人中涌现的站在文化大革命前列的大量革命干部和斗士收进来。"（斯•施拉姆：《毛泽东》）

然而，毛泽东失望了。

小资产阶级及其知识分子担不起革命重担。蒯大富、聂元梓们担不起，林彪、江青们担不起，陈永贵、王洪文们也担不起。

红卫兵们没有实现从小资产阶级知识分子的升华；"解放全人类"的夸张下膨胀着对权力的贪婪。"全国山河一片红"的三结合领导班子，无法拧成一股绳，老干部、军队、造反派为不同利益取向的明争暗斗，以至于你死我活。"批林批孔"、"评《水浒》"……以派别之争的断章取义，将毛泽东颠覆旧势力旧观念的要求化为儿戏。

列宁在遗嘱中，瞩望工人农民进入党的中央委员会，变革官僚恶习；毛泽东在文化大革命中，践履了列宁的期待，一大批工人农民"一朝跻身卿相之间"，主政中华。

然而，毛泽东被"形式"愚弄。掌权后的工农兵和造反领袖们迅速官僚化、专制化，即如左派的杰出代表江青、张春桥们，也摇身而骄横恣肆，成了高踞于人民之上的"红色贵族"。列宁、毛泽东理想的虚幻被无情嘲讽。

"同一个世界，同一个梦想"。

文化大革命深刻启迪：同为私有制中人，沿袭同样的私有观念；对于世界观的变革，被剥削者并不比剥削者有多少优越处。

文化大革命砸碎共产党官僚体制，开放民主，给予各色人等充分展现与追求自我的机会，于是，"恰如用棍子搅了一下停滞多年的池塘，各种古的沉滓，新的沉滓，就都翻着筋斗飘上来，在水面上转一个身，来趁势显示自己的存在了。"（鲁迅：《二心集·沉滓的浮起》）

上层社会的"神圣"被撕破，暴露出特权集团惊人的丑陋：腐败堕落，勾心斗角，拉帮结派，假公济私……

下层社会被压抑的私欲得到解放，千百万人的私欲汇成愤怒狂潮，冲决社会不公；而私欲与私欲也在激烈碰撞中，为"民主"写真：

刘少奇"被打得鼻青脸肿，鞋被踩掉，光穿着袜子……一片谩骂和围攻。"（刘平平等：《胜利的鲜花献给您》）

林彪之子林立果看得真切：一批批高官垮台，不在于他们有什么严重问题，而是林彪这样"说话算数的人想不想打倒他。要想打倒他，就不愁抓他的辫子。"（见张云生：《林彪秘书回忆录》）

毛泽东叹息："我们的'左'派是一些什么人呢？就是火烧英国代办处的那些人，今天要打倒总理，明天要打倒陈毅，后天要打倒叶剑英。"（见顾保孜、杜修贤：《红镜头中的毛泽东》）

左派领袖江青"对毛泽东后期深化文革的部署表面上是'紧跟'，实际上是拿它做棍子去打人。……把矛头一而再、再而三地指向周恩来，除了野心还有什么！"（梅俏：《毛泽东的"珠峰"》）

这是"无产阶级大民主"吗？

这是小资产阶级大民主——以自我为轴心，排斥一切，否定一切。

那么，谁开放了小资产阶级大民主？

毛泽东。

毛泽东何以开放小资产阶级大民主？

毛泽东专制。

民主与专制，在对立中同一。

文化大革命的大民主依托毛泽东专制，是专制的外在形态。它执行专制，本身也是专制的。红卫兵们"远不像国外某些'文革'研究者所说的是什么民主组织，而是某种集体的或大众的具有专制性因素和特征的组织。"（唐少杰：《从清华大学两派看'文化大革命'中群众组织的对立和分歧》）

文化大革命的大民主，是毛泽东专制的强力构成。

毛泽东专制，其来也久。

邓小平主持的《关于建国以来党的若干历史问题的决议》批评毛泽东专制：建国后，"党在面临着工作重心转向社会主义建设这一新任务因而需要特别谨慎的时候，毛泽东同志的威望也达到高峰。他逐渐骄傲起来，逐渐脱离实际和脱离群众，主观主义和个人专断作风日益严重，日益凌驾于党中央之上。"

毛泽东为什么专制？

肖铁肩做另类解读："共产党中的一些人不再代表人民了，他自己必须代表人民，为人民说话，替人民做主。因此，他就是'中介'。这样，他的政治行为就有了两个走向：在党和国家领导层中，需要对他有'一点个人崇拜'，实行一言堂，个人专断；在下层群众，最大限度地诉诸'民主'，发动群众造'走资派'的反。"（《领袖心中的上帝——毛泽东的人民观》）

红色专制！

天安门下千万红卫兵热泪盈眶的狂热，以及红书、红领章、红臂章、红像章"全国山河一片红"的红海洋涌浪，写意了红色专制与人民民主的血肉情深。

毛泽东推崇"红色专制"。他"在 1958 年'大跃进'中曾提出党委第一书记要当'马克思加秦始皇'。"（见叶永烈：《"文化大革命"简史》）

毛泽东以秦始皇自居："秦始皇算什么？他只坑了 460 个儒。我与人辩论过，说我们是'秦始皇'，我们一概承认。"（见吴江雄：《毛泽东谈古论今》）

人民支持毛泽东专制。

"伏尔泰说过，即便没有上帝，人类也要造一个上帝。中国需要一个人格化的上帝来开始和实现它的新的革命。"（斯诺：《漫长的革命》）

这与现代民主相悖。

1919 年，五·四运动已经举起民主之旗；1945 年，毛泽东更在延安推行以"三三制"为主要特征的民主建设，他针对黄炎培"其兴也浡，其亡也忽"的历史周期律的担忧，明确了"民主新路"的指向。（见黄炎培：《八十年来》）

历史提出了民主课题。

然而，历史还不具备实行民主的条件。

中国是农民社会。农民渴望平等，但不是自己争取，而是"好皇帝"的赐予。从来的农民革命，都为着赶跑"坏皇帝"，换来"好皇帝"。这一期待在试图从封建社会蹒跚走出的中国人民中，仍然具有压倒一切的力量。

谁反抗这一力量，谁就被砸成齑粉。

谁拥有这一力量，谁就成为历史的代言。

袁世凯曾拥有这一力量，所以称帝；蒋介石曾拥有这一力量，所以专制。然而袁世凯、蒋介石不是"好皇帝"，他们被人民抛弃。

人民选择了毛泽东。

在"东方红，太阳升"的欢呼声里，农民的宽厚身板，支撑起毛泽东专制。

延安整风是中国共产党对中国社会性质和农民心声的确认。它确立了毛泽东思想的统治地位，也奠定了毛泽东专制在中国共产党和新中国的统治基础。

《联共（布）党史简明教程》这一确立斯大林专制的思想武器，成为延安整风的理论指南。它揭示了毛泽东及其思想对于专制的渴求。

专制+社会主义，这是苏联特色社会主义；也是中国革命对苏联革命的继承。

专制+社会主义，这是斯大林红色专制在中国革命的翻版，也是中国特色的马克思主义。

毛泽东专制，不能没有中国封建专制的劣根性；然而，毛泽东专制，又是对中国封建专制的颠覆。

毛泽东说：只有拿起枪杆子，才能消灭枪杆子。

毛泽东应该还说，只有实行专制，才能消灭专制。

毛泽东代言人民专制，他以封建专制的手段开放大民主，明确专制的人民属性；而人民地位的颠覆性提升，则宣告专制的终结。

文化大革命，毛泽东专制唤醒人民对自身主权的认知。千百万人"扬眉剑出鞘"，飞起千百万把寒气冲斗牛的"干将"、"莫邪"，悬在一切特权专制和资本专制的头上，成为永恒威慑。

毛泽东是中国历史上第一位人民的"好皇帝"，也是中国历史上最后一位人民的"好皇帝"。

"秦王扫六合，虎视何雄哉。"

毛泽东专制雄光如炬，虎视千秋，展尽"始皇"豪气，直逼"一世二世以至万世"的历史风云。

一粒沙具三千大千世界。毛泽东专制意境幽远；它绝非一党一派一集团一阶级之短浅目光，而是深蕴整个人类观念变革之宏大气象——"普世价值"。

像耶稣自命"世界新王"，像释迦牟尼自命"法轮王"，像柏拉图自命"哲学王"，毛泽东绍承先哲，自膺大任，以势吞今古之长风，鸣天地交响，谱历史新章，展开彻底颠覆剥削阶级文化和私有观念的人类精神之光。

三湾整编、古田决议、三大纪律八项注意、《甲申三百年祭》、延安整风，西柏坡诫语、进京"赶考"……涓涓春流汇成文化大革命涌涛。毛泽东的生涯，贯穿一条以共产主义世界观改造小资产阶级基本构成的党和军队和人民的主线。

青年毛泽东对思想变革满怀憧憬："安得有大哲学革命家、大伦理革命家，如俄之托尔斯泰其人，以洗涤国民之旧思想。"（《张昆弟日记》，转引自肖铁肩：《领袖心中的上帝——毛泽东的人民观》）

在《致黎锦熙》的信中，毛泽东意气风发："当今之世，宜有大气量人，以哲学、伦理学入手，改造哲学，改造伦理学，根本上变换全国之思想，此如大纛一呼，万夫走集；雷电一震，阴噎皆开，则沛乎不可御矣！"

中年毛泽东方始喘息于黄土高原，便以一篇《在延安文艺座谈会上的讲话》，吹响新文化颠覆旧文化的进攻号角。

"延安发生的，实际上是一场文化革命。"它标志着"两千年来文学的主流观念被大大突破了。"（李洁非：《"老赵"的进城与离城》）

非主流观念闪亮登场。赵树理作为工农兵的文化符号，承载起毛泽东掀翻几千年旧文化"满汉全席"的沉重使命，引领了被压迫人民夺取意识形态阵地的第一波冲锋。

新中国建立后，激情毛泽东马不停蹄鞭击文化领域的进军，"运动"迭起。拘泥于工农兵原型的赵树理落伍，浩然亮相。

浩然引领了毛泽东文化革命的第二波冲锋。他以工农兵形象对自身阶级地位和政治使命高度自觉的艺术提炼，努力实践老年毛泽东倾力打造的文艺观："工农兵人物的优秀品质是无产阶级性的集中表现"（《林彪同志委托江青同志召开的部队文艺工作座谈会纪要》）

赵树理形象化了延安新文化对旧文化的表层颠覆：帝王将相、才子佳人的"大雅之堂"被"土包子"强行占据；浩然则形象化了文化大革命颠覆旧文化的深层要求："土包子"向具有"三突出"示范意义的工农兵英雄形象升华。

缘于此，文化大革命中，《子夜》、《茶馆》、《雷雨》……，同百宋千元、金人玉佛、帝王将相、才子佳人并列被打倒之列，便势所必然。因为这些经典尽管深刻揭露、批判旧世界，但毕竟不是工农兵文化，更不是工农兵英雄形象的升华。

完成这个"升华"的是江青。

江青以"过河卒子"的奋勇，肩起毛泽东对观念变革的焦虑与急迫，为着冲破帝王将相旧文化压制工农兵新文化的层层罗网，杀上文艺第一线。

1963年，毛泽东指示江青："你去搞一两个样板戏出来，先抓剧本，真正歌颂工农兵的，先从京剧开始。"（见邸延生：《"文革"前夜的毛泽东》）

京剧革命开始了。

文化，是"无产阶级专政下继续革命"的自觉，赵树理的人民现实被样板戏的人民抽象所取代——颠覆一切旧观念。

这是纵贯古今的伟大颠覆！

2500年前，苏格拉底为着这个颠覆，张开双臂向雅典人疾呼："你们不能只注意金钱和地位，而不注意智慧和真理。你们不要老想着人身和财产，而首先要改善你们的心灵。"（《申辩篇》）

在《毛泽东传》中，R•特里尔浓缩时空，将毛泽东近乎残酷的阶级斗争与耶稣近乎屈辱的博爱相勾连。他说：文化大革命"把'造反'置于中心，而新教主义者是将'爱'放在中心。"这是一个硬币的两面，相反相成，共同指向人类精神的崇高。毛泽东的"思想路线乃是千百年来基督徒们所信奉的箴言：'为爱上帝，从心所欲'。"

思想革命，是毛泽东专制的深远要求和崇高意境。

这一"要求"绷紧了江青们激进的神经：在思想领域专政、在意识形态专政、把文化部办成意识形态的公安部……（见谭宗级：《评"五一六通知"》）

思想革命畸变为思想专制！

然而，江青们的激进何尝不是对毛泽东激进的契合？

李泽厚在《启蒙与救亡的双重变奏》中说："戊戌前王照曾劝康有为先办教育培养人才，再搞变法改革，康有为回答说，局势严重，来不及。辛亥前严复在伦敦遇到孙中山，严也劝孙先生办教育，孙的回答也是'俟河之清，人寿几何'，一万年太久，来不及了。"

那么，建国后毛泽东高吟"一万年太久，只争朝夕"，又担心什么"来不及"？

——那是日暮途远之未酬壮志与人寿几何之现实忧思的激情碰撞。

"无产阶级专政下继续革命"，如果仅仅革刘少奇的命，革命不难完成；如果革以刘少奇为代表的一大批"走资本主义道路当权派"的命，革命也不难完成。

毛泽东不止步于此。

"在明明德，在新民，在止于至善"！（《礼记•大学》）中国儒学伦理与毛泽东革命难解难分。"毛尽了最大努力使社会主义融化成一种社会道德。他不仅需要一个新型国家，而且需要一种作为他的追随者的新型公民。"（R•特里尔：《毛泽东传》）

什么样的"新型公民"？

一如追随佛陀虔诚向善奔往西天乐土的僧伽团体，也似追随耶稣博爱世人升向千年王国的基督社团。斗私批修！"既要把自己当做革命的一份动力，又应当把自己看做革命的对象……革自己的命。"（《人民日报》社论：《"斗私批修"是无产阶级文化大革命的根本方针》）

"斗私批修"是文化大革命的总纲！（张春桥）

"无产阶级文化大革命，就是为的要使人的思想革命化，因而使各项工作做得更多、更快、更好、更省。"（《十六条》）

毛泽东情满环宇："无产阶级文化大革命是触及人们灵魂的大革命。它触动到人们根本的政治立场，触动到人们世界观的最深处……这是人类从未经历过的最伟大的革命变革。"（见王年一：《对上海"一月革命"的几点看法》）

释迦牟尼、耶稣及其忠实门徒历 2000 年没有完成的"最伟大的革命变革"，毛泽东可以完成。他放言："我们相信革命能改变一切。"（《唯心历史观的破产》）

毛泽东立意亲手开创新天地，造就从此大公无私的一代代共产主义新人。他急于改造国民性，竟连"先公后私"都不能容忍："'人人为我，我为人人'不妥当，结果都离不开我。"（《关于<苏联社会主义经济问题>》）

毛泽东将革命指向人民。

文化大革命批判：商品经济是资本主义的土壤。于是，限制集市贸易，限制经商，限制自留地，用强制手段进行思想革命，结果适得其反。

列宁说："不要把对于我们已经过时的东西，当作对于阶级已经过时的东西，当作对于群众已经过时的东西。"（《共产主义运动中的"左派"幼稚病》）

毛泽东急迫地推进革命，是不是淡忘了列宁的警告？他以一己之力，反抗民族惰性，便置身于"小生产者汪洋大海的包围中"，如此，能不吞咽下他倾全部心血的文化大革命的失败苦果？

在毛泽东一阵接一阵吹响的冲锋号声里，被强制革命的人民发起一波连一波近乎疯狂的冲锋："人民公社"、"公共食堂"、"割资本主义尾巴"、"破除资产阶级法权"、"批林批孔"、"反击右倾翻案风"……

人民不堪"革命"之重，终于以 1976 年四•五天安门运动的激烈抗争，给予老年毛泽东侵入骨髓的寒冷和致命的打击。毛泽东一声哀叹：文化大革命反对的人不少！

毛泽东专制走向反面，他的激进被人民抛弃。

然而，"实践是检验真理的唯一标准"。人民在改革开放的实践中重新感受毛泽东；毛泽东的激进在人民觉醒的心海里重展雄风。

人类史上，哪一个伟大的思想家不是激进的？

释迦牟尼"不蓄财产"的激进遗嘱，留败绩到而今；老子高诵《道德经》激进宣言，也只身鞭牛出关；还有孔夫子，"知其不可而为之"，不是激进是什么？至于苏格拉底，不是被他的雅典同胞抛弃，饮毒酒而殒身？耶稣，不是被他的犹太同胞抛弃，血浸十字架？

然而，他们却是人类史上长辉的太阳。他们那超越现实的激进革命，辉耀历史进程。

同样，马克思如是，列宁如是，毛泽东如是。

也同样，俄国革命如是，中国革命如是。

俄国革命和中国革命是激进的革命：革命的条件成熟了；社会主义的条件不成熟。尽管高举社会主义之旗，但没有充分发展的资本主义和强大的工人阶级，这个革命终究不过是农民革命的激进形态。

这是早产的社会主义革命。所谓斯大林神经质般的疑心，所谓毛泽东对阶级斗争的过高估计，恰恰基于他们对社会主义处于被资本主义吞噬之险境的深刻洞见：革命如履薄冰，失败如影随形。

——社会主义革命不能不激进。

新生社会主义冲破资本阵营一隅，并不意味着社会主义世纪的到来。资本主义依托几千年私有制和私有观念的厚重堆积，在经济、文化、道德、习惯、传统……占有几乎全部时空。

这是资本世界，而且是资本世纪。社会主义被全方位挤压，没有"激进"抗争，没有"左倾"革命，就没有它的生存与发展；什么时候"右倾"退让，什么时候"普世价值"，社会主义便一定生机衰竭，身不由己地融入资本世界。

苏东解体已经证明；中国改革开放正在证明。

——中国社会主义革命不能不激进。

中国社会主义生发于广大而深厚的封建土壤中，它引领社会进步，也在小生产者的包围中被扭曲，被蚕食。

不仅如此。中国社会主义同时被资本主义强力挑战。

中国共产党领导的农民革命置身世界资本主义长足发展而社会主义胜利进军的时代，中国产生了新兴资产阶级和新兴无产阶级，它们为农民革命规定指向：资本主义，或社会主义。

新中国建立后，"章罗同盟"对社会主义的攻击和毛泽东的"反右"斗争，便是新兴资产阶级与新兴无产阶级两种不同代言为着两条不同道路的尖锐斗争。

歧途相搏，农民和农民革命党路向何方？

私有制和私有观念的亲和力，使农民与资本主义惺惺相惜。农民趋向资本主义；农民革命党也趋向资本主义。

中国社会主义以立国之威，却处于 960 万平方公里封建遗存和资本主义趋向的全面剥蚀中。坚持社会主义则将新生弱躯"毕其功于一役"，既抗争强大的封建传统，又抗争强大的资本主义向心力，左倾激进，其势使然；非此，一定在封建土壤中消融自我，在资本主义攻击下让出阵地。

这是毛泽东"反右"的道理，也是他发动文化大革命的道理。

毛泽东深刻透视：中国共产党作为农民革命党日益生发的"消解革命"的要求，已经形成其自我否定的内在危机。

这是历史转折关头中国共产党无法回避的危机：当五•四运动表征革命处于发动阶段，小资产阶级知识分子一马当先，以冲决罗网的献身精神，书写了可歌可泣的篇章；当革命进入艰苦卓绝的深入阶段，农民主力军脱颖，农民领袖挑起重担；而新中国建立，则宣告农民革命的终结，也宣告农民领袖历史使命的终结。

中国呼唤新人，呼唤工人和资本家，呼唤无产阶级和资产阶级，及其领军人。

中国革命的胜利者面临抉择：提升自己为资产阶级领袖，或者为无产阶级领袖；还有一条路，就是让位。

如果固执于农民式思维，既不肯提升自我，又不肯让位，则无论对于资本主义，还是社会主义，都只能是绊脚石。

1957 年，章伯钧、罗隆基们的宏筹大略，就是要搬开农民领袖这块"绊脚石"，全面释放新兴资产阶级的蓬勃生机，引领农民，建设资本主义新中国。

毛泽东与"章罗同盟"针锋相对：从整风运动的和风细雨到文化大革命的疾风骤雨，他炽燃心头之火，热诚教育他的党敌开解放全人类的胸怀，提升农民领袖为无产阶级领袖，将农民革命导入社会主义。

思想革命！

毛泽东求索中国共产党走出危机之路。他倾力打造全新观念：共产党人钱不能多拿，利不能多得，手不能多伸，权不能为己。打下江山的人民英雄们被要求继续"一不怕苦，二不怕死"，"吃苦在先，享受在后"。

不断革命！

毛泽东激进地把矛头指向自己的党。他向中国革命的胜利者们宣战。

跟着毛泽东打江山，"脑袋掖在裤带上"九死一生，最终不能"大碗喝酒，大块吃肉，大秤分金"，以特权资格享受胜利果实，却纡尊降贵当人民"公仆"。如此，毛泽东何以安抚他的老部下，何以凝聚与他出生入死的老战友的心？

然而，毛泽东心底却别蕴挚情深广的"安抚"和"凝聚"！一场文化大革命，毛泽东放眼党派林立之天下，啸傲江湖，引领农民革命升华。他托举起中国共产党的太阳——那是鲁迅未竟之使命，从封建旧营垒杀出，反戈一击，电花石火，照亮人类观念变革的自省之路。

中国共产党因此而"伟大、光荣、正确"。

中国共产党重光千古人类精神：苏格拉底历百世而不衰的警言在天地间回响——"认识你自己"！

马克思的心血之作《资本论》让资本主义"认识你自己"；毛泽东发动文化大革命，让共产党"认识你自己"，让社会主义"认识你自己"。

这是怎样的认识？

无产阶级与资产阶级在对立中同一，无产阶级意识形态与资产阶级意识形态

978-1-62265-934-0 (online)   978-1-62265-935-7 (paper)   薛 遒

也在对立中同一。中国共产党及其每个成员便是这"对立同一"的物质载体。毛泽东不容分说:"一个党不分裂?没有那回事。一切事物都是一分为二。"(见薄一波:《若干重大决策与事件的回顾》)

没有纯粹的无产阶级。无产阶级存在一天,资产阶级意识就在无产阶级中存在一天。无产阶级从来没有挣脱小资产阶级的桎梏;无产阶级政党从来没有改变小资产阶级的基本构成。中国共产党如此,苏联共产党如此,便是已经工人化的欧美工人政党,同样如此。

毛泽东甚至说:马克思"天天想着欧洲革命要来了,又没来,反反复复,一直到死了,还没有来。到列宁时才来了,那不是性急?小资产阶级狂热性?"(《在庐山会议上的讲话》)

因此,坚持对资产阶级及其意识形态的斗争,应该成为无产阶级的理性自觉而伴随共产党终身,伴随共产党每一个成员的终身。

共产党是在同私有观念的斗争中成为共产党的。

文化大革命深刻启示:"无产阶级专政下继续革命"的主要对象,就是无产阶级政党自己。

文化大革命创新思维:"无产阶级专政下继续革命"是向自我宣战。它不同于以往的阶级斗争;它是新形式的阶级斗争。它是思想革命。

文化大革命呼唤农民领袖对于思想革命的自觉——

曾经,"五七干校"的一位政委倾吐对于农民革命的美妙恋情,他向学员训话:"你们现在还算走运,还好没有打仗。要是打起仗来,先拖几个出去枪毙了再说!……老实告诉你们,解放战争时期,或者再早一点,在江西苏区,一个区委书记就可以活埋你们。"(《见《舒芜口述自传》引自胡平《禅机:1957,苦难的祭坛》》)

从"反右"到文化大革命,中国共产党飞扬跋扈起多少这样的"政委"!

林彪是"政委"们的抽象。

作为农民革命的优秀将领,林彪当青史流芳;然而,林彪终生不改农民思维,甚至不改农民的简单与纯朴:他对毛泽东的"奉迎"露骨到令人"讨嫌"的地步;他的一系列"阴谋诡计",不过是毛泽东"如来掌"上的"孙猴子折腾"。

在毛泽东的战略牌局中,林彪这张"牌"近乎透明。毛泽东洞若观火:林彪的"紧跟"缺乏思想成色,形式而已;在本质上,林彪不认同文化大革命。

所以,林彪北遁折戟,周恩来批"极左",毛泽东一口咬定:"极右"。

林彪对毛泽东的文艺革命不以为然。他与陈毅异曲同工,断言建国后文艺的"方向问题已经解决了,主要是艺术水平问题。"(见张云生:《林彪秘书回忆录》)

林彪对文化大革命不具理性自觉。他的认识局限于共产党内的宗派倾轧,夺权成了他"革命"的全部。他的《五·一八》讲话展开一幅古今政变烛光斧影的血淋淋画卷,令旗挥处,唯见一个"杀"字:

"社会上的反动派,混进党内的剥削阶级代表人物,都要镇压。有的杀头,有的关起来……";

"他们想杀我们,我们就要镇压他们……你不杀他,他要杀你";

"一个晚上他们就要杀人,很多人头要落地,国家制度要改变……"

阴阴杀气,跳跃着农民革命的劣根性:为权利的易位。所以,当林彪借助毛泽东之威夺权成功,便原形毕露,迫不及待地"告别革命"。1969年"九大"前夕,林彪主持起草政治报告,淡化阶级斗争,转向"经济建设中心",被毛泽东断然否定。(见刘志男:《九大至九届二中全会前夕毛泽东与林彪的分歧和矛盾》)

这个"经济建设中心"，与刘少奇、邓小平乃至周恩来以及华国锋们殊途同归：对毛泽东颠覆旧文化旧观念之思想革命的漠然。

文化大革命呼唤知识分子对于思想革命的自觉——

曾经，红卫兵们为崇高献身；然而，崇高不仅属于红卫兵，也属于进步知识分子。

被文化大革命雨打风摧，翦伯赞自杀，遗言："毛主席万岁"；傅雷自杀，遗言："我们这种来自旧社会的渣滓，应该自动退出历史舞台了"；邓拓自杀，遗言："我的这一颗心，永远向着敬爱的党，向着敬爱的毛主席"。（见胡平：《禅机：1957，苦难的祭坛》）

"遗言"有不平有抗议，然而也强劲跃动着朦胧的崇高——对毛泽东颠覆旧制度旧文化之伟业的模糊认同！

建国初，费孝通热情洋溢："我反省很多根本性的问题和批判我以前的工作。我又当了学生，在思想改造过程中接受'再教育'。"（见叶永烈：《反右派始末》）

能否定费孝通的真诚吗？

文化大革命中，曾经的"右派"胡正谒让观念升华："古往今来的一切反动统治阶级，无一不是把学校教育作为国家政权的组成部分，将他们本阶级的德育放在第一位。他们宣称的'教学中心'、'智育第一'，事实上，从来也没有存在过。"（见胡平：《禅机：1957，苦难的祭坛》）

能否定胡正谒的真诚吗？

其实，这样的"真诚"绝非个别知识分子独具；它是毛泽东时代中国大多数知识分子投身思想革命所创作的灿烂诗章，包括巴金。

然而，文革败绩，巴金做起了翻案文章："一个接一个的运动，一次接一次的学习，仿佛把我放进一个火炉子里烘烤，一切胡思乱想都光了，只剩下一个皮包骨的自己。"（《怀念非英兄》，转引自胡平：《禅机：1957，苦难的祭坛》）

文革后，大批知识分子共巴金同舞，向毛泽东的思想革命反攻倒算，争相做成了中国资本主义化的重要推手。他们连篇累牍的"'牛棚'控诉"，为自身曾经彪炳史册的思想革命之光荣，套上了耻辱的紧箍咒，无可辩驳地证实了毛泽东关于知识分子基本属于资产阶级的论断。

"牛棚"异论，两种境界！

对于从洋楼大餐中走出的"上等人"们，"牛棚"自是炼狱之厄；对于从雪山草地中走出与"下等人"血肉相依的毛泽东，"牛棚"不失"享受"："在过草地的时候，没有棚子都可以住，现在有棚子为什么不可以住。"（毛泽东：《在中共八届二次全会上的讲话》）

不能苛求知识分子们。

思想革命作为人类文明史的激进，从来没有完成彻底的观念变革。私有制中人如奥古斯丁、卢梭、鲁迅、瞿秋白大书"忏悔"二字于天地之间者，寥若晨星。

然而，这些"晨星"却光芒璀璨，照亮人类的自赎路。

新中国建立，在毛泽东的激情鼓动乃至强制下，除了章伯钧们固执于资产阶级立场、胡风们固执于小资产阶级自负之外，广大知识分子自觉地向工农兵文化转化，书写了中国文化史上的光荣篇章。

周扬是新中国广大知识分子的领军人。

文化大革命后，李之琏批评反右运动中的周扬："朝秦暮楚，毫无定见，或以个人好恶来认定是非，或感情冲动，看风使舵，随风倒。"（见叶永烈：《反右派始末》）

978-1-62265-934-0 (online)　　978-1-62265-935-7 (paper)　　　　　　薛　道

用语够狠！李公也似有"感情冲动"之嫌。但不管怎么说，周扬之虚伪，连毛泽东亦有同感，他钦准姚文元的批判文章，便是《评反革命两面派周扬》。

然而，周扬们的"虚伪"不能简单地责之为看风使舵；周扬们的虚伪更多地是为着思想革命的折光。

千古以降，无论是庄严的圣彼得大教堂，还是肃穆的大雄宝殿，都在这折光里辉煌，或者暗淡。

还有孔庙，同样在这折光中明灭。孔门高足子夏反省："出见纷华盛丽而悦，入闻夫子之道而乐，二者心战，未能自决。"（见司马迁：《史记》）儒家真传人以心灵熬煎的自觉，成为整个知识分子群思想革命的先驱者和引路人。

孔子学说因此雄踞中华。

思想革命之链经千百回前进与倒退的反复，在历史中延伸。周扬们便是这链条的闪光一环。

"吾日三省吾身"。进步知识分子对公有观念的追求，受阻于私欲的诱惑；内心一点卑污，又时时为着崇高而自我鞭挞。于是，或公心战胜私欲而磊落坦荡，或私欲附骥公心而利得名收，"二者心战"，难免动摇彷徨，但却远比那些振振有词为私欲立论的"精英"们高出多多。

历史将作结：毛泽东时代的进步知识分子是整个知识分子群的骄傲。周扬们引领知识分子自我救赎，虽难免"虚伪"，却以认同公有观念对私有观念的变革、认同无产阶级向资产阶级展开意识形态的阶级斗争，明确着知识分子走向崇高的光明路。

文化大革命呼唤工人阶级对于思想革命的自觉——

曾经，毛泽东寄希望于知识分子的观念变革；从反右到文化大革命，毛泽东失望于旧知识分子，将目光转向工人阶级。

毛泽东为《上海工人技术人员在斗争中成长》的调查报告批示："从根本上说来，走从工农兵及其后代中选拔工程技术人员及其他意识形态工作人员（教授、教员、科学家、新闻记者、文学家、艺术家和马克思主义理论家）的路，是已经确定了的。"

那么，"工农兵及其后代"能够不负期望，成为红色知识分子吗？

为着颠覆旧制度旧文化的急迫，毛泽东步入形而上学。

统一的社会不能没有统一的意识形态。当私有制和私有观念依然是社会的主导时，工农兵及其后代也不能不匍匐其下。

文化大革命中的《全国教育工作会议纪要》如此定性："教师中的大多数人世界观基本上是资产阶级的，是资产阶级知识分子。"

不错。改革开放后，资产阶级世界观在教育界横行，足以为证。

然而，定性者本身难道就是无产阶级知识分子吗？

实在说，不仅知识界，不仅教师，便是广大工农兵，谁又挣脱了资产阶级小资产阶级世界观？

打倒了教师，打散了大学，执掌文化领域生杀予夺之权的工农兵们担不起毛泽东赋予的彻底颠覆旧文化旧观念旧制度的教育革命重担。

教育革命的夭折，早在教育革命伊始已经注定了。

没有生产力和科技水平的高度发展，没有工农兵综合素质的普遍提升，没有人民主权的广泛落实，"工农兵及其后代"就不可能全面占领意识形态阵地。

然而，当"工农兵及其后代"全面统领了意识形态，"工农兵"也就大体不存在了。那是工农、城乡、脑体、贫富等差别被基本消灭的时候，那应当是伟大的经济革命和观念革命的胜利果实。

工人阶级应当领导这一革命。毛泽东说："我们的国家是个小资产阶级的大王国。"（见叶永烈：《反右派始末》）对于这个"大王国"，工人阶级领导一切！

然而，20世纪的中国工人阶级不过是小资产阶级的别样形态，他们"领导"不了"一切"。毛泽东一手提拔的工人领袖王洪文，足以诠释瞿秋白早年的感叹："无产阶级和周围的各种小资产阶级之间本来就没有一座万里长城隔开着。"（《〈鲁迅杂感选集〉序言》）

没有资产阶级的发展，就没有工人阶级的壮大；不经历与资产阶级的艰苦斗争，就没有工人阶级的成熟；不从被毛泽东"给予"的"领导一切"的虚荣中颜面扫地，就不可能向着"自为的"领导阶级升华。

文化大革命，毛泽东明确农民革命向工人革命转化："工人阶级是领导阶级。要充分发挥工人阶级在文化大革命中和一切工作中的领导作用。工人阶级也应当在斗争中不断提高自己的政治觉悟。"（见《人民日报》）

工人阶级是先进生产力、先进生产关系、先进文化和先进思想观念的代表。

它代表了什么？——代表了与旧制度、旧观念、旧文化的彻底决裂，代表了人类自我救赎的思想革命的自觉。

工人阶级什么时候具有了这样的阶级观念和阶级意识，什么时候才能成为领导阶级。

文化大革命呼唤小资产阶级左派对于思想革命的自觉——

曾经，"五·四"运动崛起一代小资产阶级知识分子革命家，成为中国共产党的早期领袖。然而，他们领导不了中国革命。

文化大革命崛起新一代小资产阶级知识分子革命家，成为毛泽东"无产阶级专政下继续革命"的先锋队。然而，他们同样领导不了中国革命。

瞿秋白觉悟：小资产阶级左派知识分子领导中国革命是"历史的误会"。（《多余的话》）

有人认同这个"误会"吗？

陈独秀、李立三、张国焘、王明们不认同。

文化大革命，蒯大富、聂元梓们不认同，得到毛泽东庇护的江青、张春桥、姚文元们也不认同。

他们被挑落马下。

新中国宣告农民革命的终结。农民领袖成了绊脚石，穿西装或中山装的农民——小资产阶级知识分子也成了绊脚石。

中国政治舞台没有小资产阶级的位置。

领导中国进步的只能是资产阶级，还有无产阶级。小资产阶级或者向资产阶级升华，或者向无产阶级升华。小资产阶级左派领袖群伦的"历史误会"，已成过往云烟。

毛泽东透视小资产阶级左派，"深知江青等人搞生产不行，又积怨甚多，不能掌握国家实际权力；同时，对他们的小宗派活动也产生反感，多次提出严厉的批评。"（王海光：《"批林批孔"运动》）

毛泽东批评：

虚张声势其一："不要设两个工厂，一个叫钢铁工厂，一个叫帽子工厂，动不动就给人带大帽子，不好呢！"（见潘相陈：《毛泽东家书钩沉》）

妄自尊大其二："不要轻视老同志，我是最老的，老同志还有点用处。"

毛泽东期待小资产阶级左派自我救赎："对文化大革命，……现在要研究的是在有所不足方面"。

毛泽东无奈小资产阶级左派"头重脚轻根底浅",他收拾心头恻隐,竟近乎求情:"对造反派要高抬贵手,不要动不动就'滚'。"（均见《毛主席重要指示》）

然而,"滚",不可抗拒!

小资产阶级左派以激进的革命解读崇高,甚至为着崇高抛头颅,洒热血;然而,思想的肤浅和狂热的躁动,却犯下致命的错误:那就是恩格斯在《致考茨基》的信中所说:"把本身是正确的历史倾向当做既成的事实",也就是超越现实的"极左"。

"极左",一次次将革命拖入孤立的绝境,陷社会于危难,也陷自身于"滚"。

小资产阶级左派迫切需要——"认识你自己"!

指导中国进程的只能是资产阶级思想体系,或是无产阶级思想体系。小资产阶级没有独立的思想体系;如果说有,那不过是封建思想体系的小资产阶级形态。

小资产阶级左派仰毛泽东专制之威,纵一时颐指气使,骄横如炎,而奴性之劣根,其实昭昭。

中国没有从专制与奴性的封建思想体系中走出。

文化大革命,林彪、江青们在"社会主义"招牌下鼓吹专制;1957 年"反右",知识分子们又何尝不在"民主"的自欺欺人里向专制叩首?

为民主激情献身的林希翎,潜意识里的"敲门砖"情结却也浓浓。她本名"海果",却易名取"希"取"翎"。叶永烈评说:"李希凡和蓝翎由于良好的机遇,一下子从'小人物'跃为文坛上的权威人士,她也希望这样。"（《反右派始末》）

那个大名鼎鼎的陈铭枢更致信毛泽东,尖锐撕破同类的面具:您常接触的党外人士"多趋附之辈,耿介不苟者实属寥寥,至于能犯颜敢谏者,我尚未见其人。"

陈公其"敢谏者",然而那竟是别一番"敲门砖"的吴侬软语:"您那治病救人是有伟大感动力的,不知感动了多少阶级敌人,把他们变成了热爱您的知心朋友,为什么我一个人始终争取不到您的治疗呢?安心把我关在门外,加重我的病痛呢?"更有一句满腹哀怨的压轴语楚楚动人:"蒋介石您都要团结他,为什么不要我呢?"（见叶永烈:《反右派始末》）

放眼文坛,耿耿鲁迅,一人而已。

梁启超喟然:"吾民族数千年生息于专制空气之下,苟欲进取,必以诈伪,苟欲自全,必以卑屈。其最富于此两种性质之人,即其在社会上最占优胜之位置者也。"（《论私德》）

文革十年,算是阳刚之气再造;政权建设,也属苦心经营。然而,"在社会上最占优胜之位置者",何许人也!——"肿、散、骄、奢、惰"!邓小平 1975 年在《军队整顿的任务》中的 5 字概括,令人唏嘘。

这就不难理解:一朝风雨下,根盘节错,顷刻瓦解。奉承专制的"诈伪"、"卑屈"者们,或如鲋困涸辙,聊吐沫以相濡;或摇身而变色,向新政再求宠。

"诈伪"之哓哓,"卑屈"之苟苟……,"国民性"如此,则凭谁侈谈文化大革命的"伟大胜利"!又凭谁继承文化大革命的伟大遗产!

文化大革命以毛泽东的忧虑始,他在《致江青的信》中写道:"全世界 100 多个党（共产党）,大多数的党不信马列主义了,马克思、列宁也被人们打得粉碎了,何况我们呢?"

文化大革命以毛泽东的"滑铁卢"终。他喟叹:文化大革命"拥护的人不多,反对的人不少。……这笔遗产得交给下一代。怎样交?……"（见潘相陈:《毛泽东家书钩沉》）

毛泽东为文化大革命殉身——

林彪"三忠于"而至于谋杀，是刺向毛泽东的"硬"刀，致命击下，毛泽东颓然病卧；邓小平"永不翻案"而翻案，是刺向毛泽东的"软"刀，致命击下，毛泽东拼将老病之躯奋起抗争，却成回光返照。

虽说生命无悔，也将一句伤心语，留给他寄厚望的战友："说是'永不翻案'，靠不住啊。"（《毛主席重要指示》）

至于江青们难成大器的帮派把戏，原是晚年毛泽东挥之不去的胸中隐痛；而华国锋，权宜而已，"只是一个过渡。"（邓小平：《组成一个实行改革的有希望的领导集体》）

暮云里，毛泽东望断雁羽，泪潸然：倩何人，唤取红旗翠甲，卫我文革？

"落日楼头，断鸿声里，江南游子，把吴钩看了，栏杆拍遍，无人会，登临意。"（辛弃疾：《水龙吟•登健康赏心亭》）

4、毛泽东主义：21 世纪的思想之光

汤一介在《汉学名家书系•总序》中写道："从 19 世纪末到如今，在中国，无论自然科学、社会科学以及人文科学的许多方面都是从西方搬来的，到现在为止我们还没有创建出适应现代社会要求的中国新文化。"

胡乔木则说："从马克思主义产生 100 多年以来，世界变化很大，而在理论上没有一个与马克思主义同一水平的新的突破。"（见郑惠：《对"文化大革命"几个问题的认识》）

"不识庐山真面目，只缘身在此山中"。

中国新文化和马克思主义理论的新突破——毛泽东主义！

全球一体化潮起潮落；中国新文化，就是世界新文化。"'人的再自觉'并不只是意味着中国文化的复兴，而且意味着全球人类的文化的复兴。"（成中英：《全球伦理与 21 世纪儒学的发展》）

毛泽东主义引领这个"复兴"。

刘少奇说："毛泽东的伟大贡献在于把欧洲形式的马克思主义变成亚洲形式的马克思主义。"（见安•斯特朗：《毛泽东思想》）

不止于此。

毛泽东的伟大贡献，不仅是马克思主义中国化，更是毛泽东主义世界化。

梁启超有一段精彩议论："应时人物者，时势所造之英雄；先时人物者，造时势之英雄也。"（《南海康先生传》）

前半生的毛泽东"应"人民革命之"时"，为"时势所造之英雄"；后半生的毛泽东"先"历史进程之"时"，为"造时势之英雄"。

然以一己之力，如何造得时势？梁启超言："先时人物者，实过渡人物也。其精神专注于前途，以故其举动或失于急激，其方略或不适于用。"（《南海康先生传》）

时势难造，毛泽东登高三呼，竟从者星散。"文化大革命反对的人不少"，所以有邓小平否定文化大革命的一锤定音。

然而，文化大革命却是否定不了的。

文化大革命燃亮人类历史进程之航灯，确立了毛泽东主义。

978-1-62265-934-0 (online)   978-1-62265-935-7 (paper)

"毛泽东主义"之论，其源也远。

1942 年，延安，张如心提出"毛泽东主义"的概念。

R•特里尔断言："在延安，在各个领域——不独在文化界——毛创制了新理论学说。毛主义已经诞生。"（《毛泽东传》）

毛泽东不认可。他致信凯丰："我的体系还没有成熟。"

1948 年，吴玉章致电周恩来："把毛泽东思想改为毛泽东主义。"

毛泽东拒绝，他致信吴玉章："现在没有什么毛泽东主义，因此不能说毛泽东主义。"（《毛泽东书信选集》）

因为没有，所以不能说。

1966 年，毛泽东主义诞生。康生透视文化大革命的深刻内涵："毛泽东思想，准确地说，应当是毛泽东主义。"（见贺源、张沱生：《党的八届十一中全会评述》）

毛泽东认同陈伯达的界定。陈伯达说：文化大革命超越巴黎公社、十月革命，"是国际上更高阶段的无产阶级革命运动。"（见苏采青：《"文革"初期三个回合的斗争》）

事实上，"毛泽东主义"早已是国外学界的共识。但这个共识大体作为"主张"的泛指，是毛泽东思想的别称，并没有指出毛泽东主义对马列主义的质的超越和对于世界进步的里程碑地位。"在西方世界，'毛泽东主义'为人们所知，中国官方经典的说法则叫 '毛泽东思想'。"（莫•迈纳斯：《马克思主义、毛泽东主义与乌托邦主义》）

毛泽东思想与毛泽东主义在对立中同一。

毛泽东思想是毛泽东主义的有机构成；毛泽东主义是毛泽东思想的理论升华。

什么是毛泽东思想？

——初级阶段的新民主主义。

什么是毛泽东主义？

——高级阶段的新民主主义。

那么，什么是新民主主义？

新民主主义就是工人阶级主导的与资产阶级的统一战线。

毛泽东以对新民主主义思想体系的本质把握，实现了理论创新。

否定之否定。任何创新都是回归。毛泽东的理论创新，在更高层次上实现了对马克思主义创始人的回归。

马克思、恩格斯为新民主主义奠基。

马克思、恩格斯强调：工人阶级应以主动精神参与资产阶级民主革命，并争取民主革命的领导权。（《共产党宣言》）

马克斯、恩格斯要求工人阶级增强独立意识，以社会主义民主推动资产阶级革命："当民主主义的资产阶级刚一准备夺取政权时，工人就应当要求他们给予工人各种保证。必要时工人应以实力争得这些保证。"（《中央委员会告同盟书》）

马克思、恩格斯指出了共产主义前景，同时为工人运动明确了革命民主主义的现实之路，即将旧民主主义向新民主主义转化。

1848 年，欧洲革命失败，标志着资产阶级主导下与工人阶级统一战线的旧民主主义革命的终结。

1871 年，巴黎公社喋血，无产阶级与资产阶级大决裂，标志着工人阶级主导下与资产阶级统一战线的新民主主义的开端。马克思、恩格斯关于"无产阶级专政"的学说，从此成为"新民主主义"的质的规定。

欧洲确立了资产阶级统治，同时崛起强大的工人阶级。同一片热土上，两个阶级相反相成。阶级合作与统一战线，应当是资产阶级的自觉，也应当是无产阶级的自觉。

这是在不同层面上从不同角度理解与践行的统一战线。

在政权层面上，是资产阶级主导的与无产阶级的统一战线。

在革命层面上，是无产阶级主导的与资产阶级的统一战线。

资本聚敛的本性决定了资产阶级拒绝实行彻底的民主革命，资本主义的集团垄断和特权专制必然地向帝国主义畸化，或沦落为帝国主义世界体系的附庸。

资产阶级成为革命阻力。领导民主革命的任务落在无产阶级肩上；旧民主主义转化为新民主主义。

新民主主义革命不是否定旧民主主义革命，而是对旧民主主义革命的接力。它"是新式的资产阶级民主主义的革命，还不是无产阶级社会主义的革命。"（毛泽东：《新民主主义论》）

然而，新民主主义革命以彻底的民主革命指向，逼迫资本主义进步。因此，"在革命的阵线上说，则属于世界无产阶级社会主义革命的一部分了。"（毛泽东：《新民主主义论》）

在马克思、恩格斯的指导下，社会主义运动扬起革命民主主义即新民主主义的脸面，在资本主义框架内冲击资本主义。工人政党普遍建立，议会讲坛咄咄逼人，合法斗争席卷欧洲，工人运动蓬勃发展；晚年恩格斯更领导第二国际发展与资本主义的统一战线，推动民主革命突破资产阶级禁区，将民主、自由、人权……向着人民推广，向着社会主义深化。

社会主义激发资本主义生命活力，这是资本世界百年来长足进步的"秘密"。

不是资产阶级"自我修复"，而是工人运动迫使资产阶级变革自我；不是资本主义"焕发生机"，而是工人政党在与资本主义的统一战线中，推进新民主主义运动，促成了现代社会在资本主义形态下繁荣昌盛。

——考茨基与第二国际发展了新民主主义。

19 世纪末，西欧诸国农民阶级趋于解体，整个社会向工人阶级与资产阶级集中，英国尤其典型地形成工人与资本家的基本构成。"不是冤家不聚头"。两个阶级在对立中同一。

考茨基和第二国际坚持恩格斯晚年路线，在与资本主义的合作中，推动工人运动，发展了新民主主义。

然而，帝国主义世界大战爆发，考茨基和第二国际步入危机。

欧洲工人阶级没有摆脱小资产阶级观念，他们沉迷于工人阶级与资产阶级双方利益的同一，为"保卫祖国"奔赴战场，投身大资本集团的掠夺战争，充当了工人残杀工人的炮灰。

人民取舍领袖。小资产阶级知识分子的考茨基和第二国际代言小资产阶级工人群体，引领欧洲工人运动向机会主义蜕变：新民主主义的"新"即社会主义指向被淡化，"民主主义"的抽象即工人阶级与资产阶级的统一战线压倒一切。

"资产阶级主导"全面取代"工人阶级主导"，考茨基们扎进大资本家集团的怀抱，成了帝国主义的附庸。

第二国际在相互残杀中分裂；考茨基新民主主义破产。

——列宁与俄国革命发展了新民主主义。

20 世纪初，俄国未从封建时代走出。俄国的资产阶级与无产阶级十分弱小，农民则是广大的群体。领导农民，是俄国革命的唯一选择。

谁领导农民？

世界帝国主义体系确立；俄国资产阶级沦为帝国主义附庸，失去了领导民主革命的活力。俄国资产阶级民主革命只能由无产阶级领导。

布尔什维克领导农民，赢得了十月革命的胜利。十月革命是冠以社会主义之名的新民主主义革命。

这是初级阶段的新民主主义。严格地说，它是准新民主主义，即新民主主义的准备阶段。

列宁从考茨基新民主主义后退：不是先进的资本关系——工人与资本家的联盟；而是工人阶级与落后的封建关系之基本构成——农民的临时统一战线，即"工农联盟"。

同时，列宁从考茨基新民主主义前进：坚持统一战线中工人阶级的领导地位，重张马克思新民主主义的革命实质——无产阶级专政。

然而，十月革命后，列宁新民主主义陷入危机。

布尔什维克将无产阶级专政极端化，强制余粮征收和战时共产主义，使"工农联盟"破裂。工人阶级向农民宣战，农民暴动此伏彼起，苏维埃政权濒临崩溃。

列宁应对危机，颁布"新经济政策"，迁就农民，赎买资本家，回归新民主主义。但这只是向社会主义过渡的权宜。列宁规定时间：用一、二十年，对农民暂时让步，然后将农民导入集体化；与资产阶级暂时合作，然后消灭资产阶级。

俄国革命向社会主义激进；列宁新民主主义预设了夭折。

——斯大林与社会主义阵营发展了新民主主义。

斯大林用 15 年时间完成了列宁遗嘱。

1936 年，斯大林宣告社会主义建成。资产阶级消灭了，农民消灭了；苏联社会由三部分人构成：工人、集体农庄庄员和知识分子。

列宁新民主主义终结。

然而，第二次世界大战，苏联社会主义与美、英资本主义结成统一战线，扬起了新民主主义的世界脸面。

斯大林立足共产主义全球战略的宏大角度，将列宁初级阶段的新民主主义向高级阶段的新民主主义转化——世界新民主主义！

列宁新民主主义：以工农联盟为基础与被压迫人民被压迫民族的统一战线。

斯大林新民主主义：以苏联主导的社会主义与资本主义包括帝国主义的统一战线。

然而，斯大林没有完成这个转化，他遭遇瓶颈。

斯大林提出"三和两全"，对国际共产主义运动作出积极探索。"三和"：苏联社会主义主导下与资本主义和平共处、和平过渡、和平竞赛；"两全"：苏联建成社会主义，成为没有阶级的全民党、全民国家。

"三和"对建立社会主义与资本主义的统一战线做出清醒定位。

"两全"则腰斩"三和"。斯大林在"全民"的自慰中，否认苏联社会存在资产阶级，也就无从谈起工人阶级主导下与资产阶级的统一战线；而在"全民"的幻影里，苏联崛起一个官僚特权集团，再现资本剥削劳动的雇佣关系，工人阶级成了弱势群体。苏联融入资本世界，社会主义畸变为资本主义。

苏联自身的社会主义沦亡，苏联社会主义主导的与资本主义的世界统一战线于是幻灭；帝国主义乘虚而入，鼓噪抽象的民主、自由、人权，堂而皇之地攫取"三和"的主导权。

戈尔巴乔夫悲情演绎的苏联解体，其源盖出于此。

社会主义阵营异化；斯大林新民主主义败绩。

——毛泽东与中国革命发展了新民主主义。

毛泽东明确了"新民主主义"概念。

基于中国落后于俄国的社会现实，毛泽东从列宁新民主主义后退，将"工农联盟"几乎演绎为一场全面的农民革命。

基于国际反法西斯统一战线，毛泽东从斯大林新民主主义前进，确定了以"工农联盟"为基础的与民族资产阶级的合作。"1940 年，毛泽东根据斯大林的观点，提出了新民主主义的政治构想。"（杨奎松：《毛泽东与莫斯科的恩恩怨怨》）

毛泽东丰富与发展了列宁学说，他在《〈共产党人〉发刊词》里总结中国革命的三个法宝"统一战线、武装斗争、党的建设"，是列宁主义与中国革命相结合的成果；建国后中国共产党对资本主义的改造和赎买，是列宁消灭资本主义的和平方式。至于经济建设，《毛泽东读社会主义政治经济学批注和谈话》承认：解放后，三年恢复时期和第一个五年计划，"对建设还是懵懵懂懂的，只能基本上照抄苏联的办法。"（转引自王恕焕：《突破苏联的模式，走中国自己的路》）

毛泽东思想没有超越列宁主义范畴；它是初级阶段的新民主主义，并以对新民主主义从初级阶段向高级阶段的过渡，成为列宁—斯大林理论体系的构成。

列宁—斯大林指引并规定中国革命与建设的历史进程。毛泽东和中国共产党沿着"苏联模式"的轨迹，消灭资产阶级，快鞭催马，向社会主义进军。

1956 年，三大改造完成，中国革命落幕，毛泽东终结了他的新民主主义。

时代，在这里分界！

1956 年，中国共产党八大政治决议："社会主义改造已经取得决定性胜利。……我国的无产阶级同资产阶级之间的矛盾已经基本解决，几千年的阶级剥削制度已经基本上结束。"

同年，毛泽东致信黄炎培："我们国家内部的阶级矛盾已经基本解决了，所有人民应当团结起来。"（见叶永烈：《反右派始末》）

中国共产党驱中华之轮，并入斯大林"全民党"、"全民国家"的快行道。

毛泽东开始了自我否定，中国共产党也开始了自我否定。10 年后的文化大革命，不过是两个"自我否定"在对立同一中的爆发。

共产党是工人阶级向资产阶级进行阶级斗争的政党。阶级矛盾基本解决，共产党存在的意义也便基本消亡。这是共产党的自我否定。

毛泽东思想是新民主主义。新民主主义终结，也就是毛泽东思想终结。这是毛泽东思想的自我否定。

依循苏联社会进程，既然"全民党"，便必须接受"全民"的取舍；共产党一党专政的法理依据于是消失。既然农业社会进化为工业社会，农民解体转化为工人，资产阶级消亡，那么，没有农民，何来"工农联盟"？没有资产阶级，何来与资产阶级的统一战线？显然，以"工农联盟"为基础的与民族资产阶级统一战线的毛泽东思想，成了无的之矢。

1956 年，中国共产党全党共识：在党章中删去"毛泽东思想"的提法！

毛泽东思想过时！

陈毅说："刘少奇是我的老师，是我的先生，水平很高。……不但要学习毛主席著作，而且要学习少奇同志的著作。刘少奇在'八大'不提毛泽东思想，是毛主席、政治局决定的。"（《我这个外交部长》）

取消"毛泽东思想"的提法，就是宣布农民革命过时。刘少奇说："我们党革命几十年，党的七大时已经成熟，领袖和指导思想也是成熟的。而党的八大时，全党的中心任务是社会主义建设。我们才搞了几年，摸索了几年，还犯有错误，

没有成熟的经验，更没有成熟的指导思想。建设时期的毛泽东思想还没有形成。"（见刘源：《忠直坦荡昭日月》）

换句话说，毛泽东思想不能指导中国的社会主义建设。

毛泽东承认："经济建设工作中间的许多问题还不懂得。工业、商业，我就不大懂……我注意得较多的是制度方面的问题、生产关系方面的问题，至于生产力方面，我的知识很少。"（见吴子皓：《毛泽东与刘少奇》）

阶级消灭之后的中国需要新的指导理论。

1957 年，毛泽东说："阶级斗争基本结束，我们的任务转到什么地方？转到经济建设，率领整个社会，率领六亿人口，同自然界作斗争，把中国兴盛起来，变成一个工业国。"（见逄先知：《毛泽东关于建设社会主义的一些思路和构想》）

毛泽东认同"经济建设中心"。

既然"经济建设中心"，那么以阶级斗争为研究对象的毛泽东思想当然应该让位于研究经济规律的理论。

后毛泽东思想时代，中国向何处去？

刘少奇理论引发中国共产党共鸣，也为国际共产主义运动关注。"刘少奇在民族主义和国际主义的理论上作了最出色的工作"，如果他能"设计出新的社会主义国家间相互关系的形式，……他在历史上就将是斯大林的继承人，一位新时代的工程师。他还将不仅奠定社会主义在差异中求团结的结构，而且也奠定某一天必定会出现的世界政府的基础。"（斯特朗：《斯大林时代》）

刘少奇——斯大林的继承人！

从"全民党"、"全民国家"到"全民国家"之间求同存异的合作，进而"全民世界"，斯特朗期待刘少奇理论为世界政府奠基！

世界政府——一个被资本主义和社会主义合力憧憬与倾心打造的光辉未来：资本主义全球一体化，或者社会主义全球一体化。

1953 年，斯大林逝世，将探索社会主义全球一体化的任务，留给了他的后继者，留给了各国共产党人。

赫鲁晓夫和苏联共产党接过了这个任务。

毛泽东和刘少奇接过了这个任务。

这实际上是深入求索世界新民主主义的任务。

从马克思、恩格斯发表《共产党宣言》到而今，一部共产主义运动史，分明是新民主主义革命史。法国巴黎公社是小资产阶级布朗基派和普鲁东派在共产主义指向下的革命，俄国十月革命、中国文化大革命也是广大小资产阶级在共产主义指向下的革命，至于绵亘一个多世纪的西欧社会民主主义运动，同样如是。

100 多年来，考茨基、列宁、斯大林、毛泽东继承并发展了新民主主义，刘少奇和苏联革命的终结者赫鲁晓夫、勃列日涅夫、戈尔巴乔夫以及中国革命的拓展者邓小平、江泽民、胡锦涛，同样继承并发展了新民主主义。

苏联共产党发展了新民主主义。

赫鲁晓夫大反斯大林，"竭力从斯大林的影子中脱身，但他无法避开他自己过去正是一个斯大林主义者这一事实。他的作风和风格、战略和战术，都是从斯大林那里承袭下来的。"（杰•谢克特：《赫鲁晓夫回忆录续集•序言》）

赫鲁晓夫继承斯大林，明确了"三和两全"。

"三和两全"被中国共产党迎头痛击。

中苏论战，苏联理论界处于下风，不能"令人信服地向如毛勾画的那样一种马列正统理论挑战"（罗•麦克法夸尔：《文化大革命的起源》）；他们无法抗衡中国共产党的义正词严，只能实用主义地发出愤怒的吼叫，以至周恩来揶揄："赫鲁晓夫理屈词穷啊！"（见邸延生：《"文革"前夜的毛泽东》）

然而，这并不意味着中国共产党理论的高明；恰恰相反，支撑毛泽东理论上高屋建瓴、气势如虹的架构，却是农民革命的惯性思维嫁接马克思主义原理的"纸上谈兵"。斯•施拉姆批评毛泽东："把自己局限于中国经验之内，而且，通过这种经验的三棱镜来看待世界上的其他各国。"（《毛泽东》）

邓小平说：中苏论战，"双方都讲了许多空话。"（《结束过去，开辟未来》）

"空"在何处？

一个流于理论空谈，一个陷入理论空虚。

——中国落后于苏联，正从封建土壤中蹒跚走出；毛泽东则重蹈列宁和早期斯大林的覆辙，抛弃新民主主义，消灭资产阶级。毛泽东激情喷发，领导中国共产党用列宁主义全副武装，凭"小米加步枪"发射庄严之火，然而穿不透苏联共产党冲击列宁主义体系的现代装甲。

"转变阶级斗争形式"的课题尚未提上中国共产党的日程；毛泽东尚未触及"世界新民主主义"理论。

——苏联在斯大林领导下崛起，生产关系发生了实质性变化：农民解体；"全民"表像下的苏联社会，具备了与先进西欧类同的经济条件和内在呼求。工人阶级与资产阶级的特定形态即官僚特权阶层与人民大众在对立中的相依相存，成为苏联的社会现实；二者间的统一战线，期待苏联共产党的理论自觉。

然而，苏联以社会主义固步自封，将自我游离于资本世界之外，不能完成"世界新民主主义"的课题。

马克思、恩格斯论定资本世界："它使阶级矛盾简单化了。整个社会日益分裂成两大敌对的阵营，分裂为两大相互直接对立的阶级：资产阶级和无产阶级。"（《共产党宣言》）

中国共产党尚未进入资本世界，无从把握资产阶级和无产阶级的"阶级矛盾简单化"；苏联共产党已经融入资本世界，却盲目否认苏联社会存在资产阶级和无产阶级的"阶级矛盾简单化"。

从不同侧面拒绝对历史趋势的认同，导致中苏论战"空对空"。

事实上，尽管落后国家和民族依然众多，尽管世界上封建的甚至原始的生产关系犹存，但资本与劳动的对立同一主导历史潮流；各国工人阶级与资产阶级的"阶级矛盾简单化"大势所趋，社会主义与资本主义的世界统一战线已经形成，它应当成为工人政党的自觉。

考茨基和西欧民主社会主义具有这一自觉。

斯大林和苏联共产党具有这一自觉。

中国共产党刘少奇、张闻天、王稼祥也一定程度地具有这一自觉。

然而，毛泽东不具有。

中苏论战，赫鲁晓夫分明从更高的发展层面上俯视毛泽东。苏联共产党已经从形式上突破列宁主义体系，跨入新民主主义高级阶段，即以苏联为首的社会主义阵营与以美国帝国主义为首的资本主义阵营的统一战线。

列宁主义与第二国际经过半个世纪的分裂，在苏联现代化进程中重新汇合。考茨基曾经面对的理论课题提上苏联共产党日程。转变阶级斗争形式的历史之呼，推动列宁新民主主义与考茨基新民主主义在对立中同一。

斯大林启动同一。

赫鲁晓夫和苏联共产党扩张同一。

978-1-62265-934-0 (online)　　978-1-62265-935-7 (paper)　　　　　　　　薛遒

这是世界新民主主义：消融资本世界，实现社会主义全球一体化。

赫鲁晓夫继承斯大林，坚持列宁主义实质——社会主义与资本主义两个阵营的对立与阶级斗争。戈尔巴乔夫论赫鲁晓夫："无论对和平共处说了多少话，只要你的出发点是世界分裂，它的一部分要战胜另一部分是不可避免的话，你的政策的固有特点就是：冲突不可避免。"（《对过去和未来的思考》）

赫鲁晓夫继承斯大林，坚持与资本主义统一战线的社会主义指向。他说："只要资本主义拒绝放弃一寸土地，只要它们决心战斗到底，我们共产党人怎么可以哪怕只是在头脑中考虑同他们在意识形态领域里实行妥协呢？""在意识形态和阶级斗争领域内，不可能有和平共处这类东西。"（《最后的遗言》）

然而，赫鲁晓夫和苏联共产党受制于斯大林瓶颈，"阶级斗争"对外不对内，新民主主义被割裂。

对内，苏联消灭了阶级，自然谈不上工人阶级主导的与资产阶级的统一战线，也就谈不上新民主主义。

对外，苏联"全民党"、"全民国家"，自然谈不上工人阶级主导的与资本世界的统一战线，世界新民主主义也便在虚幻的"社会主义"里流产。

苏联共产党前车之辙：新民主主义的"新"即"工人阶级主导"被淡化，新民主主义的"民主"便一定在抽象的虚幻中沦为资本特权的奴仆——

在"阶级消灭"的朦胧睡眼里，赫鲁晓夫开放资本主义，苏联特权集团乘势崛起，销蚀"阶级斗争说"的社会主义灵魂，进而演化为勃列日涅夫扩张苏联资本集团的世界争霸；而当戈尔巴乔夫沿着"全民党"、"全民国家"的轨道，将对特权专制的反省误入"普世价值"的歧途，则彻底解除了苏联的铠甲，任由资本世界狼吞虎咽。

苏联异变，斯大林为自己不彻底的新民主主义付出代价。

这是否定的否定。

苏联共产党在现代化进程中，认同考茨基和西欧社会民主主义，在与资本主义统一战线的层面发展了新民主主义；然而同时陷入考茨基和西欧社会民主主义泥潭，异化了新民主主义的实质——无产阶级专政。

"苏联模式"与"西欧模式"殊途同归。它们分别为共产主义运动作出重要建树，也分别放弃统一战线的领导权，向资本主义畸变。马克思的故乡红旗落地，列宁的社会主义全军尽墨。

毛泽东一针见血："修正主义者抹杀社会主义和资本主义的区别，抹杀无产阶级专政和资产阶级专政的区别。他们所主张的，在实际上并不是社会主义路线，而是资本主义路线。"（《在中国共产党全国宣传工作会议上的讲话》）

苏联共产党没有完成新民主主义初级阶段向高级阶段的"过渡"，他们失去了创新马克思主义理论的光荣。

光荣属于中国共产党。

朱正写道："赫鲁晓夫召开苏共20大，毛泽东提出论十大关系，这同时发生在1956年初的两件事，都是反映了探索一条与斯大林模式有所不同的新路的努力。"（《反右派斗争始末》）

毛泽东探索新路，刘少奇也探索新路。

刘少奇试图纠正赫鲁晓夫弊端，发展斯大林模式；毛泽东则开始超越斯大林模式，并最终创立了"无产阶级专政下继续革命"的理论。

刘少奇继承并发展了斯大林的"三和两全"。

刘少奇针对苏联共产党沉迷于社会主义单一色调的虚幻，寻求"苏联模式"

的改良之路。他力图强化共产主义世界观，打造共产党精英政治，领导全国人民在"全民党"、"全民国家"的框架内，建立社会主义主导下没有资产阶级的与资本主义的统一战线，借用资本主义生产方式，发展社会主义。

刘少奇的求索遭到毛泽东强力打压。

毛泽东自诩："从 1956 年提出十大关系起，开始找到自己的一条适合中国的路线。"（见邱延生：《"文革"前夜的毛泽东》）

事实上，毛泽东的《论十大关系》应为探路之鸣。它以偏重经济建设的辩证法，勾画出毛泽东主义体系的轮廓，乃至成为邓小平改革开放的基石。然而，这篇讲话并未突破苏联模式，没有确定"适合中国的路线"。

甚至毛泽东一年后的《关于正确处理人民内部矛盾的问题》，也一度在苏联模式里徘徊——

1957 年 2 月，毛泽东的讲演与刘少奇异曲同工，试图在"全民党"、"全民国家"框架内改良苏联模式。他立足人民内部矛盾，严重关注共产党特权阶层对人民政权的反噬；他呼唤"双百"，期待人民监督、人民参政；他将批判与抵制官僚主义的重任诉诸群众运动。

然而，到了 1957 年 6 月，毛泽东历经 14 次修改后的定稿，则开始突破苏联模式："革命时期的大规模的急风暴雨式的群众阶级斗争已经基本结束，但是，被推翻的地主买办阶级的残余还是存在，资产阶级还是存在，小资产阶级刚刚在改造。阶级斗争并没有结束。"这种斗争"是长期的，曲折的，有时甚至是很激烈的。……社会主义和资本主义之间谁胜谁负的问题还没有真正解决。"（《关于正确处理人民内部矛盾的问题》）

毛泽东透过资产阶级知识分子向社会主义进攻的严酷现实，看到了中国资本主义与社会主义两条道路的尖锐冲突。他从"全民党"、"全民国家"的窠臼中奋力挣脱，重展阶级斗争之旗，跨出了求索毛泽东主义的第一步。

从《新民主主义论》到《关于正确处理人民内部矛盾的问题》，毛泽东思想从确立走向成熟。毛泽东思想体系发展到顶峰。毛泽东开始了对自己思想体系的否定。

《关于正确处理人民内部矛盾的问题》是一道分水岭。它标志着作为列宁主义的毛泽东思想的完成，标志着苏联模式的中国革命的终结，标志着毛泽东主义从列宁—斯大林体系脱壳，标志着马克思主义第三个发展阶段启航。

1957 年，英国《曼彻斯特卫报》模糊地捕捉到毛泽东主义的萌芽："这篇讲话对世界共产主义的影响可能比赫鲁晓夫的秘密演说来得大。因为毛泽东的讲话是在积极地提高新的思想和政策，而赫鲁晓夫主要在消极地贬斥过去。"（转引自叶永烈：《反右派始末》）

《关于正确处理人民内部矛盾的问题》是毛泽东主义的雏形。在毛泽东的讲演稿中，炽燃着无情抨击官僚特权阶层的烈焰；在毛泽东的成文稿里，则流溢出求索社会主义时期阶级斗争规律的深邃。而在二者的对立同一中，则若隐若现地闪映"党内资产阶级"的浮光掠影，渐聚迷离七彩，为文化大革命"无产阶级专政下继续革命"的理论，铺染下层层底色。

时隔 3 年，林彪于 1960 年提出"四个第一"，重树毛泽东思想。"林彪撇开了 1956 年八大决议，重新恢复了毛泽东思想的提法。"（罗•麦克法夸尔：《文化大革命的起源》）

其实，对毛泽东来说，这时的"毛泽东思想"已经不是原来意义上的"毛泽东思想"，而是在"毛泽东思想"旗帜下，开拓"毛泽东主义"。毛泽东说："现在我们已进入社会主义时代，出现了一系列的新问题，如果单有《实践论》、《矛盾论》，不适应新的需要，写出新的著作，形成新的理论，也是不行的。"（见邱延生：《"文革"前夜的毛泽东》）

1966 年，新的理论形成了。文化大革命确立了毛泽东主义。

毛泽东主义不等于毛泽东思想。

邓小平主持的《关于建国以来党的若干历史问题的决议》明确界定：毛泽东关于文化大革命的理论，"明显地脱离了……毛泽东思想的轨道，必须把它们同毛泽东思想完全区别开来。"

邓力群在《介绍与答问》中强调："无产阶级专政下继续革命"和"党内走资派"的论点，与毛泽东思想无关。"毛泽东思想是科学的东西，是经过实践检验证明是正确的东西。这些主要论点不属于毛泽东思想。"

完全正确！"无产阶级专政下继续革命"和"党内走资派"的理论，不属于毛泽东思想；它属于毛泽东主义。

毛泽东说："'正名'的工作，不但孔子，我们也在做。孔子是正封建秩序之名，我们是正革命秩序之名，孔子是名为主，我们则是实为主。"（《致张闻天》）

为毛泽东主义正名！

——毛泽东主义超越"苏联模式"，为社会主义进步指明道路：

1、走资派的存在是合理的，必然的；在整个社会主义历史阶段，它是不断产生的。对走资派必须给予高度正视。

2、走资派的存在是危险的、恶劣的。在整个社会主义历史阶段，必须继续革命，不断地教育、批判乃至清除走资派。社会主义时期的阶级斗争，重点是对走资派的阶级斗争。

3、对走资派的阶级斗争一般地表现为人民内部矛盾，必须坚持"团结—批评—团结"的方针，充分说理，开展思想革命。

4、牢牢把握与走资派斗争的"点"，带动全民文化革命的"面"。

毛泽东明确了社会主义时期人民大众与走资派斗争的长期性，明确了走资派在整个社会主义时期的客观存在，从而确定了社会主义时期阶级斗争的阶级根源，也为人类思想变革确定了严格的阶级内涵。

——毛泽东主义明确阶级斗争形式的转变，为世界历史进程指明道路：

1、工人阶级与资产阶级、社会主义与资本主义是对立的同一体。二者之间的斗争是长期的；二者之间的共存也是长期的。

2、工人阶级与资产阶级之间的阶级斗争，主要地表现为人民大众与极少数特权阶层的斗争、世界人民与帝国主义垄断集团的斗争。

3、阶级斗争不排除暴力革命，但主要不再是你死我活的流血斗争。而更多地表现为思想政治领域的变革，表现为两个阶级的意识形态——公有观念与私有观念的交锋。

毛泽东突破斯大林瓶颈，"在国际共产主义运动的历史上开辟了一个新纪元。"（1967 年《人民日报》、《红旗》杂志：《将无产阶级文化大革命进行到底》）

文化大革命是世界性的革命。

马克思写道："1648 年的革命和 1789 年的革命，并不是英国的革命和法国的革命；这是欧洲范围的革命……宣告了欧洲新社会的政治制度。……这两次革命不仅反映了它们本身发生的地区即英法两国的要求，而且在更大得多的程度上反映了当时整个世界的要求。"（《资产阶级和反革命》）

同样，1966 年的文化大革命，不仅反映了中国的要求，"而且在更大得多的

978-1-62265-934-0 (online)   978-1-62265-935-7 (paper)   薛遒

程度上反映了当时整个世界的要求。"

20世纪60年代,遍及美国、英国、法国、德国、意大利、捷克斯洛伐克以及整个亚非拉的社会主义运动,此伏彼起。

那是人类史上第一次世界性的社会主义革命!"法国的'五月风暴',中国的'文化大革命',然后是在美国哥伦比亚大学兴起的'反权力斗争',日本东京大学学生与警察对峙,然后占领安田讲堂。这实际说明,在1968年以后,乌托邦就不存在了……意味着现代的一个结束。"(见冯林:《21世纪:中国大预测》)

现代资本主义结束!

二战后,人民赢得了战争。在人民强力推动下,公有化和公有观念浪潮席卷全球;借助社会主义助推,资本主义蓬勃发展,繁荣昌盛,形成社会进步的高潮。

然而,转瞬间,资本主义体制吞吃了人民的社会主义成果,公有化被大资本垄断集团攫为私有,形成资本特权。资本集中与聚敛加剧贫富悬殊,破灭了资本主义"普世价值"的乌托邦泡沫。而苏联侵捷和世界争霸,则暴露出伪共产主义与资本主义剥削的沆瀣一气。

资本主义乌托邦破产了,共产主义乌托邦也破产了。

资本主义+伪共产主义的丑陋,觉醒着人民心底深处的社会主义良知。社会主义阵营被资本主义的强大向心力所消融,步入腐败。整个世界深刻地发展着人民与官僚特权的矛盾。美国"大公司和管理革命已使大部分资本主义生产官僚主义化,而这又导致某种在社会主义世界已发现的动脉硬化。"(约•加尔布雷斯:《资本主义、社会主义与和平共处》)

"同一个世界,同一个梦想"。资本主义与社会主义在对立中,发展着"动脉硬化"的同一病灶——官僚特权。而东、西方相呼应的革命运动,则是人民主权要求在全球化进程中的爆发。

历史作结:社会主义无法回避官僚特权的严重侵蚀而拒绝革命,资本主义也无法回避人民大众主权意识的觉醒而遏制革命。"革命不能预先随心所欲地制造,革命在任何地方都是完全不以个别政党和整个阶级的意志和领导为转移的各种情况的必然结果。"(恩格斯:《共产主义原理》)

文化大革命尽显毛泽东强烈的主观意志;然而它不过是人民意志的集中表达。在历史人物动机背后并且构成历史真正最后动力的,"与其说是个别人物,即使是非常杰出的人物的动机,不如说是使广大群众、使整个整个的民族、以及在每一民族中间又使整个整个阶级行动起来的动机;而且也不是短暂的爆发和转瞬即逝的火花,而是持久的、引起伟大历史变迁的行动。"(恩格斯:《路德维希•费尔巴哈和德国古典哲学的终结》)

文化大革命是世界革命的中华形态。

毛泽东主义是无产阶级专政下继续革命的理论,也是资产阶级专政下人民革命的理论;它为西欧社会民主党突破资本桎梏解锁,也深刻地解读了世界人民反抗极少数官僚特权之红色狂飙所张扬的马克思阶级斗争学说的科学底蕴。

马克思指出:"无产阶级宣告现存世界制度的解体,不过是揭示自己本身存在的秘密,因为它就是这个世界制度的实际解体。"(《〈黑格尔法哲学批判〉导言》)

无产阶级在解体,资产阶级也在解体。人类社会正在解决"十九世纪的重大问题——消灭无产阶级的问题"(恩格斯:《德国的革命和反革命》)

消灭无产阶级,也就同时消灭资产阶级。这个问题,社会主义国家在形式上大体解决,资本主义国家也在形式上大体解决。

"人文社会"和"普世价值",畅行天下。

978-1-62265-934-0 (online)   978-1-62265-935-7 (paper)   薛 道

然而，在实质上，无产阶级并没有消灭，资产阶级同样没有消灭。恩格斯剖析：在资本世界，一方面是群众队伍的扩大，一方面是资本家阶级缩小为少数人的大资本家集团，"大资本家阶级……就是资产者阶级或资产阶级。"（《共产主义原理》）

资产阶级弱肉强食和资本聚敛，形成"量"的巨幅缩水，却在"质"上浓缩成一个极少数人的特权阶层——大资本家集团；工人阶级在"质"上升华，人民各阶层在"工人阶级"的旗帜下交融汇聚，在"量"上膨胀成一个最大多数的社会阶层——劳动者群体。

工人阶级与资产阶级的阶级斗争，就是最广大人民与极少数特权者的斗争。工人阶级并不固步雷池，它是"人民"的抽象；资产阶级则无需谦让，它是"特权阶层"的专属。

实际上，人类文明史上，从来没有纯粹的阶级斗争。而为着"现代资本主义的结束"，为着公有制和公有观念彻底颠覆私有制和私有观念的历史变革，则一定是最广大的人民群众合力向官僚特权阶层和资本垄断集团的进击。

20世纪60年代东、西方掀起的世界风暴，便是宣告这个进击的开始；毛泽东主义是它的旗帜。

——毛泽东主义的内在逻辑，为社会主义与资本主义的统一战线指明道路：

1、确立工人阶级主导下与资产阶级包括帝国主义垄断集团的统一战线。

2、确立社会主义国家工人阶级主导下与走资派的统一战线。

3、确立文化领域工人阶级世界观主导下与资产阶级世界观的统一战线。

毛泽东在统一战线层面，实现了对"毛泽东思想"的超越。

工人阶级与资产阶级在对立中同一，社会主义与资本主义也在对立中同一。二者共存共亡，在斗争中互相转化。

卧榻之侧，尽呓对手气息！资本主义国家不能不让工人阶级分享政权，社会主义国家不能不让资产阶级分享政权。

在资本主义国家，工人政党代言工人阶级分享政权；在社会主义国家，走资派代言资产阶级分享政权。

当生产力发展水平不足以全面支撑社会主义生产关系时，资本主义生产关系便一定冲破所有阻力来表现自己；当资本主义生产方式依旧具有蓬勃生机时，资产阶级世界观也便不可颠覆。

走资派是资本主义生命力的政治表达，是资本主义法定地位和资产阶级分享政权的体现。因此，正视社会经济发展程度，尊重资本主义，认同与走资派的统一战线，是整个社会主义时期恒久的的战略任务。

毛泽东以宏大的视野，超越斯大林，确立了世界新民主主义理论。他高扬"无产阶级专政"的灵魂，勾勒出统一战线的轮廓；然而，在他有生之年，畸轻畸重，未曾全面展开与资本主义的合作，却将阶级斗争极端化，导致自身的危机。

邓小平纠正了毛泽东，也继承了毛泽东。

——毛泽东主义关于"三个世界"的划分，为邓小平理论指明道路：

1、社会主义主导下，建立与第三世界被压迫人民被压迫民族的统一战线。

2、社会主义主导的被压迫人民被压迫民族，建立与第二世界的统一战线。

3、社会主义主导的被压迫人民被压迫民族团结第二世界，建立与第一世界的统一战线。

毛泽东与尼克松握手，揭开了与帝国主义合作的序幕；中美建交，表明中国社会进程开始具备从新民主主义初级阶段向高级阶段转化的条件和要求。

初级阶段的新民主主义是新民主主义准备阶段。农民在这个阶段占据重要地位。毛泽东说："新民主主义的政治，实质上就是授权给农民。……就是农民革命主义。（《新民主主义论》）"授权给农民"即"工农联盟"，也就是在落后国家由工人阶级领导的农民革命。

高级阶段的新民主主义是本来意义的新民主主义。在这个阶段，农业社会向工业社会转化，农民向工人转化，资本与劳动成为基本关系，资产阶级成为社会进步的重要力量；工人与资本家联盟、社会主义与资本主义对立统一，提上议程。

进而言之，高级阶段的新民主主义就是世界新民主主义。它是被资本世界制约的共产主义革命对自身的变通，也是社会主义全球一体化转化资本主义全球一体化的必由之路。

毛泽东以世界新民主主义的理论自觉，框定了社会主义主导下与资本主义包括帝国主义的统一战线，也框定了邓小平理论的范畴。

邓小平理论分明是新民主主义高级阶段的理论。邓小平说："现在虽说我们也在搞社会主义，但事实上不够格。只有到了下世纪中叶，达到了中等发达国家的水平，才能说真的搞了社会主义。"（《社会主义必须摆脱贫穷》）

既然不是"真的搞了社会主义"，那么"真的"搞了什么主义？

——新民主主义。

邓小平理论"是新民主主义理论在我国社会主义时期的继承和发展。"（龚育之：《从毛泽东到邓小平》）

在社会主义主导的意义上，新民主主义就是社会主义。社会主义初级阶段，就是新民主主义高级阶段。

初级阶段的新民主主义是对社会主义运动的参与，高级阶段的新民主主义是对社会主义运动的自为。

邓小平理论是对社会主义运动的自为。

郑谦写道：毛泽东和邓小平的探索，"围绕着同一个主题，即不满足于社会主义的现有模式，力求把马克思列宁主义原理同中国的具体实践相结合，走出一条中国的社会主义发展道路。而毛泽东的探索有首创之功，为邓小平的探索准备了必要的思想条件和物质基础。"（《毛泽东与邓小平》）

余金成、王兰垣写道："改革就是对以'苏联模式'为代表的传统社会主义体制的扬弃。"（《社会主义走向振兴的世纪》）

扬弃了什么？

扬弃了"全民党"、"全民国家"，扬弃了"和平共处"、"和平竞赛"、"和平过渡"，扬弃了官僚体制和特权专制……

当邓小平强调"一个中心两个基本点"时，他实际上表达的正是高级阶段的新民主主义——社会主义主导下与资本主义的统一战线。

中国特色社会主义！

邓小平否定了毛泽东的激进革命，从统一战线的侧面，完善并丰富了毛泽东主义体系。

毛泽东主义体系是新民主主义高级阶段即社会主义初级阶段的理论指南。

邓小平指出："我们要恢复毛泽东思想，坚持毛泽东思想，以至还要发展毛泽东思想，在这些方面，他都提供了一个基础。"（《对起草<关于建国以来党的若干历史问题的决议>的意见》）

文化大革命在"毛泽东思想"的名义下，创立了毛泽东主义；改革开放在"毛泽东思想"的名义下，发展了毛泽东主义。

邓小平理论是毛泽东主义的有机构成。

江泽民以"三个代表"扩展邓小平理论，确认了社会主义主导的与资本主义的统一战线；胡锦涛以"科学发展观"为邓小平理论正名，强调与资本主义统一战线的社会主义方向。

毛泽东思想是中国共产党和中国人民集体智慧的结晶；毛泽东主义同样是中国共产党和中国人民集体智慧的结晶。中华民族担起丰富与完善毛泽东主义体系的重担，中国社会主义在与世界资本主义的统一战线中崛起。毛泽东主义引领世界共产主义运动。

毛泽东主义是马克思主义的第三座红色里程碑。

中共九大党章定义："毛泽东思想是在帝国主义走向全面崩溃、社会主义走向全世界胜利的时代的马克思列宁主义"。

只是这里的"毛泽东思想"应为"毛泽东主义"。

任何伟大的思想都具有前瞻性。马克思的期待至少超前了 100 年，耶稣的期待甚至超前了 2000 年。

毛泽东呼应耶稣"灵魂变革"的千古遗响，以文化大革命的开拓性实验，将人类历史进程浓墨重彩地指向共产主义；同时立足马克思的科学理论，从经济基础和阶级关系的角度，为社会主义全球一体化指明了现实之路。

然而，毛泽东主义依然是超前的。

周恩来做中共十大报告："时代没有变，列宁主义的基本原则没有过时，仍然是我们今天指导思想的理论基础。"（见谭宗级：《十大评述》）

梅俏写道："毛泽东提出'三个世界'理论时，一再重复列宁的著名论断：我们的时代是帝国主义和无产阶级革命的时代。"（《毛泽东的"珠峰"》）

20 世纪是列宁主义时代。

21 世纪是列宁主义向毛泽东主义过渡的时代。

978-1-62265-934-0 (online)   978-1-62265-935-7 (paper)

薛 遒

978-1-62265-934-0 (online)   978-1-62265-935-7 (paper)

薛 遒

978-1-62265-934-0 (online)　　978-1-62265-935-7 (paper)　　　　　　　　薛　遒

（四）改革开放——
文化大革命的遗嘱执行

　　"笑话！共产党员不宣传共产主义，宣传什么？！叫我
不宣传共产主义吗？那除非等我死了以后！"
　　　　　　　　　——黄励（《雨花台革命烈士事迹简介》）

　　马克思精彩地勾勒出资本主义的最后疯狂："当地下的轰鸣已经预告火山即将爆发而必定会把他脚下的土地冲走的时候，还在预备划分地界来更精确地确定地产的范围。"（《1848 至 1850 年的法兰西阶级斗争》）

　　世界，在疯狂中沉沦；中国，在沉沦中疯狂。

　　这是资本世界的沉沦与疯狂：在私有制土崩瓦解的前夕，一遍遍重新分配私有财产，一遍遍精细划分私有权的从属。

　　辩证法如此无情，私有制的消亡有待于私有制最后能量的爆发。

　　中国，可以胜利地进行共产主义实验，却无法脱身于整个世界的经济进程和历史规律。

1、遗嘱执行一：向私有制和私有观念致敬

　　河南新郑，矗立一座"黑猫白猫"的巨型雕塑。那是邓小平"猫论"纪念碑。

　　刘吉主编的《碰撞三十年》写道："'猫论'贯穿于改革开放的各个阶段，在很多场合都可以看到它的影子：乡镇企业、特区、私营经济、证券、股票……"

　　"猫论"作为邓小平引进资本主义的理论奠基，成为时代的标志。

　　文化大革命初，毛泽东定性：邓小平是走资本主义道路的当权派。

　　文化大革命末，毛泽东明确邓小平的理论基础——实用主义。他说：邓小平"是不抓阶级斗争的，历来不提这个纲。还是'白猫、黑猫'啊，不管是帝国主义还是马克思主义。"（《毛主席重要指示》）

　　"三项指示为纲"将毛泽东阶级斗争的"纲"，幻化为"经济建设中心"；"实践标准"更将马克思的实践哲学——无产阶级颠覆资产阶级及一切剥削阶级的阶级斗争实践，通过"一般实践"的漂洗，实用于生产实践。

　　于是，马克思主义异变为实用主义；或者说，马克思主义为实用主义护航。

　　然而，实用主义促进了中国崛起。

　　在左倾教条禁锢人们头脑的铁壁前，邓小平避实就虚，抽象社会主义，具化资本主义，将中国引上崛起之路。

　　指导中国崛起的理论不是马克思主义，而是实用主义；或者说，表现为马克思主义形态的实用主义。

　　杨鹏翔礼赞邓小平的实用主义：他"一贯寻求的是宁愿逐渐地而不是突然地变革以及实用主义胜过教条清规。"（《伟大的改革家邓小平》）

莫•迈纳斯论定实用主义在中国崛起中的地位："研究人民共和国的中国学者和大多数西方学者，异乎寻常地同声称赞中国新领导人的'实用主义'和他们对'四个现代化'的认真追求。"（《马克思主义、毛泽东主义与乌托邦主义》）

布热津斯基在《大失败》一书中展望实用主义的前景："由于邓小平为将来制定的实用主义计划同旧有的、相对来讲更为深得人心的价值观念之间日趋协调，今天的改革预示着中国的明天将会更加美好。"（转引自余金成、王兰垣：《社会主义走向振兴的世纪》）

邓小平引进资本主义，顺应历史规律的进程和中国社会的现实呼求，创造了中国崛起的光荣。

中国崛起是社会主义形态下的资本主义崛起！

中国崛起的理论开篇——实践标准。

实践是检验真理的唯一标准！

马克思如是说——"人的思维是否具有客观的真理性，这不是一个理论的问题，而是一个实践的问题。"（《关于费尔巴哈的提纲》）

列宁如是说——"生活、实践的观点，应该是认识论的首先的和基本的观点。"（《唯物主义和经验批判主义》）

毛泽东如是说——"真理的标准只能是社会的实践，实践的观点是辩证唯物论的认识论之第一的和基本的观点。"（《实践论》）

邓小平也如是说。

然而，马克思主义强调：生产实践、科学实践以阶级斗争实践为轴心；邓小平翻案：阶级斗争实践、科学实践以生产实践为轴心。

毛泽东说："人的认识一点也不能离开实践"，而"尤以各种形式的阶级斗争，给予人的认识发展以深刻的影响。"阶级社会中人，只能在不同阶级地位上"结成一定的生产关系，从事生产活动。"（《实践论》）

邓小平确定"经济建设中心"。他强调："经济问题是压倒一切的政治问题"（《关于经济工作的几点意见》）；"马克思主义最注重发展生产力"。（《邓小平思想年谱》）

邓小平拨乱反正，重张生产力在马克思主义中的基础地位，然而却淡化了马克思主义的理论核心——阶级斗争和无产阶级专政学说。

无疑，人类社会，生产实践是第一性的；但进入阶级社会，阶级斗争实践则反转来成为第一性的，指导并规范生产实践。"一个阶级如果不从政治上正确地处理问题，就不能维护它的统治，因而也就不能解决它的生产任务。"（列宁：《再论工会、目前局势及托洛茨基和布哈林的错误》）

改革开放，邓小平卓绝地解决了生产任务，中国迅速地跻身世界强国之列。然而，对社会主义政治的淡化也使中国迅速融入资本世界，向资产阶级的"生产任务"异化。

这是一个严峻的课题。

实事求是！

邓小平高吟"实事求是"四字真言，已经意识到：中国进步绕不过资本主义。举目四望，尽是资本横行的世界；环顾中华，无非官僚体制的封建痼疾。置身此间，走资本主义道路是中国不能回避的唯一选择。

"实事"一：中国"不仅苦于资本主义生产的发展，而且苦于资本主义生产的不发展。"（马克思：《<资本论>第一卷第一版序言》）

"实事"二：中国，乃至世界，还不具备社会主义革命的条件。"彻底的革命只能是彻底需要的革命，而这些彻底需要的产生，看来既没有任何前提，也没有必要的基础。"（马克思：《<黑格尔法哲学批判>导言》）

"求是"：既然资本主义活力犹存，既然置身资本世界寻求生存与发展，便不能不认同资本主义的内在规律。

这个规律的抽象，便是资本主义理论——实用主义。

实用主义的关键词："事实。与事实保持最为强大的、最为亲密的关系，是要点中的要点。"（威·詹姆斯：《实用主义》）

今日世界是资本世界。资本世界是实用主义的世界。资本主义全球化是实用主义的全球化。丹·贝尔在《意识形态的终结》里写道："美国政治一直存在着实用主义的妥协，而非一系列你死我活的争斗。"

这也许是英国"光荣革命"的美利坚之流；而美国政治作为世界政治的"领头羊"，规定着世界的实用主义政治。"1945 年以来，进入了实用主义主导的世纪。"（陈乐民：《20 世纪的欧洲》）

在资本世纪，谁拒绝"实用"，谁就被资本吞噬。

修正主义是实用主义的马克思主义形态；或者说是对马克思主义的实用。

民主社会主义是实用主义的社会主义形态；或者说是对社会主义的实用。

资本主义理论林林总总，凯恩斯主义和撒切尔主义，新自由主义和新保守主义，"第三条道路"和……，归根结底，无非实用主义流变。

不仅这些。

马克思、恩格斯实用。他们以"共产主义"自别于其他"主义"，却认同工人政党的"社会民主"属性和向议会党团合法斗争的变通。

列宁实用。"布列斯特和约"与"新经济政策"的妥协退让，为苏维埃政权赢得了喘息时机。

斯大林实用。"苏德密约"给予慕尼黑绥靖阴谋粉碎性打击，使苏联跳出了被资本世界连手围剿的险境。

毛泽东实用。井冈山道路和遵义会议是对"无产阶级革命"的实用；握手尼克松，更"毅然抛弃意识形态的顾虑，重新从实用主义的角度出发，拾起统一战线的法宝。"（杨奎松：《毛泽东与莫斯科的恩恩怨怨》）

毛泽东对基辛格"实用"："主要目标是一致的，我们不会伤害你们，你们也不会伤害我们。……有时我们要批评你们一下，你们也要批评我们一下。这就是你们总统说的意识形态的影响。你们说：'打到你们这些共产党！'我们说：'打到你们这些帝国主义者！'有时我们要说这类话。"（见《中华人民共和国大典》）

毛泽东对左派的指责"实用"："我就不理！你奈何得了我吗？鄙人就是右倾机会主义。"（见杨奎松：《毛泽东与莫斯科的恩恩怨怨》）

事实上，马克思主义与实用主义在对立中同一。"世界上一切事物都是对立统一。所谓对立统一，就是不同性质的对立的东西的统一。"（毛泽东：《在中国共产党八届二次全会上的讲话》）

实用主义是马克思主义的重要补充，马克思主义是实用主义的内在构成。在二者的对立同一中，你中有我，我中有你，相互依存，相反相成；谁居矛盾的主要方面，谁就决定了观念的属性。

在一定意义上，马克思主义就是实用主义。

雅斯培尔斯在《智慧之路》中指责马克思主义是一个"实用的体系"，意识到马克思主义与实用主义的同一性。

罗素在《西方哲学史》中认定马克思的唯物主义"同传统的唯物主义有很重

要的不同，倒比较近乎现在所说的工具主义。"所谓"工具主义"，便是"实用主义"的别称。

马克思主义与实用主义对立同一，是一个哲学命题；也是否定哲学的命题。

哲学是什么？

哲学是阶级社会的观念形态。准确地说，现代"哲学的内容本质上仅仅是那些和中小市民阶级发展为大资产阶级的过程相适应的思想的哲学表现。"（恩格斯：《路德维希·费尔巴哈和德国古典哲学的终结》）

——现代哲学无非资本主义思想体系。

所谓"马克思主义哲学"，不过是对现代哲学的变通。"马克思主义哲学"以对黑格尔唯心论的颠倒，成为黑格尔哲学的马克思形态。

在这个意义上，"马克思主义哲学"就是"黑格尔哲学"；进而言之，马克思的"社会主义思想体系"就是黑格尔的"资本主义思想体系"。社会主义思想体系与资本主义思想体系在对立中同一；其同一指向是：终结哲学；终结阶级社会和阶级剥削。

恩格斯写道："哲学在黑格尔那里终结了：一方面，因为他在自己的体系中以最宏伟的形式概括了哲学的全部发展；另一方面，因为他（虽然不自觉地）给我们指出了一条走出这个体系的迷宫而达到真正地切实地认识世界的道路。"（《路德维希·费尔巴哈和德国古典哲学的终结》）

物极则反。现代哲学达到黑格尔高峰，开始了自我消亡。黑格尔辩证法的革命内核，宣告了对哲学的否定；而马克思主义哲学同样是以"哲学"形态否定哲学：哲学向工具转化；哲学从阶级社会的观念形态，向超阶级的实用转化。

马克思主义认同"实用"。恩格斯说：马克思主义哲学"已经根本不再是哲学，而只是世界观，它不应当在某种特殊的科学的科学中，而应当在现实的科学中得到证实和表现出来。"（《反杜林论》）

世界观、方法论、工具，是一回事；而"证实和表现"，便是哲学的实现。哲学融化在人类实践活动中：农业、工业、科技，人文、教育、伦理，物理、化学……。这个"实践"，几乎与"实用"同义：哲学的实现就是哲学的消亡，也就是阶级社会的消亡。

不同在于，马克思主义以明确的共产主义革命观，放飞了黑格尔哲学的内在躁动。辩证唯物论泛化哲学于人类社会的所有领域，历史唯物论则将哲学具化为人类社会的阶级斗争、无产阶级专政和共产主义。

事实上，人类创造的伟大思想体系，都是公有观念对私有制和私有观念的正视、规范、批判与引导：古希腊哲学、旧约圣经、原初佛学和孔子学说是公有观念在奴隶时代的思想形态，基督教、伊斯兰教和儒学是公有观念在封建时代的思想形态；同样，黑格尔哲学装在民族国家框子里的，是公有观念在资本时代的思想形态。

黑格尔完成了哲学，宣告了资本主义思想体系的自我否定。

黑格尔以降的资本主义乃至"社会主义"思想家们，无非对黑格尔的实用；或者说，在黑格尔体系内，对黑格尔的"量"的拼贴与补充，即在资本主义思想体系内的改良。

马克思则冲破黑格尔体系，将其革命内核深深地嵌在自己的旗帜上。

马克思提出了实践哲学。

马克思写道："德国的实践派要求否定哲学是正当的。该派的错误并不在于提出了这个要求，而在于仅限于提出这个要求，没有认真实现它，而且也不可能

实现它。"(《<黑格尔法哲学批判>导言》)

在现代哲学,康德最先引入实践范畴。但他的"实践理性"局限于伦理学,理性与实体无从互动,"实践"流于主观泛论。

其后,黑格尔主张"哲学实践"。但他以绝对精神的统一性设定实体,让实体在辩证运动中实现自身。"实践"被抽象化,成为理念的泛论。

那么,什么是马克思的实践哲学?

《共产党宣言》是哲学在社会历史学领域的实践。

《资本论》是哲学在政治经济学领域的实践。

更重要的,马克思的实践哲学将黑格尔的革命内核从观念形态向物质形态转化。"批判的武器不能代替武器的批判,物质的力量只能用物质的力量来摧毁。"(《<黑格尔法哲学批判>导言》)

那么,"物质力量"何在?

马克思写道:"哲学把无产阶级当做自己的物质武器,同样地,无产阶级也把哲学当做自己的精神武器。"(《<黑格尔法哲学批判>导言》)

这个"物质力量"就是工人阶级。

工人阶级并非英雄降世,天生崇高伟大;恰恰相反,工人阶级社会地位的极端堕落和社会群体的极度膨胀,决定了它必然地与千古人类精神的伟大崇高紧紧捆在一起。

帝国主义世界体系是资本主义的抽象。资本君临天下,人被"物"吞噬,人性被"物"泯灭;肉体、良心、道德乃至"理性"异化为商品,人被虚拟为金钱符号。

人类"非人化",社会在"质"上已经解体。

工人阶级作为广大人民被资本奴役与剥削的抽象,成为社会非人化与社会解体的集中表现;而工人阶级对人民伟力的抽象,则触底反弹,成为变革资本世界和张扬"人性"社会的象征。

"人民工人化"或"工人人民化"的历史大潮一往无前,形成着冲击极少数特权资本统治的汹涌澎湃的物质力量。

这个"物质力量"的使命,就是实现黑格尔,实现哲学。"不在现实中实现哲学,就不能消灭哲学。"(马克思:《<黑格尔法哲学批判>导言》)

既然现代哲学是资本主义思想体系,那么,实现哲学就是实现资本主义;而只有实现资本主义,才能消灭资本主义。

如何实现资本主义?

——资本集中!

资本只有不断地聚敛才能生存。资本集中是全球化的内在动力和必然趋势。"在一个生产部门中,如果投入的全部资本已融合为一个单个的资本时,集中便达到了极限。在一个社会,只有当社会总资本或者合并在唯一的资本家手中,或者合并在唯一的资本家公司手中的时候,集中才算达到极限。"(马克思:《资本论》第一卷)

资本集中向着极限奔跑,它加剧资本与劳动的两极对立。一极是国际垄断大资本家集团对资产阶级的高度抽象,另一极是工人阶级及其世界观对广大人民的高度抽象。两个尖锐对立的抽象日益深化与扩张极少数特权资本与世界最广大人民之间的斗争,这个"斗争"的抽象就是工人阶级与资产阶级的阶级斗争。

一切生产实践、科学实践,都以工人阶级颠覆私有制和私有观念的阶级斗争实践为中心而展开——这是马克思主义实践哲学的核心;也是马克思实践哲学界分于资产阶级实用主义的坐标。

毛泽东深刻地把握这个"坐标"，他在《实践论》中写道：马克思主义哲学有两个最显著的特点：一个是阶级性，一个是实践性。

两个特点是一回事，是同一事物的两个侧面。所谓阶级性，特指为颠覆私有制和私有观念而实践的工人阶级；所谓实践性，则特指工人阶级反对资产阶级的阶级斗争实践。

阶级斗争实践是"检验真理的唯一标准"！

马克思、恩格斯训导资本主义和"社会主义"的思想家们：哲学向超阶级的实用转化，不能回避一个前提，那就是变革阶级剥削的社会制度。他们宣告："共产党人可以用一句话把自己的理论概括起来：消灭私有制。"（《共产党宣言》）

正是在"消灭私有制"的门坎边，实用主义趑趄不前。

然而，实用主义与马克思实践哲学在对立中同一。实用主义内涵实践要素，强调在实践参与中获得知识和技能，而且以张扬私有制和私有观念的伟大实践，为"消灭私有制"别开洞天。

马克思主义"消灭私有制"，是将每一个个体"私利"的实现诉诸人类社会公有制整体；实用主义张扬私有制，则是将人类社会的公有制憧憬诉诸于对每一个个体"私利"的尊重。在这个意义上，实用主义是马克思、恩格斯理想的折光——"每个人的自由发展是一切人自由发展的条件。"（《共产党宣言》）

从文艺复兴、宗教改革，经过加尔文、洛克、卢梭，到美国革命，几百年间升起一轮资本主义的太阳。"人人生而平等"的人性抽象，形成私有制形态下荡涤一切污泥浊水的伟大冲决，在美洲新大陆掀起横扫欧洲乃至整个世界的革命风暴，它以活泼泼的现代民主将资本主义精神传遍世界，为美国世纪的崛起拓开光明大道。

美国世纪的崛起就是资本世界的的崛起。

哲学死了！从孔德到詹姆斯、杜威，欧洲旧大陆的意识形态遭到颠覆。

詹姆斯代表美洲新大陆，举起了实用主义大旗。

实用主义猛烈抨击基督教会、君主专制和贵族集团借"天国"与"来世"之名加于广大人民的精神枷锁，向中世纪封建堡垒吹响了"人的解放"的嘹亮号角：不为"上帝"活，不为"教义"活；为自己活。劳动致富，按劳分配。

罗马教皇被抛弃了，黑格尔被抛弃了。詹姆斯以轻蔑的口吻讥诮哲学的终结："哲学体系总是伪装成一幅上帝的伟大宇宙的描述图。其实不过是某个创造者个人的古怪趣味的倾泻……我们与哲学之间的交道不过是与某些人之间的交道而已。"（《实用主义》）

詹姆斯高扬"美国精神"，为每个个体的私欲而呐喊。他无情揭露特权剥削者为自身极端私欲以"伪公义"对人民的愚弄。他甚至说："科学的逻辑并不是什么神圣，不是什么必要性，那不过是人类的独断……世界并没有一个真理存在，号称伟大的定理，不过是人类的语言而已。"（《实用主义》）

詹姆斯为美利坚开拓者们创造新生活的蓬勃朝气而欢呼，他宣告与一切旧传统观念决裂，将判定真理的权力诉诸每一个平民："只要是对我们生活有利益的观念，就是真，就是美，就是善。"（《实用主义》）

抽象人性以"超阶级"的人权观，呼唤民众冲击封建统治的罗网；"普世价值"以资产阶级革命的理念之光，引导民众展开反抗特权剥削的阶级斗争；对"个人主义"的推崇，则启蒙民众做社会主人的自我意识。

正是基于对所有人争取个体权利的鼓动，詹姆斯有充足的理由喊出："实用

主义是民主的哲学。"（《实用主义》）

如果说，马克思实践哲学表明人的思维之于历史指向的必然性；那么，实用主义则表明人的思维之于切身利益的现实性。

实用主义放大了资本主义精神着力鼓吹的"大写的人"，"人权"在抽象的领域实现了从封建专制和等级框架中的解放。它"赋予每个个别的人决定真理的权力，每个人对真理都享有特权。"(燕晓冬：《〈实用主义〉译者后记》)

那么，所有人享有特权，也便没有特权。

于是，所有人的私利得到尊重，便是公利的彰显。每个人权益的实现，就是社会整体权益的实现。

在这个意义上，实用主义就是马克思主义，资本主义就是社会主义。

资本主义恒久的生命活力，便是在维护个体私利和私有制的形态下，深刻蕴含着人类社会对公有制和公有观念的自我意识与自我实现的内在动力。

美国因实用主义崛起。

然而，美国也因实用主义步入衰亡。

实用主义只是在形式上抛弃了黑格尔，在实质上并没有挣脱黑格尔体系；它不过以对私有制和私有观念的另类解读，成为黑格尔的实用。

黑格尔哲学是资本主义在观念形态上的理论抽象，詹姆斯实用主义则是资本主义在观念形态上的理论具体。

黑格尔体系屈膝为封建等级制的臣仆；实用主义则屈膝为资本嗜血功能化的工具："任何个人利益和利润的获取皆以他者的减少为代价的商业道德，正是实用主义个人绝对自由母体下一篇发挥得很好的散文。这明显短视的正义主张"，便是实用主义的自我限定。(燕晓冬：《〈实用主义〉译者后记》)

请看美国资本巨头洛克菲勒第一桶金为"实用主义"写真——

一艘为某城运煤油的船爆炸。

洛克菲勒闻讯，废寝忘食，马不停蹄地赶往该城，挨家逐户买下全城零售商的所有煤油。

第二天，油船爆炸的消息传来，人人恐慌。因为，那个时代照明全赖煤油；于是全城争购。洛克菲勒把油价提高一倍，全部卖回零售商……（见曹德谦、王芯芸：《美国演义》）

洛克菲勒以鬣狗般的商业嗅觉和"文化创意"，引领家族走向辉煌。那是千百万人血泪的折光。

个体为利益的竞争，发展着弱肉强食；对个人私欲的鼓励，畸化为巧取豪夺。"大写的人"向特写的金钱俯首，"人权"被强权捆绑，"民主"被资本釜底抽薪，"自由"被特权腰斩，"平等"成了垄断集团的垫脚石……

在私有制和私有观念的框架内，实用主义的劣根性抹黑了自身曾经的亮色，堕落为利润与金钱的奴仆；而被资本吹胀的垄断特权，则比封建等级制更冷酷、更广泛地图谋创立等级森严的世界帝国。先进民族与落后民族，强势群体与弱势群体，权贵与平民，乃至金领、白领和蓝领……"阶层说"在"超阶级"的迷蒙里，为等级的固化砌起了一级级迈向虚幻"和谐"的台阶。

这是美国帝国主义世界体系的"和谐"。它掩盖着国际垄断集团即大资本家阶级对世界人民的阶级斗争，它以无孔不入的掠夺与榨取，压抑各民族的积极性，阻碍生产力的进步。

支撑帝国主义大厦的根基——掠夺与被掠夺的生产关系，已经成为人类社会生产力的桎梏。

978-1-62265-934-0 (online)   978-1-62265-935-7 (paper)   薛 道

美国世纪步入衰亡。

在美国世纪的衰亡中，中国崛起。

中国崛起是美国崛起的翻版；它在革命中崛起。邓小平破题："我们把改革当做一种革命"。（《我们把改革当做一种革命》）

什么样的革命——"改变生产力发展不适应的生产关系和上层建筑，改变一切不适应的管理方式、活动方式和思想方式。"（《中共中央十一届三中全会公报》）

倒是恩格斯直截了当："迄今所发生的一切革命，都是为了保护一种所有制，以反对另一种所有制的革命。它们如果不侵犯另一种所有制，便不能保护这一种所有制。"（《家庭、私有制和国家的起源》）

那么，改革开放侵犯了什么所有制？保护了什么所有制？

——侵犯了社会主义公有制，保护了资本主义私有制。

改革开放是资本主义革命。

在《答意大利记者奥琳埃娜·法拉奇问》中，邓小平委婉道衷肠："资本主义要比封建主义优越。有些东西并不能说是资本主义。比如说，技术问题是科学，生产管理是科学，在任何社会，对任何国家都是有用的。"

"科学"名义的抽象，铺设起引进资本主义的五彩路。

在《工人阶级要为实现四个现代化做出优异贡献》中，邓小平意志坚决：改革开放"要大幅度地改变目前落后的生产力，就必然要多方面地改变生产关系。"

改变什么生产关系？

改变在社会主义名义下封建遗习浓厚的生产关系：等级制、官僚主义、干部终身制、机构臃肿、党政不分……

在《邓小平思想年谱》中，邓小平几乎捅破窗户纸："我们的人民、我们的党受封建主义的害很重。……各种制度，都要从肃清封建主义影响的角度考虑，逐步加以改革。"

矛头直指封建体制。在屈辱中苟活的"社会主义公有制"，已经异变为封建特权的护身符；侵犯"社会主义公有制"，实际上是侵犯封建所有制。

毛泽东说：新中国跟旧社会差不多；邓小平从自己的视角道出了与毛泽东同样的感受，并以自己的视角规定了改革开放的方向："向谁开放，当然要对发达国家开放，要从那里得到技术、资金和市场。"（《邓小平思想年谱》）

试问：哪一个发达国家不是资本主义？

向资本主义开放！——这是人民的心声。"改革是大家的主意、人民的要求。"（邓小平：《政治上发展民主，经济上实行改革》）

安徽小岗村的"手印"契约，以视死如归的精神表达了中国农民对资本主义的热烈期待。而"分田到户"的小岗村更以冲天创举，将"全年粮食产量由原来的 3 万多斤，猛增到 12 万斤。"

400%！——资本主义的伟力。

"新华社一位记者写道：'和过去不同，农民觉得他们在给自己种地，而不是给当官的种地了。'"（马立诚、凌志军：《交锋》）

人民以自身的真切感受，将"社会主义公有制"名义的官僚集团与自身权益解放之间，挖了一条深深的界沟。

毋庸讳言，当少数人以公有制卫道士身份，占有公共财富，形成"特权私有化"时，人民的公有利益便只能以大众私有化的形态出现。

这是资本主义的胜利。中国是农民社会。"农民作为劳动者，倾向社会主义；而农民作为小资产者，又倾向于资产阶级，倾向于自由贸易，就是说，要退到惯

常的、旧有的、历来的资本主义去。"（列宁：《向匈牙利工人致敬》）

当改革开放改变毛泽东的社会主义道路，而"自由贸易的、惯常的、旧有的、历来的资本主义"从天而降，立刻受到人民——农民小资产阶级的热烈欢迎。"联产承包责任制"将中国农村鼓动得生机蓬勃，乡镇企业的涌现更拓展了农村广阔的生路，进一步激发中华大地的潜在激情。

随后的城市经济改革，落实独立核算、自主经营、自负盈亏及承包、奖金制度，打破大锅饭，按劳分配……邓小平向中国工人阶级宣布："今后企业的车间主任、工段长、班组长要由本车间、工段和班组的工人选举产生。企业重大问题要经过职工代表大会或职工大会讨论。企业领导干部要在大会上听取职工意见，接受职工的批评和监督。"（《工人阶级要为实现四个现代化做出优异贡献》）

工人阶级获如此主权，如何不激发生产积极性！

面向工农商学兵，面向科技、教育、卫生等各领域，邓小平肯定几乎一切人的立场，尊重几乎一切人的利益，调动几乎一切人的积极性，他的话暖了几乎一切人的心窝子："经济长期处于停滞状态总不能叫社会主义。人民生活长期停止在很低的水平总不能叫社会主义。"（《社会主义首先要发展生产力》）

实事求是！

当上层建筑领域的革命背离人民现实利益成为雾里看花，当极左的激情掩盖甚至助长"红色"特权竞赛，当派别的权力角逐任意曲解阶级斗争，当一切"伟大"与"崇高"成为新贵们的时髦辞令，谁还信"共产主义"？而且，哪里还有共产主义？

浸透着封建专制与官僚腐气的"伪共产主义"，被自由资本主义的清风吹过，怎不激动中华民族被长久压抑的心灵？生产关系的变革，怎不迸发人民的创造激情？毛泽东早就说过："生产力的大发展总是在生产关系改变之后。"（《读<政治经济学教科书（社会主义部分）>的笔记》）

改革开放一路放歌，中国崛起。

据说，中国崛起的奇迹，对西方主流现代化理论是一个难解的迷。

此迷不难解——

开放资本主义对十亿人"私欲"的广泛尊重与全面解放，爆发了中华民族的巨大能量；平反冤假错案，恢复高考，知青返城……，十亿人"私欲"的总合，难道不是对公有制和公有观念的张扬！

孔子说："己所不欲，勿施于人。"（《论语》）

戴震说："遂己之欲，亦思遂人之欲"。（《疏证》）

这种以私有制和私有观念形态表达的对公有制和公有观念的要求，古今中外前所未有地施于最广大的人群，焕发出前所未有的能量，创造了前所未有的奇迹。

这是改革开放赢得全国人民欢呼的原因，也是改革开放虽历经波折却终究奏凯的根源。

它证明一个真理，人类历史每一个进步，尽管可以表现为个体、集团、宗派、政党的胜利，实际上却是"公"的胜利，是人民的胜利。没有与整体利益的趋同，谁也不会得到真正的胜利。

然而，历史的诘难扑面而来：取得政权的社会主义国家，为什么要"倒退"回去搞资本主义革命？

因为，迄今为止的社会主义政权，都是落后国家的自我定义；实际不具备实行社会主义的条件。

历史阶段不能跨越。苏联模式数十年无限风光，引领一个社会主义阵营从封

978-1-62265-934-0 (online)　　978-1-62265-935-7 (paper)　　　　　　薛 道

建半封建社会向社会主义直接过渡，拒绝资本主义，但无一成功。世事无情：封建体制绝不因"宣布社会主义"而自动离职，它需要资本主义革命的补课。

因此，从赫鲁晓夫到邓小平，从东欧到越南，社会主义改革家们之所以在历史上有着光辉的一页，就在于他们喊出了时代强音：

请回资本主义！

赫鲁晓夫是社会主义国家请回资本主义的尝试，邓小平将这个尝试提到战略高度——中国特色社会主义！

中国特色社会主义的"特色"何在？

刘吉写道："从超前的生产关系退向适合生产力发展的生产关系，实际上是以'退'为'进'，因为它明显地促进了生产力的发展。"（《碰撞三十年》）

什么是"超前的生产关系"？

——社会主义生产关系。

什么是"适合生产力发展的生产关系"？

——资本主义生产关系。

资本主义生产关系促进了生产力的发展。

那么，何以称为"社会主义改革开放"？

因为，这是社会主义对资本主义生产关系的借用，也就是新民主主义。用毛泽东的话说：新民主主义革命是新式的资本主义革命；同样，新民主主义理论也是新式的资本主义理论。

新式资本主义依旧是资本主义。然而邓小平回避"资本主义"提法。

邓小平申明："我们不要资本主义，但是我们也不要贫穷的社会主义。我们要发达的、生产力发展的、使国家富强的社会主义。"（《社会主义也可以搞市场经济》）

邓小平强调："一个公有制占主体，一个共同富裕，这是我们所必须坚持的社会主义的根本原则。"（《一靠理想二靠纪律才能团结起来》）

邓小平确信：中国国民生产总值平均每人尽管比较低，但是人民生活要好于资本主义国家。"因为我们这里没有剥削阶级，没有剥削制度，国民总收入完全用之于整个社会，相当大一部分直接分配给人民。他们那里贫富悬殊很大，大多数财富是在资本家手上。"（《目前的形势和任务》）

邓小平展望：社会主义制度尽管不完善，但"总比弱肉强食、损人利己的资本主义制度好得多。我们的制度一天天完善起来，它将吸收我们可以从世界各国吸收的进步因素，成为世界上最好的制度。"（《党和国家领导制度的变革》）

社会主义是邓小平坚定不移的指向。

中国崛起给予资本主义以广阔的用武空间；但它是社会主义崛起。它是美国崛起的翻版，更承担着升华美国崛起的使命。

美国崛起推动资本世界崛起；中国崛起为社会主义奠基。一场文化大革命，毛泽东为中国崛起扎下了社会主义之根。

邓小平以否定文化大革命的方式，成为毛泽东的遗嘱执行人。邓小平理论的鲜明特色：借用资本主义，发展社会主义；即以社会主义为导向的实用主义。

邓小平下了一着险棋。"借用"从来不是单方面的。有"借用"就有"反借用"，资本主义同样借用社会主义外壳发展自己，双方的合作充满着激烈的博弈。

这是力量对比悬殊的博弈。在形式上，社会主义政权占据优势；在实质上，私有制和私有观念的传统势力+现实世界的资本罗网，很快将社会主义侵蚀得体无完肤。

邓小平理论既然立足于私有制和私有观念，就不能不受私有制和私有观念的制约；改革开放既然将中国融入资本世界，就不能不纳自身于资本竞争的规律：从尊重私欲到为私欲的争夺，从鼓励竞争到为竞争的嗜血，从按劳分配到巧取豪夺，从勤劳致富到以权谋私……

中国社会主义崛起，向着资本主义崛起异化。

资本主义宣布："赚钱是人类最终的和唯一的目的。"（马克思：《资本论》第一卷）这是中外新老资产者不变的宗旨，它被私有制和私有观念赋予无上荣光，成为改革开放的潜台词。

这个潜台词"用激起人们的最卑劣的动机和情欲，并且以损害人们的其他一切禀赋为代价而使之变本加厉的办法来完成这些事情的。卑劣的贪欲是文明时代从它存在的第一日起直至今日的动力，财富，财富，第三还是财富，——不是社会的财富，而是这个微不足道的单个的个人的财富。"（恩格斯：《家庭、私有制和国家的起源》）

于是，尊重每一个个体权益的"个人主义"被"家族特权"吞吃，大多数人合理的"个体私有"被极少数人的极端私有剥夺。上层社会的资本扩张，饱浸着下层群体的血泪：买断工龄，下岗失业，强拆占地，血汗工厂……

社会在为金钱的疯狂中沉沦。官员猖獗贪腐，高管巨额年金，金融大鳄翻云覆雨，政治舞台演出一幕幕卖官鬻爵的丑剧，"商业日益变成欺诈。革命的箴言'博爱'在竞争的诡计和嫉妒中获得了实现。贿赂代替了暴力压迫，金钱代替了刀剑，成为社会权利的第一杠杆。"（恩格斯：《社会主义从空想到科学的发展》）

列宁说："没有任何一种现象不能在一定条件下转化为自己的对立面。"（《论尤尼乌斯的小册子》）

改革开放畸形化。邓小平的预言落空了。

1984 年，邓小平说："如果走资本主义道路，可以使中国百分之几的人富裕起来，但是绝对解决不了百分之九十几的人的生活富裕问题。而坚持社会主义，实行按劳分配的原则，就不会产生贫富过大的差距。再过二十年、三十年，我国生产力发展起来了，也不会两极分化。"（《建设有中国特色的社会主义》）

然而，"二十年、三十年"后，两极严重分化。

改革开放是不是走了邪路？

邓小平说："社会主义的目的就要全国人民共同富裕，不是两极分化。如果我们的政策导致两极分化，我们就失败了；如果产生了什么新的资产阶级，那我们就真是走了邪路了。"（《一靠理想二靠纪律才能团结起来》）

改革开放会不会出乱子？

邓小平说："共同致富，我们从改革一开始就讲，将来总有一天要成为中心课题。社会主义不是少数人富起来，大多数人穷，不是那个样子。……如果搞两极分化，情况就不同了，民族矛盾、区域间矛盾、阶级矛盾都会发展，相应地中央和地方的矛盾也会发展。就可能出乱子。"（《善于利用时机，解决发展问题》）

两极分化！——横亘在中国崛起之路上的拦路虎。

改革开放扫荡了封建遗习浓厚的"红色"特权集团，却助长了党内走资派和社会资本特权集团的比翼齐飞。

实用主义促进了中国崛起，也制造着中国的危机。

邓小平理论创造着中国崛起的光荣，也成为中国崛起的理论瓶颈。

"实践标准"为邓小平理论奠基，也将其置于"实践标准"的检验台前。

"实践标准"像世间万物一样，也是对立同一。列宁写道："实践标准实质上决不能完全地证实或驳倒人类的任何表像。这个标准也是这样的'不确定'，以便不至于使人的知识变成'绝对'；同时它又是这样的确定，以便同唯心主义和不可知论的一切变种进行无情的斗争。"（《唯物主义和经验批判主义》）

实践标准的确定性不断被科学进步所证实；而不确定性则推进人的认识，同时为向"实用"畸变留下缺口——既然真理是不确定的，那么主观经验便可代言真理："黑猫白猫"，有用就好。

晚年邓小平将自身置于"实践标准"的检验台前："我读的书并不多，就是一条，相信毛主席讲的实事求是。"（《在武昌、深圳、珠海、上海等地的谈话要点》）

实事求是一：

邓小平反省淡化阶级斗争的失误：马克思"理论最实质的一条就是无产阶级专政。无产阶级作为一个新兴阶级夺取政权，建立社会主义，本身的力量在一个相当长时期内，肯定弱于资本主义，不靠专政就抵制不住资本主义的进攻。坚持社会主义就必须坚持无产阶级专政，我们叫人民民主专政。"（《善于利用时机，解决发展问题》）

仅仅"坚持无产阶级专政"吗？

邓小平用"阶级斗争一般"，回避毛泽东发展阶级斗争的最新理论成果——"无产阶级专政下继续革命"。

邓小平回避了——"无产阶级专政下继续革命"，首先是对共产党自身的革命；"无产阶级专政"，首先是对共产党内腐化变质的资本主义剥削倾向的专政。

如此回避，何以改变共产党向特权利益集团异化的趋向！而共产党和社会主义的生死存亡，怎能不日益尖锐地成为严重危机？

然而，还有实事求是二：

邓小平推崇毛泽东："毛主席的伟大，怎么说也不过分，不是拿语言可以形容得出来的。"（《邓小平思想年谱》）

如果说邓小平出山之际对毛泽东的推崇，具有一定的"实用毛泽东"的策略意图；那么晚年邓小平对毛泽东的推崇，显然隐含着对毛泽东"无产阶级专政下继续革命"理论的服膺。

改革初期，邓小平信心满满，中国引进资本主义，不会产生两极分化，不会走资本主义道路，不会产生新资产阶级。而临终前的邓小平，则深感官僚腐败导致共产党异化的严重威胁。

他触摸到毛泽东担忧资本主义复辟的沉重脉搏："资本主义代替封建主义的几百年间，发生过多少次王朝复辟？所以，从一定意义上说，某种暂时复辟也是难以完全避免的规律性现象。"（《在武昌、深圳、珠海、上海等地的谈话要点》）

他由衷地忆念毛泽东关于"党内资产阶级"的遗嘱："中国要出问题，还是出在共产党内部。"（《在武昌、深圳、珠海、上海等地的谈话要点》）

他强烈地感受到毛泽东"小官、工农兵、学生不满意搞修正主义的大人物压他们，所以要革命"的临终语的震撼："没有社会主义这个前提，改革开放就会走向资本主义，比如说两极分化。中国有十一亿人口，如果十分之一富裕，就是一亿多人富裕，相应地有九亿多人摆脱不了贫困，就不能不革命啊！九亿多人就要革命。"（《邓小平思想年谱》）

他甚至以别样形态认同张春桥们"宁要社会主义草，不要资本主义苗"的语录："风气如果坏下去，经济搞成功又有什么意义？会在另一方面变质，反过来影响整个经济变质，发展下去会形成贪污、盗窃、贿赂横行的世界。"（《邓小平

思想年谱》)

实事求是！

邓小平向中华子孙真诚地捧出了社会主义改革家的政治良心——中国崛起不能走美国崛起的老路，中国崛起必须是社会主义崛起。

曾经的美国总统胡佛说："三个世纪以来，个人主义是美国文明的基本动力。"（见张宏毅：《近年以来中美俄日关系的特点》）

然而，胡佛"忘记"指出：前期的"个人主义"以对每个人利益的张扬，在资本主义形态下涌动公有观念的热潮，推动了美国文明的勃兴；后期的"个人主义"则在张扬每个人利益的标榜中，构建资本垄断特权集团掠夺世界人民的平台，制造着美国文明的衰落，也制造着资本世界的衰落。

"个人主义"是资产阶级政治思想体系的核心。中国共产党和一代代中共领袖将以对这个"核心"的解读迹留史册，为自己立起光荣碑或耻辱柱。

邓小平自我评价："我自己能够对半开就不错了。但有一点可以讲，我一生问心无愧。"（《答意大利记者奥琳埃娜•法拉奇问》）

邓小平问心无愧。他为共产党的异化而忧虑："反对腐败，几年来我一直在讲，你们也多次听到我讲过，我还经常查我家里有没有违法乱纪的事。"（《组成一个实行改革的有希望的领导集体》）

毛泽东自我评价："我这个人缺点很多，并不是一个完全的人，好些时候我自己不喜欢自己。马克思主义各部分的学问我没有学好。"（《在中共中央军委扩大会议和外事会议上的讲话》）

毛泽东对自己不满。他为爱子毛岸英殉国泪诉"私心"："我作为党的主席，作为一个领导人，自己有儿子，不派他去抗美援朝，保家卫国，又派谁的儿子去呢？人心都是肉长的，不管是谁，疼爱儿子的心都是一样的。如果我不派我的儿子，而别人又人人都像我一样，自己有儿子也不派他去战场，先派别人的儿子去上前线打仗，这算是什么领导人呢？"（见梅俏：《毛泽东的"珠峰"》）

这是碑铭。

2、遗嘱执行二：向资本主义经济体制致敬

21世纪，中国崛起！

中国崛起是资本主义崛起。

1957年，"章罗联盟"最先为中国资本主义崛起呐喊；然而被毛泽东和中国共产党的反右斗争所否定。

毛泽东宣告：中国只能走社会主义道路。

1977年，改革开放否定性继承"章罗联盟"，促进资本主义生命活力大爆发。中国崛起。

中国崛起是社会主义形态的资本主义崛起。

毛泽东曾断言："章罗联盟这些人，他那个心也许是六十年以后，在六十年以内难化的。"（《在第十六次最高国务会议上的讲话》）

岂止难化。分明"野火烧不尽，春风吹又生"，资本主义的蓬勃活力绝非外力可以压制。毛泽东忽略了："事物发展的根本原因，不是在事物的外部而是在事物的内部，在于事物内部的矛盾性。"（《矛盾论》）

凭借改革开放，资本主义一鸣惊人。它以强大冲击波搅十亿神州乾转坤挪；它翻覆云雨，向中华民族全方位展示自身：生机与危机，光荣与卑鄙……

改革开放促进中国崛起，也证实了毛泽东当年的理论预见：无论是"章罗联盟"还是共产党领导集团，无论推行资本主义政纲还是坚持社会主义形态，既然是资本主义崛起，就不能避免资本嗜血、贫富悬殊、两极分化和特权剥削，不能避免资本主义道路。

然而，中国为什么是资本主义崛起？

因为，资本主导了中国崛起。

这个"资本"，不仅是国家资本，更是千百万中外资本家、金融大鳄、房地产商以及国际垄断资本集团……所聚敛、集中、掌控的成千成万亿"资本"。

郎咸平对国际资本入主华夏的描述可谓豹之一斑："中国 28 个主要产业中有 21 个被外资控制多数财产，也就是说外资是最大的股东。……中国进出口贸易中 80%是外资，其中高科技出口 87%是外资……轮胎行业的 80%是外资，汽车零部件行业 75%是外资，整车品牌 80%和销量的 90%是外资或合资，平板电视行业 60-70%是外资……"食用油 85%外资控股。（《郎咸平说：新帝国主义在中国》）

世界资本大肆涌入，掠夺中国财富，也促进了中国崛起。"据世界银行 2008 年估算，由于引进外资数额巨大，我国 GDP 总量中近 40%是外资企业创造的。"（《郎咸平说：新帝国主义在中国》）

资本雄风，横扫中华。

那么，资本何以崛起？

——市场经济。

邓小平打开了市场经济大门。

邓小平说："如果学习和借鉴工业国家的先进管理、先进技术、先进经验，扩大和搞活市场经济是搞资本主义，那我就是最大的走资派。"当然，邓小平加了修正语："其实，我是马克思主义信仰者。"（见刘吉：《碰撞三十年》）

市场经济！邓小平倾晚年心血，鞭策改革开放向高峰冲刺。

邓小平抓住了天时，地利，人和。

——人和：市场经济是中国社会的内在指向。

改革开放，居全国农户总数 98%的 1 亿 8 千万农户实行联产承包责任制，"促成了农民家庭与生产资料的直接结合，形成了亿万个独立的商品生产者。"（余金成、王兰垣：《社会主义走向振兴的世纪》）

商品生产，就是为交换生产；而没有市场，就无从交换。因此，市场经济，聚成中国最广大独立商品生产者最迫切的呼声。

联产承包解放了人民的手脚，市场经济解放了资本的手脚。乡镇企业和经济特区争做市场机制的排头兵，升华商品生产，将小农经济向资本关系转化。

中国封建性官僚体制被撕裂，成千上万个中小资本家被创造出来，毛泽东的担忧也被证实："包产到户，短期内可能会增加一些粮食，时间长了，就会两极分化，资产阶级就会重新起来，剥削劳动人民。"（见马社香：《前奏：毛泽东 1965 年重上井冈山》）

中国资产阶级再生，为中国资本特权集团的崛起奠定了广泛的底层基础。

1976 年，毛泽东引用列宁："我们就是建设了一个没有资本家的资产阶级国家。"（见郑惠：《对"文化大革命"几个问题的认识》）

然而，资产阶级国家焉能没有资本家？资本家在邓小平的手掌心孵育而出。资产阶级国家实至名归。

978-1-62265-934-0 (online)　　978-1-62265-935-7 (paper)　　　　　　　薛　遒

20 世纪 90 年代，欧亚研究所所长雅•格拉夫罗认定："中共中央决定把资本主义的胚芽引进 4 个经济特区，后来在 1984 年又引进 14 个沿海城市。这些飞地后来把整个的广东、福建、浙江、广西等省市都包括进去，近 2 亿居民现在靠西方资本主义方式生活。"（见李述一、雍建雄：《21 世纪中国崛起》）

这些"飞地"随即"飞"遍中国大陆。美国《新闻周刊》戏称中国为"红色资本主义"。（见李述一、雍建雄：《21 世纪中国崛起》）

"红色资本主义"，有意无意地重张了毛泽东对新民主主义的定义：社会主义主导的"新式资本主义"。

——地利：市场经济是资本世界对中国社会主义的强力挤压。

苏东裂变，社会主义阵营解体，美国帝国主义世界体系领全球。

资本控制世界。"跨国公司控制了全世界 1/3 的生产，掌握了全世界 70%的对外直接投资、2/3 的世界贸易、70%以上的专利和其他技术转让。"（龙永图：《经济全球化与生产全球化》）

资本支配世界。"当代世界，尽管有了各种不同类型的国家，但发达资本主义国家仍然是国际分工体系中占主体、占支配地位的参加者。"（张伯里：《当代世界经济发展主要趋势》）

资本雄踞世界：天空、地面、海洋，社会主义几无立足之地。资产阶级"把一切民族甚至最野蛮的民族都卷到文明中来了。……它迫使一切民族——如果它们不想灭亡的话——采用资产阶级的生活方式……推行所谓文明制度。"（马克思、恩格斯：《共产党宣言》）

同样，资本统摄中华。中国只有融入资本世界，以资本主义方式，才能实现崛起。WTO 入场券，成为中国融入资本世界的标志券。

孙恪勤、崔洪建写道：中国加入联合国，"陆续恢复了在联合国系统内的十几个国际组织和机构的合法席位。关贸总协议成为中国走向世界、汇入世界经济舞台的最后一个关隘。"欲过此"关隘"，必须举起市场经济的旗帜。"关贸总协定把市场经济奉为最高准则。"（《遏制中国》）

"市场经济"逼中国社会主义"入彀"。歧路前，中国一度徘徊。

山重水复里，柳暗花明。邓小平一锤定音："社会主义也可以搞市场经济"。

尼•盖耶特在《又一个美国世纪吗？》中写道："世贸组织只是一个供政客和商业领袖进行贸易自由化谈判的论坛。"中国登上世贸组织的论坛，便冲过了市场经济关，一头扎进资本世界。

资本世界逼迫中国确定市场经济。然而，市场经济同时是帝国主义世界体系奉送给中华崛起的大礼！

何以为证？

——天时：市场经济是 20 世纪末叶人类历史进步的必由之路。

毋庸置辩，现代资本主义以其先进性执世界牛耳。

那么，资本主义先进性何在？

斯•汤普森写道："每一种资本主义模式都承认：市场、竞争和利润是资本主义的核心信条。"（《社会民主主义的困境》）

资本主义的先进性，就是其"核心信条"即市场经济的先进性。

市场经济缘何具有先进性？

因为，市场经济以对几千年私有制和私有观念的抽象，助推了资本爆发。资本"狂热地追求价值的增值，肆无忌惮地迫使人类去为生产而生产，从而去发展社会生产力，去创造生产的物质条件；而只有这样的条件，才能为一个更高级的、

以每个人的全面而自由的发展为基本原则的社会形式创造现实基础。"（马克思：《资本论》第一卷）

在这个意义上，市场经济、资本及资本家以其破坏性的冲击力，推动社会进步。它"力求将成本价格缩减到它的最低限度的努力，成了提高劳动社会生产力的最有力的杠杆。"（马克思：《资本论》第三卷）

进而言之，资本主义生产"为适应大量的需求可以生产出大量产品来。这样社会上有可能实现共同富裕。这不仅是社会主义和阶级斗争的产物，也是资本主义一定发展阶段的功能。"（M•哈林顿：《社会主义：过去与未来》）

中国需要资本主义。世界需要资本主义。

今日世界，资本主义依然有着广阔的发展空间。对于落后民族和落后国家，资本主义依然具有先进性。"资产阶级所固有的生产方式，是同封建制度的地方特权、等级特权以及相互的人身束缚不兼容的。"（恩格斯：《反杜林论》）

在资本主义的生命周期内，任何社会主义革命：巴黎公社、十月革命、文化大革命，以及铁托、金日成、卡斯特罗、格瓦拉、查韦斯……都只能是实验。

同样，社会主义公有制与计划经济，也是实验。

20 世纪中期，世界人民以惨烈牺牲赢得二战胜利，也为自身赢得主权的扩张，人民主权和人民意志主导世界潮流，公有制和公有观念风行全球。罗斯福"新政"和西欧"社会民主"，以凯恩斯主义形态认同社会公有；斯大林向东欧"红色扩张"和毛泽东三大改造"总路线"，以国家资本主义形态推进社会公有。

东西方相呼应，亚非拉美各种形态的社会主义争相揭竿，公有精神激励人类社会爆发生产积极性，创造出 50—70 年代历史进步的黄金期。"战后 25 年是资本主义历史上真正非凡的时期，物价稳定，生产不断增长。"（约•加尔布雷斯：《资本主义、社会主义与和平共处》）

然而，昙花一现。

私有制凭借数千年积聚的强大能量很快将公有制玩弄于股掌，无论资本世界还是社会主义国家，国有企业向特权垄断异化，公共事业沦为官僚集团的"领地"，权贵阶层俨然"国家资本"的主人，肆意侵吞"人民财富"。

"公有"招牌下，苟行着极少数人的极端私有对大多数人"公利"的剥蚀；资本剥削劳动的生产关系，摧残着人民的生产积极性，导致体制僵化，生产力发展缓慢甚至停滞不前。

资本世界步入凯恩斯主义瓶颈，社会主义国家步入"苏联模式"瓶颈。"瓶颈"之谓，意指公有制无法在实质上完成对私有制桎梏的挣脱。

约•加尔布雷斯写下资本世界之"一斑"："我们时代的阴暗事实之一，是法国、西班牙、意大利的公共企业日益成为那些国家经济的拖累，被那些国家的资本主义政府视为他们的灾难。"（《资本主义、社会主义与和平共处》）

斯•汤普森道出西欧社会的普遍尴尬："以国有化为基础的经济政策无所建树，福利国家资金紧张，传统的政治制度受到质疑。'古典'的社会民主主义走到了尽头。"（《社会民主主义的困境》）

公有制，准确地说，被特权私有挖空内瓤的"伪公有制"成为经济进步的绊脚石。抛弃公有制，成为时代之呼。

20 世纪 70—80 年代，私有化浪潮漫卷西方。

私有化以对"公有"的别样要求，重张个人权益，否定垄断特权，推进市场经济，鼓励竞争与创新，调动人民的积极性，也调动资本的积极性，强力地爆发了科技革命、信息革命，助推资本主义巨轮远航。

苏东和中国，望洋兴叹。

马克思说："工业较发达的国家向工业较不发达的国家所显示的，只是后者未来的景象。"（《马恩全集》中文第一版 23 卷 8 页，转引自莫•迈纳斯：《马克思主义、毛泽东主义与乌托邦主义》）。

世界潮流，顺昌逆亡。市场经济推动了资本世界崛起，市场经济也以"未来的景象"催唤中国崛起。

中国崛起的深刻处，便是邓小平和中国共产党对世界资本主义崛起之路的自觉和自为。

邓小平说：所谓社会主义市场经济，"方法上基本上和资本主义社会的相似……是社会主义利用这种方法来发展社会生产力。"（《邓小平思想年谱》）

李慎明主编的《"三个代表"重要思想与若干重大理论问题研究》委婉注释："改革开放过程中，主要是在学习和借鉴资本主义发达国家管理市场经济和现代化社会大生产的理论和经验"。

说白了，借用资本主义！

然而，邓小平回避对资本主义的理论认同："为什么一谈市场就是资本主义，只有计划才是社会主义呢？计划和市场都是方法嘛。只要对发展生产力有好处，就可以用。"（《邓小平思想年谱》）

皇甫平进而发挥："有些同志总是习惯于把计划经济等同于社会主义经济，把市场经济等同于资本主义经济，认为市场调节背后必然隐藏着资本主义的幽灵。"（《改革开放要有新思路》）

难道市场调节背后没有隐藏着资本主义幽灵吗？

那么，计划经济与市场经济究竟是什么关系？"资本主义市场经济体制"又如何"变脸"为"社会主义市场经济体制"？邓小平意识到自身理论的缺陷，他期待："我们必须从理论上搞懂，资本主义与社会主义的区分不在于是计划经济还是市场这样的问题。"（《善于利用时机解决发展问题》）

如何从理论上搞懂这个问题？

——计划经济与市场经济是对立的关系。

按照马克思主义，计划经济的社会主义属性不容置疑。

马克思说：市场经济与计划经济的争论，就是"构成资产阶级政治经济学实质的供求规律的盲目统治和构成工人阶级政治经济学实质的由社会预见指导社会生产之间的争论。"（《国际工人协会成立宣言》）

恩格斯说："无产阶级将取得社会权力，并且利用这个权力……使生产资料摆脱了它们迄今具有的资本属性……从此按照预定计划进行的社会生产就成为可能的了。"（《社会主义从空想到科学的发展》）

列宁说："只有按照一个总的大计划进行建设，并力求合理地使用经济资源，才配称为社会主义的建设。"（《在省苏维埃主席代表大会上的演说》）

同样，市场经济的资本主义属性也不容推翻。

西方理论界很较真："市场经济是和私有制联系在一起的；公有制则和计划经济相联系。在市场经济条件下，坚持公有制，是中共改革中的一个'死结'。"（见徐厚锁：《毛泽东的社会主义探索》）

"美国学者贝特尔•奥尔曼则认为，剥削和异化是市场经济固有的特征。"（张峰：《当代西方马克思主义思潮》）

那么，什么是计划经济？

计划经济是社会主义经济规律的体现：一切经济行为服从于不断地、最大程度地满足人民日益增长的物质和文化的需要。

相反，市场经济是资本主义经济规律的体现：一切经济行为服从于不断地、最大程度地满足资本增值的需要。"资本及其自行增值，表现为生产的起点和终点，表现为生产的动机和目的；生产只是为资本而生产，而不是相反：生产资料只是不断扩大生产者社会的生活过程的手段。"（马克思：《资本论》第三卷）

马克思对"资本"和"社会"作了加重标志，突出了资本主义市场经济和社会主义计划经济的分别。

市场经济服务于资本对劳动的剥削；计划经济张扬人民主权。在阶级属性和社会属性上，二者严格对立。

——但是，计划经济与市场经济又在对立中同一。

任何对立都是同一。"天地睽而其事同也，男女睽而其事通也，万物睽而其事类也：睽之时用大矣哉！"（《周易•象传》）

计划经济与市场经济同样如此。"社会主义也有市场经济，资本主义也有计划控制。……不要以为搞点市场经济就是资本主义道路，没有那么回事。计划和市场都得要。"（邓小平：《善于利用时机解决发展问题》）

社会主义不能没有市场经济；只是市场经济不能不是资本主义道路。进而言之，社会主义道路与资本主义道路也是对立的同一体；在一定意义上，社会主义道路就是资本主义道路。

杨鹏翔评说邓小平改革开放："把表面上看来势不两立的两种东西融合到一块，如国家所有制和个体所有制、中央计划和市场竞争、政治专政和有限的经济文化自由。的的确确对在西方世界和共产主义世界的怀疑论者来说，这是将共产主义和资本主义结合到一起的一种尝试。"（《伟大的改革家邓小平》）

邓小平的"尝试"，实在是今日世界的共同尝试。

20世纪80年代，美国的约•加尔布雷斯与苏联的斯•缅希科夫对话，表达后冷战思维对社会主义与资本主义同一性历史命题的认同。他们说：未来的社会，将是社会主义向市场化运动、而资本主义更致力于对社会事业关注的一种相结合的社会，是现存社会形态的结合体。（《资本主义、社会主义与和平共处》）

美国——"自由派主张累进税以平均财富，重视社会安全福利，重视医疗保险救助，主张政府多计划以调整及解除经济问题。……也就是要政府多干预，成为多为小市民谋福利的'大政府'。"（杨铮：《2000：世界向何处去》）

欧洲——"社会民主主义的方式具有更明显的市场导向，即愿意在资本主义体制范围内运转，同时拒绝市场道德。它可能是唯一一种与资本主义兼容的社会主义。"（斯•汤普森：《社会民主主义的困境》）

拉美——委内瑞拉总统查韦斯宣称：坚持社会主义不排斥私有制；而"圣保罗论坛"宣告拉美各国共产党共识：市场经济与计划经济相结合是适合拉美发展中国家的新经济模式。

余金成、王兰垣在《社会主义走向振兴的世纪》中写道："所谓'凯恩斯革命'的主要原则，已被西方国家普遍接受。它推动了既有市场手段又有计划手段的现代市场经济模式的形成。"

刘启云在《"第三条道路"及其产生的原因》中写道：流行于欧美的"第三条道路"推行混合型经济，"既强调市场机制作用，又加强政府对经济的宏观调控能力"。

混合经济成为资本世界以及各国共产党和社会民主党的普遍认同。"计划经济各大系统普遍商品化，商品经济各大系统普遍计划化，即社会主义经济各大系统允许并促成多种经济的并存发展,而资本主义经济各大系统越来越依赖社会干预,已是一个大趋势,也是当代世界经济的主要特征。"(宋太庆:《中国时代》)

在社会主义国家,"计划经济"不能离开"市场经济"的沃土;在资本主义国家,"市场经济"不能悖逆"计划经济"的中枢。二者相互依存,相互制约。"计划多一点还是市场多一点,不是社会主义与资本主义的本质区别。"(邓小平:《在武昌、深圳、珠海、上海等地的谈话要点》)

——那么,"社会主义与资本主义的本质区别"何在?

在社会主义,"市场经济"为"计划经济"服务,即支持、鼓励资本的同时,制约、引导资本服从并助推社会主义进步,扩展人民权益。

在资本主义,"计划经济"则为"市场经济"服务,即扩展人民权益、维护社会稳定的同时,制约人民对资本剥削的抗争,强化大资本家阶级对人民的统治。

斯·汤姆森说的干脆:"市场要求自利,而社会则要求利他。"(《社会民主主义的困境》)

然而,利他中有利己,计划经济不能不认同市场经济的厚重;利己中有利他,市场经济不能不尊重计划经济的脉动。

资产阶级经济学家否认市场经济具有利他性:"经济学可以完全不承认、不依赖什么'为消费者负责'而只承认斤斤计较的利害得失。"(樊纲:《求取命运的方程》)

这"权威"之论,道白了资产阶级经济学背叛其原始精神的堕落,以及中国"经济学家"们对这种"精神堕落"的苟同。

基于此,现代西方"经济学的研究已经走上了片面追求形式化、模型化的死胡同";而中国经济学照搬西方经济学所建构的"中国整个体制的框架,也就是西方市场经济体制国家的结构。"(冯林:《21世纪:中国大预测》)

尼克松在《角斗场上》一书里为现代资本主义经济学辩护:"一些人斥责资本主义不道德。其实资本主义只是没有道德意识。资本主义以无情的效率创造财富——奖励最好的生产者,消除其他生产者,它没有提出更高的道德方面的要求。"(转引自余金成、王兰垣:《社会主义走向振兴的世纪》)

弱肉强食!

显然,中国引进市场经济体制,就是引进了一个"没有道德意识"的"体制"、一个弱肉强食的体制。

然而,追根溯源,资本主义经济学并非"没有道德意识"。亚当·斯密不但以《国富论》创立资本主义经济学,更以《道德情操论》规范市场经济,他高擎起人类精神的抽象:"对自己的爱不要超过我们给予邻人的爱,换言之,我们爱自己不要超过邻人爱我们,这也是一条举世无双的法则。"(《道德情操论》)

这条"法则"分明是框定经济学的神圣之链。它是对西方《圣经》精神的张扬,也是对东方孔夫子"善的等级制"的呼应。它鄙视市场经济的损人利己、巧取豪夺,拒绝资本的虐杀与嗜血;它以利他精神制约并引导市场经济,赋予金钱以高尚的品德:"对美德最好的报酬就是财富和敬意。"(亚当·斯密:《道德情操论》)

——按劳分配!

这是社会主义原则的资本主义经济学形态。它以"劳动致富"的抽象,表达资产阶级经济学自我否定、自我解放和自我实现的内在要求:即超越阶级,成为一门服务于人类社会经济行为的实证科学。

尽管资本的扩张本能野蛮地嚼碎了资产阶级早期革命的崇高,但掩盖不了古典经济学所积淀所推崇的千古人类精神。这个"精神",奠下"资本主义经济学"与"社会主义经济学"同一性的基石。

所谓同一性:"一切矛盾着的东西,互相联系着,不但在一定条件之下共处于一个统一体中,而且在一定条件之下互相转化。"(毛泽东:《矛盾论》)

按劳分配是"资本主义经济学"与"社会主义经济学"同一性的转化枢纽。它不仅表现为社会主义原则的资本主义经济学形态;而且表现为资产阶级法权的社会主义经济学形态:它以对私有制的认同,表达社会主义经济学的自我否定,即认同资本主义经济规律,认同计划经济通过市场经济表现自己,实现自己。

按劳分配是计划经济与市场经济同一性的使者。它以"市场经济"形态表达"计划经济"的要求,而以"计划经济"形态规范"市场经济"的指向。它承担着将"资本主义市场经济体制"转化为"社会主义市场经济体制"的使命。

没有按劳分配,就没有这个转化。

实质上,社会主义没有"政治经济学"。

"社会主义政治经济学"不过是对"资本主义政治经济学"的变通。

同样,社会主义没有"市场经济体制"。

"社会主义市场经济体制"不过是对"资本主义市场经济体制"的变通。

说白了,也就是社会主义对资本主义的借用。

按劳分配架起了"借用"的桥梁。

为着"借用",中国经济学家们做成了改革开放前半程的功臣。他们引入"西方"资产阶级经济学,将其与中国具体实践相结合,为扫荡封建残余、变革官僚体制、落实按劳分配,解放生产力、确立资本主义生产关系以及建立相应的规章、制度,进行了卓有成效的理论建构,推动了中国崛起。

但是,资产阶级经济学必然地导引中国扩展资本关系和"按资分配",助推大资本家集团崛起;而中国经济学家们也便依附资本,成为特权阶层的辩护人。

从改革开放为人民代言转化为人民的对立面,从对封建特权的批判转化为貌似"普世价值"地为一切人服务而实际上为资本特权服务,这就是中国资产阶级经济学家走过的一条辉煌与耻辱之路。

中国崛起肯定他们的历史地位,但中国崛起必将转化他们。

中国崛起是资本主义崛起,不能不给予资产阶级以充分的尊重,并给予"按资分配"以必要的份额。

然而,中国崛起又是社会主义形态的资本主义崛起,不能不坚持工人阶级和"按劳分配"的主导地位。

变革资本主义经济学,成为深化改革开放的迫切课题。

资本主义经济学与社会主义经济学、市场经济与计划经济是对立的同一体,在这个"同一体"中,谁居矛盾的主要方面,谁就决定经济的性质,也决定社会的性质。

市场经济处于主导地位,一定是资本主义。

计划经济处于主导地位,一定是社会主义。

对社会主义而言,计划经济体现在"质"上,市场经济体现在"量"上。所谓"质",即对社会经济性质的设定:市场经济被计划经济制约;所谓"量",即对社会经济表像的认定:计划经济认同市场经济的普遍性。

"质"是一个点,"量"是一大片。计划经济是社会主义经济大厦的支柱,而市场经济则是充满大厦所有角落的大量的构件、檩条、梁木、砖瓦……

进而言之,市场经济不是计划经济的简单补充,而是计划经济的表现形式;

计划经济不是高踞于市场经济之上的外在强权，而是市场经济的内在规范。形象地说，计划经济融解在市场经济的血液中，支持并制约市场经济的外在驱动。

开放市场经济，计划经济才能成为指挥千军万马的统帅；而坚持计划经济的统帅地位，才能引市场经济万川奔流，聚向社会主义的经济之洋。

“统帅”不能兼职“兵”，否则垄断横行，体制僵化，社会主义经济异变为官僚特权经济；“兵”不能架空“统帅”，否则市场经济泛滥，资本掠夺劳动，社会主义畸变为资本主义。

“统帅”运筹帷幄，必须有所依凭，那就是关乎国计民生的主干型国有企业。

国有企业承担着宣示人民主权和社会主义指向的重任。而对于“按劳分配”这个市场经济与计划经济的转化枢纽，“国有企业”是它的物质载体。

社会主义国有企业意义深远：它是计划经济的主力军和宏观调控的基石，更是社会主义生产关系的先驱者和公有制的实验田。

因此，它应该是共产党人实践“入党宣誓”的特殊党校，也应该是社会主义经济规律的示范园地；它应该是推进《鞍钢宪法》由工人参与管理的企业，也应该是尊重人民主权由人民监督的企业；它应该以严格的按劳分配成为市场经济的样板，也应该充分借鉴资本主义成果创造最好的经济效益成为社会主义的支柱。

这样的国有企业必须自觉融入市场经济的大潮，以市场经济的全部知识武装自己，用市场经济的全部成果发展自己，参与国际资本竞争，引领“资本主义全球化”向“社会主义全球化”转化。“在全球化日渐加深的的当今世界，融入西方为主导的国际体系并与之竞争，是中华民族复兴所无法避免的宿命。”（杨志荣：《黄金“木马计”》，载 2007.7《环球财经》）

这样的国有企业担负着巩固公有制主导地位、推动国有企业在市场竞争中不断发展壮大的艰巨使命。它不能没有对资源和关乎“国计民生”大局的行业的垄断。

这样的国有企业应当严格把握政企的对立同一。政企分开是权责明确的分工，政企合一是共同的社会主义指向。在发展社会主义生产关系和公有制实验田的意义上，政企能够分开吗？

然而，如果国有企业领导人做了资本家的同党，或者成了高踞于人民之上的官僚垄断集团，那一定将国有企业异化为贪污、腐化、特权与剥削的发酵池，不但成为“计划经济主导”的自我讥讽，而且沦为人民公敌，成为资本主义“市场精英”们拆分、租售国有企业直至全面否定社会主义的理直气壮的口实。

不可讳言众多国有企业沦落的惨酷事实。

但是，难道国有企业就只配严重亏损或者特权腐化而落得拆分、租售、破产乃至千夫所指的命运？就不能从官僚体制和资本主义生产方式中走出自我救赎之路？堂堂数千万近亿“信众”的执政大党，总该“于中应有，一个半个耻臣戎！”（陈亮：《水调歌头•送章德茂大卿使虏》）

几十几百个大型国企，在几百几千个耻于臣服私有制、私有观念和资本主义世界体系的共产党人带领下，投身一场发展公有制和社会主义生产关系的伟大实验，将毛泽东“无产阶级专政下继续革命”进行下去，难道不是引领历史进步的最瑰丽最壮观的千秋功业！难道不是中国共产党人证明自我升华自我从而赢取中国人民世界人民信任与尊重的宏伟工程！

国有企业，中华崛起所系，中国社会主义所系，世界共产主义运动所系。

因为，国有企业以对计划经济的承载，开拓世界进步之路。

人类必须计划自己！——被竞争与强权鼓捣得乌七八糟的资本世界，已经将这个课题日益迫切地提上日程。

计划经济是比市场经济更先进的经济模式，现代计算技术也不断提升计划经济的科学内涵。确立计划经济的主导地位，是社会主义对人类经济进程的自觉。

但是，社会主义是全人类的共同事业，计划经济同样如此。只有当人类和谐与现代科学能够为计划经济提供全面、周到、系统的条件时，这种模式的合理性才会最终得到证明。

计划经济任重道远。在市场经济的一统天下，它还只能是实验。

从苏东到中国，这个实验历经成功与失败的艰难曲折而不馁。它坚持自我，也不断地从充满激情的亢奋向市场经济冷静回归，求索着现实的进步之路。

斯大林一度扼杀布哈林关于市场经济的构想，其晚年著《苏联社会主义经济问题》，则表达出对市场经济的再思索。

毛泽东发展斯大林：

1945 年，毛泽东规定新民主主义制度："保障广大人民能够自由发展其在共同生活中的个性，能够自由发展那些不是'操纵国计民生'而是有益于国计民生的私人资本主义经济，保障一切正当的私有财产。"（《论联合政府》）

1956 年，工商业社会主义改造完成，毛泽东求索"消灭了资本主义，又搞资本主义"的课题："可以开私营工厂……可以开投资公司，还本付息，可以搞国营，也可以搞私营。可以消灭了资本主义，又搞一点资本主义。"（《同民建和工商联负责人的谈话》）

1959 年，毛泽东强调对市场经济的尊重："价值法则是一个伟大的学校，只有利用它，才有可能教会我们的几千万干部和几万万人民，才有可能建设我们的社会主义和共产主义。"（《对<陶鲁笳关于五级干部会议情况的报告>的批示》）

1972 年，毛泽东为邓小平架设通向市场经济的桥梁，他握手尼克松："你们要搞人员往来这些事，要搞点小生意，我们就死也不肯。十几年，说是不解决大问题，小问题就不干，包括我在内。后来发现还是你们对，所以就打乒乓球。"（《毛泽东外交文选》，转引自陈东林：《七十年代前期中国第二次对外引进高潮》）

邓小平回顾："毛泽东同志在世的时候，我们也想扩大中外经济技术交流，包括同一些资本主义国家发展经济贸易关系，甚至引进外资、合资经营……"（《高举毛泽东思想旗帜，坚持实事求是的原则》）

毛泽东去世，邓小平继承毛泽东，在社会主义主导下开放市场经济。他坚信："我们大陆坚持社会主义，不走资本主义邪路。社会主义与资本主义不同的特点就是共同富裕，不搞两极分化。创造的财富，第一归国家，第二归人民，不会产生新资产阶级。"（《搞资产阶级自由化，就是走资本主义道路》）

然而，邓小平始料未及，他淡化计划经济主导，建立市场经济体制，不仅"催生"出一个新资产阶级，而且随着资本主义步步紧逼，社会主义节节败退，竟崛起一个大资产阶级特权集团。

再生的资产阶级，给予中国改革开放以深深的尴尬。它使邓小平对文化大革命的否定，竟成为对文化大革命的遗嘱执行：毛泽东关于"阶级斗争学说"的经济根源和阶级载体得到明确，毛泽东关于"无产阶级专政下继续革命的理论"得到论证。

客观规律不以人的意志为转移。中国融入资本世界，就不能不纳入资本世界的运行轨道。

20 世纪下半叶，在私有化浪潮推动下，美国帝国主义世界体系独霸天下，欧美资本主义凭借对经济、军事、科技的垄断，将新自由主义高调鼓吹的市场经

978-1-62265-934-0 (online)　　978-1-62265-935-7 (paper)　　　　　　　薛　遒

济权利平等，畸变为资本扩张的战场；洞开国门的不发达民族和国家，被金融大亨们大肆洗劫，世界两极分化迅速加剧，少数富国与大多数穷国尖锐对立。

欧洲反省："当今世界资源与财富的不公正分配是战争威胁与社会危机的根源，而资源与财富的公正分配就意味着发达国家民族降低自己的消费水平，因为现行物质生活标准是建立在剥削贫穷国家和不平等贸易基础上的。"（郇庆治：《欧洲绿党研究》）

美国反省："我们国家绝大多数人，都是靠剥削发展中国家来维持我们的美好生活——当然，获得最多好处的是处于社会经济体制金字塔最顶端的人。"（约·珀金斯：《一个经济杀手的自白》）

例证：市场经济打开了厄瓜多尔的国门。美国资本大肆侵入，使这个小国经济飞速发展，但财富却滚入美国垄断资本集团和厄瓜多尔特权阶层的腰包，"挣扎在贫困线上的人口从 50%上升到 70%，就业不足和失业率从 15%飙升到 70%，国债从 2.4 亿美元猛涨到 160 亿美元。"（约·珀金斯：《一个经济杀手的自白》）

市场经济为资本嗜血提供了丰富的血源。资本崛起制造着民族崛起的悲剧。

中国在资本世界中崛起，不能避免资本崛起的危机。

危机一：计划经济向官僚特权经济异化，架空社会主义计划经济的统帅地位，形成整个社会对计划经济的质疑和对"左派"维护国有企业公有制的嘲讽，也成全着资产阶级"精英"对计划经济的强悍攻击。

危机二：社会主义计划经济统帅地位的弱化，为市场经济畸形发展拓宽道路，官僚特权家族"混"市场经济之"水"而"摸鱼"，官商互动，垄断资本集团横行，造成了中国社会的巨大裂痕。

中国浓缩了资本主义从勃兴到衰落的过程。"由于严重变质的权力之手介入资源分配，在短短十几年的改革过程中，中国已走完从平均主义到贫富差距过大这一段漫长的路。"（许明：《关键时刻：当代中国亟待解决的 27 个问题》）

基尼系数远超欧美，世人惊心！中国改革开放的法理地位严重动摇。

"让一部分人先富起来"，是按劳分配原则的热烈主张；但是开放资本主义，先富起来的资本大亨们多靠不义之财。

中国左派《万言书》激烈抨击："化公为私的国有财产，是新生资产阶级原始积累的主要来源。可以认为，我们重新产生的资产阶级主要是用全国人民 40 年辛勤劳动的血汗喂养起来的。"（转引自马立诚、凌志军：《交锋》）

国防大学马克思主义研究所谨慎分析：改革开放"尽管造就出了一个富有阶层，但其中不少人并不是靠诚实劳动和合法经营致富，而是靠计划经济体制遗留的资源占有优势以及非法投机手段暴富起来的。"（《正确处理人民内部矛盾是我们党当好人民利益代表的重大政治课题》）

中国在经济关系上已经与世界帝国主义体系同步：特权阶层和垄断资本集团不但公然虚化社会主义经济体制，而且任意践踏资本主义市场经济原则。计划经济主导被异化，市场经济原则也被异化；垄断特权在"社会主义市场经济体制"的招牌下利用市场经济大肆掠夺，加速资本盘剥和聚敛。

民情汹涌，民心动荡。社会主义经济体制要求为自己正名，资本主义经济体制也要求为自己正名。两种经济体制的斗争，在反对垄断特权集团的共同指向中展开：走社会主义道路抑制豪强？抑或走资本主义道路抑制豪强？

中国经济学呼唤变革。

中国经济形势将这个"变革"提上日程："工业化进程已到最后一轮产业化升级阶段，经济发展模式已走向证券化、消费化的最后阶段。"（占豪：《货币战

争背景：中国经济与应对方略》)

证券化——中国将发展起一个成熟的资本市场，与华尔街有些类似，但"监管将更严格，它是在政策监管下的一个市场，而非由各个资本大鳄主导。"（占豪：《货币战争背景：中国经济与应对方略》)

那么，谁来监管？

政府。

谁的政府？

如果是资本家的政府。那不过是"资本大鳄"的联合体；监管如何严格？

消费化——"改革开放头 30 年，中国经济发展靠的是巨大人口基数的'每一双手'（劳动力），而后面的 30 年，经济主要发展动力来自巨大人口基数的'每一张嘴'（消费力）"（占豪：《大博弈》)

谁架起"每一双手"和"每一张嘴"之间的桥梁？

资本。

"每一双手"为资本崛起奠基，"每一张嘴"即人民生活水平的提高，则应该是资本崛起的目的——社会主义改革开放。

然而，资本岂肯就范？大资本家利益集团岂能自我剥夺？

改革开放必须直面一个重要课题：剥夺特权！这个"剥夺"，在改革初期是将致富权交给人民，在改革后期是将分配权交给人民。

改革开放必须回归一个基本理论：社会主义经济规律主导下与资本主义经济规律的统一战线。

社会消费是发展 GDP 的工具吗？

如果是，那是资本主义经济规律。GDP 的抽象，无论扩大内需，还是城镇化，尽管不乏增进人民生活水平的善意，但人民依然是资本增值"暗度陈仓"所"明修"的"栈道"。而中国不改资本主义趋向，只能沦为世界帝国主义体系的附庸，中国崛起将夭折。

相反，发展 GDP 是为了提高人民物质文化生活水平，则是社会主义经济规律。"社会主义经济是以公有制为基础的，生产是为了最大限度地满足人民的物质、文化需要，而不是为了剥削。"（邓小平：《坚持四项基本原则》)

毫无疑问，必须充分尊重资本对 GDP 的贡献和资本的法理地位，但同时必须明确人民主导资本，规范资本。唯如此，中国改革开放才可望变革帝国主义世界体系的固有模式，实现社会主义崛起。

社会主义崛起一定是人民的崛起。

人是第一生产力！"全人类的首要的生产力就是工人、劳动者。"（列宁：《关于用自由平等的口号欺骗人民》)

改革开放首先促进工人、劳动者的崛起；而劳动者积极性的爆发，则推动科技创新和科技运用，使科技反转来成为第一生产力，形成科技崛起。

当科技依附资本放飞自我之时，科技的位置被资本取代；资本成为社会生产力的抽象。中国崛起表现为资本崛起。

那么，资本崛起的深厚底蕴是什么？

——劳动！

劳动是过去与现在的中介。只有工人的活劳动启动资本，才能实现物化劳动即资本的增值。人类社会"通过劳动接纳了历史情境的过去并加工着它的未来。人类这种'实际的'历史化，通过整个劳动过程而扩展。"（马尔库塞：《论经济学劳动概念的哲学基础》)

如果劳动停止了，资本便成了废物。

在资本世界，资本依赖劳动而生存，却反转来成为劳动的主人，堂而皇之地渲染资本家创造就业，养活工人的伪"共识"。

不能排除资本家劳动作为社会劳动的构成。

资本家的管理性劳动"一方面是制造产品的社会劳动过程，另一方面是资本的价值增殖过程。"（马克思：《资本论》第一卷）

在这"过程"中，资本增值是资本主义生产的终极指向。"资本家所关心的是怎样为掠夺而管理，怎样借管理来掠夺。"（列宁：《怎样组织竞赛》）

改革开放，中国金融寡头、官僚特权、房地产大亨……以及形形色色的国际垄断资本集团，争先恐后地在"掠夺"的底片上留下魅影憧憧。

为着掠夺，资本主义需要庞大的求职群体以挑选为资本增值的最佳"人力资源"，而失业大军则是"资本主义生产方式存在的一个条件，过剩的工人人口形成一支可供支配的产业后备军，它绝对地隶属于资本。"（马克思：《资本论》第一卷）

失业，作为一种社会存在，属于资本主义。当资本俯视失业大军的涌动和为就业的挣扎以及劳动者相互间的倾轧时，它是意得志满的。"工人阶级的一部分从事过度劳动迫使它的另一部分无事可做，反过来，它的一部分无事可做迫使它的另一部分从事过度劳动，这成了各个资本家致富的手段。"（马克思：《资本论》第一卷）

于是，劳动者在职场沉浮的艰辛与困惑中，不断吞咽着白领"过劳死"和蓝领"跳楼秀"的苦果。

资本主义是对资本的尊重，社会主义是对社会所有成员的尊重。

社会主义的"人力资源"一定是全体社会成员。而被从"人力资源"剥离出去的中国失业大军，正以散乱而沉重的脚步声，发出对中国社会主义的严厉责问。

中国不能止步于资本崛起。

资本崛起不是目的，它为中国社会主义崛起奠基，它必须向劳动者崛起回归："尊重人民主体地位，发挥人民首创精神，保障人民各项权益……发展为了人民，发展依靠人民，发展成果由人民共享。"（胡锦涛：《中共十七大报告》）

按劳分配！

市场经济原则的彻底落实，就是计划经济主导的实现；而劳动者主权的回归，才能迸发劳动者的积极性，推动生产力进步，为人类开拓社会主义崛起之路。

改革开放进入政治体制改革"深水区"，那就是制约、规范乃至变革资本剥削劳动的生产关系，迫使资本向人民交出主导权。

3、遗嘱执行三：向资产阶级民主致敬

　　　毛泽东："我们已经找到了新路……就是民主。只有让人民来监督政府，政府才不敢松懈；只有人人起来负责，才不会人亡政息。"

　　　　　　　——见黄炎培：（《延安归来》）

1919 年："五四"运动；

1976 年："四五"运动；

1989 年："六三"运动。

三次运动炸裂出一个共同的主题：民主！

什么民主？

"五四"运动焕发中国新兴资产阶级的蓬勃朝气，以反帝反封建的坚定指向，开拓新民主主义革命之路。

"四五"运动爆响人民对极端革命的厌弃，以民主的抽象，奋起反抗专制的万千臂膀。

"六三"运动则将人民对特权腐败的憎恨，旗帜鲜明地导向资本世界的运行轨道。邓小平定性：它的"根本口号主要是两个，一是要打倒共产党，一是要推翻社会主义制度。他们的目的是要建立一个完全西方附属化的资产阶级共和国。"（《在接见首都戒严部队军以上干部时的讲话》）

——资本主义民主！

不同的是，"五四"运动的民主有着强烈的社会主义导向，"四五"运动的民主有着"三项指示为纲"的抽象，"六三"运动的民主则明确诉诸资本主义。

"五四"运动的社会主义导向，制约"四五"运动在"三项指示为纲"的抽象里表达资本主义要求；"四五"运动的社会主义抽象，则以对资本主义的认同，成为"六三"运动的始作俑者。

"六三"运动，"知识精英"们以资本主义民主抽象人民大众反特权反腐败的激情，尖锐抨击中国共产党政治体制之官僚性与专制性，对中国社会进程做出了资产阶级政治的清晰定位——

中国引进资本主义生产力，发展资本主义生产关系，已经为资本主义民主奠基。民主，被经济规律强力推动，成为中国社会的内在躁动和历史趋向。

这是"六三"运动给予中国历史进程的重要启示。

然而，"启示"不等于"现实"。20 世纪的中国，不具备实行民主的条件。

农民是中华子孙的基本构成。农民的后代和农民的底蕴不足以认知和把握民主。"西方国家所大力支持的对民主的呼唤并不是来源于对自由选举的政治渴望，而是出于对中国的经济状况、特别是对腐败的失望和不满。"（约·奈斯比特：《中国大趋势》）

进而言之，广大人民群众并没有向往资本主义民主的自觉。"'天安门事件'的根本，与其说是打倒共产主义的反体制运动，毋宁说是要求纠正不公平的运动。"（中江要介：《中国的发展方向》）

开放民主，不过便宜了资产阶级"知识精英"。

"知识精英"们掌控"民主"，不管许天下多少宏愿，归根结底，无非少数人对人民大众的集团专制。

进而言之，"知识精英"们尽管有着对资本主义民主的先知先觉，但已不具备早期资产阶级革命家"天下为公"的精神，而是美国帝国主义腐朽价值观——金钱拜物教的中国学舌。"六三"运动领袖们向西方资本乞怜，已足证明资本主义不能成为中国进步的旗帜。

曾经，"五四"运动失败了；然而在中国近当代史上，它以对人民利益的忠诚和历史进步的指向，成为永不消逝的"青春之歌"。

曾经，"四五"运动失败了；然而人民抗争左倾极端的政治热情，同步于历史转折趋势，就算邓小平"借用"，也是对人民意志的代言，因此，它理所当然地为自身争回了应有的荣誉。

"六三"运动失败了。它会平反吗？

如果中国复辟资本主义，它的胸前应该戴满光灿灿的勋章。

如果中国坚持社会主义，对它的错误做法将得到纠正，但不会平反。

"六三"运动喊出历史不可阻遏的民主趋势，但"六三"运动脱离广大民众，甚至以对民众的"利用"，暴露了资产阶级"知识精英"为集团政治的鄙陋；更以对世界帝国主义体系的"跪拜"，蔑视乃至侮辱了中华民族的自主精神和中国人民的社会主义情怀。

尽管中国封建遗习严重，"搞社会主义事实上不够格。"(邓小平) 但是，毛泽东为中国预设的社会主义方向和社会主义体制，则有着比资本主义更先进的内涵。这个"内涵"深刻地影响着中国的历史进程。

邓小平坚持这个"内涵"："我们进行社会主义现代化建设，是要在经济上赶上发达的资本主义国家，在政治上创造比资本主义国家的民主更高更切实的民主。"(《党和国家领导制度的变革》)

邓小平定义这个"内涵"："无产阶级专政对于人民来说就是社会主义民主，是工人、农民、知识分子和其他劳动者所共同享受的民主，是历史上最广泛的民主。"(《坚持四项基本原则》)

——社会主义民主！

然而，"在保存生产资料私有制的情况下，任何改良主义、任何维护民主的行为都是资产阶级性质的。"（列宁：《关于共产国际第二次代表大会的基本任务的提纲》)

中国改革开放重建生产资料私有制，其民主不能不是资产阶级性质的。

而且，在本来的意义上，社会主义没有民主。

社会主义是民主的消亡。社会主义是人类消灭阶级、终结政治之后的"自由人的联合体"；它意味着生产资料和生活资料属于整个社会，因而只有社会成员平等的"人"，没有政治意义上相对于统治者的"民"，自然不存在"民"之"主"。

民主是资产阶级政治概念。社会主义民主是对资本主义民主的借用和变通。

如果说，古希腊的民主是原始公有制在阶级社会初期的遗响；那么，现代民主则是资本主义生产力架设的通向无阶级社会的科学桥梁。"只有经过民主主义，才能到达社会主义，这是马克思主义的天经地义。"(毛泽东：《论联合政府》)

民主作为资本主义的政治原则，建立在资本主义经济原则的基础上。

什么是资本主义的经济原则？

按劳分配！

资产阶级先驱者洛克主张：每个人通过将自己的劳动加诸自然的原材料上，将它改造成有价值之物，从而创造自己的财产。他甚至说："一个人能够开垦、种植、改良、耕作并吃用多少土地，他的财产就有多少。"(见杰·里夫金：《欧洲梦》)

——劳动创造价值。

古典经济学的这一论点虽失于抽象而不够精准，但却以对劳动致富的热烈主张，推翻了特权剥削不劳而获的千古定理，鼓舞人民向封建等级和君主专制抗争；也同时规范资产阶级经济学自身：按劳分配作为资产阶级法权，意味着每个人在经济行为上享有资产阶级法律赋予的平等权利。

经济基础决定上层建筑。依据劳动对社会的贡献而享有相应的政治权利，便是民主，即资产阶级法律赋予每个人在政治行为上的平等权利。

民主是资本主义经济原则的政治形态；或者说，民主彰显了资本主义政治对经济的高度集中。在《哥达纲领批判》中，马克思对按劳分配的资产阶级法权性质作了深刻分析；同样，被按劳分配所制约的民主也是资产阶级法权。"劳动贡献"标准的确定，表明资本主义的平等要求，建立在不平等的基础上。

这是孔夫子"善的等级制"的资本形态：富人与穷人的等级差别是合理的；"精英政治"对人民的统治是合理的。所谓平等，只是平等竞争以跻身富人阶层的机会的抽象；所谓民主，则是民主竞争以跻身精英集团的权利的抽象。

在平等中发展特权，在民主中发展专制——资产阶级的两面性，基于资本主义原则与资本内在趋势的纠葛。

资本世界中人，无不陷身"纠葛"中难于自拔。而曾经的苏联和如今的中国更形尴尬，社会主义民主并不因自我定义"先进"而遮其底气不足，其"特权专制"的封建成色，甚至在资本主义民主面前相形见绌，不能不节节让步。

落实资本主义民主，成了后进的社会主义国家必须直面的课题。

那么，民主属于资本主义吗？

实质上，民主不过是千古人类精神的的资本形态；它以社会主义原则的浑厚亮丽，成为资产阶级先驱者代言人民喊出的时代强音。

人类世世代代怀抱的大同憧憬，被共产主义者赋予了科学内涵；但它不是共产主义者的"专利"。

古今中外驻留青史的伟人，不能不立足时代的和阶级的现实土壤中，他们尽管表现为奴隶主阶级思想家形态如苏格拉底，地主阶级思想家形态如孔子，资产阶级思想家形态如卢梭、斯密，无产阶级思想家形态如马克思、列宁，但他们实质上是在不同历史时期、以不同阶级形态，表现出对纵贯千古的"人类精神"的共同追求。"人性"、"人道"、"普世价值"的抽象，生动映现在他们对阶级和阶级斗争的历史变革的具象中。

老子中有没有马克思主义？孔子中有没有马克思主义？"一天，一位同事谨慎地向毛指出：'《孙子兵法》中没有马克思主义。'毛听了很恼火，因为一位中共党员居然机械地把一位圣人从中国优秀的传统中排除出去。尽管观点不大牢靠，但毛还是坚持认为《孙子》中有马克思主义。"（R•特里尔：《毛泽东传》）

马克思主义不能与人类精神相隔离；马克思主义不过是人类精神的科学社会主义形态。

阶级思想家+人类思想家，耸起人类史上一座座思想的高峰：它们被形象化为柏拉图笔下的"哲学王"、释迦牟尼礼赞的"转轮圣王"、穆罕默德宣谕的"安拉的使者"和耶稣的十字架……

还有《独立宣言》、《人权宣言》……，以及资本主义革命。

资本主义革命是人类精神的火炬接力。它从一开始就闪耀着社会主义精神的火花。"资产阶级除非使生产工具从而使生产关系，从而使全部社会关系不断革命化，否则就不能生存下去。"（马克思、恩格斯：《共产党宣言》）

资本主义的生存，依赖不断进行的社会革命；而作为变革生产力和生产关系的革命，不能不诉诸人民。资产阶级革命是人民革命在特定历史阶段的特定形态。

人民革命规定资产阶级革命的人民属性——人民主权，即民主；资产阶级只有举起民主的旗帜，才能唤起并领导人民，在人民革命中生存与发展。

然而，立足私有制的人类精神的抽象，遏制不了资本剥削的内在冲动；而资本主义无限扩张的生产力，则为私有观念的恶性膨胀提供了物质能量。资本主义成为社会异己，它日益强化资本剥削劳动的生产关系和帝国主义掠夺世界的社会关系，阻碍生产力发展，沦为人类进步的绊脚石。

历史，在叛逆中前行。

与其说资产阶级不肖子孙背叛了其先驱者们的革命原则，不如说资本的运行规律和嗜血本能击碎了资产阶级先驱者们的理性抽象。尽管资本一分钟也没有忘记对民主的刻意渲染，但一分钟也没有停止对民主的恶意消解。

消解民主，是资本主义经济规律的内在要求。

资本主义是商品社会——

商品冲击了一切特权，只留下商品的特权；"等级"被否定了。

私欲战胜了一切公理，只留下私欲的公理；"神圣"被否定了。

商品堆里，无产阶级解体了，资产阶级也解体了，一切个人、集团、政党、阶级都幻化成可以买卖的商品，而每个"商品"都被赋予了实现自我价值的机会和权力——商品的民主内涵。

然而是商品的"民主"。

既是商品，则"民"何在？"民"不在，何来"民主"？

"商品社会化"完成了对"商品"的抽象，成为"人的社会化"的商品形态，而"商品具体"则被否定了，亦即"商品"服务于人的本来功能被否定了；于是，"人"从"商品"中自我解放的课题，提上日程。

这是否定之否定——

"商品"否定"人"，是人的物化，即人被商品奴役的畸形态；而"商品社会化"作为资本主义生产关系的抽象，意味着几千年私有制中人从被物奴役状态向"非人"状态的全面沦落。

"人"否定"商品"，即"人"的自我的全面复兴；而"人的社会化"作为社会主义生产关系的抽象，则意味着转化资本主义生产关系、建立超越阶级的自由人联合体的社会革命，已经到来。

这个革命是对资本主义民主的否定，也是在更高层次上对资本主义民主的实现。

资本主义必然背叛民主，资本主义充分发展必然向帝国主义畸变：

商品否定了"等级"；商品的特权却堆积起雄冠今古的金钱等级——大资本家垄断集团。

私欲否定了"神圣"；私欲的公理却支撑起道貌岸然的资本神圣——帝国主义强权政治。

每个商品都具有在竞争中被毁灭的"合法"理由，每个人的私欲都具有被更大的私欲吞噬的"合法"权利，每个人的民主都只能在资本嗜血的体制中，为自身有限的尊严而挣扎。

资本聚敛与集中形成大资本家专制和帝国主义世界体系。在这个体系下，按劳分配的资本主义经济原则被资本剥削践踏，民主的资本主义政治原则同样被资本剥削践踏。代议民主，宪政民主，多元民主等等，无非资产阶级专制在人民民主冲击下所"创意"的限制民主的各种方式；民主不过是资本专制的附庸。

不管欧美资本主义国家的民主如何优越于落后的社会主义国家，民主受制于资本专制，却是不争的事实。而资本世界的民主成果，则是工人阶级和人民大众的社会主义运动冲击资本专制的产物，是社会主义的资本形态。所以马克思提出"革命民主主义"，毛泽东提出"新民主主义"，还有西欧践行的社会民主主义，其实质，就是社会主义肩起资本主义民主的重担。

正是在这个意义上，资本主义民主变通为社会主义民主。

也正是在这个意义上，社会主义民主一般地表现为资本主义民主；或者说，社会主义民主一般地通过资本主义民主实现自己。

社会主义民主绝不能排斥资本主义民主；严格地说，社会主义民主不过是资本主义民主的社会形态，即社会主义主导的与资本主义对于"民主"的统一战线。它有两个担当：一个是一丝不苟地尊重与落实资本主义民主，另一个是始终不渝地坚持社会主义对资本主义的转化。

两个担当在对立中同一：即扩展人民民主以制约特权剥削与落实资本主义民主以推进社会主义的对立同一。

无论资本世界，还是社会主义国家，工人阶级及其政党必须担起的历史使命，就是这个"对立同一"。

同样，中国改革开放所担当的，也是这个"对立同一"。

改革开放在社会主义旗帜下谨慎地"摸着石头过河"，但深化资本主义民主的"破冰行"足可欣慰：破干部终身制、限三公消费、公布官员财产、差额选举，以及公民言论自由、出版自由、结社自由……

民主是现代政治体制的灵魂。小步开放的资本主义民主，在量变中促质变，积聚着推动政治体制改革的强大力量。

市场经济体制依托资本主义生产力和生产关系，形成强有力的经济逻辑和经济冲击力，推动资本的经济扩张。而美元、欧元、日元、人民币……金融大合奏，则鼓舞资本家阶级及其"知识精英"踌躇满志地寻求政治扩张。

资本主义政治扩张咄咄逼人。

极目中华，尽管维持传统社会主义形态，但资本主义经济基础已经全面构建着资本主义上层建筑——为资本服务的政治体制和意识形态；与此相应，为资本主义政治体制"正名"的呼声，在经济学家们的努力下日见嘹亮。

张五常直言："在中国进行改革的过程中，唯一的最主要的问题就是怎样把一个靠社会等级来排序的社会变成一个靠产权的拥有来排序的社会。"（《三种社会体制》，见《南方周末》2007年8月30日，32版）

樊纲不讳言："经济学家就是为利益集团服务的。"（见《北京晚报》2007年4月15日，19版）

被经济进程鞭抽，政治体制改革箭在弦上，不得不发。

邓小平不失政治家的清醒："经济体制改革每前进一步，都深深感到政治体制改革的必要性。不改革政治体制，就不能保障经济体制改革的成果。"（《关于政治体制改革问题》）

邓小平不讳言改革的成败："我们所有的改革措施能不能成功，还是决定于政治体制的改革。"（《邓小平思想年谱》）

政治体制如何改革？

——确立资本主义政治体制！

引进资本主义生产力，发展资本主义生产关系，实行资本主义生产方式，形成资本主义经济体制，便无法逆转历史趋势和经济呼求：认同资产阶级对经济权力的分享和在政治体制上的权力构成。

不仅如此。

严格地说，社会主义没有政治体制。社会主义政治体制是对资本主义政治体制的借用，或者变通。

所谓借用，就是对资本主义政治体制的高度尊重和彻底落实；所谓变通，就是坚持社会主义指向，将资本主义政治体制从资本特权的工具转化为人民主权的工具。

978-1-62265-934-0 (online)   978-1-62265-935-7 (paper)

——新式的资本主义政治体制！

毛泽东定义新民主主义革命："新式的资产阶级民主主义的革命。"（《新民主主义论》）相应地，新式的资本主义政治体制，即新民主主义政治体制，也就是社会主义主导下与资本主义在政治体制上的统一战线。

资本主义政治体制与社会主义政治体制是对立的同一体。

恩格斯早就指出：无产阶级与资产阶级是"形影不离的同伴"，到了一定的发展阶段，资产阶级便丧失了"独占政治统治的能力"，不得不与无产阶级分享政权。（《〈德国农民战争〉序言》）

欧美先进资本主义国家对"第三条道路"的趋同，工人阶级及其政党的参政议政，无非是资本主义形态下对社会主义的借用和变通，亦即借助社会主义活力维持和发展资本主义，也就是资本主义主导下与社会主义的统一战线。

同样，在社会主义社会，无产阶级也不能不让资产阶级分享政权。

前者是生产力革命赋予无产阶级冲击资产阶级的必然结果，后者是生产力发展不足对资本关系深入扩张的客观需要。

两个阶级分享政权，谁居矛盾的主导方面，谁就决定了政治体制的属性。

争夺政治体制主导权的斗争，贯穿于资本主义和社会主义的全部历史时期。

中国改革开放进入"深水区"，意味着争夺政治体制主导权的斗争激烈化。

显然，不充分发展资本，就没有社会主义的最终胜利；而发展资本，就不能不分权于垄断资本集团。既然权利转让，便必然在政权内部产生人民利益与特权利益、社会主义道路与资本主义道路的严重冲突。

阶级斗争在中国社会所有层次上公开化。

中国特色社会主义的"特色"，就是社会主义条件下资本关系即阶级关系的再生产，以及资产阶级与工人阶级之间阶级斗争的再生产。

马克思指出："只要雇佣劳动和资本的关系继续存在，就永远会有剥削阶级和被剥削阶级存在。"（《关于自由贸易的演说》）

恩格斯指出："只要有利益相互对立、相互冲突和社会地位不同的阶级存在，阶级之间的战争就不会熄灭。"（《去年十二月法国无产者相对消极的真正原因》）

毛泽东更愤然逼问："只要有阶级，阶级斗争一万年也要搞，哪有有阶级不进行阶级斗争的？"（见吴子皓：《毛泽东与刘少奇》）

然而，改革开放淡化阶级和阶级斗争。

胡乔木质疑："如果说在社会主义社会，阶级和阶级斗争始终存在，那怎么消灭阶级，怎么进入共产主义？"（见《中华人民共和国大典》）

实在不应苛责胡乔木的辩难；其根源在于从十月革命到中国革命，共产主义运动对社会主义自我定义的概念的误区。

文化大革命，毛泽东为了"社会主义"概念坚决消灭资产阶级；改革开放，胡乔木们则为了"社会主义"概念试图模糊资产阶级的存在。

事实上，中国不是完全意义上的社会主义，而是以社会主义为导向的新民主主义。它意味着与资产阶级的合作，意味着合作双方对矛盾的确认，也意味着彼此间为解决矛盾而进行的斗争。

进而言之，没有单纯的社会主义，也没有单纯的资本主义。"矛盾着的各方面，不能孤立地存在。假如没有和它作对的矛盾的一方，它自己这一方就失去了存在的条件。"（毛泽东：《矛盾论》）

从人类社会到神的天堂到魔鬼的地狱，"仰望星空"，天上地下，没有至纯至洁的"彼岸"世界。此岸即彼岸，彼岸即此岸；没有绝对的消灭，只有转化。

"纯阳不生，纯阴不长，阴阳合而万物生。"（朱伯昆：《易学基础教程》）所谓社会主义，不过意味着社会主义相对资本主义处于主导地位，并利用自己的主导地位开展转化资产阶级的阶级斗争。当资产阶级被彻底转化，社会主义也就消亡了。

社会主义是为着实现社会公有而转化私有制的阶级斗争的全过程。

改革开放打断这个"过程"，却讽刺性地形成资本、特权、官僚"三位一体"；而重建私有制对广大民众个体利益的申张更是昙花一现，最终鼓励了少数人的极端"私有权"肆无忌惮地发动对人民大众被掠夺被侮辱的"私有权"的战争。

这是强势群体对弱势群体的阶级斗争；这是在"社会和谐"幌子下，表现为阶级压迫常态化的阶级斗争。换句话说，这是不公平的阶级斗争，即鼓励剥削、压制反抗的单方面的阶级斗争。

然而，"哪里有压迫，哪里就有反抗。"（毛泽东）

私有化浪潮固然孵化出一个聚敛大批财富的权贵阶层，更将社会的经济组织建立在私人经济主体的自由竞争上，于是，"自由"不依权势者的意志向政治的和意识形态的领域扩张，千百万人"自由"地锻造出千百万支"利箭"，从四面八方地下天上监管围猎垄断资本特权集团。

孔子说："推己及人"。

梁启超翻为"强己及人"。他说："权利思想愈发达，则人人务为强者。强与强相遇，权与权相衡，于是平和善美之新法律乃成。"（《论权利思想》）

这是资本主义革命精神的梁氏说，它鼓舞被压迫阶级抗争特权剥削，以强者的自觉崛起于社会，伸张主权，由所有人确定维护所有人权益的法制。

"所有人"是"每一个人"的聚合，所有人的崛起也就是别样形态的社会主义崛起。"特殊利益的热情是与普遍的精神活动不可分割的。"（黑格尔：《历史哲学讲演录》）

被压迫群体的反抗生成于每一个被压迫个体的沉重体验中，历史的伟大跃进就在民众觉悟的春潮涌动里，而这"春潮"凭借现代科技，正汇聚成翻江倒海的力量，终将冲决剥削及其所聚敛的一切。

曾经，文化大革命以群众运动的伟大创举震惊世界。毛泽东盛赞"四大"：

"群众创造了一种革命形式……就是大鸣、大放、大辩论、大字报。现在我们革命的内容找到了它的很适合的形式。"（《做革命的促进派》）

"大字报是个好东西，我看要传下去。……用大字报好，越多越好。"（《打退资产阶级的进攻》）

"大字报是一种极其有用的新武器，城市、乡村、工厂、合作社、商店、机关、学校、部队、街道，总之一切有群众的地方，都可以使用。……已经普遍用起来了的，应当永远使用下去。"（《介绍一个合作社》）

毛泽东去世，邓小平否定"四大"。然而改革开放以迅猛发展的经济进步和科技成果，助推互联网电子狂波形成网络"大字报"，宛如"千树万树梨花开"，漫山遍野，百态千姿，形成谁也无法摧残的时代大观。

觉醒的人民，一脚踏上无冕之王的神圣宝座，睥睨天下，舍我其谁！

这是人民大民主！

置身特权横行与资本压制下，"如果不在某种程度上'回复'到'原始'的民主制度，从资本主义过渡到社会主义是不可能的。"（列宁：《国家与革命》）

改革开放是文化大革命的遗嘱执行。

改革开放以社会进步的累累成果，证实了阶级的存在，证实了马克思主义关

于阶级斗争的学说，也证实了毛泽东对邓小平的批评："什么三项指示为纲，阶级斗争是纲，其余都是目。"（《毛主席重要指示》）

然而，改革开放同时以对"目"的张扬——确定社会主义与资本主义的统一战线，成为文化大革命的重要补充。

纲举目张！

阶级斗争是纲，阶级合作是目。"纲"居统摄，"目"为附属。"纲"为收放渔网之"绳"，却仅为一条线，所占"量"少；"目"为渔网被"绳"收放之"眼"，却是一大片，所占"量"多。

"纲"不能取代"目"，不能放任阶级斗争向极端发展演化为无政府主义乱象。邓小平批评毛泽东："以为把群众哄起来，就是民主，就能解决问题。实际上一哄起来就打内战。"（《排除干扰，继续前进》）

"目"不能淡化"纲"，不能在"普世价值"的虚幻里将社会主义主导向资本主义异化。毛泽东告诫：中国走资本主义道路，"就要牺牲劳动人民的根本利益，这就违背了共产党的宗旨和井冈山的追求。国内阶级矛盾、民族矛盾都会激化。"（见马社香：《前奏：毛泽东1965年重上井冈山》）

有"纲"无"目"，孤家寡人；有"目"无"纲"，一团乱麻。在"纲"与"目"的对立同一中，阶级斗争主要表现在"质"上，阶级合作主要表现在"量"上。具言之，阶级斗争大量表现为阶级合作，通过阶级合作实现自我；而阶级合作作为阶级斗争的一般形式，则承担阶级斗争的使命，即社会主义对资本主义的制约、规范和引导。

阶级合作是社会的常态。不尊重这个"常态"，天天斗，日日斗，则社会失衡，人心散乱。

阶级斗争是社会的主心骨，不尊重这个"主心骨"，则特权肆虐，私欲泛滥，精神坍台，整个民族为金钱而天天斗，日日斗，把社会斗的四分五裂。

对"纲"、"目"关系的任何畸化，都会导致社会动乱。邓小平推心置腹："动乱一下，就耽误好多年，不是三年五年能恢复起来的，动不得，乱不得啊！"（《邓小平思想年谱》）

实际上，历史上的阶级斗争，表现为阶级对抗的显性态即"动乱"是短暂的，表现为阶级合作的隐性态即"压迫"则是长期的。

"压迫"无非是阶级斗争的相对固化。所谓阶级合作，实质上是统治阶级与被统治阶级基于双方力量差异对阶级压迫常态化的主动和被动认同。

社会主义时期的阶级斗争和阶级合作同样如此，二者交错地表现为"相对地静止的状态和显著地变动的状态。"（毛泽东：《矛盾论》）

当阶级矛盾处于"相对地静止的状态"时，它不是消失，而是大量地表现为人民内部矛盾，即无产阶级在与资产阶级的阶级合作中所实行的阶级压制。这个"压制"，不是对资本的简单剥夺，而是强化以人民主权为核心的法制，给垄断资本和官僚特权"套上辔头"。

当阶级矛盾处于"显著地变动的状态"时，它不是否定人民内部矛盾的基本属性，而是张扬阶级对立的本质，强化社会主义导向。

邓小平说："社会主义社会目前和今后的阶级斗争，显然不同于过去历史上阶级社会的阶级斗争。"（《坚持四项基本原则》）

社会主义时期，阶级斗争应该向新形态升华。

这个"新形态"，就是民主。

民主也是阶级斗争。

只有"民主"不再是"知识精英"的专利而成为民众的自觉，为社会主义的阶级斗争才有了坚实的物质力量；只有阶级斗争从"暴力"形态升华为"民主"形态，工人阶级才有了阶级的自为。

阶级斗争不排除暴力。

什么是"暴力"？

马克思说：无产阶级夺取政权后，只要资产阶级还存在，"无产阶级就必须采用暴力措施，也就是政府的措施。"（《巴枯宁〈国家制度和无政府状态〉一书摘要》）

刘少奇说："无产阶级在统一战线运动中，决不停止与忽略阶级斗争。"但应该"用政府颁布法律命令等方式来满足工人的要求。"（《领导权问题是民族统一战线的中心问题》）

暴力主要是政府的强制。资本主义国家如此，社会主义国家同样如此。"现代国家的特征之一就是对暴力手段的垄断。"（弗•哈利迪：《革命与世界政治》）

那么，社会主义国家如何体现这种"垄断"呢？

2013 年 4 月，江苏泰州聚千人围困酒店，将中央政府对公款吃喝的一纸禁令爆发为人民的愤怒和人民的声讨，迫得官员跪在饭桌上求饶……

这一事件生动证明：只有政府社会主义指向的自觉与人民社会主义运动的自觉相结合，才能形成不可抗拒的社会主义伟力，贯彻强制资本特权的政府措施。

列宁说："全体组织起来的无产阶级应当保护自己，而我们则应当利用这些工人组织来保护工人免受自己国家的侵犯，同时也利用他们来组织工人保护我们的国家。"（《论工会、目前局势及托洛茨基的错误》）

组织起来！

马克思、恩格斯在《共产党宣言》里指出："资产阶级即资本愈发展，无产阶级即现代工人阶级也在同一程度上跟着发展。"

发展起来的中国工人阶级尽管受制于资本，但在"与狼共舞"中已经从虚幻"统治阶级"的迷蒙中醒觉，正在提升自己的综合素质和实力，形成自己的阶级意识，组织自己的阶级队伍。

组织起来！

"工人阶级已经具备作为成功因素之一的人数，但是只有当群众组织起来并为知识指导时，人数才能起决定胜负的作用。"（马克思：《国际工人协会成立宣言》）

组织起来，事实上是整个世界的总趋势。

马克思、恩格斯 160 年前的激进宣言"全世界无产者联合起来"尽管超前，却深刻地指明了这个"总趋势"。21 世纪，人民自己的组织正如笋沐春霖，蓬蓬勃发；而现代科技更日益强化这个"勃发"："群众性的自发组织，依靠地方团体，通常是通过互联网这样的新技术组织到一起的。"（尼•盖耶特：《又一个美国世纪吗？》）

组织起来的人民，日益增多自己的话语权，日益深刻地影响政府的决策和社会的走向。

对这一"总趋势"的自觉，提上改革开放的日程——

或是政府借鉴和变通资本主义政治体制，扩大人民民主，依靠并组织民众，制约资本。

或是民众借鉴和变通资本主义政治体制，自己组织起来，促进民主，推动政府向人民利益和人民意志倾斜。

然而，一定是资本主义政治体制吗？

邓小平说："我们大陆讲社会主义民主，和资产阶级民主的概念不同。西方的民主就是三权分立、多党竞选等等……我们中国大陆不搞多党竞选，不搞三权分立、两院制。我们实行的是全国人民代表大会一院制。"（《会见香港特别行政区基本法起草委员会时的讲话》）

实际上，西方的民主不仅是三权分立、两院制……，更是创制权、复决权、参与权等人民主权的张显。它与代议民主、宪政民主、多元民主等等，共同构成资本主义形态的人民社会主义实验。"有了创制权、复决权和罢免权，心里感到不平的公民能够不经过代议制机构，把议案提交给全体公民，这样可以大大保证公民享受民主权力。"（约·奈斯比特：《大趋势》）

全民公决！

尽管资本主义政治体制始终没有挣脱资本专制的桎梏，但它不仅是对封建体制的进步，更是人民几百年社会主义运动之成果的资本形态，是落后的社会主义国家实现进步的重要借鉴——

美国：创制权、复决权的推行，积聚对资本专制的量的剥夺。"在地方上，不是官员而是人民以多数票决定某项行动。"（约·奈斯比特：《大趋势》）

德国：2200多万职工"有1860万职工参与企业管理，占职工总数的85%。"这个"参与决定权包括：监督关于职工利益的法律和劳资协议的执行情况，在工资和福利问题上享有与资方对等的参与决定权，享有企业知情权和咨询权。"（李慎明：《"三个代表"重要思想与若干重大理论问题研究》）

英国："1994—1995年全部家庭的年收入按五等分划分，最上层20%家庭的平均初始年收入与最下层20%家庭相比，二者的差距是19.8倍，比我国大得多，但经过税收、福利和社会保障的调节之后，两者的最终收入差距缩小到3.7倍。"（李慎明：《"三个代表"重要思想与若干重大理论问题研究》）

21世纪初，贫富差别在美国为1:5.6，在北欧为1:3，在中欧为1:3.5。（见杰·里夫金：《欧洲梦》）

那么，中国呢……

事实证明，资本主义越发展，社会主义越充分。"在当代发达国家分配制度的安排中，存在着真正起作用的工人组织和劳资之间的集体谈判。"（李慎明：《"三个代表"重要思想与若干重大理论问题研究》）还有企业利润分享、保护劳工立法、累进所得税、遗产税、社会福利机制，以及政府是社会公仆的观念、小区自助的观念、社群主义的观念等等，都是人民社会主义运动所争得的表现为资本形态的社会主义成果。

先进的资本主义政治体制，少了些"社会主义"的抽象，却多了些在资本主义框架内的社会主义的"量"的积聚与进步，足可为中国特色社会主义示范。

要之，中国引进资本主义，主要不是引进资本主义正在被人民社会主义运动冲击的部分，更多地是引进人民社会主义运动对资本主义变革的部分。

在这个意义上，引进资本主义生产力就是引进社会主义生产力，引进资本主义生产方式就是引进社会主义生产方式，引进资本主义民主就是引进社会主义民主，引进资本主义政治体制就是引进社会主义政治体制。

资本主义与社会主义在对立中同一。可以说，中国是资本主义的社会形态；欧美则是社会主义的资本形态，即资本框架内的社会主义："美国的民主党和德国的社会民主党这两个政党正在推行的，都是社会民主主义政纲。"（斯·汤普森：《社会民主主义的困境》）

当今世界，"国家利益"成为两种政治形态的枢纽：

资本特权占据主导地位，一定是资本主义政治体制；但它不能没有对人民主权即民主的尊重，不能不适度制约垄断资本集团，以保障国家的稳定与发展。

人民主权占据主导地位，则是新式的资本主义政治体制，即新民主主义政治体制，也就是社会主义政治体制；它不能没有对资本特权的尊重，不能不适度制约人民主权，以推动资本争雄，发展国家实力。

社会主义对资本主义的尊重，不是居高临下的"赐予"，而是对资本主义法理地位的理性认同，更是对表现为资本形态的人民社会主义成果的本质捕捉。

这个"理性认同"和"本质捕捉"，就是在"全国人民代表大会一院制"的主导下，对资本主义政治体制之构成的三权分立、两院制、代议民主、宪政民主、多元民主、创制权、复决权、参与权……乃至多党竞争、违宪审查、全民公决等的借鉴和变通！

——这是政治体制改革的必由之路。改革开放，成败其中。

据说，人类文明几千年，没有一次改革，可以逃过失败的命运。

郇庆治在《欧洲绿党研究》中引用尤·迪特福斯："改革主义基于我们社会中不再有任何激进动力的假定，革命的时代已经过去，因而改革就是唯一的选择。这是一种完全错误的思维。因为所有严肃的分析都必须考虑到历史上各种形式的改革主义都最终失败的事实。"

那么寄托于革命吗？卢梭断言："我们从来没有看见过一个民族一朝腐化之后而又能恢复德性的。……除了某种大革命之外，再也没有别的补救办法了。"（《答波兰国王书》）

然而，"革命"有过最终的胜利吗？

斯巴达克斯、陈胜吴广、李自成、孙中山，还有英国革命、美国革命、法国革命、俄国革命和中国文化大革命……

在"最终"的意义上，"革命无止境。"（鲁迅：《而已集·黄花节的杂感》）

改革同样无止境。

"改革"与"革命"是对立的同一体。二者在交互的失败与成功中，推动历史进程。

改革是革命的变通。

列宁说："改良是革命的阶级斗争的副产品"（《十月革命四周年》）

邓小平说："革命是解放生产力，改革也是解放生产力。"（《在武昌、深圳、珠海、上海等地的谈话要点》）

革命的改革以对公有制和公有观念的变通，规范私有制和私有观念，剥夺特权阶层，扩大人民主权，激发社会各阶层的积极性，解放生产力，创造社会和谐与经济进步。

任何真正的改革，不管取何种形态，不管程度大小，其实质无不如此。

改革的失败，则无不在于背叛革命，形成特权集团对人民的反噬。"任何改良如果没有群众斗争的革命方法的支持，都不可能是巩固的、真正的、认真的改良。"（列宁：《给"社会主义宣传联盟"书记的信》）

"革命"是"改革"的灵魂。

托洛茨基曾写道：十月革命胜利了，但是，"我们目前不敢确定是否能保住政权……列宁急于出版有关社会主义和唯物主义经典著作，希望在所有城镇，甚至村庄多建一些革命纪念物，哪怕是最简易的半身像、纪念碑，从而能在人们的记忆中留下革命的深深印记。"（《托洛茨基自传》）

毛泽东不能确保他的继承人忠诚地捍卫文化大革命。他用足十年心血，助燃文化大革命的烈焰，在中华大地留下了文化大革命的"深深印记"，更在人民心底留下了文化大革命的火种。

改革开放，文化大革命被否定。

然而，文化大革命精神长在。"精神在否定的东西那里停留，这是一种魔力，这种魔力就把否定的东西转化为存在。"（黑格尔：《精神现象学》）

这是一种什么魔力呢？

——"无产阶级专政下继续革命"！

它规定了中华崛起的性质，规定了中国改革开放的社会主义方向。"真正民主的政治改革，无论何时，无论在何种情形和何种条件下，都是不会模糊和削弱社会主义革命口号的。"（列宁：《论欧洲联邦口号》）

中国改革开放进入政治体制改革的"深水区"。

如何趟过"深水区"？

邓小平叮嘱他的后继者："不仅今天，而且今后，我们都要高举毛泽东思想的旗帜。"这是"最重要、最根本、最关键的。"（《邓小平思想年谱》）

4、中国特色社会主义

黑格尔提出任务："把人类历史看作一个发展过程"。
马克思解决任务："发现这个过程的运动规律"。
　　　　——恩格斯：《社会主义从空想到科学的发展》

专制，是解读资本世界的钥匙。

在现代中国，社会主义是实验，资本主义也是实验。

这是一个从专制向民主嬗变的实验。

1933年，胡适欲为中国开设"民主训练"课。他说："我们小心翼翼的经过三五十年的民主宪政的训练之后，将来也许可以有发愤实行一种开明专制的机会。"（《再论建国与专制》）。

民主，为了专制！

胡适在蒋介石独裁统治下虽然谋得一把金交椅，但终究没有开成这门课。

章伯钧、罗隆基挟新生资产阶级朝气，试图在新中国开设这门课，却被毛泽东的社会主义实验劈头盖脑地打折了脊梁骨。

改革开放，"知识精英"们终于开设了这门课，民主启蒙着人民，也同时昭示了民主的指向——资本专制！

资本专制是中国社会进程无法跨越的历史阶段。

胡适论专制："现在人所谓专制，至少有三个方式：一是领袖的独裁，二是一党的专政，三是阶级的专政。……国民党的民主集权的口号是第二式，……共产党则是要一阶级专政，而专政者仍是那个阶级中的有组织的党。"（《再论建国与专制》）

胡适已经看破："国民党的民主集权"其实是"口号"，背后是蒋介石独裁；而共产党"要一阶级专政"，其实是"党专政"。只是他当时未曾识得："党专政"还得让位于毛泽东独裁。

978-1-62265-934-0 (online)　　978-1-62265-935-7 (paper)

"独裁"，势在必然！无论孙中山独裁、蒋介石独裁抑或毛泽东独裁，无非直面中国农民社会的现实抉择而对历史进程的自觉认同；至于国民党"军政、训政、宪政"之谓，分明以"宪政"的明确指向为"领袖独裁"预设了归宿。

宪政是中国农业社会向现代社会转化的政治要求。

何谓"宪政"？

——便是胡适所云"一党的专政"。

实际上，国民党的"民主集权"与共产党的"民主集中制"异曲同工，表达的是一个意思："党专政"，也就是集团专制。

何谓"集团专制"？

——便是胡适给出的具有民主内涵的开明专制。

宪政=集团专制=开明专制。

按照胡适的时间表，经过"三五十年"的"民主训练"，中国 20 世纪末应该进入"开明专制"。

那么，中国进入开明专制了吗？

事实上，胡适关于三种专制的界分，应解读为历史发展的三个阶段：

"领袖独裁"——以君主专制形态对封建时代地主阶级专制的抽象。

"一党专政"——以集团专制形态对资本主义时代资产阶级专制的抽象。

"阶级专政"——以无产阶级专政形态对社会主义时代人民专制的抽象。

从原始公社解体进入阶级社会，人类便开始了这三种专制的嬗变。其深刻处，就是民主在专制形态下对专制的蚕食，就是人民主权在专制框架内的"量"的积聚与扩张。

量变到质变。只有人民主权占据主导地位，形成人民专制，才可望开始向专制终结的过渡，才有"普世价值"的实现和人类的解放。

人民专制的政治形态，即胡适所称"一阶级的专政"，就是无产阶级专政。"没有无产阶级专政，我们就不可能保卫从而也不可能建设社会主义。"（邓小平：《坚持四项基本原则》）

无产阶级专政是人民专制的承载者。

无产阶级因其"无产"而成为解体的阶级。"解体"，意味着阶级的消亡，意味着它"不要求享有任何一种特殊权利"（马克思：《<黑格尔法哲学批判>导言》），意味着它"融化"在民众中成为人民整体的构成：无产阶级=人民；它因此具有了"人民专制"的社会基础和内在依据。

相应地，无产阶级专政则是解体的专政，它意味着人民主权的确立，意味着专制的消亡，也意味着它不具备逆"天"之"道"而聚成特权集团的条件和理由。

无产阶级专政有着严格的自我限定：以"阶级专政"的形态，维护并扩展人民主权，代言人民对特权剥削的专制。它在本质上与资本主义集团专制水火不容。

然而，无产阶级专政又不能不是资本主义集团专制的坚定践行者。

君主专制，集团专制，人民专制，三种专制在对立中同一。谁在"同一"中居主导地位，谁便决定了专制的性质，同时意味着与另两种专制的统一战线。

早期资产阶级革命是资产阶级领导的农民革命。

农民寄托于革命的，只能是为民主的专制。因此，资产阶级革命不能不借用封建君主专制的形式。英国的克伦威尔，法国的拿破仑，以及美国的华盛顿、汉米尔顿、杰斐逊、杰克逊，都基于自身立足的农民社会而程度不同地利用"领袖独裁"表达资本主义的进步要求。

俄国、中国在落后条件下进行的社会主义革命，则是无产阶级领导的农民革命。为民主的专制作为农民革命的要求，决定了列宁、斯大林和毛泽东基于自身立足的农民社会而利用"领袖独裁"表达社会主义的进步要求。

受制于社会条件而为促进历史进步的"君主专制"，创造着人类进步的峰巅，迸发着人类精神的永恒光芒。克伦威尔、拿破仑、华盛顿的"领袖独裁"，表达了资本主义形态下人民专制的抽象；斯大林、毛泽东以及朝鲜金日成乃至委内瑞拉查韦斯的"领袖独裁"，则是社会主义形态下人民专制的雏形。

然而，在现代大工业未全面展开的封建土壤上，"人民专制抽象"只能以"人人生而平等"的原则之呼，为资本主义形态下的人民民主奠基；而"人民专制雏形"也只能以对人民主权的本质张扬，为社会主义形态下的人民民主指明方向。

二者都不足与"人民民主"有机结合。因为，"人民民主"主要是被代表；人民还不具备自觉参与民主的社会条件和综合素质。

那么，在现代资本世界呢？

随着生产力发展和资本主义的进步，以及资本关系的确立和人民社会主义运动对民主的推动，君主专制被否定，"为民主的专制"转化为集团专制。

集团专制是人类社会对个人专制的挣脱，它是民主自觉在整个世界普遍提升的产儿；然而，集团专制同时是表现为民主形态的资本专制，它以资本特权对人民主权的制约，维护大资本家阶级的统治。

威·多姆霍夫在《当今谁统治美国》中写道："制定政策的过程始于法人企业董事会的房间，这个过程终于政府。"（转引自杨铮：《2000：世界向何处去》）

维·桑巴特在《为什么美国没有社会主义》中写道：美国两大政党"无论是执政期，还是在极有可能再次当选的时候，他们都维持着政治的垄断。"

弗·哈利迪在《革命与世界政治》中揭示："所有现代工业国家仍然是高度不平等的社会，在这些社会中，对利益的界定几乎完全掌握在一群行政和企业精英手里。"

郇庆治在《欧洲绿党研究》中揭示："西方政治存在着日益强化的反民主倾向，越来越多的重大政治决定出自政府成员手中而摆脱人民和议会的控制。"

奥·裴彻和池田大作更激愤指出："自第二次世界大战以来，曾经爆发过150场战争，而没有一场战争是经民主过程通过的。"（《为时未晚》）

政府专制！或者说，集团专制。

代表权力主体的"政治精英"+代表资本主体的"经济精英"+代表文化主体的"知识精英"，形成特权集团联盟，相互利用，相互支撑，取代封建性"领袖独裁"，成为欧美资本主义政治的基本形态。

两党轮流执政，说到底，无非是表现为两党竞争的大资本家阶级"一党专政"。

集团专制，是宪政的本质写照。

宪政，属于资本主义。

社会主义没有宪政。社会主义宪政是对资本主义宪政的借用和变通。

社会主义没有集团专制。社会主义的主旨是人民专制。所谓无产阶级专政，不过是人民主权颠覆资本特权的担当。

然而，"一个社会即使探索到了本身运动的自然规律，它还是既不能跳过也不能用法令取消自然的发展阶段。"（马克思：《〈资本论〉第一卷第一版序言》）

资本主义是人类社会无法跨越的历史阶段。或者在资本主义形态下走完资本运行的全过程，或者经过人民革命的胜利在社会主义主导下走完资本运行的全过程。二选一，别无它途。

事实上，不论苏联崛起，还是中国现代化进程，都是社会主义形态下的资本主义进步。"在毛泽东主义的中国和世界其他地方，……社会主义的意识形态和那些表面上看来是社会主义的社会一直在完成的只是资本主义经济发展的历史任务，并或多或少最终产生了相似的社会后果。"（莫•迈纳斯：《马克思主义、毛泽东主义与乌托邦主义》）

什么社会后果？

——对资本主义的认同。

社会主义不能不认同资本主义生产力、生产关系和生产方式，不能不认同资本主义宪政——集团专制。

如果说，在封建土壤上，人民主权只能由"领袖独裁"来行使；那么，在资本主义基地上，人民主权则只能由"集团专制"来代言。

马克斯•韦伯以资产阶级政治家的坦率摒弃伪善："人民主权"在现代社会"仅仅是一种心理上具有感召力的宣传和诱导，不存在任何可能性。"他主张"精英政治"，断定"专断的科层制不可避免"，而且是最有效的统治形式。（见李良栋：《当代西方的民主理论》）

精英政治！

资本主义如此，社会主义也如此。集团专制同样是社会主义政治的基本形态。

资本主义与社会主义是对立的同一体。在资本主导的世界，社会主义不能不具有资本主义的全部特征。

然而，社会主义集团专制同时是对资本主义集团专制的变革，是新式的资本主义集团专制，即社会主义主导下与资本主义在集团专制上的统一战线，也就是新民主主义宪政。

毛泽东说："新民主主义的政治、经济、文化，由于其都是无产阶级领导的缘故，就都具有社会主义的因素，并且不是普通的因素，而是起决定作用的因素。"（《新民主主义论》）

在这个意义上，新民主主义宪政就是社会主义宪政。

社会主义宪政与资本主义宪政在对立中同一。

从英国宪章运动至今，几百年来，尽管人类社会尚未挣脱资本专制的枷锁，但在资本主义宪政里，不仅积淀下资产阶级革命抗争封建传统的万千辉煌，更结晶着多少工人社会主义运动的牺牲，绽放着多少绚丽青春为民主挥洒的血花……在很大程度上，资本主义宪政就是被资本形态固化的人民冲击资本专制的社会主义成果。

向资本主义宪政致敬！向资本主义宪政内涵的社会主义成果致敬！

社会主义宪政的历史使命，就是充分尊重与落实资本主义宪政，建立完善的法制社会；同时，继承前驱者的遗志，扩张人民主权，制约资本特权，完成对资本主义宪政的彻底变革。

这是一个艰巨的变革。

曾经，苏联崛起跨入现代国家行列，形成相类于欧美资本世界的生产关系，即社会主义形态下官僚特权剥削广大人民的资本关系。

资本关系的展开，不仅激发底层群体对民主的期待，同时爆响上层社会对民主的呼求。苏联共产党以对历史进程的自觉，开启了从"领袖独裁"向集团专制的转化之门，建立了表现为民主形态的集体领导体制。

赫鲁晓夫是这个"转化"的过渡。

这是苏联共产党对资本主义集团专制的借用。然而，借用不是单向的。困于私有观念的浓厚和资本的强大向心力，社会主义集团专制同时处于被资本主义集团专制反借用的危机中。

因为，专制的独断属性+私有制私有观念的劣根性，很容易使专制者在社会主义的自诩中，畸变为背离人民意志的资本利益集团。

毛泽东说：马克思的辩证唯物论，明确了精神的反作用，即改造世界。"列宁深刻地发挥了能动的革命的反映论之基本观点。我们讨论中国文化问题，不能忘记这个基本观点。"（《新民主主义论》）

苏联共产党"忘记"了这个基本观点。

"从天而颂之，孰与制天命而用之！"（《荀子•天论》）"集团专制"是落后的社会主义国家顺应历史进程的自觉；"人民专制"则是共产党人对历史进程必然指向的自为，共产党人不能淡忘这个"自为"。

苏联共产党虚拟革命，一头扎进集团专制的不归路，被资本驯化，沦为官僚垄断特权集团，将苏联社会主义引上了资本主义复辟路。

那么，苏联共产党的自我颠覆，是不是落后社会主义国家的共同宿命？中国共产党能够规避这个宿命吗？

尽管毛泽东以文化大革命的拼死抗争，试图阻止中国共产党的自我颠覆；然而这个"宿命"的魔咒，却日益深重地困扰中国共产党。

苏共 20 大后，毛泽东审慎地欢迎赫鲁晓夫变革；刘少奇则敏锐地捕捉到"苏联模式"的转折，将"个人专制"向"集团专制"的升华提上日程，他挑战正在形成的毛泽东专制，试图推进党内民主，树立中共领导集团的集体权威。王景伦引国外研究者的评论："毛谴责刘的'罪行'之一，就是他要从毛的手中夺权，将之转交到党的机构手中。"（《毛泽东的理想主义和邓小平的现实主义》）

如果说，毛泽东以左倾的前瞻性思维发动了文化大革命；那么，刘少奇则以别样的左倾前瞻性思维——"苏联模式"的教条，试图完成从个人专制向集团专制的转化。

刘少奇忽视了：中国落后于苏联，还不具备转化的条件；他挑战毛泽东专制，其实是挑战毛泽东对中国农民社会的现实解读。

中国农民社会是毛泽东抵制"集团专制"或曰"党内民主"的强力支撑。正是这种"支撑"促发文化大革命，推动毛泽东专制的登顶之旅；而峰巅上的毛泽东专制，则焦灼而深情地呐喊着对"人民专制"即人民主权的渴求："劳动者管理国家、管理各种企业、管理文化教育的权利。实际上这是社会主义制度下劳动者最大的权利。"（《读<政治经济学教科书（社会主义部分）>的笔记》）

毛泽东专制的深刻意义，就在于他以"人民专制"的理想幻觉，强权抵制中国共产党内多数派在社会主义形态下走资本主义道路的理性共识。

毛泽东，成败其中。

改革开放，邓小平以个人专制的余威，重拾刘少奇的未竟心愿，迈出了向集团专制转化的坚定步伐。

中国现代化进程和资本崛起，不但造就出一个呼风唤雨的"资本精英集团"，更造就出一个厚重庞大的工人阶级；而资本关系的确立，则将现代民主的课题鲜活地诉诸整个社会。民主的扩张，推动集团专制成为中国政治舞台的主角。

中国开始具备从"个人专制"向"集团专制"转化的条件。

邓小平"摸着石头过河"，那河中依稀可辨的石头，就是刘少奇理论。

刘少奇理论不同于毛泽东对"人民执政"的理想期待，而是将"执政为民"的理性自觉诉诸于"共产党精英政治"。改革开放，邓小平继承刘少奇："中国问题的关键在于共产党要有一个好的政治局，特别是好的政治局常委会。只要这个

环节不发生问题，中国就稳如泰山。"(《善于利用时机，解决发展问题》)

发展生产，稳定大局，提高人民生活水平。邓小平对共产党精英政治充满自信，也充满期待。

那么，什么是"好的政治局"？

——走社会主义道路的政治局！

中国特色社会主义不讳言自身的的"专制"特色：社会主义借用和变通资本专制，以"集团专制"的铁肩担起扩张人民主权的重任；以"共产党精英政治"代言人民专制。

——社会主义集团专制！

中国共产党步入从"个人专制"向"集团专制"转化的进步之路。"政治改革已经瓦解了对毛的崇拜，邓将恢复集体领导当做政治改革的中心议题并恢复了集体领导制。"(王景伦：《毛泽东的理想主义和邓小平的现实主义》)

邓小平重展曾经苏联的变革之旗。改革开放后的中国共产党"权力更加分散，更加具有集团操作的性质。废除了主席制，使党的书记成了党的领导人，从而使党的领导机构更像苏联和东欧的模式，党的总书记只有召集党的政治局及其常委会议的权力，因而，他的权力相对被削弱了。"(王景伦：《毛泽东的理想主义和邓小平的现实主义》)

不排除个人专制回潮，但只能昙花一现；因为个人专制的基础已经崩塌了。集团专制日益彰显强大的生命力，不管有意无意，甚至不管是善是恶，凡是弱化、抵制乃至破坏集团专制的人或事，都遭到清除，则是必然的。在曾经的苏联：贝利亚、马林科夫、朱可夫……，在中国：陈希同、陈良宇……

那么，步苏联共产党后尘的中国共产党，也将重蹈苏联剧变的覆辙吗？

这种可能性严重存在。

列宁看得分明："难道历史上有一种新生产方式是不经过许许多多的失败、错误和毛病一下子就确立起来的吗？"(《伟大的创举》)

毋庸置辩，集团专制—开明专制—精英政治—宪政，作为资本世界典型的政治形态，是在人民民主基础上对人民民主的制约，是资本专制主导的与人民民主的统一战线。

社会主义置身资本世界，不能不充分借鉴资本社会扩展人民民主的宪政成果，也不能没有为发展资本垄断而对人民民主的制约。因而它深蕴着向"人民专制"转化的光明前景，也潜存着践踏人民主权向资本专制异化的巨大风险。

但是，毛泽东可以借助封建君主专制形式表达对人民专制的诉求；毛泽东的后来人就不能抵制异化，以资本主义集团专制形式表达对人民专制的诉求吗？

不能拒绝集团专制。集团专制是中国现代化进程的必然产物，更是中国社会主义的生存保障和中华崛起的先决条件。

因为，帝国主义就是垄断。帝国主义世界体系就是依凭跨国集团的"资本专制"对整个世界的资源、经济、科技、军事、政治、文化和"人权"的全面垄断。

中华民族和世界所有民族，都在资本垄断的枷锁里挣扎。

当资本帝国主义尚在母腹之际，恩格斯已经指出资本垄断的大趋势，他在《资本论》第三卷中补语："历来受人称赞的自由竞争已经日暮途穷，……在每个国家里，一定部门的大工业家会联合成一个卡特尔……竞争已经为垄断所代替。"

在资本帝国主义诞生之初，列宁便对其本质作了揭示，他在《论对马克思主义的讽刺和"帝国主义经济主义"》中写道："帝国主义是资本主义发展的最高阶段，这是生产已经达到巨大的和极为巨大的规模，垄断代替了自由竞争，帝国主义经济本质就在于此。"

约·加尔布雷斯指证:"在美国,全部生产的约 2/3 来自 1000—2000 个大公司,而且这是所有工业国家的一般情况。"(《资本主义、社会主义与和平共处》)

米·杰里亚金断言:"跨国公司是美国全球领导地位的主要源泉。"(《后普京时代》)

经济的垄断撑硬了美国帝国主义世界体系实行全球政治专制的腰杆。马克思、恩格斯的精辟论断在资本全球化的进程中被证实:"资产阶级日甚一日地消灭生产资料、财产和人口的分散状态。它使人口密集起来,使生产资料集中起来,使财产聚集在少数人手。由此必然产生的结果就是政治的集中。"(《共产党宣言》)

从 1848 年至今,资本主义从单个国家的自由竞争到资本垄断,再到国际垄断资本集团在全世界的竞争,一个半世纪的"政治集中",形成了美国帝国主义体系对世界的霸权。

毋庸置辩,美国的民主走在世界前列!

然而,"美国'对内立民主,对外行霸道'。……美国任何当政者在国内必须受制于一整套制衡机制,在国际上却凌驾于一切规则之上。"(资中筠:《<冷眼向洋——百年风云启示录>总绪论》)

在全球化的进程中,美国展霸主雄姿,高踞于帝国主义世界体系之上,以其内外迥异的有限民主,公然着对世界人民的蔑视和对民主的侮辱。

美国的民主是不是古希腊民主的现代版?"九万雅典公民,对于三十六万五千奴隶来说,只是一个特权阶级。"(恩格斯:《家庭、私有制和国家的起源》)

雅典的公民民主,靠对世界各民族及巨大奴隶群敲骨吸髓的榨取来维持。曾经的雅典统治者伯里克利便被称为"对内实行民主,对外实行帝国主义"。(见德·加亚尔:《欧洲史》)

美国的公民民主,同样靠对世界各民族人民的盘剥来支撑。"美国的实体经济已经完全丧失了对其虚拟经济的支撑……美国经济已经不再是世界经济的推动者,而是靠经济规则垄断、靠政治和军事权力垄断、附着于世界实体经济发展上的'吸血鬼'。"(占豪:《大博弈》)

帝国主义霸权以强盗+骗子的斑斑劣迹,演绎着跨国集团撬动金融资本和虚拟资本的杠杆掠夺世界各民族的疯狂,全方位地证实着列宁的精准定论:帝国主义是寄生的、腐朽的、垂死的资本主义!

然而,"垂死"不等于丧失生命力。

帝国主义是世界性的。只要世界上还有众多的落后民族和落后国家,帝国主义就有广阔的掠夺空间;只要世界人民没有以民族独立、民族解放和民族崛起的自觉全面挤压帝国主义世界体系,资本跨国集团的恶性垄断就不会停歇。

世界人民,任重道远。

社会主义应该成为抗争帝国主义世界体系的领军。

如何领军?

帝国主义世界体系"一个不争的事实是,大企业已成为现代所有国家社会竞争力的必要基础。他们的技术和商业价值的存在是必需的,它们的成功是国家在全球竞争中获胜的必要条件。"(米·杰里亚金:《后普京时代》)

换句话说,垄断是民族独立的必要条件,也是社会主义领军的必要条件。

没有经济、政治、军事、科技、文化的垄断与集中,社会主义就无从在国际垄断资本的竞争中立足,就没有民族崛起;不在资本全球化中强力取得话语权,社会主义就将沦为帝国主义世界体系的附庸,更谈不上引领社会主义全球化。

尽管垄断与竞争的资本主义属性，极易使社会主义被资本扩张绑架，发展为官僚资本特权集团，步苏联争霸覆辙。但资本争雄，却是社会主义别无抉择的生存与发展之路。

陈序经在《中国文化之出路》中激情抒怀："我们若想打倒可恶的帝国主义，决不能以王道来打倒它，却反过来要用帝国主义去打帝国主义。因为无论在理论上，或是实际上，非此便无法为中国的文化找到一条出路。"（转引自夏中义：《人与国家》）

拒绝资本垄断与集团专制，就不能消灭垄断与专制。

甚言之，拒绝帝国主义，就不能消灭帝国主义。

然而，借用帝国主义，则严重滋生社会主义向社会帝国主义异化的危险。

两难！

——社会主义运动是一个实验。

列宁、斯大林的苏联革命与建设是社会主义实验，赫鲁晓夫的苏联变革也是社会主义实验。这个实验失败了。

毛泽东的文化大革命是社会主义实验，邓小平的改革开放也是社会主义实验。这个实验处于成功与失败的艰苦博弈中……

举目茫茫人海，何处不见资本"魔舞"？社会主义实验焉能不在巨大的风险与危机中求索！

所以毛泽东说："草鞋无样，边打边像"。

所以邓小平说："摸着石头过河"。

邓小平以政治家的清醒启迪中国共产党和中华民族："我们的整个开放政策是一个试验，从世界的角度来讲，也是一个大试验。"（《特区经济要从内向转到外向》）

既是"大试验"，就难免大的磕磕绊绊、大的反复、大的回旋，乃至资本主义卷土重来、资本大亨飞扬跋扈，以及贪污腐败泛滥……；包括邓小平理论自身，也难免大的失误，乃至被扬弃、被批判。

然而，这是具有世界意义的伟大实验——

改革开放将向世界表明：社会主义主导下与资本主义的统一战线，能否实现社会主义崛起；中国共产党和中华民族能否引领资本主义全球化向社会主义全球化转化。

世界新民主主义！——全球一体化将这个课题提上日程。

事实上，置身帝国主义世界体系，社会主义不仅与资本主义是对立的同一体，更与帝国主义是对立的同一体；社会主义与资本主义的统一战线，就是社会主义与资本主义的抽象——帝国主义的统一战线。

一般地说，"经济全球化的主要推动力是跨国公司，特别是大的跨国公司……我们要顺应全球化的潮流，与跨国公司建立长期合作的战略伙伴关系。"（龙永图：《经济全球化与生产全球化》）

严格地说，经济全球化的主要推动力不是跨国公司，而是生产力的进步；跨国公司不过是生产力进步的资本形态，即帝国主义经济形态。与其"建立长期合作的战略伙伴关系"，就是建立与帝国主义的战略伙伴关系。

社会主义不能没有对帝国主义的认同与尊重，甚至不能不为融入并最终变革资本世界付出高额学费和巨大代价。——不给予对手高规格的"待遇"，就别指望战胜对手。

然而，从列宁到毛泽东，从苏联共产党到中国共产党，社会主义运动百年误区，就是对这个"认同"的拒绝。

列宁说："社会主义革命不是一次行动，不是一条战线上的一次战斗，而是充满了剧烈的阶级冲突的整整一个时代，是……长长的一系列的战斗，这些战斗只有靠剥夺资产阶级才能完成。"（《社会主义革命和民族自决权》）

列宁牢牢地抓住了社会主义革命的本质。

然而，"本质"不是事物的全部。

"一个篱笆三个桩，一个好汉三个帮。"没有对非本质的充分尊重，就不会有本质的实现。对"本质"的绝对化，对社会主义"真理彼岸"式的高估，分明是国际共产主义运动的自我误读。它深刻地影响了中国共产党。

"当1978年10月美国通用汽车公司董事长汤姆斯•墨菲提出'合资经营'意向时，中方谈判代表李岚清的第一反应是：'你们是资本家，我们是共产党，怎么能同你们搞合资经营呢？"（萧冬连：《中国的国门是怎样打开的》，见《北京晚报》2009年7月31日，特2版）

邓小平以冲击实践禁区的勇气，批准了"合资经营"，更迈出认同资本主义的重要步伐："中国的主体必须是社会主义，但允许国内某些区域实行资本主义制度，比如香港、台湾。"（《一个国家，两种制度》）

然而，邓小平没能突破理论禁区，而是固步于社会主义与资本主义的割裂，直到晚年，依然不承认改革开放"是引进和发展资本主义"。（《在武昌、深圳、珠海、上海等地的谈话要点》）

共产主义运动的理论瓶颈——社会主义与资本主义不是对立同一，而是绝对分割，制约了邓小平，也制约了中国共产党。

丹•贝尔评论20世纪50年代的欧美："社会主义的两难仍然是如何去面对'既存在于这个世界中和又属于这个世界'的问题，且在实践中，早期社会主义运动'拒绝了'这个世界，它只是等待着一个新的世界。"（《意识形态的终结》）

尽管列宁、斯大林、毛泽东不是"等待"而是创造新世界，但他们对资本世界的拒绝却一脉相承。

然而也应注意到：列宁、斯大林、毛泽东还有一个一脉相承，那就是他们晚年被资本世界的充沛活力所惊觉，开始认同资本世界，并将一个重要遗嘱——社会主义与资本主义对立同一的课题，留给后来人。

从赫鲁晓夫的苏联变革到邓小平的改革开放，都成为遗嘱的实践执行，却都回避对遗嘱的理论求索。

拒绝在理论上认同资本主义，不"给予"蓬勃发展的资本主义以充分的法理地位，分明与实践脱节，分明是对"实事求是"的自我否定。

普天之下，莫非"社"土；率土之滨，莫非"社""臣"。邓小平理论高屋建瓴，维护共产党独一无二的法统，则"社会主义主导"子虚乌有。

因为，不给予资本主义以理论认同，社会主义独步天下成不鸣孤掌，自然没有与资本主义的对立；没有对立，自然没有二者的统一战线；没有统一战线，也就谈不上社会主义主导。

相反，没有法理地位的资本主义，却在社会主义的虚幻一统中，埋头苦干实干加巧干，见缝插针，得寸进尺进丈，不断取得实实在在的地位，乃至以资本的特权畸化，打出社会主义形态下的资本主义半壁江山。

社会主义走向危机。

实际上，邓小平理论的全部内涵，就是社会主义主导下开放、引进和发展资本主义，也就是新民主主义。

然而，邓小平理论却不肯明确主张自己的这个"理论"。

邓小平明明认定"中国搞社会主义不够格"，却背离"实事"，固执于"不够格"的虚幻社会主义理论高位，使中国共产党困于理论难以指导实践的尴尬。

邓小平理论没有完成"理论"。

于是，"三个代表"出。

江泽民试图完成邓小平理论。

1992 年，邓小平南巡，将确立市场经济体制的重担压在了江泽民双肩；而市场经济体制的确立则有力地促进了中国崛起；资本主义生产力、生产关系、分配方式和资本主义上层建筑包括意识形态大爆发，资本崛起！

资本崛起强烈呼唤资本主义崛起，强烈冲击中国共产党的法理地位。走资本主义道路，是资本抛向中国共产党的"烫手山芋"。

邓小平回避对"资本主义"的理论认同，但中国共产党却不能不置身走资本主义道路的现实。

那么，走资本主义道路一定要改变中国共产党的性质吗？或者，一定要否定中国共产党的领导地位吗？

"三个代表"强势出镜：中国共产党代表中国先进生产力的发展要求，代表中国先进文化的前进方向，代表中国最广大人民的根本利益。

什么是"中国先进生产力"？

——资本主义生产力。

然而，其"发展要求"则指向社会主义生产力。

什么是"中国先进文化"？

——资本主义文化。

然而，其"前进方向"则指向社会主义文化。

什么是"中国最广大人民的根本利益"？

——那是对人民现实资本主义利益的社会主义超越与升华。

说白了，对于变革中国封建传统而言，资本主义是先进的；然而，引进和借用先进的资本主义，是为了推动历史进程，发展比资本主义更先进的社会主义。

合众国际社看得分明："按照'社会主义市场经济'的提法进行资本主义式的改革，但排除了向西方式的民主迈进的可能性。"（见《中华人民共和国大典》）

邓小平说的分明："只有社会主义才能救中国，只有社会主义才能发展中国。……不走社会主义道路中国就没有前途。"（《第三代领导集体的当务之急》）

"三个代表"归根结底一个"代表"：社会主义代表资本主义。实际上就是工人阶级主导的与资产阶级的统一战线，即新民主主义。

这是对邓小平理论的本质捕捉。

然而，江泽民固守邓小平体系，依然回避对"资产阶级"的理论认同。中共16 大党章："中国共产党是中国工人阶级的先锋队，同时是中国人民和中华民族的先锋队。"李慎明释读：它"体现了党增强自己的阶级基础和广大群众基础的统一。"（《"三个代表"重要思想与若干重大理论问题研究》）

这是将资本主义纳入社会主义框架内的"统一"，它试图以"中国人民和中华民族"的抽象消融"资本主义"具体，以社会主义理论空幻化资本主义于无形。

"三个代表"是邓小平理论的江泽民形态。

江泽民的理论要求——将中国共产党建成具有全民性的"人民党"。

"人民党"是邓小平理论"规范"中国历史进程的逻辑指向：拒绝资产阶级的法理地位，就只能"削"资本崛起的现实之"足"以"适"社会主义理论的抽象之"履"，也就不能不勉力于中国共产党的主观施为，将引进的资本主义硬性定义为社会主义。于是，变资本家为企业家，变阶级对立为阶层差异，虚化工人阶级，淡化阶级和阶级斗争，举国"全民"。

理论逻辑里，没有资产阶级，自然没有工人阶级。如此，想不建设"全民党"都不行。

在国际共产主义运动史上，"人民党"、"全民党"屡遭批判：普鲁东、拉萨尔、伯恩施坦、考茨基以及社会民主党，还有赫鲁晓夫和苏联共产党……

因为，以"人民"或"全民"名义要求的，从来是小资产阶级利益，或是资产阶级特权；工人阶级的社会主义指向总被"棒杀"或"捧杀"。

那么，一定拒绝"人民党"、"全民党"吗？

实际上，"人民党"、"全民党"在很大程度上是基于社会关系的现实解读。普鲁东、拉萨尔一度风头盖过马克思，将德国社会搅得风生水起，就在于当时德国人民的基本构成是小资产阶级。人民=小资产阶级，小资产阶级的"人民党"如何不龙游河海！

进而言之，"人民党"、"全民党"作为社会民主党的百年求索，展示了"西欧特色"的社会主义实验对世界历史趋向的别样解读：人民=工人阶级。如此，"人民党"如何不是"工人党"？

在全球一体化进程中，工人阶级已经和正在成为人民的基本构成。

君不见，大资本家跨国集团的资本集中，分明制造着资产阶级的解体；而人民大众广泛受雇于垄断资本，也分明意味着无产阶级的解体。

资本主义从单纯的机器大生产，发展到世界性的社会大生产。曾经的工人在厂房、车间为大机器务工，今天的工人则在信息化、网络化里为社会大机器务工。传统意义上的工人正在升华为信息操作员、电子工程师、写字楼的白领、商业大厦的职员、办公室的公务员、乃至中小手工业者、中小企业主。在宽泛的意义上，这些人都受制于垄断资本并为其打工。

安•夸特罗其和汤•奈仁写道："不只是工厂劳工没有决策权，其实所有为生活而工作的人，甚至就算是所谓专业者，不管位置有多高，都没有任何决策权可言。在这个意义下，他们都是一个或谓之资本主义社会、或谓之布尔乔亚国家的庞大工厂里的工人。"（《法国 1968：终结的开始》）

罗•麦德维杰夫写道："现在要是还把向社会主义过渡的问题只和工人阶级联系起来，而忽视知识分子、大学生及许多其他社会阶层，那就大错特错了。"（《俄罗斯向何处去》）

其实，"知识分子、大学生及许多其他社会阶层"作为打工者或准打工者，已经是工人阶级或准工人阶级。

狭义的工人阶级在消失，广义的工人阶级在崛起，这就是人民。

人民的工人阶级化，呼唤工人政党的人民化。

否定之否定。

曾经，马克思主义以工人阶级政党否定了小资产阶级的"人民党"；而今，在国际共产主义运动中经受洗礼的"人民党"则开始了对工人阶级政党在更高层次上的否定。它构建着"人民党"与"工人党"的对立同一。"人民党"是"工人党"的量的扩张；"工人党"是"人民党"的质的规定。

质的规定，要求"人民党"不仅在组织结构上确定工人阶级主体，更在指导思想上明确工人阶级世界观的社会主义导向。

量的扩张，明确"工人党"从传统意义上的阶级斗争向最广大人民反抗极少数资本特权集团的阶级斗争转化。

——世界新民主主义！

这是"人民党"的升华，同时是"工人党"的升华。西欧和大洋洲的社会民主党们没有完成这个升华；中国共产党能够完成这个升华吗？

事实上，中国共产党从来不是一个单纯的工人政党。从曾经的农民基本构成，到如今社会各阶层人员的组合，它曾经是、今后也必然是一个"人民党"。

然而，从规定农民政党的新民主主义指向到文化大革命宣告无产阶级革命肇始，以及"三个世界"理论的提出，毛泽东不仅为社会主义形态的"人民党"明确了升华之路，更为匍匐于世界资本膝下的"人民党"指出了变革方向。

世界新民主主义，就是毛泽东主义。

"三个代表"是在邓小平理论体系内，对毛泽东主义的求索。

"三个代表"直面资本崛起，明确中国共产党作为"执政党"的法理地位。

为谁执政？

中国共产党作为社会代表，为全民执政；作为工人阶级政党，更为工人阶级执政。"国家是整个社会的正式代表，是社会在一个有形的组织中的集中表现。但是，说国家是这样的，这仅仅是说，它是当时独自代表整个社会的那个阶级的国家。"（恩格斯：《反杜林论》）

今日中国，民工大军的厚重脚步正有力地推动人民与工人阶级的同一，在这个意义上，中国共产党为人民执政。

"人民"不等于"全民"；"人民党"不等于"全民党"。

"人民党"与"全民党"在对立中同一，即"人民党"主导下与"全民党"的统一战线："人民党"内在着对阶级斗争新形态的诉诉求，伸张着工人阶级的社会主义指向；"全民党"明确着对阶级合作的认同，宣示着尊重、兼顾和服务于社会各阶级、阶层的执政法理。

"人民党"认同资本家作为资产阶级的代表进入人大、政协和国家政权系统，但拒绝其进入党内。"我们党内可以有来自任何社会阶级的个别人物，但我们绝对不需要任何代表资本家、中等资产阶级或中等农民的利益集团。"（恩格斯：《法德农民问题》）

"人民党"欢迎"资本家入党"，但那基于个体资本家对剥削的放弃和对资产阶级的叛逆；"人民党"鼓励"党员资本家"，但那是党员以资本经营形态示范颠覆资本剥削的作为。邓小平早就严令："党员必须是从事劳动而不剥削他人劳动的人。……必须使每一个党员在劳动和剥削之间，坚决地划清界限。"（《关于修改党的章程的报告》）

进而言之，"人民党"不能以"人民"的抽象弱化工人阶级世界观。刘少奇斩钉截铁："在党内，只承认一种思想是合法的，就是无产阶级思想，马列主义。"（《党在宣传战线上的任务》）

党员在理论上怀疑或者反对马克思列宁主义的个别原理是否允许？如果根本怀疑马克思列宁主义的哲学、经济学或社会主义理论，可否留在党内？毛泽东旗帜鲜明："前者是肯定的，后者是否定的。"（见沙健孙：《毛泽东对人民民主政治建设的若干战略性思考》）

"人民党"是中国共产党的本质规定，"全民党"是它的执政形式。

然而，"三个代表"的"社会主义抽象"，却衍生"执政形式"对"本质"的销蚀。刘吉主编的《碰撞三十年》做注："维护既有的体制，使社会在既有体制下正常秩序内运作为基本任务，……其意识形态强调利益协调和社会合作。"

所谓"既有体制"，无非社会主义形态下的资本主义体制；而意识形态实用于"利益协调和社会合作"，则无非对资本主义体制的维护。"当意识形态退却为实用主义时，它对解决实际问题的意义越来越小，其结果就是'信仰危机'。"（王景伦：《毛泽东的理想主义和邓小平的现实主义》）

信仰危机，颠覆工人政党的阶级属性。

100年前，李卜克内西激情呼吁：工人政党"不能蜕变为政府党……在一切行动中必须意识到自己的原则和最终目的，永远不能忘记自己的革命性，并且时刻都要体现出这一性质。"（转引自牟文华：《著名马克思主义哲学家评传•李卜克内西》）

李卜克内西难免激进，但能说他不是从本质上尖锐地划清了工人政党和背叛工人政党的原则界限！

事实上，执政的工人政党是"革命党"与"政府党"的对立同一体。"执政"以统治社会，更依凭政权推进社会革命；"革命"则是在统筹、兼顾各利益群体以促进社会和谐的执政中，确保政权的人民属性和工人阶级的主体地位。

这是社会主义主导下与资本主义统一战线的"政府党"形态。"统一战线"赋予其执政党法理地位，否则，没有资产阶级，何须无产阶级政党执政？"社会主义主导"规定它不能淡化革命党本色，否则，为颠覆私有制和私有观念而"一党专政"的依据不复存在，拱手于资产阶级"多党轮流执政"是早晚间事。

那么，如何解读"革命党本色"？

——自我革命。

这是中国共产党的执政保证，从三湾整编一路跋涉，到延安整风、西柏坡、文化大革命……；然而，改革开放以来，自我革命褪色，中国共产党在自我异化之路上大步流星。

江泽民倾力扭转颓势。但"三个代表"张大的"社会主义代表资本主义"的抽象，却助推共产党在自我推崇里发展执政自大而一发不可收，乃至以"资本家入党"和"党员资本家"畸形扩容，严重动摇了中国共产党的立党根基。

"人民党"在社会主义抽象的沉迷里向"全民党"异变；而"全民党"则在"普世价值"的鼓噪声中，为已成强势的资本特权集团张目，纵容和扩展恃强凌弱、为富不仁、巧取豪夺的"普世"魔魇。

中国共产党屈辱地承受着资本主义蚕食社会主义的痛苦和无奈。堡垒正从内部崩塌。2010年，用于中国社会的抚恤、扶贫、社保、医疗等福利总和不及政府吃饭、公车、出国三项总和的一半，"党政干部是改革开放的主要受益者"成为多数人的共识。（刘吉：《碰撞三十年》）

如此"党政干部"，如何不成为生产力进步的阻力？变革生产关系的矛头，如何不指向以"党政干部"为基本构成的共产党？而资产阶级"精英们"对共产党特权的进攻，如何不使其成为人民的代言而具有人民的厚重力量？

改革开放步入危机；中国共产党濒临生死存亡。

延安整风，被称为"中共重建工程"，为中国共产党夺取全中国作了组织和思想准备；文化大革命，以更广泛更深刻更剧烈的"中共重建工程"，为中国共产党引领世界从资本主义向共产主义过渡，开辟了理论和实践之路。

改革开放30年，"中共重建工程"再一次提上日程。

如何"重建"？

曾经的美国总统尼克松语重心长："如果我们在意识形态斗争中打了败仗，我们所有的武器、条约、贸易、外援和文化关系等都毫无意义。"（《1999年——

不战而胜》）

　　"一言兴邦"。尼克松道出了资产阶级全部政党经营的核心"机密"。什么"意识形态的终结"，什么"普世价值"……资本主义政治领袖什么时候放弃过在意识形态领域对社会主义开展的阶级斗争！

　　相反，一句"不争论"，却分明让中国共产党在凶险尖锐的意识形态争夺战中打了败仗。

　　恩格斯的批评值得回顾："工人运动的基础是最尖锐地批评现存社会。批评是工人运动生命的要素，工人运动本身怎么能避免批评，想要禁止争论呢？"（《致保·恩斯特》）

　　周恩来的驳论应该重温："有不同意见的人跟我们来讨论、争论，真理才能愈辨愈明。……在历史上，许多哲学家、政治家也喜欢争辩。圣人都喜欢辩论，何况咱们后生小子乎！为了寻求真理，就要有争辩。"（《团结广大人民群众一道前进》）

　　还有邓小平曾经的明确主张："理论上学术上的问题……，不论什么时候，都可以自由讨论。"（《在扩大的中央工作会议上的讲话》）

　　那么，改革开放"一手硬，一手软"吗？

　　实际上，引进资本主义生产方式"一手硬"，发展资本主义文化观念的另"一手"，想不硬都不行。

　　对社会主义的主观自诩，改变不了经济的决断力。"每一历史时代主要的经济生产方式与交换方式、以及必然由此产生的社会结构，是该时代政治和精神的历史所赖以确立的基础。"（恩格斯：《<共产党宣言>1888年英文版序言》）

　　引进资本主义经济体制，能不引进资本主义政治体制？建立资本主义经济基础，能不建立资本主义上层建筑？发展资本主义物质文明，能不发展资本主义精神文明？

　　晚清李鸿章设计中华崛起之路："中学为体，西学为用"。"体"、"用"两张皮，梦破于甲午。而"硬、软"之叹，是不是"体、用"之悲的现代声。

　　所以，改革开放以来，社会主义教育一波接一波，"五讲四美"、"四有新人"、"公民道德"、"八荣八耻"……纵一时朝野共鸣，却很快昙花一现，甚至沦为投机商们发财致富的"新卖点"，衍化"阳光下的腐败"。

　　"体"与"用"是对立的同一体。社会主义虚幻逆转不了资本主义经济扩张所推动的文化扩张。资本主义意识形态的攻击波，不见硝烟，却火药味浓浓。

　　实在说，社会主义精神文明建设的尴尬，非自改革开放始；毛泽东慨叹于前。

　　解放后，毛泽东视知识分子为资本主义文化的载体屡加批判，更于文化大革命中几乎尽数驱逐："资产阶级知识分子统治我们学校的现象，再也不能继续下去了。"（《五七指示》）

　　但是，在毛泽东气势如虹的表像下，折射着他被"资产阶级知识分子"反向迫压的无奈，那是他无力冲破的旧文化旧观念的"铜墙铁壁"。"批孔"，"评《水浒》"，拼将老病之躯终为"强弩之末"的毛泽东，败在了他倾力打压的"资产阶级知识分子"手里。

　　毛泽东看得分明，知识分子们的知识大量是"封资修"，社会主义文化还在襁褓中。

　　毛泽东的激进抗争，无论是"工农兵文化"的冲锋，还是文化大革命扫荡"四旧"的无情，以及"三突出"对社会主义文化的播种，实在基于对几千年私有制私有观念所养成之旧文化厚重势力的深邃认识，以及不甘。

改革开放，资本主义文化泛滥，不过是历史进程的自我昭示。它表明：资本主义所代表的旧意识形态"势大力沉"，绝非社会主义新文化的"短促突击"可以颠覆；发动群众运动进行疾风暴雨的扫荡只能收一时之功，改革开放将其收编为"社会主义文化"也属一厢情愿。

事实上，社会主义文化与资本主义文化绝非彼此隔绝，而是在对立中同一。你中有我，我中有你；相反相成，共存共亡。没有谁消灭谁，只有谁转化谁。

资本主义文化不仅以"人人生而平等"的原则抽象内涵社会主义要求，更历经几百年工人运动的冲击而结晶了丰富的社会主义成果；社会主义文化则不能不认同资本世界的现实，尊重私有制和私有观念，并担起资产阶级已经不能完成的使命——对自由、民主、人权、法制乃至宪政等理念的彻底落实。

这个"彻底落实"就是社会主义文化。严格地说，社会主义没有作为"政治性"的文化，而是社会文化即"全民文化"。所谓社会主义文化，其实是对资本主义文化的借用和变通，即对资本主义文化"拿来"、引进、认同以及制约、规范和转化，也就是社会主义主导下与资本主义对于文化的统一战线。

新民主主义文化！

毛泽东在《矛盾论》中说：向下的东西表现在量上，向上的东西表现在质上。资本主义文化被社会主义转化，但依然具有"量"的普遍性；社会主义文化具有变革资本主义文化的"质"的主导性，却在"量"上犹处下风。

——这是共产党人不能不具有的文化自觉。

自觉一：明确社会主义主导下与资本主义在文化产业上的统一战线，是对新民主主义文化形态的自觉。

"山药蛋"、小靳庄开拓出"工农兵文化"之路，但并不能产生社会主义文化。在一定意义上，社会主义文化只能在资本主义文化的母腹中诞生。

这个"母腹"就是文化产业。

资本主义文化以产业形态，助推文化商品化和文化人的良心金钱化，为着掏出寻常百姓口袋中的每一枚分币，将文化送入万户千家。

文化在文化产业中以商品形态普及。

被文化商品扭曲和解构的文化，在自我畸变中助推知识大众化、平等化。而借助资本主义文化产业，人民与文化融合，被文化启迪，解读剥削，呐喊不平，提升自我，反抗特权……"人民主权"文化在资本主义文化产业中诞生。

当文化不再是"知识精英"的专利而是广大民众的自觉，毛泽东的"工农兵文化"实验也就从样板戏"三突出"的牵强中，升华为社会主义文化。

社会主义文化没有"产业"。社会主义文化产业是对资本主义文化产业的借用和变通。所谓"借用"，就是认同和引进资本主义文化产业；所谓"变通"，就是将资本主义文化产业向社会主义文化产业转化！

当文化产业不再跟在"好莱坞"的屁股后头"讨一杯羹"，而是认真倾听人民主权文化的召唤，这个"转化"就开始了。

中国文化人以及全体中国人该听听美国人自己的忏悔："没有一个人，尤其是没有一个美国人，能够否认我们是全世界最贪婪的消费者……难怪全世界这么多人关注美国放纵的消费，把我们看做死亡文化。"（杰•里夫金：《欧洲梦》）

中国文化人，难道甘做美国"死亡文化"的同谋；中华文化，难道跟着美国死亡文化走向死亡吗？

自觉二：明确社会主义主导下与资本主义在意识形态上的统一战线，是对新民主主义文化内涵的自觉。

毛泽东说:"指导我们思想的理论基础是马克思列宁主义。"(《中华人民共和国第一届全国人民代表大会第一次会议开幕词》)

然而,理论基础不是思想的全部。共产党的意识形态无论基于组织成分、社会现实还是哲学内涵,都不可能是单纯的马克思主义。

"水至清则无鱼"。单纯的马克思主义就没有了马克思主义。当邓小平在《改革是中国发展生产力的必由之路》中论定"马克思主义的另一个名词就是共产主义"时,马克思主义便在共产主义抽象中销蚀。

实际上,"马克思主义的另一个名词"是无产阶级专政学说。

这个学说绝非以单纯的镇压立论,而是有着别样的丰富内涵:它意味着对资本主义及其意识形态的正视与尊重,意味着阶级斗争与意识形态斗争的现实性与必然性,意味着社会主义对资本主义及其意识形态的制约、引导和变革。

进而言之,它意味着资本主义意识形态就在社会主义意识形态中,而且对整个社会、乃至对共产党本身,有着巨大张力。

因此,共产党人颠覆资本世界的革命,首先是颠覆自我的革命。它是惩治自我腐败的物质革命,是冲击自我官僚化的体制革命,是抵制自我异化的头脑革命。

无产阶级专政下继续革命!

然而,改革开放以来,"革命"被淡化。邓小平理论、"三个代表"、"科学发展观"一脉相承,止步于"社会主义抽象"。而"抽象本身离开了现实的历史就没有任何价值。"(马克思、恩格斯:《德意志意识形态》)

那么"社会主义抽象"在现实历史中,实现了什么"价值"?

邓小平理论实现了引进资本主义、开拓中国崛起之路的"价值";"三个代表"实现了社会主义代表资本主义、为中国崛起"正名"的"价值";"科学发展观"则试图制约尾大不掉的资本主义,拨正中国崛起的社会主义船头。

胡锦涛在十七大报告中,宣布邓小平理论的最高"价值":"在经济发展的基础上,更加注重社会建设……努力使全体人民学有所教、劳有所得、病有所医、老有所养、住有所居,推动建设和谐社会。"

"科学发展观"遥祭毛泽东。

毛泽东急切地创造大同。"天下为公,选贤与能,讲信修睦;故人不独亲其亲,不独子其子。使老有所终,壮有所用,幼有所长,矜寡孤独废疾者皆有所养。"(《礼记·礼运》)——公有制和公有观念。

然而,"科学发展观"沿承邓小平。

邓小平现实地追求小康。"天下为家,各亲其亲,各子其子,货力为己。……以正君臣,以笃父子,以贤勇知,以功为己。故谋用是做,而兵由此起。"(《礼记·礼运》)——私有制和私有观念。

"科学发展观"以抽象的大同追求,演绎对邓小平的抽象超越和对毛泽东的抽象回归。

超越邓小平,是邓小平理论的自我设定:消除两极分化、共同富裕,"在本世纪末达到小康水平的时候,就要突出地提出和解决这个问题。"(邓小平:《在武昌、深圳、珠海、上海等地的谈话要点》)

科学发展观试图落实邓小平的时间表,纠正改革开放偏离社会主义方向的畸形态。刘吉写道:"经济建设中心"变成了"唯经济论","片面强调 GDP 的增长,忽视全面、协调、可持续的科学发展。"因此,"我们既不能按西方发达国家工业化道路走下去,也不能循着过去我们 20 多年的发展道路走下去。"(《碰撞三十年》)

那么,如何"科学发展"?——共同富裕。

胡锦涛明确社会主义方向。他说:"必须坚持发展为了人民,发展依靠人民,发展成果由人民共享,不断实现好、维护好、发展好最广大人民的根本利益。"(见徐崇温:《科学发展观推进了人类发展理论的创新发展》)

"社会和谐"致力于全国人民共享改革开放成果,然而是委婉的;"普世价值"表达对既定利益格局的否定和社会主义制约资本主义的信念,然而是温情的。

以人为本!

很快,抽象的"以人为本"被"以资本特权集团为本"还是"以人民为本"的尖锐冲突所撕裂。金融大亨、特权集团、房地产商们连手抗争,扩展贫富悬殊,蔑视基尼系数"红线",加剧阶级矛盾和阶级对立,制造社会分裂,肆无忌惮地抢夺"普世价值"的解释权和指挥权,演绎对"社会和谐"的反讽。

资本强势宣告:不管有怎样的超阶级的善意,在资本世界,任何抽象的民主、自由、人权、价值观等等,无非资本的附庸。

资本对政府博弈,足以挑战邓小平的信心满满:改革开放"可以避免出现两极分化(所谓两极分化就是出现新资产阶级)……经济发展起来后,当一部分人很富的时候,国家有能力采取调节分配的措施。"(《邓小平思想年谱》)

社会主义抽象,陷邓小平里理论于尴尬,也陷"三个代表"和"科学发展观"于尴尬。而当"科学发展观"论定"社会和谐是中国特色社会主义的本质属性"时,则完成了邓小平理论的最后抽象:"天下之人皆相爱,强不执弱,众不劫寡,富不侮贫,贵不傲贱,诈不欺愚。凡天下祸篡怨恨可使毋起者,以相爱生也。"(《墨子·兼爱》)

有阶级而无对立,有贫富而无相仇,有贵贱而无相欺,有特权集团和弱势群体却尽皆相敬相爱……,不由记起鲁迅的话:贾府的焦大,也不爱林妹妹的……

邓小平理论步入峰巅。

物极必反。邓小平理论向何处去?

回归毛泽东!

确立"无产阶级专政下继续革命理论"的课题,提上日程。

回归毛泽东,是邓小平理论的内在呼求,也是邓小平理论的自我完成之路。

在全球一体化的进程中,资本关系正在成为整个世界的基本关系。这是资本与劳动的对立同一,是资产阶级与工人阶级的对立同一,是社会主义与资本主义的对立同一。

这是不能淡化也不能误读的实事求是。

资本主义以抽象的人权、人本、宪政、自由……曲解这个"实事",将尖锐的阶级对立"头足倒置地、不再是直接地、而是间接地、不是作为阶级斗争、而是作为维护各种政治原则的斗争反映出来。"(恩格斯:《致康·施米特》)

社会主义如果沉迷于资本主义观念,淡化乃至抹杀统一世界和原则斗争背后的阶级分裂和阶级斗争,放弃两种意识形态之间的争夺,能不成全尼克松"不战而胜"的预言,演绎社会主义悲剧?

唐代柳宗元做《敌戒》:"皆知敌之仇,而不知为益之尤;皆知敌之害,而不知为利之大。"正视与尊重对手,才能激发自我生机。"孟孙恶臧,孟死臧恤'药石去矣,吾无亡日'"。春秋时鲁国孟孙与臧孙为仇,孟孙死,臧孙痛觉自己生命源的枯竭:时时针砭疗治我的药物丧失了,我离死的日子也不远了。柳宗元作结:"敌存灭祸,敌去召过。有能知此,道大名播"。

共产党人如果满足于"社会主义抽象"而孤芳自赏,不珍重资本主义的"药石"针砭,则如何不"召过",又如何"道大名播",光大社会主义指向?

正视、尊重与发展资本关系，是社会主义不能不具有的对现实的自觉；而制约、引导与变革资本关系，则是社会主义不能不具有的对历史必然趋势的自为。

说白了，社会主义初期可以大量地是私有经济，但主导者一定是公有制；可以大量地是私有观念，但居主导地位的一定是公有观念。公有制、公有观念应该成为整个社会的示范，而共产党及其成员则是这个"示范"的承载者。

这是社会主义主导的与资本主义的统一战线。

毛泽东曾说："当我们党内的政治路线是正确地处理同资产阶级建立统一战线或被迫着分裂统一战线的问题时，我们党的发展、巩固和布尔什维克化就前进一步；而如果是不正确地处理同资产阶级的关系时，我们党的发展、巩固和布尔什维克化就要后退一步。"（见戴茂林、曹仲彬：《王明传》）

俄罗斯共产党主席久加诺夫总结"中国模式"："社会主义+中国民族传统+国家调控的市场+现代化技术和管理。"（见尹倩：《建国以来中国探索社会发展模式的基本经验》）

毛泽东规定了中国模式，邓小平确立了中国模式，"三个代表"和"科学发展观"发展了中国模式。

中国模式要解决什么问题？

——社会主义对资本主义的自觉认同。

如果说苏联特色社会主义的"特色"是工农联盟，那么，中国特色社会主义的"特色"便是工人阶级与资产阶级的联盟。

然而不能迷失：这一定是工人阶级主导的联盟。

马克思说："在政治上为了一定的目的，甚至可以同魔鬼结成同盟，只是必须肯定，是你领着魔鬼走而不是魔鬼领着你走。"（见刘树燕：《新中国统一战线发展的历史进程与基本经验》）

周恩来说："在统一战线中应该坚持……无产阶级的独立性，他有自己独立的政策、独立的思想。他是去联合人家，而不是同化于人家。"（《论统一战线》）

"中国模式"能否成功，在于"统一战线"能否成功；而"统一战线"的成功，则取决于社会主义对资本世界的转化能否成功。

这其实是世界工人政党和世界人民的共同课题——

马克思主义完成了社会主义颠覆资本主义的理论抽象。

列宁主义以初级新民主主义形态即工农联盟，创意着帝国主义时代社会主义颠覆资本主义的革命实践。

毛泽东主义则以高级新民主主义形态即世界新民主主义，推动工人阶级主导下与资产阶级的统一战线，担起了在帝国主义世界体系中社会主义颠覆资本主义的历史使命。

什么是世界新民主主义？

第一，社会主义必须认同并尊重与资本主义包括帝国主义的统一战线；

第二，统一战线必须争取并坚持无产阶级专政；

第三，无产阶级专政不过是向人民民主的过渡。

毛泽东主义就是世界新民主主义。

邓小平向中华子孙、也向世界宣布："毛主席的旗帜，是全党全军全国各族人民团结的旗帜，也是国际共产主义运动的旗帜。"（《邓小平思想年谱》）

978-1-62265-934-0 (online)　　978-1-62265-935-7 (paper)　　　　　　　　　　　　　　薛道

（五）中国领导世界

引言：19世纪末，中日甲午战争中国战败，被迫割让台湾、
澎湖等岛屿，赔偿白银约2亿6千万两，这笔款是日
本年度财政收入的4.87倍。"若非骤然暴富，日本所
谓'崛起'必不知猴年马月，料应无力于40年后发
动那场把中国搅得天翻地覆的全面侵华战争。"

（李洁非：《生逢其世，身不遇时》）

20世纪中叶，日本侵华战败。中国若"以其人之道，还治其人之身"，强索日本赔款，则为崛起奠基，是不用怀疑的。

然而，毛泽东、周恩来大手一挥。将赔款尽数抹掉。

八年抗战，被战火荼毒的是大片中国国土，也有大片日本国土；妻离子散、家破人亡的是成千成万中国人，也有成千成万日本人；满目疮痍的是中国的城市和农村，也有日本的城市和农村。

谁制造了战争灾难？

是资本垄断特权集团和他们的军国主义战争罪犯。

谁承受战争的最大苦难？

人民！

中国人民、日本人民和世界各国人民难道不能相帮相携，却要把自己的富裕与崛起建筑在对方的血泪和痛苦上吗？

书写在天安门城楼上的"世界人民大团结"不是招牌，那是共产党人心境的自白，那是中华民族灵与肉的承诺。

——毛泽东和毛泽东主义者独领此风骚，人类共产主义运动独领此风骚。

马克思说"无产阶级只有解放全人类，才能解放无产阶级自己。"（《共产党宣言》）

这是何等博大的胸怀！

列宁鼓动帝国主义战争中的人民掉转枪口将子弹射向本国沙皇和特权统治者，废除民族关系中对俄国有利的一切不平等条约，甚至提出在边界争端中为各民族的团结而主动让步："我们应该正是在民族这个比较不重要的问题上（对国际主义者说来，国界问题是次要的，甚至是极其次要的）实行让步。"（《立宪会议选举和无产阶级专政》）

这又是何等博大的胸怀！

——四海之内皆兄弟也。

彼得问："我兄弟得罪我，我当饶恕他几次呢？到7次可以吗？"耶稣说："我对你说，不是到7次，乃是70个7次。"（《新约·马太福音》）

释迦牟尼佛光普耀："人心均平，皆同一意，相见欢娱，善言相向……人民大小皆同，一向无若干差别也。"（《弥勒经》）

马克思精神，列宁精神，毛泽东精神，岂不就是耶稣精神和佛陀精神？马克思、列宁、毛泽东，岂不就是表现为无产阶级领袖形态的耶稣和佛陀？

这是人类精神。它燃亮历史进步的航灯，古今相续，砥柱中流。

然而，任何精神都不能不经受社会现实的洗礼并与之共振。

美国资产阶级政治家兹•布热津斯基感受"共振"。他说："20 世纪下半叶，我们几乎所有人在一定程度上都是基督徒、民族主义者和马克思主义者，尽管我们对此浑然不觉。"（《世纪之交：美国在信息时代的作用》转引自罗•麦德维杰夫：《俄罗斯向何处去》）

基督徒将"福音"寄托于崇高的空想和人类精神的抽象。

马克思将"学说"奠基于辩证史观和社会主义的科学求索。

民族主义呢？那是资本主义的政治表达。"现代政治的基本假定是，政治应该是民族的。"（米塞斯：《自由主义或和平主义的民族主义》转引自夏中义：《人与世界》）

三位一体！

历史与现实对立同一，资本主义与社会主义对立同一，全球化与民族化对立同一。具言之，马克思主义为基督精神展现科学之光，社会主义成为变革资本主义的强劲动力，全球化趋势则导引民族主义的升华。

然而，这一切却不能不蕴含于民族主义的能量爆发。

民族主义是资本世纪的主题，是一切民族基于深厚底蕴的强劲政治要求；它规定着政治的资本主义属性：现代政治＝资本主义政治＝民族政治。

民族之间为资源为领土……的利益之争，一般地成为阶级斗争在资本世界的政治形态。周恩来曾以深刻的忧患意识道白这个"形态"："你能设想一下吗？苏联军队直插黄河北岸，美国人打到长江南岸，同时，日本侵入并占领山东的青岛，印度也参加进来并占领西藏。……我们已经做好一切准备，同时迎击四面来犯之敌。"（见迪•威尔逊：《周恩来》）

人类社会不能从私有制和私有观念脱身，民族国家便不能不肩着相互戒备、相互争夺的重负；资本世界不被颠覆，则精神无论怎样博大，都不得不向着民族的自我认同而垂首。

民族自我认同是资本世界运动的轴心，不管国际垄断资本集团怎样试图甩脱这个"轴心"，也不管工人阶级国际合作怎样试图超越这个"轴心"，都不能不受这个"轴心"的制约。

资本主义国家受"轴心"制约，社会主义国家同样受"轴心"制约。

严格地说，社会主义国家不过是资本主义民族国家的社会形态。它无非"资本世纪"的构成，它不能不高举民族主义的旗帜，捍卫民族利益乃至投身资源和领土……之争。

曾经，列宁要求："正在战胜资产阶级的民族，有能力和决心去为推翻国际资本而承担最大的民族牺牲。"（《民族和殖民地问题提纲初稿》）斯大林更以国际主义和共产主义精神助推各国人民革命，一度搅得资本世界寝食难安，以至引发丘吉尔的"铁幕"宣言。

毛泽东也不逊色。

青年毛泽东抒发"世界主义"激情："凡是社会主义都是国际的，都是不应该带有爱国色彩的。……我以为固应该有人在中国做事，更应该有人在世界做事。如帮助俄国完成它的社会革命；帮助朝鲜独立；帮着南洋独立……"（《致蔡和森》）

晚年毛泽东付激情于行动。1965 年，他"不顾脆弱的外交关系，积极支持起泰国、缅甸、马来亚等国共产党建立武装"，协助泰共建立根据地，鼓动老挝组织一支队伍打到泰国去，鼓动缅共来中国境内招兵，甚至中国军队竟与缅甸政府军发生战斗。（见杨奎松：《毛泽东与莫斯科的恩恩怨怨》）

然而，列宁、斯大林和毛泽东的红色扩张却终究难以为继，很快迈出了向一般民族国家回归的现实步履：苏联崛起成为斯大林生命的主旋律，中华崛起成为毛泽东深沉的遗愿。

社会主义在全世界实现自我的进程，内在着一条向前延伸的民族国家与民族崛起的必然之链。

因为，只有一个民族乃至一切民族真正独立自主足以让世界听取它的声音的时候，它的生存呼求和正义主张，才不至于被强权狞笑的唾液淹没于无形。

毫无疑问，民族主义有着鲜明的资本主义色彩。"民族运动实质上是资产阶级的运动，它的命运自然和资产阶级的命运联系在一起。只有资产阶级灭亡，民族运动才会彻底灭亡。"（斯大林：《马克思主义和民族问题》）

今日世界是资本世界，也是民族运动的世界。

曾经，资产阶级的民族运动以向教皇体制的猛烈冲击，颠覆封建特权，推动国家独立，创造了资本主义政治的光荣。"近代民族主义的产生在很大程度上是法国革命所推动的。"（小约瑟夫·奈：《理解国际冲突：理论与历史》）

法国革命举起了人类精神的旗帜。"民族性原则最初并不是指向其他民族的利剑，它是针对暴君的……，民族性原则与世界公民心态之间没有冲突。自由的理念既是民族的，也是世界主义的。"（米塞斯：《自由主义或和平主义的民族主义》转引自夏中义：《人与世界》）

早期资产阶级革命家为民族运动设定的世界主义底蕴，赋予民族主义鲜活的生机，源源不绝地生成着抗争特权剥削弱肉强食的冲击波，日益深重地动摇帝国主义世界体系。

显然，各民族为在资本世界的生存，不能不抗争国际垄断资本集团的掠夺；而这个"抗争"也便作为帝国主义世界体系的组成部分，必然地"分有"帝国主义，即各民族为着自身利益，以"帝国主义"抗争帝国主义。

鲁迅曾以被压迫人民思想家的深邃和战斗者的决绝，尖刻地表达这个"抗争"："野牛成为家牛，野猪成为猪，狼成为狗，野性是消失了，但只足使牧人喜欢，于本身并无好处……我以为还不如带些兽性。"（《而已集·略说中国人的脸》）

鲁迅率先"带些兽性"，向着"吃人"的旧世界发出"旷野的狼嗥"。

——置身垄断资本集团的群"狼"围剿中，不"分有"狼的野性，如何有民族生存和民族崛起！

——直面帝国主义霸权为着资本全球化挥起的屠刀，谁能说民族抗争、民族运动、民族主义……不是推动历史进步的伟大动力？

法国《科学与生活》月刊曾为各民族投身资本竞争的无奈而哀叹："这场在世界范围内进行的较量中，已没有好坏之分、善恶之分，只有输赢之分。各国都想巧妙地从这种激烈而困难的较量中脱身，让其他的国家去厮杀。"（转引自陈乐民：《20世纪的欧洲》）

为资本世界的真实写照！

在私有制被资本垄断激发出最后疯狂之时，各民族国家被迫绷紧每根神经，卷入生存竞争。于是，人民福利让位于军备竞赛，和谐发展屈服于资源掠夺，生存危机感使民族与民族间成了几欲相互吞噬的狼。

然而，只有当每一个人、每一个民族都分有了"狼性"，才能建立狼群世界的公正法则，才会有对平等善良的认同与确立，才可望"人性"的回归。因此，"没有好坏之分、善恶之分，只有输赢之分"的背后，分明是正义对邪恶的战争，是人民主权之"善"对垄断剥削之"恶"的战争，是民族独立之"好"对帝国主义掠夺之"坏"的战争。

——民族运动的本质，归根结底是阶级斗争。

民族运动是资本主义运动与社会主义运动的对立同一体。它捍卫民族利益，明确资本主义属性；它以对人民主权、民族主权的要求冲击帝国主义世界体系，成为社会主义运动的构成。

民族国家是资本主义全球化向社会主义全球化转化的枢纽。确立民族国家，是资本主义全球化的本质要求；而民族国家的内在指向——彻底的民族独立与民族平等，则是社会主义全球化的开端。

帝国主义是资本主义的畸形爆发。它以畸形扩张和畸形掠夺催唤民族觉醒与民族独立，推动资本主义向各落后民族普及和彻底实现；反过来，资本主义普及和彻底实现，则鼓舞觉醒的民族合力敲响帝国主义的丧钟，唱响社会主义全球化的晨曲。

事实上，早在俄国十月革命之际，民族运动便开始从资本主义运动向社会主义运动转化。20 世纪中叶，遍及欧、亚、非、拉的人民民主革命，以社会主义形态或资本主义形态乃至封建形态，汇聚成社会主义运动的世界之潮。

苏联解体，苏东的民族主义运动挣脱社会帝国主义的霸权链缚，以资本主义形态，演绎人民革命对社会主义运动的自为。

西欧更走在人类历史进程的前列。它曾打碎自我，最大程度地张扬民族主权，随后又率先开始了"一体化"的探索。"西欧的'民族国家'发展的最完备、最充分、历史最长，也最具有现代特征。这是'一体化'得以在这个地区推行的不可缺少的条件。"（陈乐民：《20 世纪的欧洲》）

西欧聚散离合，明确着民族主义和民族国家在一体化中的基础地位，为人类步入世界大同展示现实之路："在可见的将来，不会有普世的文明，有的只是一个包含不同文明的世界，而每一个文明都得学习与其他文明共存。"（亨廷顿：《文明的冲突与世界秩序的重建》）

不同文明共存与相互尊重、相互学习，意味着民族国家的彻底实现，也意味着资本主义的彻底完成。建立在各民族平等自愿基础上的"一体化"，意味着对帝国主义世界体系的否定，也意味着资本主义全球化向社会主义全球化的转化。

西欧启动这个"转化"。它开始了民族消亡的实验，它以一体化进程深化自身的"后资本主义"属性和对社会主义的要求。

然而，社会主义不是一国、一个地区乃至一个洲可以单独实现的。"后资本主义"依然是资本主义。实验的西欧不能挣脱美国帝国主义世界体系。

资本主义向社会主义转化有待于世界各民族的独立与崛起。

世界各民族以不同形式回应西欧。上合组织，金砖国家，阿盟，东盟，非盟……各民族平等合作自保自强，已成蓬勃之势。全球一体化进程蔑视霸权的猖獗，人民主权、民族主权以不可阻遏之势为自我实现开拓道路。

中华春秋时代，800 诸侯向战国七雄聚合以战争征服为主；今日天下，各民族国家向地区一体化的进步则诉诸利益组合。这种组合尽管不乏战争征服和强权因素，但其深厚处，则是对个体、民族、国家的尊重以及在互相尊重中的融合。

民主大潮在资本主义形态下，强力变革帝国主义世界体系的格局和竞争规则，并将摧毁旧体系，以新体系取而代之——社会主义全球化！

民族政治是资本主义政治。社会主义把彻底实现资本主义政治及民族政治看做自己的基本任务——民族独立！民族富强！民族崛起！唯如此，才有世界各民族在平等基础上的合作、协商与共同富强，才有世界一体化。

哈维尔剑指帝国主义世界体系："我们必须思考，是否绝对有必要，允许一个国家——即使只在理论上——有权否决世界所有其他国家。"（《论国家及其未来地位》）

列宁昂扬着共产主义者的豪情："任何资产阶级在民族问题上都打算使本民族取得特权，或者使本民族获得特殊利益，……无产阶级反对任何特权，反对任何特殊地位。"（《论民族自决权》）

联合国安理会常任理事国的特权或特殊地位，如何不令世界其他国家"道路以目"？

那么，中国以联合国安理会常任理事国的显赫，高扬列宁的豪情和哈维尔的思考，该是一项多么伟大多么急迫多么光荣的使命！

世界对中国寄托希望——

美国学者杰•里夫金说："拥有丰富、多样历史的中国人民，能够……为全人类的真正世界主义梦想，做出怎样的贡献？……毫不夸张地预言：正在廓清的欧洲思想框架同中国思想框架之间的交融，将会对全人类的未来产生深远影响。"（《欧洲梦》）

英国学者汤因比说："将来统一世界的大概不是西欧国家，也不是西欧化的国家，而是中国。因为中华民族有着逐步培养起来的世界精神。"（见余金成、王兰垣：《社会主义走向振兴的世纪》）他甚至说："中国如果不能取代西方成为人类的主导，那么整个人类的前途是可悲的。"（见姜广辉：《理学与中国文化》）

匈牙利学者包•约瑟夫说："今后世界范围内社会主义命运如何将很大程度上取决于中国，取决于中国能否在顺应人民意志的情况下，建立一种对其他国家人民也有吸引力的现代社会主义。"（见杨铮：《2000：世界向何处去》）

日本学者池田大作说："与其说中国人是有对外推行征服主义野心的民族，不如说是在本质上希望本国平和安泰的稳健主义者。实际上，只要不首先侵犯中国，中国是从不先发制人的。"他寄语："从两千年保持统一的历史经验来看，中国有资格成为实现统一世界的新主轴。"（见余金成、王兰垣：《社会主义走向振兴的世纪》）

——中国领导世界！

美国学者尼•盖耶特期待中国崛起："这也许只是一个国家超越另一个国家的历史时刻；或许是一个机会，一个以真正平等的国际社会取代特权和霸权危险的机会。"（《又一个美国世纪吗？》）

美国学者彼得•圣吉展望"中华世纪"："你们会不会步入工业社会的后尘？物质愈富足，就愈唯我独尊，傲视于自然秩序之上？你们会不会牺牲社会来发展经济？你们会不会变成另外一个不择手段的剽窃自然、以非永续性及危害后代的方式发展的社会？或者，你们会找出一条新路？"（《为人类寻找一条新路》见《北京晚报》2002年12月15日，35版）

中华民族如何"为人类寻找一条新路"？

——中华崛起！

中华民族置身帝国主义世界体系中，如果不能崛起为强有力的经济大国、科技大国、政治大国、军事大国，就无从承担世界的希望。

因此，无论喧哗多少"谣诼"，拼搭多少"岛链"，乃至多少"威迫"、多少"封锁"……中华民族不能停下强民、强军、强国的前行步履。"走自己的路，让别人说去吧！"（马克思）

那么，"走自己的"什么"路"？

中华民族不能像曾经的葡萄牙、西班牙、荷兰、英国、法国、德国、苏联、日本、美国那样，在侵略扩张与争霸世界中崛起。

中华民族只能走社会主义崛起之路。它的唯一指向：发展并依凭强大的经济、科技、政治、军事力量，热烈地主张世界各民族的独立、平等和共同利益，引领世界各民族实现人类社会的共同崛起。

胡锦涛在"十七大报告"中明确社会主义崛起之路："中国将始终不渝走和平发展的道路。这是中国政府和人民根据时代发展潮流和自身根本利益作出的战略抉择。"

2011 年 9 月，中国发布《中国的和平发展》白皮书，针对弱肉强食的帝国主义博弈规则，以社会主义原则倡扬世界各民族互尊互重，创造"持久和平、共同繁荣、和谐世界"，表达中国"为人类寻找一条新路"的坚定决心。

千金一诺！

那么，中国的诺言能够取信于世界吗？

事实严酷：中国不汇入资本世界，便不能崛起，甚至不能生存。改革开放是中国进步之路。

事实同样严酷：汇入资本世界，便不能不受制于资本弱肉强食的竞争铁律："一旦垄断组织得以进一步影响和控制政府，并在实际上支配内政与外交时，就会强烈要求按资本和实力重新瓜分世界，促使国家走上向外扩张争夺世界霸权的道路。"（唐晋：《大国崛起》）

中国能够挣脱这一"铁律"吗？

有人担心："在 21 世纪初期，美国可能面临的最大危险前景是中国成为东北亚的潜在霸权国。"

有人断定："富裕的中国不可能是一个维护现状的大国，而将是一个决心获取地区霸权的雄心勃勃的国家。"（以上见唐晋：《大国崛起》）

有人论证："浅显的现实政治表明一个巨大的前途无量的国家倾向于向其周边释放力量。"（英国《经济学家》，转引自孙恪勤、崔洪建：《遏制中国》）

这并非无的放矢。君不见，资本世界的民族崛起，哪一个大国没有踏上霸权争夺之路？

立足于私有制和私有观念，固然鼓舞一个民族为崛起的激情，也必然助推这个民族为私欲的狂热；而私欲膨胀和为私欲的竞争，则必然崛起资本特权集团，滋生霸权争夺的冲动，将扩张的魔爪伸向世界。

中国能够制约资本特权集团吗？

曾读到网络上一段话：我们常常会抱怨，美国为了维持霸权极力遏制崛起的中国，韩国狭隘的国民性格，日本不尊重历史，印度挑战中国的亚洲大国地位……但如果从反思自己的行为方式入手，我们得到的结果可能完全不一样。

中华民族应该反思——

"持久和平、共同繁荣，和谐世界"的宣言，掩盖不了中国社会为资本的争夺，掩盖不了特权阶层向劳动人民发动的"战争"，也掩盖不了贫富悬殊对社会对财富对人的心灵的扭曲。

一个金钱至上、私欲横行的国家，如何不是对社会主义的嘲弄？一个被两极分化所撕裂的民族，如何不饱尝资本特权集团所施加的侮辱与蹂躏？而中国人民的"人性"、"人本"、"人道"，又如何不被弱肉强食与巧取豪夺肆意压抑？

进而言之，一个剥削本民族同胞的资本垄断集团，如何不把贪婪的魔爪伸向别的民族？一个不能制约特权掠夺的国家，如何不把扩张的野心推向世界？

世界的担忧并非空穴来风：你在国内都无法和谐，谁又相信你对于世界和谐的真诚？

马克思、恩格斯写道："人对人的剥削一消灭，民族对民族的剥削就会随之消灭。民族内部的阶级对立一消失，民族之间的敌对关系就会随之消失。"（《共产党宣言》）

反之，人对人的剥削横行恣肆，民族对民族的剥削能够消灭吗？民族内部严重阶级对立，民族之间的敌对关系能够消失吗？

事实上，在帝国主义世界体系内，不会有"持久和平、共同繁荣、和谐世界"，资本主义大国崛起也不会偏离两极分化、侵略扩张直至霸权衰亡的轨道——资本特权集团的扩张野心必然畸化民族崛起，将其引入夭折的危机。

——只有社会主义能够救世界！

今日世界，全球一体化的经济，呼求全球一体化的价值观；而以"自我"为核心的资本主义价值观已经成为全球化的严重阻力。冲破这个"阻力"，是历史进程赋予中华崛起的崭新时代特色：以社会主义价值观转化资本主义价值观，以提升人民主权、惩治特权横行、制约资本剥削、扭转贫富悬殊的真诚作为向世界做出光辉的示范。

——只有社会主义能够让中国取信世界！

邓小平说："我们要用发展生产力和科学技术的实践，用精神文明、物质文明建设的实践，证明社会主义制度优于资本主义制度，让发达的资本主义国家的人民认识到，社会主义确实比资本主义好。"（《邓小平思想年谱》）

邓小平说："如果我们……是共同富裕，到那时就能够更好地显示社会主义制度优于资本主义制度，就为世界四分之三的人口指出了奋斗方向，更加证明了马克思主义的正确性。"（《旗帜鲜明地反对资产阶级自由化》）

无为而无不为。

中国领导世界是"非领导"的领导，是以"天下为公"的情怀和全民"共同富裕"的社会主义务实，引领对帝国主义世界体系的变革。

反之，如果中国自身放任特权跋扈，社会严重不公，那么，让日本、美国、欧洲乃至世界人民相信你不扩张、不争霸，是不可能的。

应该说，无论外部环境还是内部环境，中国已经不具争霸的条件。《人民日报》清醒断言："横行过几个世纪的殖民主义已经寿终正寝，霸权主义、强权政治也到处碰壁。在这种情况下，包括中国在内的任何大国都要受到客观形势的制约，不可能为所欲为。所以，不称霸不单是中国真诚的主观愿望，也是客观环境使然。"（《中国发展有利于世界和平与进步》1995 年 12 月 12 日）

什么客观环境？

曾经，中华民族春秋战国时代，新兴私有制以朝气蓬勃的进取精神全面取代衰落的伪公有制为自己"正名"，"霸权"作为私有制的极端形态逐鹿中原。诸侯争雄，五霸相凌，最终秦王朝荡平天下，四宇归一。

如今，21 世纪尽管依然处于私有制和私有观念不可一世的资本世界，尽管诸多国家尚未完成资本化，资本主义向世界的进军尚未完结，资本主义还有广阔的空间。然而，私有制衰落之势已成，公有制和公有观念的滚滚地火，已经在全球一体化的推动下，成为历史进步的强劲动力。民族主权、人民主权作为公有制为自身开辟道路的利器所向披靡。"霸权"强弩，势已成末。

顺势而事成。借用古语："霸道"已矣，"王道"方兴。只是这个"王道"，绝非帝王、总统、首相、主席们自上而下的赐予，而是人民的自为。

世界各族人民"自主自为"，便为自愿互利的全球一体化创造了条件。这是社会主义的一体化："我们是彻底的国际主义者，我们努力争取一切民族的工人和农民的自愿联盟。"（列宁：《俄共（布）第八次代表大会》）

中国领导世界，基于对社会主义的忠诚——

毛泽东嘱咐：坚持社会主义方针，坚持人民主权，真诚地尊重世界人民，"中国会变成一个大强国而又使人可亲。"（见梁柱：《毛泽东与中国社会主义事业》）

邓小平寄语："衡量我们是不是真正的社会主义国家，不但要使我们自己发展起来，实现四个现代化，而且要能够随着自己的发展，对人类做更多的贡献。"（《邓小平思想年谱》）

中国在资本世界崛起，不能不认同资本主义经济规律，不能不发展资本关系，不能不尊重资产阶级的法理地位；然而，如果放纵资本，任由垄断特权制约人民主权，将社会主义主导畸变为资本主义主导，那么中国必然被资本扩张无止境的贪欲导入军国主义歧途，沦为帝国主义世界体系的附庸，或者在全球霸权争夺中滚进衰亡的泥潭。

只有中国制约自身的特权垄断，才能让世界人民相信中国"和平发展"的诺言；只有中国坚持社会主义主导，才能以对人民主权的扩张赢取世界信任；只有世界人民对中国社会主义示范的认同，中国才能将美国帝国主义世界体系的战略包围化于无形，引领资本主义全球化向社会主义全球化转化。

中国领导世界，基于对世界主义的忠诚——

邓小平以人天一体的宏观意识和大国胸怀的政治机智，具化列宁思路，将世界主义置放于资本世界的现实平台："世界地图上，南沙群岛历来被划为中国领土，解决这些问题，一种办法是中国按照历史，收回这些领土。是不是还有别的办法？是否可以避开主权，采取与南沙群岛有关的国家搞共同开发的办法。中国是一个大国，要解决这些问题总要有点新的办法。"（《邓小平思想年谱》）

从"一国两制"到"搁置争议，共同开发"，邓小平开拓出"新的办法"；他期待中华子孙以平等友善待世界各民族之胸怀，为着社会主义的世界一体化，开拓出更多更好更实用的"新的办法"。

中国领导世界，自反思始——

文化大革命中，邓小平宣言毛泽东主义："一个社会主义大国如果出现资本主义复辟，必然会变成超级大国。过去的几年内，在中国进行了无产阶级文化大革命和目前正在全国展开的批林批孔运动，都是为了防止资本主义复辟，保证中国的社会主义江山永不变色，保证中国永远站在被压迫人民和被压迫民族一边。如果中国有朝一日变了颜色，变成一个超级大国，也在世界上称王称霸，到处欺负人家，侵略人家，剥削人家，那么，世界人民就应当给中国戴上一顶社会帝国主义的帽子，就应当揭露它，反对它，并且同中国人民一道，打倒它。"（见《中华人民共和国大典》）

改革开放后，邓小平重申毛泽东主义："我们在联合国正式声明过，如果有朝一日中国要称霸，世界人民就有责任揭露我们，指责我们，并同中国人民一道来打倒称霸的中国。"（《邓小平思想年谱》）

978-1-62265-934-0 (online)　　978-1-62265-935-7 (paper)　　　　　　　　　　薛 道

附录一：文化大革命
在人类文明史上的崇高地位

20 世纪 60 年代，毛泽东发动无产阶级文化大革命，史无前例。

然而，在人类历史上，文化革命作为社会剧烈动荡时期的观念映照，则古来皆然。

2500 年前，柏拉图记载下古希腊的"文化革命"："教师惧怕、吹捧学生；学生轻视教师。年轻人和老年人平等，而且随时会在言语上或行动上与老人顶撞；老年人俯就年轻人。"（《理想国》）

800 年前，陆游记载下中国宋朝理学运动的"文化革命"："排《系辞》，毁《周礼》，疑《孟子》，讥《书》之《胤征》、《顾命》，黜《诗》之《叙》，不难于议经，况传注乎？"（《困学纪闻》卷八）

如果说，古希腊"文化革命"是奴隶制形态下的文化冲击，古中华"文化革命"是封建制形态下的文化冲击；那么，震惊中外的五四运动则是资本主义形态下的文化冲击。

五四运动分明是一场冲决千古传统罗网的文化革命。李大钊、胡适、陈独秀领袖群伦，鲁迅更激进地宣言与旧文化的决裂："少看——甚至不看——中国书，多看外国书。"（《华盖集·青年必读书》）

而早于鲁迅的孙中山则无愧文化革命前驱。他在少年时便以激进作为和同伴大闹庙宇，"亵渎神灵"，将家乡供奉的神像断手指、刮脸皮、砸耳朵，致遭乡民雷霆之怒

孙中山期待文化革命："想要中国进步，不但对于政治主张革命，就是对于学问也主张革命。要把全国人几千年走错了的路都来改正，所以主张学问和思想都要经过一番革命。"（《知难行易》）

文化革命——思想革命！

这个使命，他留给了毛泽东。

毛泽东担起孙中山的嘱托。——这是中国历史的嘱托，是世界文明史的嘱托。

公元前 500 年，人类的轴心时代。（亚斯培尔斯）

古希腊，古中华，古印度，古犹太……，各文明古国以不同形态先后经受社会大变革的洗礼。在民族撕裂与整合中，东亚和西亚，东方和西方，被铁与火的锻压，共同迸发出文化革命的强烈呐喊。

苏格拉底以身殉志。他在临刑前向雅典人疾呼："你们不能只注意金钱和地位，而不注意智慧和真理。你们不要老想着人身和财产，而首先要改善你们的心灵。"（《申辩篇》）

犹太先知为国破家亡自省自赎，将以色列的民族复兴与崛起诉诸耶和华一神独尊："耶和华你神必将你心里和你后裔心里的污秽除掉。"（《旧约·申命记》）

释迦牟尼以"佛"的名号呼吁众生"觉悟"，将戒、定、慧的自我修养，指向"平等地"的至高境界："得净利养，与众共之，平等无二。"（《游行经》）

老子"道法自然"，破除夏、殷、周三代尊天尊神的传统观念，已经奏响文化革命的强音；而以"德"遵"道"配"道"，更将循"天之道，利而不害"而

灵台翻新的重担，压在了中华子孙的肩上。

孔子清醒地正视社会现实，将老子"道"之崇高变通为"仁"之实用，明确了以"自爱爱人"为核心的伦理学说，打通了文化革命成果向儒学思想体系转化的路径。

"明明德"！从此，儒学思想体系以"忠恕"为最高准则的道德要求，贯穿两千多年中国历史进程。

文化革命的内在指向 ——思想革命！

它不是道德说教，不是"强迫崇高"，也不是宗教呓语，更不是扼杀个性；它是纠正几千年私有制和私有观念影响下人类对个体性的畸重，唤醒人类对自身社会性的自觉认同：人只有在"为他"中，才能实现"自我"。

人类，是个性与社会性在对立统一中发展壮大的群体。个体生存，在于整体向心的稳定；整体发展，在于个体创新的推动。

人类，必须从私有制和私有观念中走出自省之路；而文化革命，便是为着自省的主动作为。

毛泽东承前启后。他发动文化大革命，是对公元前 500 年人类轴心时代的呼应，是对人类观念变革之诉求的升华。

文化大革命的纲领性文件《五一六通知》和《十六条》，开宗明义，宣言了思想革命在这场运动中的地位。

《五一六通知》："彻底批判学术界、教育界、新闻界、文化界、出版界的资产阶级反动思想。"

《十六条》："当前开展的无产阶级文化大革命，是一场触及人们灵魂的大革命。"

然而，毛泽东超越历代先哲，把文化革命从宗教殿堂里解放出来，从抽象的伦理道德、哲学体系中解放出来，将其置放在现代科学的理论基座上。

毛泽东清醒地正视资本世界的畸化：特权恣肆，金融敲诈，贫富悬殊，两极分化。他摒弃脱离社会实践的面壁思过、祈祷忏悔、闭门修养，而将人类观念的变革诉诸最广大民众反抗极少数特权阶层的阶级斗争，诉诸人民主权制约和剥夺官僚垄断的政治革命。

在人类阶级社会的各个历史阶段，观念变革作为政治科学的核心，并无例外。

古代中国，朱熹完成了封建社会的政治科学。他将孔子自我修养的"仁说"发展到观念变革的至高境地，而其"存天理，灭人欲"的极端，也宣告了封建社会政治科学的终结。

与朱熹先后的阿奎那、安萨里、迈蒙尼德分别在不同的民族、不同的时期，成为朱熹的基督教形态、伊斯兰教形态、犹太教形态。

马克思则完成了资本社会的政治科学——政治经济学。他将肇始于但丁、成型于卢梭与亚当·斯密对人类精神的推崇，诉诸于《资本论》对资本社会的科学分析，申明观念变革作为资本规律的指向内在着资本的自我否定，从而宣告了资本社会政治科学——政治经济学的终结。

毛泽东的文化大革命，继承、发展和升华了封建社会的政治科学与资本社会的政治科学；它以对马克思主义的开创性实验，完成了社会主义的政治科学。

社会主义政治科学的确立，标志着毛泽东思想升华为毛泽东主义。

978-1-62265-934-0 (online)   978-1-62265-935-7 (paper)

附录二：只有社会主义能够救世界

1、什么是资本主义的内在趋向？

——否定私有制。

发展社会劳动生产力"是资本的历史任务和存在的理由。资本正是以此不自觉地为一个更高级的生产形式创造物质条件。"（马克思：《资本论》第三卷）

这个"更高级的生产形式"，就是公有制。

资本主义对私有制的否定，是与同它一起从封建母体中脱胎而出的孪生兄弟——社会主义，一起进行的。"那种本身建立在社会生产方式的基础上并以生产资料和劳动力的社会集中为前提的资本，在这里直接取得了社会资本的形式……这是作为私人财产的资本在资本主义生产方式本身范围内的扬弃。"（马克思：《资本论》第三卷）

社会主义生产方式在资本主义生产方式中拓展自我，公有制在私有制的形态中完成自我。

2、 公有制与私有制在对立中同一。

奴隶制是原始公有制向私有制的过渡，是私有制在原始公有制形态下的长足发展。公元前500年，奴隶制向封建制转化，是私有制撕碎"公"的外衣，为自身"正名"。

相反，资本主义是私有制向共产主义的过渡，是公有制在私有制形态下的长足发展。21世纪，资本主义向社会主义转化，是公有制剥离"私"的外衣，为自身"正名"。

资本主义与社会主义在对立中同一。

没有单纯的资本主义。资本主义是资产阶级主导下与工人阶级的同一体，是表现为资本主义形态的社会主义。资本主义"人人生而平等"的抽象，以鲜明的社会主义指向激发人民的积极性，助推资产阶级革命。

同样，没有单纯的社会主义。社会主义是无产阶级主导下与资产阶级的同一体，是表现为社会主义形态的资本主义。社会主义正视私有制现实，尊重资产阶级法权，在按劳分配中彰显并光大社会主义原则。

资本主义精神与社会主义精神在对立中同一。

立足私有制，通过落实所有个体平等的私利表达对公有制的认同，是资本主义精神。它为否定垄断资本和特权占有提供了理论前提：尊重每一个人，是一切人得以尊重的条件。

立足公有制，通过对人类整体利益的要求实现所有个体平等的私利，是社会主义精神。它明确着共产主义指向：尊重人作为"类"的整体，确保每一个人得到尊重。

3、 资本主义不能完成否定私有制的历史使命。

马克思、恩格斯写道："资产阶级处在不断的斗争中：最初是反对贵族，后来又反对其利益同工业进步相矛盾的一部分资产阶级，并且经常反对一切外国的资产阶级。在这一切斗争中，资产阶级都不得不向无产阶级呼吁，要求无产阶级

援助。"(《共产党宣言》)

如果说资产阶级领导农民开始了资产阶级革命,那么资产阶级则领导无产阶级"完成"了资产阶级革命。无产阶级是资产阶级革命的生力军。

然而资产阶级革命没有完成。资产阶级借助无产阶级赢得政权,便以对人权、法制、自由、民主……的阶级独占,助推资本聚敛和集中,形成大资本家集团对人民的统治。

资本主义精神堕落为资本世界维持资本剥削的商品包装。

4、 推进资本主义革命的使命历史地赋予社会主义。

社会主义是资本主义进步的生命源。生产社会化,资本社会化,福利社会化,信息社会化……不可阻遏的社会化趋势与广大人民的社会化呼求共鸣。资本主义在社会化的强劲"裹挟"下繁荣昌盛。

马克思把资本家概括为商品,即资本人格化;网络则把每一个人化为虚拟符号。人在互联网蒸发,表明人本身的革命。所谓"大写的人",不是哪一个人的大写,而是人作为"类"的大写。人类在社会化中实现自我。

资本集中促进权利集中,资本社会化则促进权利社会化。资本主义在社会化中进步,同时意味着社会主义在资本形态下走向成熟。工人阶级的社会主义运动完善着资产阶级国家,同时意味着资产阶级国家向社会主义转化。

资本嗜血的极端发展,分明是大资本家集团置自身于人民的对立面;资本主义将社会大机器的管理权和操作权交给社会,则分明是资本主义向人民交出命脉。

社会主义已经具有了自我实现的绝对条件。人权、法制、自由、民主……从资本枷锁中挣脱的主动权,已经在人民手中。

5、 社会主义是转化资本主义的全过程。

资本主义与社会主义不是继承和发展的关系,也不是推翻和消灭的关系,而是相互依存、相互制约和相互转化的关系。

只有资产阶级的发展,才有工人阶级的壮大;只有资本主义的成熟,才能向社会主义转化。

社会主义不是理论,不是理想,不是以超阶级的人间乐园对资本主义社会形态的抛弃;而是运动,是一个在与资本主义合作中转化资本主义的过程。所谓理论,是对运动的抽象;所谓理想,是对运动的升华。社会主义不是为理论而战,不是为理想而战,而是对不可逆转的人类历史进程的自觉。

资本主义是资产阶级主导下与工人阶级的统一战线,工人阶级的任务是在对资产阶级政权的现实认同中,自觉发展社会主义运动,向社会主义政权转化。

社会主义是工人阶级主导下与资产阶级的统一战线,工人阶级的任务是在认同、鼓励和发展资本的同时,自觉坚持"无产阶级专政下继续革命",制约、规范和引导资本,完成对资本主义的全面转化。

社会主义完成对资本主义的转化,社会主义也就不存在了。

6、 帝国主义意味着社会主义步入成熟。

帝国主义是资本主义的最高阶段,也是畸形力扩张下的社会主义的最高阶段;帝国主义是资本主义得到充分发展的资本形态下的社会主义。

美国堪为典型。诺贝尔奖获得者米·弗里德曼如此反证:"不要以美国为模仿的对象,不要以瑞典为自己的样板。这类国家正在向社会主义演变。美国今天正

在成为社会主义国家。"(《社会主义的美国不是仿效榜样》转引自罗·麦德维杰夫：《俄罗斯向何处去》)

美国不是社会主义；大资本家阶级的垄断集团专制决定着美国的资本主义性质。但是，美国足以证明：资本主义的发展便是社会主义的发展，资本主义的成熟便是社会主义的成熟。美国人民的社会主义运动在资本形态下深层次地推动着美国向社会主义变革。

进而言之，资本主义全球化的发展便是社会主义全球化的发展，帝国主义世界体系的成熟便是社会主义世界体系的成熟。高度发展的生产力、高度发展的民主、法制、自由、人权……在资本主义形态下为反噬资本主义创造条件。

砸碎资本外壳，便是为社会主义正名。

7、 社会主义是世界人民的共同使命。

资本主义是世界性的，社会主义也是世界性的。

人类是一个整体。人类的进步有赖于个体进步的突破，但归根结底只能是整体的进步。

奴隶制作为原始公有制和私有制在共存中向私有制的过渡，不是奴隶主阶级单独完成的，而是基于奴隶主、奴隶以及平民的合力，即全体社会成员认同并促成了公有制向私有制的转变。奴隶主阶级是领导者，主体是平民小资产阶级。

资本主义作为私有制与公有制共存并向公有制的过渡，不是无产阶级单独完成的，而是基于工人、资本家以及广大劳动者的合力，即全体社会成员认同并促成私有制向公有制的转变。工人阶级是领导者，主体同样是平民小资产阶级。

工人阶级作为资本主义的掘墓人，表现在质上；在量上，则是厚重的小资产阶级群体。工人阶级与资产阶级的阶级斗争，广泛地表现为社会主义导向下广大人民对极少数资本特权集团展开的斗争。

人类历史进程的社会主义指向，诉诸中华子孙，诉诸世界人民。

8、 只有社会主义能够救中国。

帝国主义世界体系的"固化"，不允许崛起一个强大的资本主义中国！中国发展资本主义，只能沦为帝国主义世界体系的附庸，或者参与帝国主义世界体系的霸权争夺而被世界人民唾弃。

只有社会主义，才是对帝国主义的颠覆，才有中华崛起。

社会主义道路千条万条，归根结底，就是两条：一条是"苏联模式"，一条是"西欧模式"。

"西欧模式"在与资本主义的统一战线中，没能完成向社会主义主导的转变。

"苏联模式"则以无产阶级专政嫁接封建专制，不能为社会主义民主正名。

"苏联模式"与"西欧模式"的对立同一，则是求索中的中国模式。

中国模式诉诸资本世界：社会主义主导下与资本主义统一战线的新民主主义运动。

中国模式诉诸社会主义国家：社会主义主导下与资本主义统一战线的新民主主义政权。

世界新民主主义！

9、 只有社会主义能够救世界。

现代世界的经济力初步具备了马克思给定的实现共产主义的基本条件：生产

力高度发展，物质充分涌流。

20 世纪 80 年代，美国 3%的人口已能生产 120%的粮食。（见约•奈斯比特：《大趋势》）

杰•富弗金在其《劳动的终结》中认定："在新的世纪，随着全球化和高新科技的发展，20%的劳动力就可以满足世界经济增长的需要。"（转引自李慎明：《"三个代表"重要思想与若干重大理论问题研究》）

然而，两极严重分化。"全世界最富有的 3 个亿万富翁的财产，加起来已经超过了最不发达国家中 6 亿多人口所拥有的财产，而这种荒唐的不平等现象正是时间缩短、空间缩小和边界消失的经济全球化的结果。"（资中筠：《<冷眼向洋——百年风云启示录>总绪论》）

准确地说，这是资本全球化的结果；是帝国主义世界体系的结果。

"今天的经济全球化，将资本主义固有的矛盾推向了全球，将自己难以克服的社会危机推向了全球。"（李慎明：《"三个代表"重要思想与若干重大理论问题研究》）

治理环境，改造沙漠，种植森林，维护自然资源：大气、水源、海洋……人类生存与可持续发展，需要亿万劳动力投身其间；可是，大量攸关人类生存的工程无人干，而成批的人员却失业、下岗、待业。

金钱与利润的"一枝独秀"，促进人类社会的繁荣，也扼杀人类的生机。"社会的物质生产发展到一定阶段，便同他们一直在其中活动的现存生产关系或财产关系发生矛盾。于是这些关系便由生产力的发展形式变成生产力的桎梏。"（马克思：《政治经济学批判•序言》）

资本关系严重阻碍生产力进步，资本垄断严重压抑劳动者的生产积极性，资本的畸化严重浪费生产资源，资本的嗜血严重摧残人性。资本专制已经将人类生存的悖论发展到极端：军备、国防、警察、保安、法院、官吏以及经济战、金融战、间谍战，还有贪污、腐败、奢侈、浪费、破坏……巨量财富维持资本世界的"长治久安"。

资本劫掠民生。"艾森豪威尔威尔总统在他任期结束时说：'每一支枪的制造，每一艘战舰的下水，每一颗火箭的发射，所有这些都是从那些饥饿却没有东西吃、寒冷却没有衣服穿的人那里偷窃来的！'

资本抢夺资源。"世界各国大约有 50 万的科学家从事武器研究，他们大约占用所有研究和发展经费的一半。"（以上均见《"军备竞赛"的代价》见夏中义主编：《人与世界》）

军备"一斑"，足窥资本对科技对人类进步的霸道。

变革资本世界的生产关系，成为人类进步的迫切课题；颠覆私有制和私有观念，是人类走出危机的唯一道路。甘地一针见血："地球所提供的足以满足每个人的需要，但不足以填满每个人的欲壑。"（见舒马赫：《敞开通向智慧之门》见夏中义：《人与世界》）

帝国主义世界体系步入危机。

只有社会主义能够救世界！

978-1-62265-934-0 (online)　　978-1-62265-935-7 (paper)　　　　　　　　　　　薛 道

主要参阅文献及引文书目

《鲁迅自述》　京华出版社 2005 年 10 月版。

《鲁迅散文集》　人民文学出版社 1993 年 9 月版。

《彭德怀自述》　人民出版社 1981 年 12 月版。

《胡风评论集》　人民文学出版社 1984 年 3 月版。

《鲁迅杂文全集》　九州图书出版社 1995 年 5 月版。

《怀念彭德怀同志》　湖南人民出版社 1979 年 10 月版。

《毛泽东思想万岁》　1967 年。

《毛泽东书信选集》　人民出版社 1983 年 12 月版。

《刘少奇选集（上卷）》　人民出版社 1981 年 12 月版。

《刘少奇选集（下卷）》　人民出版社 1985 年 12 月版。

《毛泽东选集（ 1—4 ）》　中共中央毛泽东选集出版委员会 1968 年。

《毛泽东选集（第五卷）》　人民出版社 1977 年 4 月版。

《邓小平文选（第一卷）》　人民出版社 1994 年 10 月版。

《邓小平文选（第二卷）》　人民出版社 1994 年 10 月版。

《邓小平文选（第三卷）》　人民出版社 1993 年 10 月版。

《刘绍棠文集（第一卷）》　北京十月文艺出版社 1995 年 4 月版。

梅志著：《胡风传》　北京十月文艺出版社 1998 年 1 月版。

李辉著：《胡风集团冤案始末》　湖北人民出版社 2003 年 1 月版。

华山编：《鲁迅作品精选》　中国文史出版社 2002 年 5 月版。

田刚著：《鲁迅与中国士人传统》中国社会科学出版社 2005 年 1 月版。

吴俊著：《鲁迅评传》　百花洲文艺出版社 1997 年 12 月版。

张宁著：《无数人们与无穷远方》复旦大学出版社 2006 年 12 月版。

王蒙著：《王蒙自传》　花城出版社 2006 年 5 月版。

魏巍著：《新语丝》　中国文联出版社 2008 年 1 月版。

魏巍著：《四行日记》　中国文联出版社 2008 年 1 月版。

胡平著：《1957 苦难的祭坛》　广东旅游出版社 2004 年 5 月版。

何新著：《中华复兴与世界未来》　四川人民出版社 1996 年 9 月版。

张云生：《毛家湾纪实》　春秋出版社 1988 年 7 月版。

梅俏著：《毛泽东的"珠峰"》　2006 年 5 月。

黄侯兴：《鲁迅——"民族魂"的象征》山东人民出版社 1993 年 2 月版。

徐厚锁：《毛泽东的社会主义探索》中国矿业大学出版社 2000 年 1 月版。

曹英著：《红色档案：中共早期领导人活动纪实》改革出版社 1999 年 1 月版。

叶永烈：《沉重的 1957》　百花洲文艺出版社 1992 年 12 月版。

叶永烈著：《"文化大革命"揭密》　中共党史出版社 2006 年 3 月版。

叶永烈著：《反右派始末》　青海人民出版社 1995 年 12 月版。

钟桂松著：《茅盾传》　东方出版社 1996 年 7 月版。

张琳璋著：《瞿秋白》　中国华侨出版社 1999 年 1 月版。

乐齐主编：《精读瞿秋白》　中国国际广播出版社 1998 年 1 月版。

钱理群著：《与鲁迅相遇》　生活•读书•新知三联书店 2003 年 8 月版。

朱寿桐著：《孤绝的旗帜》　文化艺术出版社 2005 年 3 月版。

何乃言编：《鲁迅随想录：呐喊人生》　花城出版社 1992 年 2 月版。

单力主编：《鲁迅语录》　四川人民出版社 1995 年 8 月版。

房向东著：《鲁迅：最受污蔑的人》上海书店出版社 2000 年 5 月版。

袁盛勇著：《鲁迅：从复古走向启蒙》 上海三联书店 2006 年 7 月版。

王士菁著：《鲁迅传》 中国青年出版社 1981 年 4 月版。

林贤治著：《鲁迅的最后十年》东方出版中心 2006 年 1 月版。

王宏志著：《鲁迅与"左联"》 新星出版社 2006 年 5 月版。

郁达夫著：《回忆鲁迅》 上海文化出版社 2006 年 7 月版。

许寿裳著：《亡友鲁迅印象记》上海文化出版社 2006 年 7 月版。

辛晓征著：《国民性的缔造者——鲁迅》湖北教育出版社 2000 年 4 月版。

何光国著：《刘少奇全传》 内蒙古人民出版社 2007 年 5 月版。

林伟民著：《中国左翼文学思潮》 华东师范大学出版社 2005 年 4 月版。

姚杉尔著：《中国百名大右派》 朝华出版社 1993 年 4 月版。

章诒和著：《往事并不如烟》 人民文学出版社 2006 年 3 月版。

章诒和著：《伶人往事》 湖南文艺出版社 2006 年 11 月版。

何明编著：《建国大业》 人民出版社 2009 年 9 月版。

唐晋主编：《大国崛起》 人民出版社 2007 年 2 月版。

冯林主编：《21 世纪：中国大预测》 改革出版社 1996 年 12 月版。

温奉桥编：《王蒙•革命•文学》人民文学出版社 2008 年 3 月版。

何沁主编：《中华人民共和国史》 高等教育出版社 1999 年 9 月版。

郑谦主编：《毛泽东与邓小平》 湖南人民出版社 2003 年 12 月版。

吴子皓著：《毛泽东与刘少奇》 中国青年出版社 2008 年 5 月版。

宋太庆著：《中国时代》 贵州人民出版社 1993 年 8 月版。

郎咸平著：《郎咸平说：新帝国主义在中国》东方出版社 2010 年 1 月版。

杨继绳著：《墓碑》 天地图书有限公司 2011 年 10 月版。

肖铁肩著：《领袖心中的上帝》 陕西师范大学出版社 1993 年 2 月版。

刘吉主编：《碰撞三十年》 江苏人民出版社 2008 年 12 月版。

邸延生著：《"文革"前夜的毛泽东》 新华出版社 2006 年 3 月版。

龚育之著：《从毛泽东到邓小平》 中共党史出版社 1994 年 9 月版。

杨鹏翔著：《伟大的改革家邓小平》 中国新闻出版社 1989 年 2 月版。

徐铸成著：《亲历1957》 湖北人民出版社 2003 年 11 月版。

夏晓虹编：《追忆康有为》 中国广播电视出版社 1997 年 1 月版。

杨铮编著：《2000：世界向何处去》 中国广播电视出版社 1997 年 1 月版。

傅国涌著：《1949 年中国知识分子的私人记录》长江文艺出版社 2005 年 1 月版。

王景伦著：《毛泽东的理想主义和邓小平的现实主义》 时事出版社 1996 年 12 月版。

薄一波著：《若干重大决策与事件的回顾（上）》 中共中央党校出版社 1991 年 5 月版。

薄一波著：《若干重大决策与事件的回顾（下）》 中共中央党校出版社 1993 年 5 月版。

许明主编：《关键时刻—当代中国亟待解决的 27 个问题》今日中国出版社 1997 年 4 月版。

江山主编：《共和国档案：影响新中国历史进程的 100 篇文章》团结出版社 1996 年 9 月版。

邓力群主编：《导师毛泽东》 中央文献出版社 2005 年 12 月版。

沙莲香主编：《中国民族性》 中国人民大学出版社 1989 年 3 月版。

刘军宁主编：《北大传统与近代中国》 中国人事出版社 1998 年 5 月版。

夏中义主编：《人与世界》 广西师范大学出版社 2002 年 7 月版。

夏中义主编：《人与国家》 广西师范大学出版社 2002 年 7 月版。

吴江雄编著：《毛泽东谈古论今》 安徽人民出版社 1998 年 12 月版。

潘相陈编著：《毛泽东家书钩沉》 中共中央党校出版社 1997 年 9 月版。

978-1-62265-934-0 (online)　　978-1-62265-935-7 (paper)　　　　　　　　　　　　　　薛道

陈铁健等编：《瞿秋白研究文集》中共党史资料出版社 1987 年 12 月版。

林志浩主编：《鲁迅杂文选讲》 高等教育出版社 1992 年 1 月版。

姜德明主编：《胡风书话》 北京出版社 1998 年 1 月版。

黄乔生编著：《走近鲁迅世界•散文卷》北京工业大学出版社 1995 年 5 月版。

孙郁等编著：《走近鲁迅世界•诗歌卷》北京工业大学出版社 1995 年 5 月版。

李文儒编著：《走近鲁迅世界•杂文卷》北京工业大学出版社 1995 年 5 月版。

李允经编著：《走近鲁迅世界•书信卷》 北京工业大学出版社 1995 年 5 月版。

高远东编著：《走近鲁迅世界•小说卷》 北京工业大学出版社 1995 年 5 月版。

中江要介著：《中国的发展方向——犹存的社会主义大国》国际文化出版公司 1997 年 2 月版。

李慎明主编：《"三个代表"重要思想与若干重大理论问题研究》 社会科学文献出版社 2002 年 11 月版。

王科 徐塞著：《萧军评传》 重庆出版社 1993 年 9 月版。

R •特里尔著：《毛泽东传》 河北人民出版社 1990 年 12 月版。

弗•哈利迪著：《革命与世界政治》 世界知识出版社 2006 年 1 月版。

迪•威尔逊著：《周恩来》 中央文献出版社 2000 年 8 月版。

约•奈斯比特：《大趋势》 新华出版社 1984 年 6 月版。

斯•施拉姆著：《毛泽东》 红旗出版社 1987 年 12 月版。

莫•迈斯纳著：《马克思主义、毛泽东主义与乌托邦主义》 中国人民大学出版社 2005 年 1 月版。

严昌 阳雪梅著：《刘少奇谋略》 红旗出版社 1996 年 9 月版。

闵开德 吴同瑞：《鲁迅文艺思想概述》 北京大学出版社 1986 年 4 月版。

克 •霍林沃思著：《毛泽东和他的分歧者》河南人民出版社 1989 年 4 月版。

张化 苏采青主编：《回首文革》 中共党史出版社 2003 年 5 月版。

戴茂林 曹仲彬著：《王明传》 中共党史出版社 2008 年 11 月版。

戴茂林 赵晓光著：《高岗传》 陕西人民出版社 2011 年 4 月版。

王光美 刘源等著：《你所不知道的刘少奇》河南人民出版社 2000 年 7 月版。

吴三元 季桂起著：《中国当代文学批评概观》 知识出版社 1994 年 10 月版。

李述一 雍建雄编：《21 世纪中国崛起》中共中央党校出版社 1997 年 4 月版。

罗•麦克法夸尔著：《文化大革命的起源》第一、二卷 河北人民出版社 1989 年 3 月版。

马立诚 凌志军著：《交锋—当代中国三次思想解放实录》今日中国出版社 1998 年 3 月版。

孙恪勤 崔洪建主编：《遏制中国》 中国言实出版社 1996 年 10 月版。

徐文斗 徐苗青选注：《鲁迅选集•书信卷》 山东文艺出版社 1991 年 9 月版。

杜修贤 顾保孜编著：《红镜头中的毛泽东》辽宁人民出版社 2004 年 8 月版。

虞云耀 杨春贵主编：《中共中央党校讲稿选》中共中央党校出版社 2002 年 5 月版。

余金成 王兰垣主编：《21 世纪——社会主义走向振兴的世纪》 天津人民出版社 1995 年 3 月版。

邓小平 江泽民等著：《巍巍丰碑——怀念彭德怀元帅文图荟萃》 解放军出版社 1996 年 11 月版。

费振刚 董学文主编：《毛泽东圈注史传诗文集成》 吉林人民出版社 1996 年 9 月版。

奥•裴彻 池田大作著：《为时未晚》 牛津大学出版社 1992 年版。

宋庆龄 周建人 茅盾等：《鲁迅回忆录》上海文艺出版社 1978 年 1 月版。

R•麦克法夸尔 费正清编：《剑桥中华人民共和国史》 中国社会科学出版社 1990 年 8 月版。

孙维本 何文治 张明远主编：《中国共产党人思想宝库》 改革出版社 1991 年 5 月版。

约•奈斯比特 多•奈斯比特：《中国大趋势：新社会的八大支柱》 吉林出版集团 中华工商

联合出版社 2009 年 9 月版。

中共中央文献研究室：《关于建国以来党的若干历史问题的决议注释本》 人民出版社 1983
　　年 6 月版。

中共中央文献研究室编：《毛泽东诗词集》 中央文献出版社 1996 年 9 月版。

中共中央文献研究室编：《邓小平思想年谱》 中央文献出版社 1998 年 11 月版。

北京市邓小平理论研究会编：《邓小平理论研究文集》中国人民大学出版社 2000 年 10 月版。

中共中央党校党史教研室选编： 《中共党史参考数据》 人民出版社 1979 年 11 月版。

《中华人民共和国大典》编委会：《中华人民共和国大典》 中国经济出版社 1994 年 6 月版。

中共中央文献研究室科研管理部编：《新中国 60 年研究文集》 中央文献出版社 2009 年 10
　　月版。

中国工运学院《刘少奇与中国工人运动》编辑组：《刘少奇与中国工人运动》吉林人民出版
　　社 1988 年 8 月版。

中共中央文献研究室 中央档案馆《党的文献》编辑部编：《中共党史重大事件述实》 人民
　　出版社 1993 年 11 月版。

南京雨花台烈士陵园管理处编印： 《雨花台革命烈士史迹简介》 1977 年 7 月。